# 우당탕탕 6학년 5반 여름이야기

코로나시대에 다시 만나고 싶은 교실이야기
# 우당탕탕 6학년 5반 여름 이야기

**초판 1쇄 발행** 2020년 8월 31일

**지은이** 이도건
**펴낸이** 장길수
**펴낸곳** 지식과감성#
**출판등록** 제2012-000081호

**디자인** 최지희
**편집** 최지희
**교정** 양수진, 김연화
**마케팅** 고은빛

**주소** 서울시 금천구 벚꽃로 298 대륭포스트타워 6차 1212호
**전화** 070-4651-3730~4
**팩스** 070-4325-7006
**이메일** ksbookup@naver.com
**홈페이지** www.knsbookup.com

ISBN 979-11-6552-375-6(03810)
값 15,000원

ⓒ 이도건 2020 Printed in Korea

잘못된 책은 구입하신 곳에서 바꾸어 드립니다.
이 책의 전부 또는 일부 내용을 재사용하려면 사전에 저작권자와 펴낸곳의 동의를 받아야 합니다.

이 도서의 국립중앙도서관 출판예정도서목록(CIP)은 서지정보유통지원시스템
홈페이지(http://seoji.nl.go.kr)와 국가자료공동목록시스템(http://www.nl.go.kr/kolisnet)에서
이용하실 수 있습니다. (CIP제어번호 : CIP2020034149)

 홈페이지 바로가기

코로나시대에 다시 만나고 싶은 교실이야기

# 우당탕탕 6학년 5반 여름이야기

• 이도건 지음 •

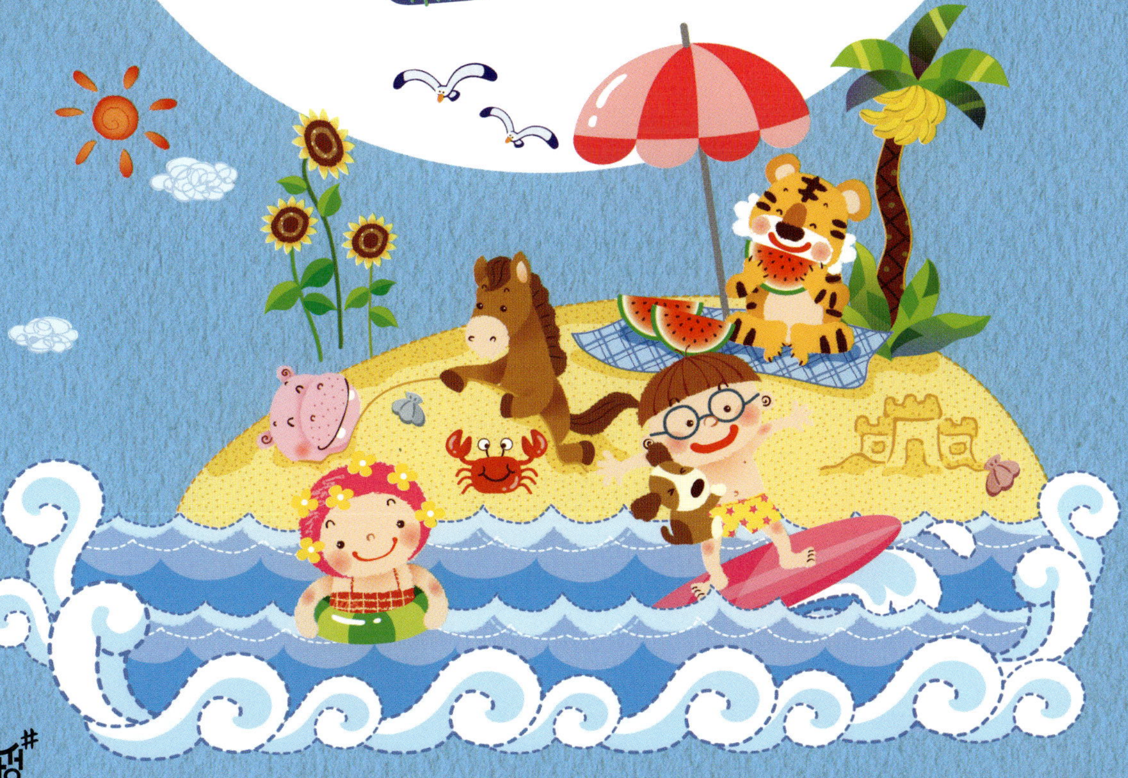

지식과감성#

# 서문

  2020년 4월 5일. 드디어 2019학년도 학교생활 이야기를 담은《우당탕탕 6학년 5반 이야기》의 탈고를 마쳤다. 2019년 3월 개학하는 날부터 2020년 2월 졸업하는 날까지 아이들과 함께했던 일상의 시간들을 이야기로 남기고 싶었다. 그렇게 하루하루의 소소한 에피소드가 일기로 쓰여졌다. 그저 흔적을 남기고 싶은 마음에 매일 컴퓨터 앞에 앉았던 것 같다. 하루의 일들을 기억하는 것은 어렵지 않았으나 기록하는 건 역시 쉽지 않았다.

  아이들을 처음 만났을 때 너무나 딱딱하게 굳어 있었다. 이런 그들을 담고 품어 주기엔 내 그릇도 경직되어 있기는 매한가지였다. 봄이 지날 무렵부터 서로에게 어느 정도 길들여진 것 같았다. 난 그저 그들을 담아줄 넉넉한 그릇이 되고 싶었다. 그 그릇 안에는 여러 빛깔과 소리가 담긴다. 하지만 누군가는 빈 채 내버려 둔다. 그리고 또 다른 이는 그릇을 탓하기도 했다. 그런 가르침과 배움의 과정에서 서로 맞춰 가며 어울려 한 해를 보낸 것 같다. 교학상장! 언제 들어도 참 설레는 말이다.

"이상해요! 왜 곰 네 마리는 안 되고 세 마리일까요?"
"오늘은 토트넘이 리버풀에게 진 이유를 글로 쓰면 안 될까요?"
"왜 초등학교에는 수학시간이 체육시간보다 많은지 토론해요."

"그럼 교과서 덮고 얘기해 볼래?"
"네~ 체육도 하고요."
"이왕이면 간식도 먹어요."

  올해는 학교에서 부장 보직을 맡지 않으니 아이들의 작은 말과 행동에 대한 반응이 자연스럽게 나온 것 같다. 여러 가지 일을 동시에 하는 능력이 부족한 나에게 학교업무로부터의 여유는 아이들의 눈빛에 공감할 수 있는 느긋함을 준 듯하다. 물론 돌이켜 보면 아이들의 눈높이에 맞춰 스스럼없이 대했다는 것은 나만의 착각일 수도 있겠다.

  책으로 출판해야겠다는 생각이 강해지자 더 아름답게 쓰고 싶은 마음이 강해지기도 했다. 작년 학교생활 이야기를 글로 쓰고 다시 고치는 과정에서 자연스러움으로 포장된 나의 모습도 보이기도 한다. 과거 천자문을 가르치던 어느 서당 훈장의 모습은 아닐지 두렵기도 하다. 아니 어쩌면 그에 한참 이르지도 못하고 허우적댔던 시간일지도 모르겠다.

  이 글을 쓰는 데 우리 반 아이들이 참 많이 도와주었다. 워드 작업도 함께 하고 틈틈이 사진도 찍어 주어 부족한 내 기억과 기록을 메워 주었다. 2019학년도라는 시간을 함께 만들어준 6학년 5반 아이들 모두에게 고마운 마음을 전한다. 고마워! 우리 소중한 인연 쭉 이어 나가자!

2020년 6월 2일 금북초에서 이 도 건 씀

# 6월 3일 월요일

은비 머리카락이 찰랑인다며 아이들이 부러운 듯 말하고 있다. 물어보니 교회에서 머리를 해줬다고 한다. 어떻게 한 거냐고 물어봤는데 부끄러운지 다른 반 친구에게 놀러간다며 나가 버린다.
"그냥 요즘 스타일이에요."
현민이는 스타일슬라임을 만지고 있다. 길게 쭉쭉 늘였다가 꼬아서 꿀타래를 만든단다. 효은이가 신기한 듯 "나도 만져 볼래"라며 달려온다. 맛있겠다며 서로 꿀타래를 먹여 주는데.
"아 맞다! 나 리코더 안 가지고 왔다."
"카톡방에 올렸잖아!"
"채팅창이 너무 빨리 지나가 확인을 못 했어."
다른 반에 가서 빌려온단다. 금세 빌려와 물티슈로 취구를 깨끗이 닦고 있다.

영민이는 '작은 것들을 위한 시'를 피아노 연주하고 있다. 피아노 치는 모습을 촬영하려 하자 뚜껑을 탁 닫고 텐트 안으로 쏙 들어간다.
"잘 치는데. 한번 연주해 봐!"
"아니에요. 옆에서 보면 부담스러워요."
주말에 놀이터에서 규현이랑 영민이가 만났다고 한다. 규현이가 파란색 뽀로로 주스를 영민이에게 사 줬다며 자랑한다.
"난 파란색보다 다른 색이 더 좋은데. 파란색 뽀로로는 너무 달았어요."
"잘 마셔 놓고는…."

축구 좋아하는 아이들은 챔피언스리그 결승전 이야기를 한다. 많이 아쉬운가 보다. 시소코 팔에 맞은 것이 PK가 맞는지에 대해 논란이 잠시 일어난다. 너무 이른 시간에 PK를 먹혀서 경기가 어려워졌다는 평가. 그리고 알리랑 에릭센이 너무 못했단다. 그리고 손흥민의 눈물 이야기. 그래도 우리 쏘니에 대한 칭찬은 잊지 않는다.
"그거 중거리 슛은 제대로 걸렸지~ 들어갔으면."

승은이가 한 발 한 발 어렵게 찾아와 아주 수줍게 얘기한다. 컴퓨터를 하다가 옆에 오는 걸 못 봤다. 옆에서 서서 몇 초 정도 기다리고 있었단다. 부끄럼이 많은 우리 승은이.
"현장체험학습 신청서 좀 주세요. 6월 7일에."

"어디 가?"

"부산요."

"부산 갈매기 보러 가네."

"네."

"돼지국밥 먹고 와~ 밀면도."

"네."

학년별 육상대회 결선을 예고했다. 6월 12일 수업 끝나고 운동장에서 진행한다고 했더니 아이들이 단체응원 가자고 한다.

"너네 오지 마. 뛰는데 부담만 될 거 같아."

아이들과 단체응원 할 노래 연습을 했다. 내가 선창한다. 야야~ 야야야야~ '아리랑 목동'의 유명한 멜로디! 하지만 아이들은 이 음악을 모른다. 그냥 방탄소년단 노래로 하기로 한다. 결승전 시작할 때 방탄소년단 팬들이 하는 것처럼 육상대표 아이들 한 명씩 이름을 넣어 주기로 했다.

주희가 효은이에게 플루트를 가르쳐 주고 있다. 오늘부터 음악시간에 리코더를 한다고 했었는데 리코더랑 부는 방법이 비슷하다며 시범을 보인다. 주희는 확실히 소리가 섬세하고 고음 선율을 잘 표현한다. 플루트를 배워서 그런지 주희랑 효은이는 리코더에서도 실력을 발휘하는데.

오늘 남자화장실 칸막이 유리가 와장창 깨졌다. 처리하는 데 한참이 걸려 다른 층 화장실 이용하라고 했다. 다른 반 한 녀석이 팔꿈치로 쳐서 깼다는데. 힘도 세다.

과학시간이다. 빛에 대해 알아보는 시간이다. 오늘은 레이저로 학습주제를 정했다. 동영상으로 공기 중의 먼지를 이용해 펼치는 레이저 쇼를 봤다. 빛을 모아서 강하게 하면 레이저라고 설명을 했더니 '역시 뭉치면 살고 흩어지면 죽는다'란다. 레이저의 활용방안에 대해 아이들과 의견을 나누었다.

규현: 레이저로 멋진 집짓기를 하고 싶어요. 레이저 집!
승은: 일단 점 뺄 때 사용하고 레이저로 깎아서 다른 생활용품 만들 수 있어요.
주희: 레이저로 손쉽게 과일 자르는 도구를 만들면 어떨까요? 그래도 큰 수박은 자르기 어려울 것 같아요.
서준: 레이저를 이용한 3D프린팅 아트. 의학레이저도 개발해요. 특정 세포만 해를 입히는 레이저 개발 후 암세포 처리할 수 있을 것 같아요.
경란: 레이저로 동물 털을 예쁘게 깎을 수 있을 것 같아요.
륜경: 레이저로 머리카락 자를 수 있을 것 같은데. 멋진 헤어 레이저 디자이너.
준호: 미세먼지를 해결할 수 있어요. 하늘에서 레이저 판이 나타서 공기 중에 있는 미세먼지를 모두 태워 버려요.
지윤: 기념일을 위한 레이저 쇼. 어버이날, 어린이날, 스승의 날 같은 기념일을 기념하기 위한 레이저 쇼를 열고 싶어요.
연수: 〈인피니티워〉에서 나오는 와칸다 장벽처럼 생긴 레이저로 서울을 감쌀 수도 있고요, 애니메이션 〈나루토〉에 나오는 레이저 같은 공도 멋있어요. 그리고 아이들은 레이저 볼을 손바닥 위에서 만들어서 놀 수도 던질 수도 있어요.
영민: 레이저의 열로 고기를 익히고요, 강도를 조절해 익힘 정도도 조절할 수 있어요.
은비: 음식을 놓고 그 위에 여러 레이저가 동시에 나오면 정갈하게 잘리는 거 볼 수 있을 것 같아요. 그리고 무기로 화살 뾰족한 부분에 레이저를 입혀 쏴 땅에 닿으면 폭파하는 거요.
준혁: 레이저 안경~ 안경에서 레이저가 나와서 나쁜 사람을 죽이고, 레이저 폭탄~ 건물 재건축할 때 레이저가 안에 있는 폭탄을 던져서 건물을 부숴요.
효은: 미래에는 군인마다 레이저 총을 이용해서 레이저 전쟁이 날 것 같아요.
인해: 레이저로 건물을 고칠 수도 있을 것 같아요. 다듬고요.
민준: 레이저 렌즈. 렌즈를 끼면 슈퍼맨처럼 눈에서 레이저가 나갈 수 있어요.
상진: 레이저 무기를 만들어 전쟁에 참여하고. 평소에는 이걸로 점을 빼요.
현민: 일단 레이저가 뚫을 수 없는 것으로 막고. 레이저를 쏴서 파장을 일으켜 따뜻하게 하는 도구를 만들고 싶어요.

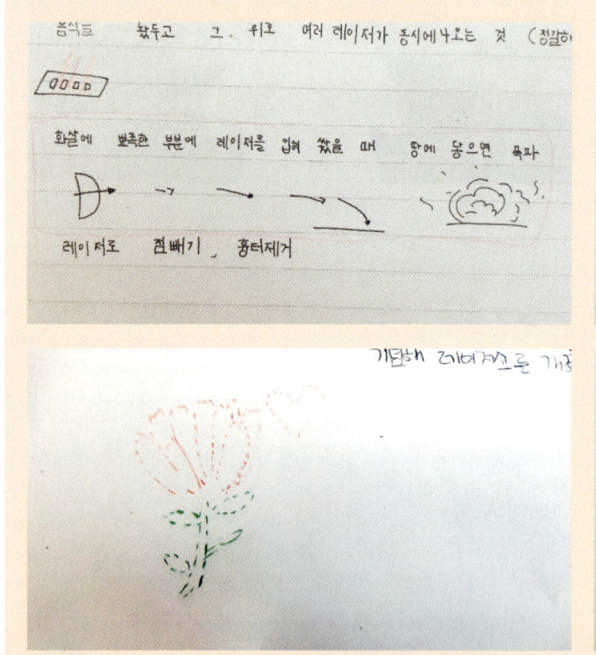

음악시간에 리코더 수업을 했다. 아직 리코더 운지가 제대로 안 되는 아이들이 몇몇 있다. 6학년인데 그것도 못 하냐며 상처를 주는 말을 하는 아이들이 있다. 엄청 혼냈다. 넌 얼마나 잘하길래 그러냐고. 나도 매한가지 말을 했지만. '언제나 몇 번이라도'를 연주하는데 역시나 시 플랫에서 많이 틀린다. 그리고 낮은 도는 살살 불어야 하는데 삑 소리가 크게 나 귀에 거슬린다. 이 두 고비들만 넘기면 얼추 곡이 완성될 것 같다.

점심 먹으려 내려가려는 찰나 주희 머리카락이 텐트 지퍼에 끼었다. 날카로운 악 비명 소리! 침착하자. 아이들을 먼저 내려보내고 천천히 몇 번 왔다 갔다 한다. 어찌 어찌 어렵게 뺐지만 정말 아파 보인다. 주의사항이 하나 더 생겼다. 텐트 지퍼 내릴 때 머리카락 안 끼게 조심하기!

청소시간에 쓰레받기를 한 녀석이 부수었다. 한참을 고민하더니 학교 기물 파손이라며 자진 신고한다. 그냥 다시 조립하면 되는 쓰레받기인데. 조립을 했는데도 걱정이 되는지 다시 강도 테스트를 한다. 그러고는 뺐다 다시 끼워 보고는 아리송한 표정을 지으며 하교한다.

# 6월 4일 화요일

 효은이가 집에서 쓰던 작은 텐트를 가져왔단다. 큰 텐트 옆에 가져온 작은 텐트를 아침에 남자아이들이랑 함께 쳤다. 요건 훨씬 간단하다. 절연테이프로 부러진 곳까지 수리하니 작은 집이 완성되었다. 근데 작은 집은 인기가 별로 없다. 누울 수 없어서 그렇다는데. 큰집에 아이들이 몰린다.
 아침에 떡을 사왔다. 비지떡을 찾을 수 없어 비슷하게 생긴 꿀떡을 주문했다. 비지가 1% 함유된 떡이라고 했더니 믿는 눈치다.
 "비지떡 왔대. 먹자~"
 "이게 비지떡이에요?"
 이것 참! 이렇게 된 거 아예 비지떡으로 속이기로 한다.
 "값싼 것이 비지떡. 얼마예요?"
 비지떡! 비지떡! 신나는 노래~ 노랫소리도 흥겹다.

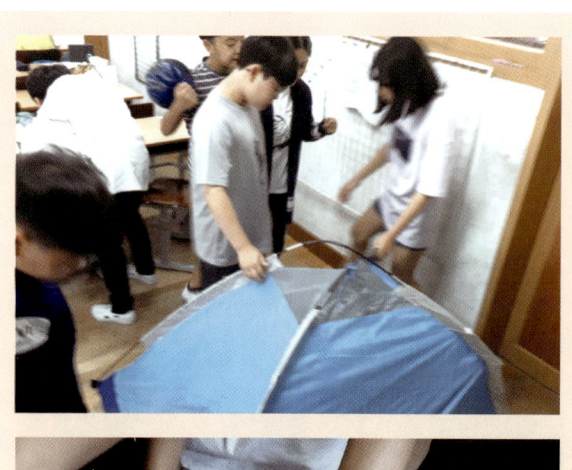 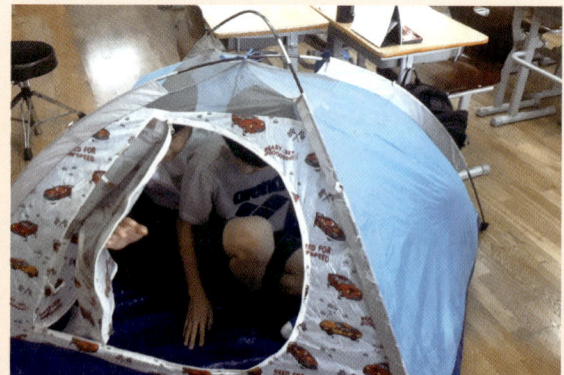

비지떡을 먹고는 한 녀석이 웃으며 말하고 들어간다.
"엄마랑 싸웠어요. 수학학원 끊으래요."
뭔 사연인지 웃으며 말해서 그다지 나빠 보이지는 않는다.
"안 다녀서 좋은데 사실 마음은 불편하네요."

세 녀석이 한 달 가까이 일기를 안 내서 문자 그대로 매일 쓰는 일기로 벌칙을 내렸다. 일주일에 한 편씩 쓰던 것을 매일 한 편씩으로 바꾸었더니 세상없이 슬퍼 보인다. 마음이 약해진다. 다음 주에 잘 하면 다시 세일해 주겠다고 했다.

오늘 체육시간에는 프리킥 연습을 했다. 축구를 하고 싶다는 아이들과 축구는 절대 불가라는 아이들 간의 타협점이다.
"우리 프리킥 깐다~"
남자아이들은 '깐다'라는 표현을 쓴다. 유튜브에서 '찬다'보다 '깐다'라고 해서란다. "쏘니 슛~" 하며 기운을 불어넣는 녀석도 있다.
"오늘 너희 생각보다 잘 차던데?"
"원래보다 훨씬 못 찼는데. 오늘 몸이 무거워요."
"축구공이 아니라 너무 가벼워서 안 날아가요."

한 아이의 물통에는 얼음이 가득하다. 물통을 흔들어 이리저리 깨지고 상처 받은 얼음이 맛있어 보인다. 아이들이 입에 가득 얼음을 물고 다닌다. 나도 먹고 싶다. 이상하게 깨진 얼음이 맛있어 보인다. 여자아이들이 화장실에서 교실로 오며 나랑 마주쳤다. 두 팔을 벌리며 온다. 난 혹시라도 안을까 걱정되어 몸을 한껏 움츠렸더니, 나더러 괜히 그런단다. 혼자만의 착각.

점심 먹고 올라오니 아이들이 '아이엠그라운드 아싸(이중모션)'라는 게임을 하고 있다. 하는 방법이 보통이랑은 다르다. 모두 자신만의 숫자가 있고 자신의 숫자가 불린 아이가 말을 하려고 하면 옆 사람이 말을 못 하게 입을 막는 규칙이란다. 자신이 호명된 아이는 '돼지 발톱에 빨간 매니큐어 바르기' 이 말을 5초 안에 못 하면 지는 것이다.
"그거 왜 해?"
"그냥 재미있어요."
"벌칙은 일단 걸리면 생각나는 대로."
"선생님 같이 하실래요?"
"내 입을 막으려고?"

1천 배로 확대시켜 주는 확대경을 켰다. 아이들과 어떤 사물을 확대시켰는지 문제 맞히기를 했다. 첫 문제는 힌트를 주었더니 바로 알겠단다.

"화장실에서 사용하는 두 글자 낱말은?"

힌트를 너무 많이 주었나 보다. 1천 배가량 확대한 휴지의 모습은 생각보다 너무나 아름다웠다. 휴지라고 하기엔 너무 알록달록해서인지 아이들은 욕조, 변기, 비누 등의 답을 적기도 한다. 두 번째 문제로 내 머리카락 사진을 확대해 보여 주었다. 오늘따라 기름기가 좔좔 흐른다. 머리 좀 감고 다니라는데. 마지막은 교실에 있는 탱탱볼을 확대해서 보여 주었다. 이것도 사실 맞히기는 쉽지 않아서 둥근 그 무엇이라고 힌트를 주었지만 역시나 많이 맞히지는 못한다. 박테리아, 세균 같다는 답이 많았다.

〈우리 교실 휴지〉　〈머리카락〉　〈우리 교실 탱탱볼〉

YTN '빛과 색' 동영상을 보고 이야기를 나누었다. 수술복이 초록색인 이유, 귤을 담을 때 주황색 망에 담는 이유, 여름에는 흰색, 겨울에는 검정 티셔츠 입는 이유 등 빛의 반사와 굴절에 대한 이야기를 나누었다.

"배추를 주황색에 담으면 이상한 느낌이 들 것 같아요."
"집 조명을 눈으로 보면 환한데, 카메라로 보면 검정색이 나와 신기했어요."
"폭포를 보러 갔는데 물이 닿는 부분에 무지개가 보였어요."
"여름에 경험해 본 건데 흰색 차가 검정색 차보다 덜 뜨거운 느낌이 들었어요."
"TV에서 야구선수가 얼굴에 검정색 물감을 칠한 것을 봤어요. 햇빛 차단해 주는 거래요."
"양파는 빨간 망에 담는 것이 확실히 신선해 보여요. 파란 망에 담는 것보다요."
"실제로 자동차 영상을 봤는데 파란 차가 더 멀리 있는 것 같았는데."
"오렌지를 마트에서 샀는데 집에서 초록색 망에 넣어 보니 진짜 먹기가 싫어졌어요. (진짜인지?)"
"집에서 거울을 들고 돌리고 있는데, 갑자기 거울을 따라 빛이 움직이는 장면이 보였어요."
"무지개를 보러 갔는데 비가 오니까 더 진해 보였어요."
"초록색 접시에 귤을 담는 것과 빨간색 접시에 담는 것 중에 빨간색 접시가 더 맛있어 보일 거 같은데요."
"빨간 음식을 먹을 때 파란 색안경을 쓰고 보면 음식이 맛없게 보일 거 같아요."

국어시간에 또 다른 추리문제를 풀어 보았다.

〈사방이 꽉 막힌 방에 단 두 개의 문이 있다. 1번 문 뒤에는 '3일 동안 음식을 먹지 못한 굶주린 사자'가 기다리고 있었다. 2번 문 뒤에는 '뜨거운 태양열 때문에 몇 초면 당신을 죽일 수 있는 높은 온도의 크고 긴 유리터널'이 있다.〉

"2번으로요. 밤에 가면 됩니다."
"사자를 유인해서 유리터널로 보내 죽게 하고 사자가 있던 문으로 나가요."
"3일 굶주린 사자는 기력이 없을 거 같은데. 그냥 1번으로 가서 싸워요."
"일단 2번 방을 열고 1번 방문을 열어요. 1번 방 문 뒤에 숨고, 사자가 2번 방 쪽으로 갈 때 1번으로 가요."
"사자를 타고 도망 다녀요. 1번으로 가요."
"1번은 죽을 수 있다고 안 했는데, 2번은 죽을 수 있다고 했으니 1번에 한 표요."
"사자랑 싸워 이길 가능성은 조금이라도 있지만 뜨거운 것은 못 버틸 것 같아요."
"그냥 안 나가고 기다리면 이길 것 같아요. 참고 또 참고 그러면 방법이 나올 것 같아요."
"제갈공명을 불러서 물어봐야겠어요."

## 6월 5일 수요일

 아침에 아이들이 말벌을 잡았다고 한다. 사실이라면 큰일 날 뻔한지라 절대 말벌 만지지 말라고 했다. 하지만 지금은 말벌 침 빼서 말벌이 거의 죽어 가고 있단다. 이때쯤 뭔가 좀 의심이 되었지만 일단 말벌 보여 달라고 했다. 상자 같은 걸 꺼낸다. 나더러 열어 보라는데 아직 말벌이 살아 있다며 조심하란다. 열자마자 "윙~" 하는 소리가 난다. 말벌이 나올까 사실 좀 놀랐다는. 사실인즉 우리 반 아이들과 선생님에게 몰래카메라 하려고 고무줄과 링을 말아 날개 소리 내는 장치를 만들었다고 한다. 메이커부 활동의 일상화인지. 파닥거리는 긴 소리가 인상 깊었다.

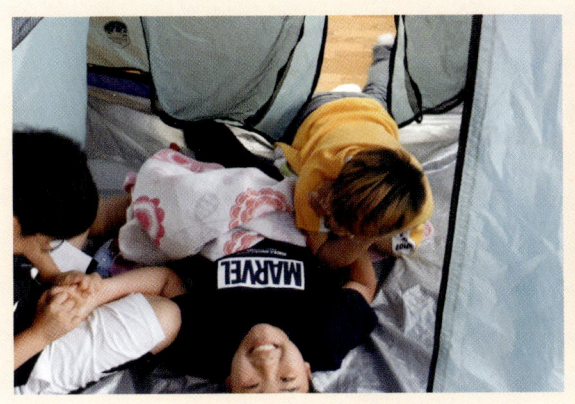 

 아이들은 뒤쪽에서 스탠딩 파티를 하고 있단다. 아이들의 장난스러운 표정이며 큰 손동작이 파티 치고는 과해 보인다. 총 쏘는 자세를 취하며 주말에 같이 게임하기로 했다는 둥, 농구 이야기할 때 머리를 맞춰도 된다는 둥, 마법천자문에 나오는 마법을 우리 반에 적용시키고 싶다는 둥.

 오늘 수학 단원평가가 있다. 1교시에 시험 보기로 한다. 시험지는 네 가지 색으로 준비했다. 하양, 파랑, 노랑, 보라 시험지~ 그냥 재미있으라고 했지만 시험지 고르느라 몇 분을 보낸 듯하다.
 "시험지 색 때문에 심신이 더 혼란스러워서 집중이 안 돼요."
 "시험시간에 우리 반에 무슨 일이 터졌으면 좋겠어요."

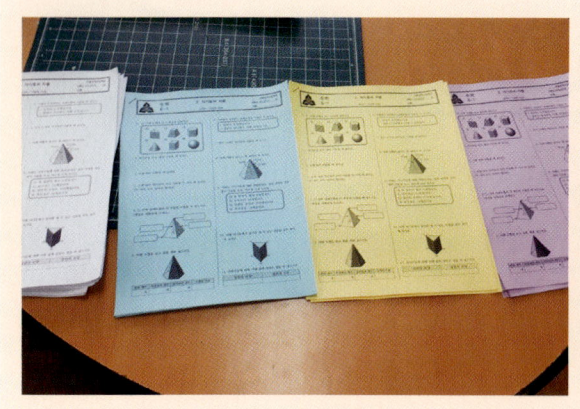 

그때 내 책상이 삐거덕 소리를 내며 기울기 시작한다. 나사가 하나 풀렸나? 괜찮겠지 하며 보강 공사를 일단 한다. 아이들도 한번 쳐다보더니 그냥 시험을 본다. 아무 일이 없다는 듯이. 한 녀석은 시험보다 나와 책상 위의 젤리가 걱정된다며 먼저 대피시키는 지혜로움을 발휘한다. 한참 있다 보니 갑자기 책상이 주저앉는다. 행정실에 연락하고 일단 보조 책상은 떼어 낸다.

어제 활을 2개 교실에 가져다 놓았더니 남자아이들이 과녁판을 그린다. 10분 쉬는 시간이다. 7분을 과녁판 그리기에 그리고 3분을 활쏘기에 쓴다. 칠판이라 잘 달라붙지는 않지만 민준이는 한 방에 5점 한복판에 맞힌다. 준혁이는 1점. 생애 첫 발을 그렇게 쐈단다.

여자아이들은 마시멜로 액괴를 가지고 왔다. 향기가 너무 좋다며 맡아 보라고 했는데, 사실 별로라고 했더니 어른은 역시 아이들 마음을 모른다며 들고 가버린다. 정말 이상한 화학약품 냄새가 많이 났는데…. 말로는 긍정적으로 반응할 걸 그랬다.

쉬는 시간에 어제 U-20 축구 경기 하이라이트를 틀어 주었다. 32분! 골대의 선방으로 기적적으로 막는 장면에서는 "잘했다. 골대!"라며 박수 치고 나름 실황 응원 모드다. 시험 보고 이런 하이라이트 축구 5분 보는 건 참 서로 기분 전환도 되고 상쾌하다. 여자아이들 반응도 웃기고.

"근데 저 키 큰 애 누구냐?"
"흰색이 우리나라야? 왜 빨강색 아니지."
"우리 팀 졌어?"
"저거 우리나라에서 하는 거야?"
"아침인데 지금 축구 하는 거야?"
"폴란드에서 했어. 어젯밤에."

체육팀 밸런스가 안 맞는다 해서 오늘 팀을 바꾸었다. 시험을 보고 설탕팀과 소금팀으로 재편성. 설탕팀은 상진이를, 소금팀은 연수를 팀장으로 임명한다. 아이들은 상진이를 사탕수수팀장으로, 연수를 천일염팀장으로 부른다.

**설탕팀:** 김민준, 김상진(사탕수수팀장), 방준혁, 윤준호, 이서준, 황승은, 황태윤, 전륜경, 박경란, 신은비
**소금팀:** 강인해, 박준우, 양연수(천일염팀장), 임현민, 최영민, 한지윤, 최백하, 이효은, 배규현, 김주희

한 녀석은 말한다.
"저는 왜 에이스 영민이랑 같은 팀이 매번 안 되는 거죠?"
"너도 다음가는 에이스잖아."

"선생님. 학년 육상대회 하는 데 총 얼마나 걸려요?"
예상시간을 물어보는데 대략 1~2시간이라고 했더니 학원 빠질 수 있다며 진심 좋아한다.
"근데 2등 안에 들면 학교대표로 교육청대회 나가야 되죠? 일부러 천천히 뛰어도 돼요? 난 3등 하고 싶다."
나가고 안 나가고는 본인의 선택이라고 했지만 대부분 나가라고 강요한단다. 맞는 말인 듯하기도 하고. 강요와 안내는 받아들이는 사람 마음이니.

오늘 냉장고 전원이 꺼져 있었나 보다. 얼려 놓았던 쭈쭈바, 우리의 희망 JJB가 전부 녹아 버렸다. 분명 오늘 주기로 약속했었는데. 지난번에 먹다 남은 제주감귤주스를 마저 먹기로 한다. 냉장고가 꺼져 있어 그 시원함은 없지만 맛있게 마셔 준다. 양적 평등을 위해 종이컵에 1차로 따르고 개인 물통에 옮겨 담는다. 첫 번째 아이가 종이컵에 찰랑찰랑일 정도로 가득 담은지라 뒤에서 보던 아이들도 마찬가지로 한다. 천천히 개인 컵에 옮긴다. 시간이 길어지고 줄도 늘어진다. 음료수 한 잔 마시는 지난한 과정이다.

주희는 4교시 후에 여수 아빠 회사로 체험학습 간다고 조퇴를 했다. 아이들이 어디에 가냐고 물어본다. 주희가 여수에 가는 걸 아는 여자아이들이 '여수 밤바다' 멜로디로 노래하는데.
"근데 너희가 어떻게 이 노래를 안다냐?"

수학시간에 백분율을 생활 속에서 활용해 보기로 했다.
"돼지열병에 걸리면 100% 죽는대."
"나의 핸드폰 배터리 1% 남았어."
"10년 후에 개인 컴퓨터가 사라질 가능성은 50%야."

"돼지가 수영을 잘해서 돼지열병이 전염된다는 게 맞아요? 돼지 수영하는 거 좀 보여 주세요."
유튜브에 들어가서 돼지 수영을 검색하니 제법 동영상이 많다. 바하마의 야생 돼지는 바다 수영을 즐기고 있다. 수영에 지치면 일광욕도 한단다.
"아! 귀여워. 강아지 같아."
염소 구하는 돼지 동영상도 있다.
"아! 귀여워. 키우고 싶어요."
내장 부력으로 수영을 잘한다는 설명이 있었는데 내가 내장을 순대로 잘못 말해 의도치 않게 한바탕 웃겨 버렸다.

비율 단원 수행평가는 백분율을 활용한 스토리텔링을 하기로 했다. 저마다 사연이 담긴 따뜻한 이야기이다. 시험 시작이다.
"오늘 수학시험 두 개네요. 단원평가, 수행평가."

〈지윤〉
- 내가 사회시험을 망할 확률 100%
- 내가 오늘 영어 학원을 갈 확률 0%
- 내일(6/6) 학교에 올 확률 0%
- 오늘 핸드폰이 꺼질 확률 50%
- 내일 핸드폰 케이스가 올 확률 10%

〈○○〉
꿈을 꿨는데 나는 사회시험을 보고 있다. 사회시험 50문제 중 5문제밖에 못 풀었다. 꿈에서 깨고 현실에서도 5문제밖에 못 풀었다. 그래서 내가 엄마한테 맞을 확률은 70%이다. 집으로 들어가며 치밀한 계획을 짰지만 다행히 집에 엄마가 없었다. 다행이라 생각했지만 화장실에서 나오는 엄마!

⟨준호⟩
저번 주 주말에 이마트에 갔다. 나는 마트 가는 게 왠지 모르게 좋다. 엄마가 오늘은 고기를 먹자고 해서 고기가 있는 코너에 갔다. 난 소고기가 정말 먹고 싶어서 엄마한테 소고기를 먹자고 했다. 소고기를 먹은 지 오래 되기도 했고 그저께가 엄마 월급날이어서 엄마가 소고기를 사줄 확률은 60%였다. 그 때 딱 엄마가 소고기를 카트에 넣으셨다. 근데 호주산이었다.

⟨서준(핸드폰의 비밀)⟩
그날은 어린이날이었다. 내가 게임을 하루 종일 할 수 있는 날! 오후 3시 내가 그날 게임 할 것을 다짐한 시간이었다. 나는 100% 충전 만땅짜리 폰을 들었다. 가볍게 잠금을 해제한 후 브롤을 켰다. 빠바바밤 빠바밤. 경쾌한 음악과 메인화면이 켜진다. 쇼다운 6판 정도를 돌렸다. 10분쯤 지났을까 98%. 수시로 배터리 확인은 필수다. 좋아! 이정도면 기본 4시간 확보군. 편하게 게임을 하다가 40분 뒤 배터리를 확인했다. 78%가 되어 있어야 했다. 아니!!! 21% 남았다. 더 하다 보니 4%가 되었다. 15분 버틴 거 실화?

⟨상진⟩
오늘 체육이 있다. 먼저 비가 올 확률을 봐야겠다. 오늘 1시에 비가 올 확률은 20%였다. 그런데 미세먼지 농도가 현재 나쁨이었다. 1시에 나쁨일 확률이 60%였다. 이러다 체육을 놓치는 건 아닌지 걱정이 되었다. 체육을 다행히 하고 들어온 후 주스를 마셨다. 그런데 몇몇 친구들은 종이컵에 99%를 따라서 먹었다. 나도 그러고 싶었지만 95%만 마셨다.

⟨승은⟩
- 오늘 학원이 끝나고 저녁이 되었을 때 내 체력이 바닥이 날 확률이 100%
- 그리고 집에 가서 강아지와 놀 확률은 100%
- 오늘 밤에 학원 숙제 할 확률은 65%
- 일찍 잘 확률은 40%인거 같다.

⟨인해⟩
학원에서 시험을 봤다. 시험지가 무려 4장이었다. 시험지마다 30번까지 있었다. 다 풀었다. 잘 본 것 같다. 90% 정도 풀었다. 몇 점일지.

⟨경란⟩
- 내일 현충일은 집 앞에 태극기를 달 것이다. 50%
- 내일 집에 나 혼자 남아있을 확률은 95%

⟨민준⟩
- 내일 햄도리랑 놀 확률은 100%
- 내 핸드폰 배터리가 5% 남았다.
- 내일 JJB를 먹을 확률 180%(?)

〈효은〉
- 오늘 캠핑장에서 가서 숙제를 할 가능성은 50%
- 내가 우유 상자를 가져다 놓을 가능성은 100%
- 이도건 선생님이 금요일날 JJB를 1개 주실 가능성은 100%. 왜냐? 목요일은 학교에 안 오니 목요일에 먹어야 할 JJB 반 개를 금요일에 먹어야 하기 때문이다.

〈준혁〉
- 내일 특별한 곳을 갈 확률: 10%. 내일 쉬는 날인지 모르고 계획을 안 세워서.
- 오늘 집에서 JJB를 먹을 확률: 100%. 내가 JJB를 좋아하고 집에 JJB를 사 놓아서.

〈규현〉
- 우리 반에 전학생이 올 가능성 80%
- 다음 주에 학급온도계 350도 돌파해서 체육을 할 가능성 90%
- 이도건 선생님이 삭발을 할 가능성 70%
- 이도건 선생님이 잘생겼다고 생각하는 사람이 못생겼다고 생각하는 사람보다 많을 가능성 0.1%

〈○○〉
- 대형상자를 까 전설이 나올 확률은 0.1%

〈영민〉
- 피파4를 하다가 기적적으로 선수 강화에 성공해서 1억짜리 선수를 얻었다. 그래서 그 선수를 팔았더니 수수료 40%. 4000만 원을 떼어갔다. 그래서 6000만 원만 받았다.
- 라면을 끓일 때는 스프의 70% 정도만 넣어야 짜지 않다.
- 담배를 펴서 후두암에 걸리면 치사율이 32%이다.

〈류경〉
필통 가격이 10000원인데 10% 할인해서 9000원에 샀다.

〈은비〉
- 내일 학교에 안 올 확률은 100%
- 오늘 엄마가 학원 빠지라고 말할 가능성은 15%
- 양연수가 쉬는 시간마다 피아노를 칠 확률은 60%
- 내 생일날 생일파티를 할 가능성은 5%
- 엄마가 마카롱을 권유할 확률은 1%
- 선생님이 우릴 좋아하는 확률은 99%(아직 1% 부족)

〈연수〉
- 내가 쉬는 시간에 피아노를 칠 확률은 90%
- 선생님이 30대일 확률은 0%

〈현민〉
며칠 동안 논술책을 안 읽다가 어제 읽기 시작했다. 근데 오늘은 집중이 안 되어서 대충대충 읽었다. 논술시간에 선생님께서 질문하셨을 때 몰라서 가만히 있었다. 이 사실을 알면 엄마가 화낼 가능성 70%(가상 상황)

〈○○〉
오늘 토요일인데 방과후 보충이 있다. 정말 가기 싫었다. 하지만 엄마의 잔소리에 어쩔 수 없이 나왔다. 가다가 친구가 놀자고 해서 고민을 하다가 땡땡이 치고 놀았다. 방과후 같이 하던 친구가 선생님이 엄마한테 전화했다고 했다. 엄마가 방과후 다 끊어버릴 가능성 85%.

 **6월 7일 금요일**

아침에 비가 조금 오는데 우산을 안 쓰고 등교하는 아이들을 만났다. 같이 쓰고 가자고 했더니 우산은 가방에 있단다. 왜 우산을 안 꺼내는지 모르겠지만 나름 촉촉한 감성이 느껴지는 비에 젖은 풍경이다. 오늘 6교시에 사회 단원평가가 있다. 오자마자 아이들이 모여 공부하는 모습이다. 사회 선생님은 50문제를 내겠다고 예고했단다.

"전 어제 학교 왔는데 어떤 할아버지가 문 열어 줘서 다행히 사회책 가지고 갔어요. 근데 공부는 별로 안 했어요."
"난 어려운 문제 5개보다 쉬운 문제 20개가 나아."
"정치, 이게 원만하게 해결되는 거 맞지?"
"아! 졸리고 배고프다. 뭐 먹을 거 없나?"
"보건복지부 설명할 때 국민의 건강을 지키는 부라고 써도 맞아요?"
"난 역사단원이 더 쉬웠어. 정치단원은 이거 이해가 1도 안 돼. 공청회, 민주화운동."
"이명박 대통령. 그거 그거 회사 있잖아요. 이상한 회사? 선생님, 그거 이름이 뭐예요?"
아무 말도 할 수 없었다.
"헌법 재판소가 뭐야? 헌법 재판하는 곳이라고 쓰면 되나?"
"얘들아, 오늘 사회는 단원평가고 음악은 수행평가야. 우리 둘 다 잘하자."

"오늘 비도 오는데 리코더 소리가 되게 센치할 것 같아."

보건수업시간에 출산에 대해 배웠나 보다. 선생님께서 본인의 출생에 대해 부모님과 이야기를 나누어 보는 과제를 내 주셨나 보다.
"난 자연분만이래. 그냥 쑥 나왔다는데."
"우리 엄마는 나 낳을 때 죽을 뻔했다는데."
"엄마 배를 봤는데 제왕절개한 흔적이 보였어."
이들 모두가 집에서는 얼마나 소중한 보물들일까.

국어시간이다. 우리나라의 궁에 대해 설명하는 글이 나온다. 역시 규장각이 별명인 규현이 이름도 빠지지 않고 들린다. 경복궁에 대해 읽고 아빠를 만나러 온 공주님이 경도놀이(경찰과 도둑 술래잡기)하는 모습도 상상하고 아빠인 왕과 말다툼하며 공부하기 싫다는 장면도 꾸며 본다. 경복궁 수라간을 복원할 거라고 하는데 그 완공 후의 모습도 이야기한다.
"경복궁에서 공주가 정말 술래잡기 했을까? 궁녀들이 힘들었겠다."
"근데 정말 궁금한데. 공주가 잘못하면 왕비한테 혼났을까? 아빠한테 혼났을까? 난 아빠한테 혼나는 게 훨씬 좋은데."
"근데 수라간에서 고기 구워서 왕한테 가면 식어서 맛이 없지 않나?"
"임금님 옆에 숯불이 있어서 다시 따뜻하게 해서 먹으면 되잖아."
"근데 다시 데우면 수분이 날아가서 맛이 없는데."

여자아이들이 재미있는 말리듬을 만들었다. 오늘 현장체험학습으로 부산으로 간 승은이 이름이 나온다.
"주희 어디 갔어요?"
"여수 밤바다!"
"승은이 어디 갔어요?"
"부산 밤바다!"
"선생님 어디 갔어요?"
"4층 화장실!"

오랜만에 마카로니 과자를 나눠 먹었다. 며칠 비가 오더니 과자가 눅눅해졌다는 평이다.
"많이들 먹어라."
한 주먹, 아니 두 손으로 만든 거대한 그물에 마카로니를 가득 담는다. 종이컵 하나만 빌려 달라고 말하자마자 고맙습니다 하고 그냥 꺼내 가는 녀석도 있고. 역시 마카로니에는 우유라며 운치 있게 곁들인다. 한 녀석은 감귤주스 남은 걸 마시겠단다. 그걸 들은 몇몇이 줄을 선다. 얼마 남지 않은지라 컵에 안 따르고 입으로 곧장 댄다. 다 마실 기세지만 내 자리 옆에 쏟고 말았다. 입 안 대고 한꺼번에 페트병을 기울여 참사가 났다. 뒤에 기다리던 륜경이에게 거의 안 남겨 주려 욕심을 부렸단다. 하지만 이들의 우정은 보기보다 끈적끈적하단다.

5교시 미술시간에 탱탱볼 만들기를 했다. 붕산 농도 조절 실패로 바로 굳어 버린다. 실패! 대실패! 아이들도 "이게 뭐야"라며 실망한다. 예전에 했을 때는 잘 되었는데 이상하게 오늘은 뭐가 문제인지. 그래도 아이들은 긍정적이다. 칼과 가위를 가지고 이상한 모양으로 굳어 버린 탱탱볼을 정밀하게 가다듬고 있다. 결국 둥글게 만드는 데 성공이다. 남은 시간은 자유시간을 주었다. 말 그대로 자유시간이지만 두 녀석은 6교시 사회시험 예상지를 마주 보며 '우리 데이트하고 있다'며 방해하지 말란다.

6교시에 사회시험을 본다. 너무나 조용하다. 이 팽팽한 텐션의 현장. 연필 또각 소리만 들린다. 50문제의 위력이 대단한 듯.

오늘 내 USB를 잃어버렸다. 분명히 가방에 넣어 두었는데 아무리 찾아도 없다. 오늘 쓰레기통이랑 폐지를 버리는 날인지라 우리 반 쓰레기통도 비어 있다. 6교시 수업 끝나고 일단 쓰레기통을 버린 은비랑 같이 분리수거장으로 갔다. 단단히 묶여 있는 100L짜리 봉투의 압박 그리고 그 옆에 수북이 쌓여 있는 폐지 더미. 다 쏟아서 찾아볼까 했지만 뒷감당이 안 될 것 같아 포기하기로 했다.

# 6월 10일 월요일

아이들이 등교하자마자 사물함에 가더니 액괴컵을 꺼내 내용물을 확인한다.

"이게 왜 녹아 있지? 전부 녹아 있어요. 교실이 왜 이렇게 뜨거워요? 아! 정말."

액괴가 완전히 녹아 있나 보다.

"선생님, 근데 저 이제 액괴 끊었다요?"

"정말 잘했다. 근데 이 액괴는 뭐냐?"

"엄마 앞에서만 끊었어요. 몰래 몰래 해요."

우리 반 여자아이들이 모여 우정을 상징하는 펜을 샀다고 한다. 똥 나오는 변기 모양의 펜. 한참을 자랑하고 들어간다. 아침에 수학숙제를 못 한 녀석들이 일찍 등교한다. 오자마자 액괴랑 수학책을 동시에 꺼낸다. 문제를 풀며 액괴를 만지작거리고 있다. 두 문제 정도 풀다가 옷에 액괴가 묻었단다. 옷에 묻은 액괴를 닦아 내느라 난리 통이다. 결국 화장실에 가서 옷을 빨고 오겠단다.

오늘 비가 내리는지라 우산으로 인한 소란도 많다. 우산꽂이 근처에서 물이 흥건해 미끄러졌다는 녀석. 허리가 너무 아프단다. 한 녀석은 계단을 올라오다 앞에 가던 아이가 우산을 돌려서 한 대 맞았단다.

"범인 좀 찾아 주세요. 검정색 우산인데요, 누군지는 모르겠어요."

하필 왜 검정색 우산인지.

"아이고, 다친 데도 없는데, 그냥 참고 넘어가면 안 될까?"

띠그래프 알아보는 시간이다. 가공되지 않은 원자료와 표와 그래프의 관계를 비유적으로 표현했는데 나름 뿌듯하다. 원자료는 생고기, 표는 미디엄, 그래프는 웰던. 아이들도 재미있는 비유라고 칭찬을 해 준다. 수학시간에 요즘 유행하는 '그래프로 보는 유튜브 채널' 중 몇 개를 아이들과 보고 과제도 내 주었다. 본인이 관심 있는 그래프를 찾아보고 그래프를 해석해 오는 과제이다.

오늘 본 그래프 중에는, 그래프로 보는 국내 편의점 점포수 순위 변화(1989~2019), 그래프로 보는 연도별 아기 이름 인기 순위(1945~2019), 그래프로 보는 TOP 20 축구를 가장 잘하는 나라(피파 세계 랭킹 2007~2019)가 재미있었단다.

중간놀이시간에 노는 아이들이 별로 없다. 리코더 수행평가를 다음 주에 본다고 했더니 모여 앉아서 리코더 연습을 하고 있다. '예쁘게 소리 내기가 왜 이렇게 어렵냐'는 한숨 쉬는 소리도 들린다. 리코더 불다가 'mp'라고 적힌 부분을 물으러 나온다. '살살'이라고 답했더니 "조금 여리게 아니에요?"라고 되묻는다. 알면서! 음악시간에 리코더 연습을 하고 리코더 에이스 주희가 독주를 한다. 정말 잘 불렀다. 하지만 역시나 태클을 거는 녀석도 있다.
"주희 거는 바로크식이라서 더 잘 불리는 것 같아요. 독일식은 소리가 덜 나요."
"너도 바로크식으로 불어 볼래?"
"저는 독일 축구를 좋아해서 독일식으로 불래요."

리코더 연주는 음이 뚝뚝 끊긴다. 여전히 운지법도 텅잉도 안 된다. 이들을 어쩌리요. 이 녀석들은 리코더가 세상에서 제일 싫단다. 그냥 악기보다는 노래 부르고 싶단다. 이럴 때는 기본 기능을 기계적으로 연습시켜야 할지 그냥 편하게 자신의 감성대로 표현하게 내버려 둘지 갈등이 생긴다. 그나저나 리코더는 학년 공용이 많다. 학년 전체적으로 음악이 든 월요일은 리코더를 돌려쓰는지라 화장실에서 리코더 씻는 장면이 자주 목격된다.

 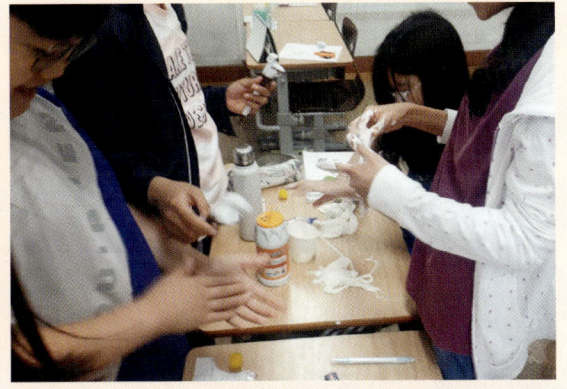

요즘 아이들의 다툼도 많고 내 컨디션도 좋지 않고. 4교시에 30여 분 혼자 설교를 하고 말았다. 아이들에게 존경까지 받고 싶지는 않지만 존중해 주지 않는 아이들이 야속했나 보다. 쓰레기통 비우기, 칠판 지우기, 창틀 먼지, 청소할 때 가방 메고 하는 것, 우유상자 안 버리기, 일기 미제출, 학습과제 미제출 등 한번 터진 잔소리가 끝없이 나왔다.
"학원에서 숙제 안 해오면 어떻게 하지?"

"5점 감점해요."

"보강해요."

"기록했다가 엄마한테 전화해요."

"근데 왜 학교 숙제는 안 해오냐? 똑같이 해줄까?"

5분만 하고 끝내려고 했는데 그동안 참았던 감정의 찌꺼기들이 한꺼번에 터져 나온다. 혼나고 났더니 점심 먹은 게 토할 것 같다는 녀석도 있다. 설교 중 내 핸드폰 벨이 울린다. 얼른 껐지만 분위기가 애매해진다. 아이들과 선생님의 핸드폰은 똑같이 꺼져 있어야 한다는 한 녀석의 말이 순간 떠오른다.

5교시는 수학으로 꽉꽉 한 시간 채웠다. 그냥 설명하고 문제 풀고 또 설명하고 문제 풀고 그렇게 보냈다. 6교시에는 아이들 기분도 풀어줄 겸 실내게임을 하기로 했다. 비가 안 왔으면 당연히 운동장으로 나갔겠지만. 아이들도 감정의 찌꺼기가 남아 있는지 그렇게 마냥 좋아하는 표정은 아니다. 그렇게 혼냈으니 어쩌면 당연하리라.

설탕팀과 소금팀의 대결이다. 9개 종목 중 하나를 골라 미션을 완수하는 경기이다. 총 시간 합계로 승부를 내기로 했다.

1. 공 5회 주고받기 2명
2. 제기차기 1명 2회
3. 팔굽혀펴기 1명 3회
4. 야구 1명, 1안타 치기
5. 농구 1명, 1골 넣기
6. 축구 1명, 공 차서 노란 박스에 넣기
7. 다트 1명, 작은 동그라미를 맞추기
8. 활쏘기 1명, 동그라미에 넣기 (화살은 안 붙어도 됨.)
9. 머리 위로 공 던지고 한 바퀴 돌고 잡기 1명, 1회

    사탕수수팀장과 천일염팀장에게 역할을 팀원들과 나누어 보라고 했다. 3분 남짓 지나자 얼추 아이들이 종목별로 배치가 된다. 연습을 조금 하고 실전이다. 공 주고받기는 비교적 쉬운 미션이지만 은비, 륜경이는 한 번을 남기고 실패한다. 영민이는 평소 축구를 즐기지만 박스에 공 차서 넣기가 어려운가 보다. 고개를 절레절레 흔든다. 농구 대표 선수 주희는 너무 높게 던졌으나 천장에 맞고 원쿠션 골인. 민준이는 연습 때는 활을 과녁에 다 맞추더니 실전에서는 역시 긴장되나 보다. 살짝 빗나간다. 1차전은 설탕팀 2분 55초, 소금팀 2분. 2차전은 설탕팀 1분 55초, 소금팀 1분 20초. 점점 기록이 좋아진다.

"연습 때는 그렇게 잘 들어가더니. 왜 안 들어갈까. 정말 넣고 싶다."

"나도 나도. 나 정말 지금 간절한 마음임."

 **6월 11일 화요일**

    아침에 교무실 들러 택배를 들고 오는 길에 등교하던 준우, 현민이를 만났다. 계단으로 가던 아이들이 후진해서 엘리베이터 앞으로 온다. 녀석들은 운 좋게 같이 엘리베이터를 타고 왔다. 오자마자 택배를 뜯고 남은 에어캡슐을 달라고 한다. 둘이 앉아서 터트리는 모습이 얼마나 재미있어 보이던지. 한 녀석은 아침에 오자마자 우유를 마신다. 날씨가 더워져 금방 상한다며 마시는데. 2교시 전까지는 괜찮은데 지나친 조심성 같기도 하다.

"1학년 입학 백일 축하 떡이 왔어."

"이게 웬 떡이냐. 그냥 그릇에 담겨 있네. 포장 없이. 이건 실망인데."

"근데 우리가 먹은 비지떡이 맛있는데. (아직도 꿀떡인지 모르는 녀석 같다.)"
"값싼 것이 백일떡. 값싼 것이 백일떡."

"근데 너네 1학년 때 기억이 나냐?"
"저희가 1학년 100일일 때 중간고사 봤어요. (진짜?) 그리고 받아쓰기 100점 받았는데. 지금 양심적으로 말해서 사실 하나 틀렸어요."
"맞아. 그때 시험이 있었어. 중간고사였던 것 같은데. 시험 공부하느라 죽는 줄 알았어요."
"근데 문제는 2학기 고사도 있었어요."
"난 5년 전의 일인데 왜 이렇게 공감이 안 되지?"
"후배들은 시험 안 봐서 좋겠다. 얘네들은 아직 인생을 모를 나이지."
"아! 시험. 근데 우리 다음 주에 또 단원평가야."
아이들 대화가 웃겼다. 우유랑 같이 먹으라고 했더니 떡은 우유랑은 잘 안 어울린단다.

택배에 들어 있던 드라이아이스에 아이들이 몰려든다. 물을 부었더니 연기가 올라온다. 아~ 드라이아이스네. 이거 집에서 많이 해 봤는데. 정확히 1분 뒤에 관심 끝이다. 드라이아이스처럼 흩어진다.
"선생님 저 일기 써왔어요! 어디다 내요?"

오늘은 당당하게 어깨까지 펴면서 일기장을 펴서 보여 준다.

국어시간이다. 글에 나오는 낱말의 뜻을 유추하는 시간을 먼저 가졌다. 아이들이 역시나 한자어를 잘 이해하지 못한다. 다만 그냥 웃겨 주려는 아이도 보인다.

---

〈즉위식〉
- 왕을 선정해 주는 곳
- 왕은 결정되었고 왕위에 오르는 행사
- 무언가를 물려주는 일을 하는 것
- 왕에 오르는 것을 축하해 주는 기념식

〈단청〉
- 디자인
- 마루 쪽에 있는 살짝 무늬
- 제사를 지내는 곳
- 열매 이름
- 화려한 모양
- 뭔가 이름이 맛있어 보여서 왕이 즐겨 먹던 음식
- 청이니까 약간 과일을 청으로 만들어서 왕이 목 아플 때 먹는 목캔디. 청심환 같은 것에 단맛을 넣은 음식
- 이름이 다른 우물
- 상감기법 같은 도자기
- 포도청이랑 비슷할 것 같음

〈소용돌이〉
- 폭풍 비슷한 것
- 달팽이 모양 같은 것
- 스몰 사이즈 폭풍
- 빙빙 도는 바람
- 블랙홀
- 물이 도는 것
- 회오리 감자 모양 비슷한 것
- 그냥 바람 불 때 생기는 회오리
- 뉴스에서 볼 때 빙빙 돌며 빨려 들어갈 것 같은 느낌
- 무엇으로 인해 약간 자기가 하고 싶은 일이 이루어지지 않는 것

---

이어서 조선의 궁궐에 대한 글을 한 번 더 읽고 이야기를 나누었다. 한 녀석은 버킷리스트가 창덕궁 비원에서 악기 연주를 하는 거라고 한다. 제법 운치가 있다. 창경궁 이야기로 이어진다. 일제가 벚꽃을 심었으며 왕궁을 동물원, 식물원으로 바꾸었다는 이야기는 이제 아이들에게 익숙하다. 한 녀석이 묻는다.

"창경궁 동물원에서 키우던 거북이는 아직 살아 있겠네요? 그 애한테 역사 좀 물어봐야겠어요."

우리도 궁궐 전각 이름을 지어 보기로 했다. 아이들 이름을 다른 한자로 바꾸어 짓는데 의외로 재미있고 멋있다.

---

민(閔)준(晙)전(위문할 민, 밝을 준): 백성을 위로하고 그들에게 빛을 주는 곳
준(竣)호(虎)각(마칠 준, 호랑이 호): 호랑이처럼 완벽하게 일을 마치는 곳
영(寧)민(敏)궁(평안할 영, 재빠르다 민): 백성을 평안하게 하고 일을 신속하게 처리하는 곳
상(上)진(進)재(위 상, 나아갈 진): 항상 앞과 위를 보며 나아가는 곳
지(地)윤(淪)헌(땅 지, 물놀이 윤): 백성들과 물놀이할 수 있도록 앞에 연못이 있는 건물
승(勝)은(憖)당(이길 승, 괴로울 은): 괴로움을 이겨 내는 곳

---

며칠째 비가 내려 운동장에 못 내려갔던 아이들! 기다리고 기다리던 운동장 체육시간이다. 오늘은 족구를 하기로 한다. 일반 족구 규칙으로 하면 어려워 오늘은 마지막 스파이크 빼고는 손을 포함한 신체 모든 부분을 사용할 수 있도록 했다. 스파이크를 발로 하는 것 빼고는 지난번 배구랑 큰 차이가 없어져 버렸지만. 설탕팀, 소금팀으로 팀 이름을 지었더니 본인의 별명을 팀에 맞춰 다시 짓는다. 백설탕, 흑설탕, 염전, 핑크소금 등으로 자신을 불러 달란다. 족구를 시작하자 아이들이 다른 아이 차는 것을 보고 '계발'이란다. 불러서 혼내려니 '개발'은 아니라고 하는데. 한 녀석은 손으로 리시브를 해도 되는데 발로 받다가 멀리 날려 버린다.

"멋진 척 하지 마! 손 쓰라고."

"그리고 찰 사람은 마이를 외치라고."

하지만 "마이!" "마이!"를 외쳐도 아이들이 부딪히기도 한다. 륜경이는 정강이로 공을 받아 내는 센스. 하지만 다리가 너무 길어서 슬프다는 륜경이. 정강이가 좀 아파 보이지만 긴 다리가 부럽기만 하다. 발바닥으로 공을 받아 내는 녀석도 보인다. 남자아이들은 반페르시 놀이라며 헤딩을 한다. 역시 뚝배기 소리를 외치며.

바람이 제법 분다. 아이들이 워낙 바람 타령하길래 바람은 계산하는 게 아니라 이겨 내는 것이라고 했더니 그게 아니라 극복하는 거란다. 그게 그거 아닌가! 경기는 사실 좀 지루했다. 서브득점이 50% 이상이다.

서브를 못 받아 멀리 날아간 공을 주우러 가던 준혁이가 네트에 걸린다. 그래도 운동신경이 있는 녀석인지라 금세 균형을 잡는다. 여자아이들은 한 번만 발로 넘기는 게 목표라고 하는데 이게 쉽지 않다. 여자아이들은 "그냥 배구하면 안 돼요?"란다. 일단 못 넘겨도 괜찮으니 족구해 보라고 했다. 여자아이들은 세팍타크로의 아크로바틱한 동작이 많다. 문제는 공을 못 맞출 뿐.

    오늘 타악기는 진도가 상당히 많이 나갔다. 7채를 끝까지 연주하고 휘모리도 절반 이상을 했다. 은비는 손에 물집이 잡혔단다. 휘모리장단을 빠른 속도로 연습하니 물집이 잡혔나 보다. 타악기 연습이 끝나고 나니 주희도 까졌단다. 한바탕 북을 치고 점심 먹으러 간다. 식판에 수저로 오늘 배운 휘모리로 리듬을 타고 있다. 물건을 두드리는 것은 역시 전염성이 있다. 겉으로는 조용히 하라고 했지만 보기에는 좋다.

    점심 먹고 보건 금연캠페인 연습을 하고 있다. 남녀 모두 노래로 캠페인을 하는지라 합을 맞춰 본다. '치얼업'을 여자아이들이 노래 부른다. 남자아이들이 본인들 노래 부르다 말고 같이 따라 부른다. 남자아이들 캠페인이 잘 될지 슬슬 걱정이 된다. 담배보다 술이라며 말장난을 하고 있으니.

 **6월 12일 수요일**

아침에 한 녀석이 친구 이야기를 해준다.
"마음이 너무 아파서 걸음도 제대로 못 걷는대요."
"왜? 무슨 일인데."
"아빠가 핸드폰 락을 걸어 놔서요."
하지만 그 아이를 복도에서 만났다. 점프를 하며 강시처럼 뛰어다닌다. "핸드폰 못 쓰는 게 그렇게 충격이야?"라고 물었더니 뜀걸음을 멈추고 '오늘이 세상에서 제일 슬픈 날'이란다.

영민이는 새벽 세 시에 U-20 축구 경기를 라이브로 보고 왔단다. '네가 진정한 승리자'라며 축하해 주었다. 엄청난 이강인의 퍼포먼스. 또 다른 축구 경기! 어제 상암에 이란과의 경기를 보러 갔다 온 효은이가 응원도구를 학교에 가져왔다. 어제 국가대표, U-20 경기 하이라이트를 모두 보여 주었다. 아이들이 교

실에 걸린 태극기를 내려 흔들며 응원해 준다. 여자아이들이 U-20이 뭔지 물어보는데 남자아이들이 그것도 모르냐며 20살이라고만 대답해 준다.

"20살만 뛰는 거야? 신기하네."

우리 모두 결과를 알지만 "대~한민국"을 외친다. 이광연의 선방에 소리는 더 커진다. 오늘 태윤이가 돌아왔다. 긴 체험학습을 마치고 와서 그런지 약간 피곤해 보이기도 한다. 유럽에 다녀오더니 키가 더 커졌다는 한 녀석의 말.

'보이는 게 전부가 아니다'라는 주제로 1천 배 확대경을 사용해 어떤 사물인지 맞히는 게임을 했다. 지난번에는 우리 교실 물품과 내 머리카락으로 했지만 오늘은 좀 더 과학적인 소재를 사용해 공부하기로 한다. 일단 나뭇잎 세 개를 1천 배로 확대캡처해 아이들에게 실물과 확대사진을 매칭하도록 했다. 우리 아파트에서 따온 나뭇잎이라고 했더니 경비아저씨한테 혼난다는 경고 메시지도 보낸다.

아이들이 1천 배 확대경을 만지러 나온다. 일제히 피부과 의사로 빙의하여 자기 피부를 본다. 비명 소리도 들리고 내 피부가 왜 이러냐며 정말 병원 가봐야 한다며 소란을 피우는 녀석도 있다. 내 피부는 윤기가 난다며 피부미남이라는 녀석도. 한 아이는 머리카락을 확대시키며 말한다.

"저 엘라스틴 했어요."

이제 본론으로 돌아간다.

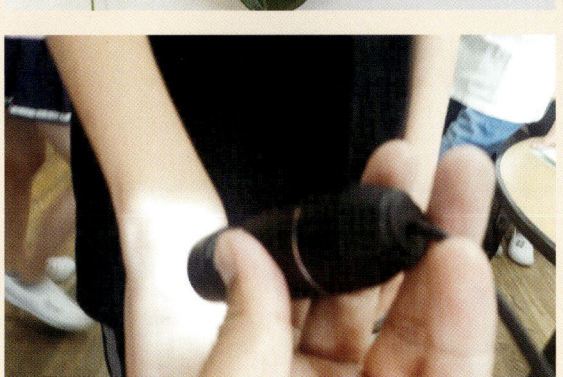

1번 나뭇잎 추론 근거: 확대사진에 돌기가 보이는데 만져 보니 오돌토돌하다. 문양이 많이 있다. 돌기가 촘촘해서. 나뭇잎의 결이 비슷해서.

2번 나뭇잎 추론 근거: 확대사진 표면이 부드러워 보이는데 실제로 만져 보니 부드럽다. 문양이 많이 없다. 돌기가 약하다. 윤기가 있어서.

3번 나뭇잎 추론 근거: 잎의 색이 연두색인데 확대사진으로도 유일하게 연두색이다. 색이 더 밝다. 색이 다르다. 육각형, 사각형 모양이 실제로 보였다.

여자아이들 금연송 가사가 완성되었나 보다. 금연송에서 노래할 파트를 나누고 있다. 진지하게 자신의 파트를 서로 옮겨 적고 댄스 표시도 한다.

매일 오르는 담배 값
이젠 담배 싫어 해줘
담배 값 낭비하긴 싫어
자꾸만 해 자꾸 자꾸만 해
폐가 펑 터질 것만 같아
몰라 몰라 숨도 못 쉰대
담배 땜에 힘들어
쿵 심장이 떨어진대 왜
내 몸이 너무 힘들대
담배 때문에 그렇대
아 아끼는 담배 펴서 미안해
친구가 권유해서 shy shy shy
몸아 아프게 해서 미안해
끝도록 노력할게 later
좀만 힘내 고칠 수 있을 거야
고치게 해줄게 Baby
사실은 좀 힘들어 내 맘 같지 않아
그래도 더 노력해줘
CHEER UP BABY
CHEER UP BABY

좀 더 힘을 내
담배에게 쉽게 몸을 주면 안 돼
그래야 니 몸이 더 건강하게 될걸
태연하게 그만할래 아무렇지 않게
금연하는 널 응원할게
just get it together
and then baby CHEER UP
딸기박하 여러 가지
맛이 있긴 한데
담배보다 사탕이 더
나을지도 몰라
매일 매일 담배 피는 것은
매력 없어
흡연 권유할 때
싫다 하는 것은 기본
어어어 너무 심했나 boy
이러다가 죽을까
걱정되긴 하고
어어어 안 그러면 내가 더
빠질 것만 같아 빠질 것만 같아
아 금연을 못해줘서 미안해

선배가 권유해서 shy shy shy
이제는 좀 금연을 해보자
열심히 노력할게
지켜봐줘 끝까지 해볼게
금연할게 내 몸아
빨리 빨리 할게
내가 널 기다려줄게
CHEER UP BABY
CHEER UP BABY
좀 더 힘을 내
담배에게 쉽게 몸을 주면 안 돼
그래야 니 몸이 더 건강하게 될걸
태연하게 그만할래 아무렇지 않게
금연하는 널 응원할게
just get it together
and then baby CHEER UP

활쏘기 놀이가 한창이다. 조심조심하라고 해도 과감하고 단호하다. 남자아이들은 최종병기 활이라며 더러운 이야기도 하지만. 우리 반 아이들을 보면 우리나라 사람들에게는 활을 잘 쏘는 유전자가 있나 보다. 정말 잘 쏜다.

수학시간에 4~6학년 때 배웠던 그래프 중 하나를 정해 그려 보기로 했다. 막대, 꺾은선, 띠, 원 그래프 중에 고르라고 했더니 거의 막대그래프가 많다. 비율을 따로 계산 안 해도 되고 그냥 그리기 쉬워서란다. 과제를 잘못 제시한 나의 잘못이리라.

"근데 제가 알고 있는 다른 그래프 그려도 돼요?"

"그럼. 인터넷에서 본 것 중에 상황에 맞는 것 있으면 그려도 돼."

| | |
|---|---|
| 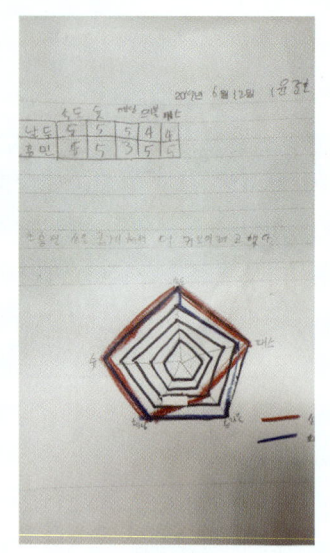 **준호:** 손흥민과 호날두의 슛, 속도, 패스, 헤딩, 드리블 능력치를 비교 | 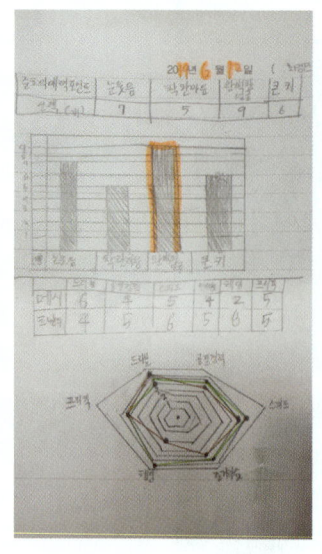 **영민:** 준호의 매력포인트를 눈웃음, 착한 마음, 완벽한 얼굴, 큰 키로 비교 |

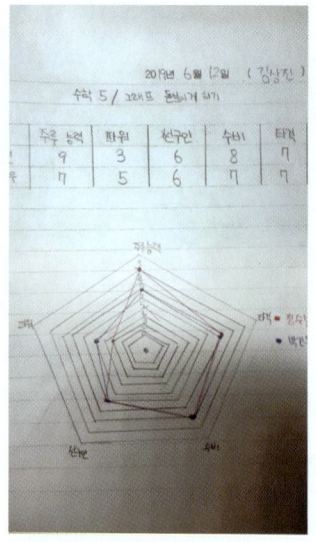

**상진:** 정수빈과 박건우의 주루 능력, 파워, 선구안, 수비, 타격 능력치를 비교

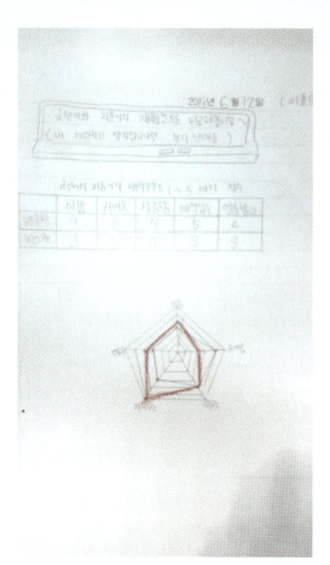

**효은:** 규현이와 지윤이의 매력포인트를 이쁨, 귀여움, 상큼함, 매력, 엉뚱함으로 비교

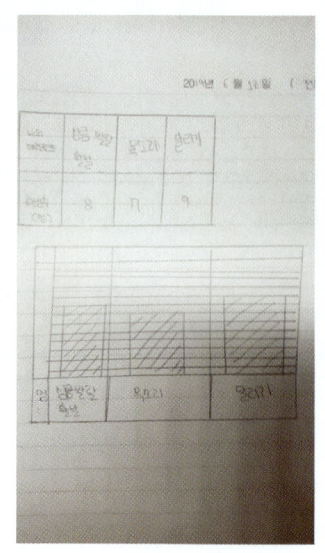

**륜경:** 나의 매력포인트를 상큼발랄활발, 목소리, 달리기로 나타냄

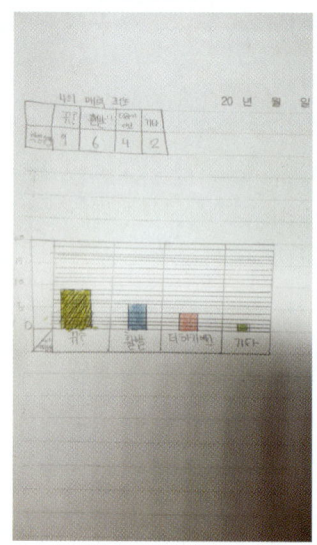

**규현:** 나의 매력포인트를 뀨, 활발, 더하기애교, 기타로 비교

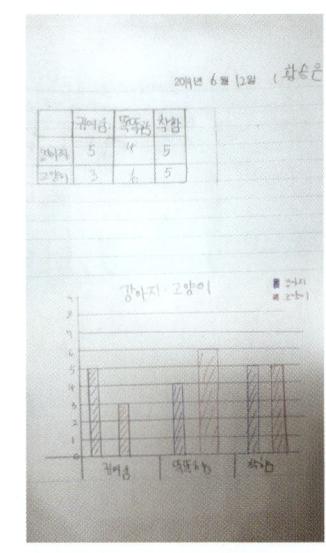

**승은:** 강아지와 고양이의 귀여움, 똑똑함, 착함 정도를 비교

**백하:** 가보고 싶은 중국 도시 상해, 남경, 북경, 심천 중 선호도

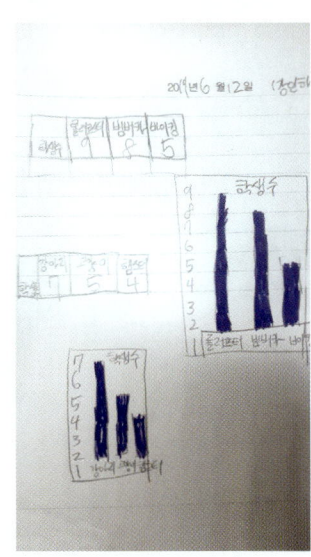

**인해:** 롤러코스터, 범퍼카, 바이킹 등 놀이기구 선호도

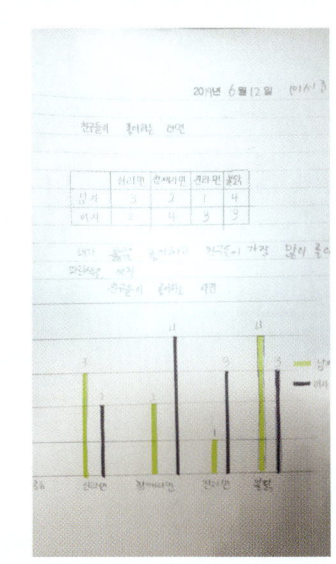

**서준:** 남자 여자별 아이들이 좋아하는 라면 분석(신라면, 참깨라면, 진라면, 불닭)

**준혁:** 아이들이 좋아하는 운동 분석(야구, 축구, 피구, 줄넘기)

**준우:** 서준이의 매력포인트(눈이 작다, 성격이 좋다, 잘 웃는다, 장난을 잘 받아준다, 키가 크다, 나와 잘 맞는다)

| | |
|---|---|
| 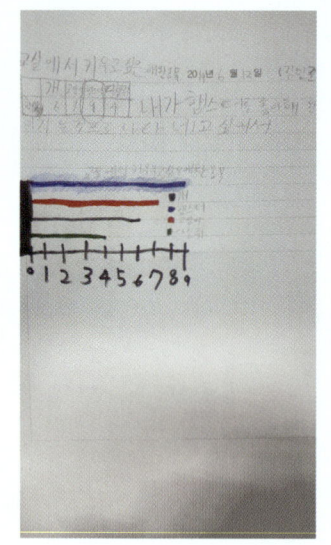<br>**민준:** 교실에서 키우고 싶은 애완동물(개, 고양이, 햄스터, 다람쥐) | 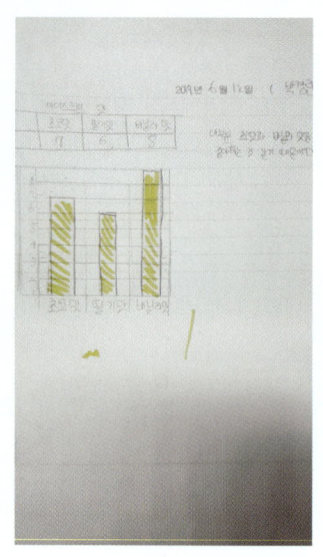<br>**경란:** 아이스크림 맛 선호도 (초코맛, 딸기맛, 바닐라맛) |
| 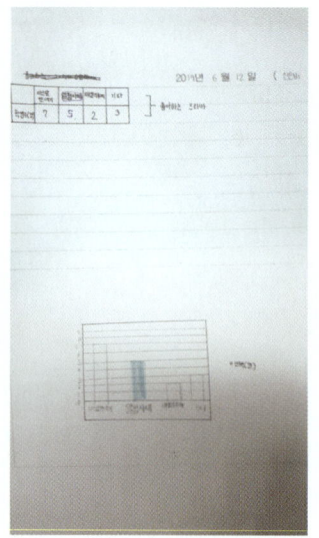<br>**은비:** 좋아하는 드라마(아스달 연대기, 열혈사제, 태양의 후예, 기타) | <br>**연수:** 선생님의 매력포인트(귀여움, 상큼함, 상냥함, 따뜻함) |
| <br>**현민:** 선생님의 매력포인트 (귀여움, 상큼함, 아재개그, 따뜻함) | 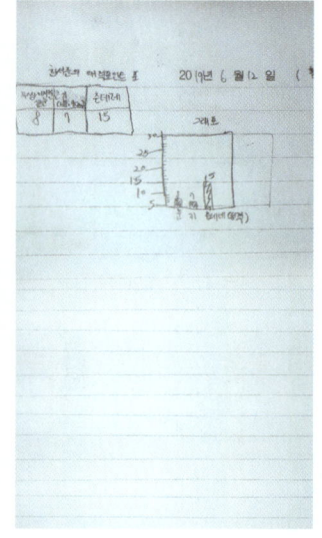<br>**태윤:** 한서준의 매력포인트 (무쌍이지만 큰 눈, 큰 키 188.7cm, 츤데레) |

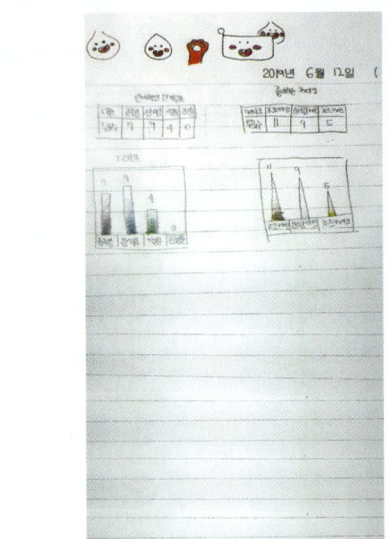 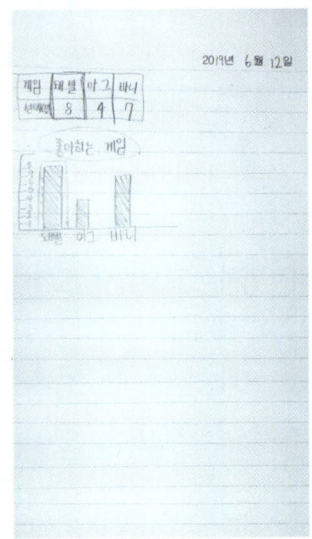

**지윤:** 연애혁명 인기투표(공주영, 왕지림, 이경우, 김병훈)

**주희:** 좋아하는 게임(돼발, 아그, 바니)

점심시간에 아이들이 자유투 게임을 하고 있다. 책상도 예쁘게 밀고서는. 백하가 초장거리 골을 넣는다.

## 6월 13일 목요일

어제 학년 육상대회 멀리뛰기 하는데 50분이나 기다렸다고 한다. 4학년부터 시작해서 학교 밖에 나가 슬러시를 사먹으면서 기다렸단다. 영민이는 출발신호가 나고 걷다시피 뛰다가 마지막 7발자국에서 힘껏 달렸단다. 붕 뜨고 착지하니 3미터 87센티미터. 착지하는 순간에 정말 기분이 좋았단다. 바로 결과를 안 알려 줘서 답답하다는데 이 정도 기록이면 우승 예감! 경란이에게도 멀리뛰기 후기를 물어보았더니 저는 상 받기는 힘들 것 같단다.

"넌 왜 우유 안 마셨냐? 이게 몇 개냐?"
우유 비교 전시회를 한다는 한 녀석. 3일치 우유를 모아 두고 우유의 변화를 관찰하고 있단다. 어제 것까지 화장실에 가서 버리고 오라고 했더니 죄송하다며 오늘 것까지 버리고 온다. 못 말린다.

중간놀이시간에 운동장에 나갔다. 탈출인지 탈옥인지 게임을 한다.

수학시간에 벽돌과 타일을 사용한 부피의 임의 단위에 대해 공부했다. 우리도 간단히 나만의 임의 단위로 만들어 보기로 했다.

- 가로, 세로, 높이가 2cm인 도형의 부피 = 1도건%
- 가로, 세로, 높이가 1km인 도형의 부피 = 10아사라비아
- 가로, 세로, 높이가 30cm인 도형의 부피 = 10아몰랑
- 가로, 세로, 높이가 5cm인 도형의 부피 = 1준호
- 5km 직선의 길이 = 1뿌직
- 50km 직선의 길이 = 1왕뿌직
- 내 손 길이 = 15꾸엑
- 륜경님의 목길이 24cm = 1긴목
- 내 손의 길이 15cm = 1영손
- 영민님 목길이 17cm = 1 영민목
- 50cm = 1효삐
- 13cm인 라면 면의 길이 = 1삼양라면
- 세 변의 길이가 모두 1m 삼각형의 넓이 = 1쉘리
- 가로, 세로 길이가 모두 1m 사각형 넓이 = 1니타
- 가로, 세로 길이가 26cm인 도형의 부피 = 1인해%
- 가로, 세로 30cm인 사각형의 넓이 = 1개구리
- 1km인 직선의 길이 = 1꼴뚜기
- 가로, 세로, 높이가 2cm인 도형의 부피 = 1문어
- 68cm = 1아브리
- 1000원 = 1꼬부기
- 10000원 = 1파이리
- 100원 = 1피카츄
- 1km = 1효은
- 길이가 1cm 선분으로 만든 오각별의 넓이 = 1효짜
- 가로, 세로 100cm인 직사각형의 넓이 = 1캴캴
- 1cm = 1뀨
- 1m = 1지윤
- 1km = 1왕자
- 1cm = 1구
- 1km = 2황태
- 1m = 8펙
- 가로, 세로 높이가 5cm인 도형의 부피 = 5볼록
- 1m인 곡선의 길이 = 1기러
- 길이가 2mm인 직선의 길이 = 2짤바
- 7cm = 1변
- 가로, 세로가 40cm인 사각형의 넓이 = 1돼지
- 가로, 세로 높이가 2cm인 도형의 부피 = 1연필$
- 1km인 직선의 길이 = 1콜롬비아
- 가로 40cm 세로 30cm인 사각형의 넓이 = 1태극기

- 1cm = 1세
- 1cm² = 1세/○○
- 1cm³ = 1세/○○○
- 가로, 세로 높이가 5cm인 도형의 부피 = 1BTS%
- 1km = 1젤리
- 가로, 세로 30cm인 사각형의 넓이 = 1은비
- 2km = 2방준
- 30cm = 1웃긴 감자

"근데 저 배고파요. 라면 하나 부숴 먹어요."
"선생님 이 스프 플레이크는 기부할게요. 나중에 학교에서 혼자 드세요."
"그러자. 인생이라는 게 주거니 받거니 하는 거지. 다른 건 없냐?"
"학교에서 라면 부숴 먹으라고 주는 선생님은 처음이에요."
"이렇게 먹는 게 라면의 정석."
"이렇게 진하게 먹는 거야."
"부숴 먹는 라면은 안성탕면이지."
"너구리는 부숴 먹으면 안 돼."
"라면이랑 우유랑 같이 먹어야지."
"(라면이 바닥에 떨어진다) 아! 라면아. 미안."
"스프맛! 이거 소금덩어리래. 건강의 적이지만 너무 맛있다."

여자아이들은 금연송 연습에 매진이다. 반면에 남자아이들은 여유롭게 공놀이를 한다. 18일에 예정된 우리 반 금연송 캠페인 공연. 남자아이들이 걱정되어 연습 안 하냐고 물어도 다 준비되었단다. 자신감인지 자만심인지. 왜 나만 걱정이 되는 건지.

토론시간이다. 그림을 먼저 본 아이들이 못 본 친구들에게 세 가지 특징으로 설명한다. 그림은 김유정 소설 〈봄봄〉의 표지이다.

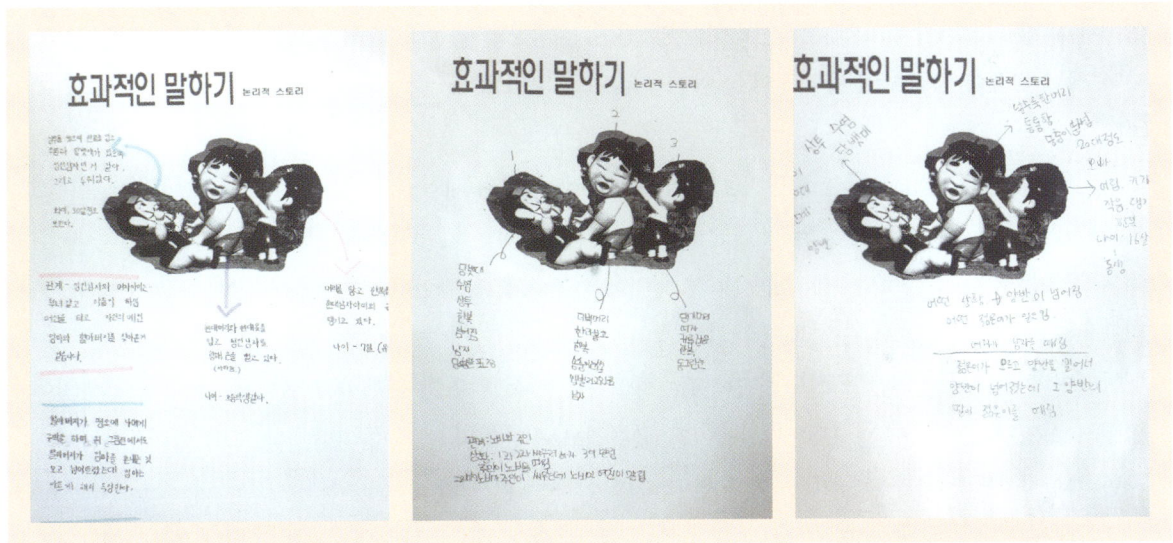

서준이가 먼저 시작한다.
"가장 왼쪽에 가장 큰 남자가 상투를 틀고 있어."
"그 사람의 오른쪽에는 한 아이가 눈을 감은 채 서 있고 한복을 입었어."
"그 오른쪽에는 그 남자아이가 다른 여자아이의 귀빵미를 뜯고 있어."

지윤이가 나오더니.
"저 님이 딱 말한 것 그대로예요. 세 사람 중 두 사람은 남자, 한 명은 여자. 한복을 입고 있어. 이 그림을 보고 여기 북한이에요라는 이런 편견을 버렸으면 좋겠고. 아니야. 여긴 일제강점기야."
"한 사람은 상투도 있고 담뱃대도. 수염이 났어요. 이건 할아버지네."

"한 사람은 더벅머리인데 샤기컷?"

또 다른 녀석이 나온다.
"여러 친구는 댕기머리. 한 녀석은 댕기열. (댕기머리를 말하나 보다.)"
"똥머리, 동글머리도 보여요."
"모르겠다. 봄봄봄봄 봄이 왔어요!"

오늘 달콤한 다락방 요리부는 예고했던 대로 피자빵을 만든다. 토마토소스, 치즈, 피망, 양파를 식빵 위에 올리고 하나당 4분 전자레인지를 돌린다. 두 개씩 넣으면 5분 30초에 맞추면 된단다. 미리 집에서 연구를 해 왔나 보다. 전자레인지가 빛을 내며 맹렬히 돌아가자 엄청난 피자향이 올라온다.
"얘들아, 벌써 두 개 완성되었어."
마지막에 남는 야채를 한 곳에 때려 넣는단다. 이 피자는 선생님용이라는데. 우리가 가진 모든 것을 여기에 담았다는 의미를 담아.
"선생님 건강을 생각해서 이 피자에는 야채를 많이 넣었어요."

교실체육부는 피구랑 농구를 한다. 탱탱볼로 노는 게 그렇게 재미있나 보다. 가끔 발이 나가서 혼나기도 하지만. 메이커부 아이들은 액괴를 만드느라 풀이랑 이상한 가루를 넣고 젓고 있다. 그들은 손과 입이 작동하는 양상이 다르다. 쉼 없는 대화! 신기해서 한참을 쳐다본다. 나와 눈이 마주치자 웃는다. 은비, 태윤, 백하의 수다스러운 액괴 만들기.
현민이와 서준이는 와칸다 실드를 만든다. 정말 만들어서 팔아도 되겠다고 했더니 안 그래도 사업이 번성하고 있단다. 서준이는 자르고 현민이가 글루건으로 붙인다. 상품들이 3개나 모여 있다. 현민이가 규현이에게 실드 방패를 만들어 준다. 규현이도 나눔으로 피자빵을 주겠단다.
교실체육부 남자아이들이랑 미니 야구 경기를 했다. 내가 타자를 할 때 준혁이가 강속구를 날려 깜짝 놀랐다. 이번엔 내가 투수다. 내가 살살 던지자 무지하게 맞아 나간다. 1이닝 3안타 3실점. 홈런성 타구가 3개가 나온다. 몸에 맞는 공 2개는 덤.
"커브가 너무 느려요."
"살살 던지기로 약속했잖수?"
"그래도 야구 몰라요. 아직 몰라요."
그러다 정말 홈런을 맞았다. 나는 홈런이 아니라 파울이라고 했다. 그리고 심판에게 VAR을 요청했다. 심판인 상진이는 분리수거함에 있는 페트병 두 개를 귀에 대고는 본부의 결과를 기다리고 있다. 잠시 후 "파울!"이라는 콜이 들어온다. 이 순간적인 재치로 이런 장면을 연출하다니 순발력이 대단하다. 야구를 하고 있는데 다락방 아이들이 피자빵 먹으라고 한다. 이 말은 곧 경기 중단이 아니라 종료다.

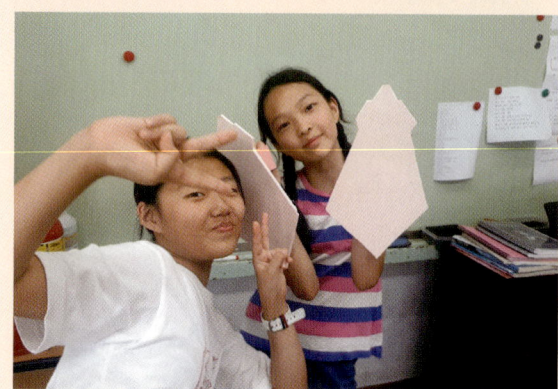

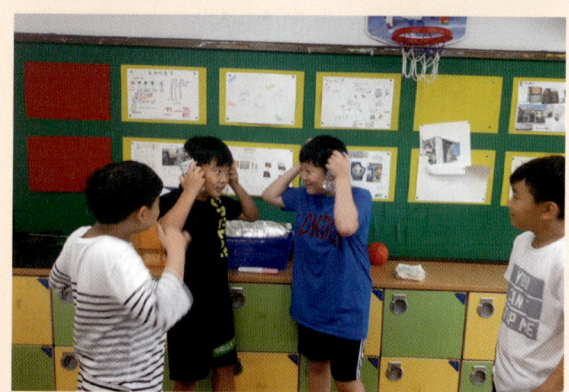
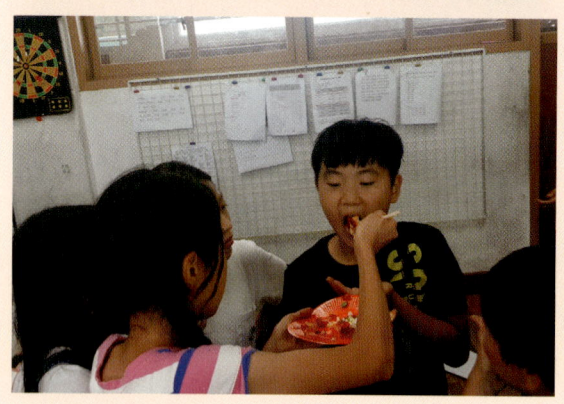
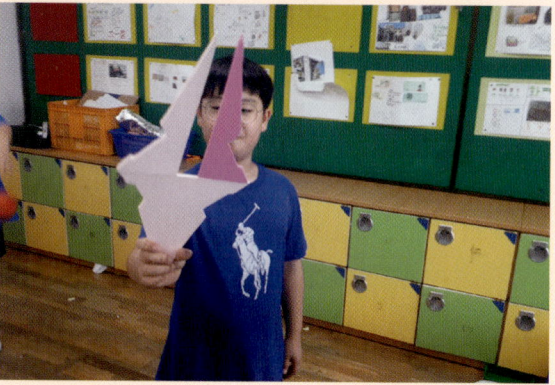

 **6월 14일 금요일**

"선생님. 소사태가 뭐예요? 이런 음식이 있어요?"
"어?"
"떡찜은 알겠는데요."
"아! 소 사태, 떡 찜으로 끊어서 읽으면 되잖아."
"맛있겠다. 소사태떡찜."

학년육상대회 결과가 발표되고 나니 여러 말들이 들린다. 한 아이가 무지하게 아까워한다. 50미터 달리기에서 몇 초 차이로 아깝게 졌단다. 몇 초 차이면 5미터 이상 벌어졌는데. 이게 정말 아까운 건지. 800미터 달리기에서는 1초 차이로 마지막 5미터를 남기고 역전한 다른 반 친구 이야기는 직관한 아이들의 입에서 전설이라는 말이 나온다. 그 아이는 다리 부상임에도 막판 1초를 남기고 역전!
"1초는 아니고 한 2초쯤 되는 거 같아요."
"아니라니까. 1초도 차이 안 났어. 정말 10센티미터 차이야."
영상이 없으니 사실 확인을 할 수 없지만. 역시 스토리는 이렇게 만들어지나 보다.

오늘 과제 안 내면 엄청난 태풍이 몰아칠 거라는 나의 말에 어제 아이들 카톡방이 뜨거웠단다. 아이들이 등교하면서 한 명 한 명 해왔는지 확인하고 교실로 입장시키고 있다. 전원 완료!
수학시간 비율 학습하면서 황금비와 금강비에 대해 알아보았다. 황금비와 금강비의 비율을 그대로 미술시간과 연계해 학습하기로 했다. 비율은 소수 첫째자리까지만 표기해 계산을 편리하게 했다.

황금비 1:1.618 → 1:1.6
금강비 1:1.414 → 1:1.4

A4 종이를 잘라 A5, 6, 7로 만들어 보았다. 반으로 또 반으로 자르는 손길에는 자신감이 가득하고 거침이 없다. 스트레스가 풀릴 것 같단다. 이런 수학시간은 오랜만이라는데. 게다가 오늘은 미술과 연계해 황금비나 금강비를 이용해 자신만의 거울 만들기도 했으니. 거울 시트지는 넉넉지 않아 내가 잘라서 나눠 주었다.
"친구랑 얘기하면서 해도 돼요?"
"핫스팟 좀 켜주시면 안 돼요?"

"카톡으로 사진 좀 보내줄 수 있어?"

재미있는 사진을 찾아 서로 보낸다.

황금비율이며 5센티미터 대 9센티미터, 10센티미터 대 16센티미터이라는 말들이 들린다. 네이버에서 찾았다고 하는데 벅찬 보람이 느껴진다.

"근데 하드보드지가 두꺼워 잘 안 잘려요. 저도 이제 늙었나 봐요."

"어렸을 때는 차가운 것도 잘 먹고 가위질도 잘했는데."

"님아. 차가우니 국 좀 끓여와. 국밥 먹게."

하드보드지라 힘센 아이들에게도 잘 안 잘리나 보다. 내 책상의 대왕가위를 빌려주었더니 대기번호 4번까지 늘어선다. 한 시간으로는 턱없이 부족해 월요일에 이어서 하기로 한다.

오늘 점심시간에 아이들과 컴퓨터게임을 잠시 했다. 탄트R이라는 내가 어린 시절 재미있게 했던 게임인데…. 자리에 앉은 사람만 시켜 준다는 말에 가만히 앉는다. 시간이 부족해 다 시켜 주지는 못했지만. 다음에 꼭 하기로 약속에 또 약속을 하고 5교시를 시작한다.

5교시 끝나고 쉬는 시간을 좀 길게 주었더니 저 좁은 뒷공간에서 피구를 한다. 며칠 전까지 그렇게 싸우더니 오늘은 또 사이가 좋다. 한창 싸울 때의 아슬아슬한 긴장감은 내려놓고 그 흥겨움과 신남에 나도 같이 하고 싶은 마음이 들 정도다. 그야말로 남자와 여자팀의 적대적 공존이 아닌지.

"공 한 번에 잡으면 부활이야! (부활 시스템이 있나 보다.)"
"그냥 좀 잡아. 나 좀 살려줘."
"5초 카운트한다. 5초 안에 던져."
"저건 잡은 게 아니라 낀 거야."
한 아이 팔에 탱탱볼이 낀 것을 잡은 것이냐 잡힌 것이냐를 놓고 실랑이 중이다.
"결론은 끼었다!"
"저는 맞추지 마세요. 저는 지나가는 보통 행인입니다."

 **6월 17일 월요일**

지난번 학급회의 시간에 정했던 대로 오늘 체육시간에 경찰과 도둑을 하기로 했다.
"경도 할 때 1차전만 하는 거예요?"
"두 번 하기에는 시간이 안 될 것 같은데."
"저도 도둑 하고 싶어요. 이건 불공정합니다."

불공정이라는 말이 굉장히 귀에 거슬린다.

주말에 아이들 카톡방에서 경찰들끼리 따로 모여 간수를 한 명 정했단다. 경찰 역할을 맡은 한 아이는 자기는 2G폰이라 어제 톡방에 참여 못 했다며 아침에 다시 정하자고 한다. 이 절절한 호소에 다른 경찰들도 동의하여 간수를 다시 뽑는다.

서준이가 이발을 하고 왔다. 영민이도 이발을 했다. 둘이 들어오며 서로 마주 보고 있다.
"너무 완벽한데. 빛이 나는데."
"근데 사실, 우리 둘 다 망했어."
"순삭이야. 단정하게 잘 쳤는데, 뭘."
그 말을 들은 주희가 "너네 왜 이렇게 웃기지"라며 한참을 그렇게 웃는다.

한 녀석은 주말에 처음으로 혼자 영화관에 가서 티켓도 혼자 뽑아 보고 팝콘도 혼자 시켰단다. 그리고 코인 노래방까지. 혼자 하는 게 엄청 두려웠는데 막상 하고 나니 별것은 아닌 것 같단다.

금요일 6교시랑 월요일 1교시가 정확히 이어진다. 거울 만들기를 다 하지 못해 그 자리에 그대로 내버려 두고 집에 갔었다. 월요일에 다시 하기로 하고. 자리에 앉자마자 가위를 들고 거울 만들기 활동을 한다.

**현민:** 스파이더맨이 좋아서 만들었고요. 근데 거울이 좀 작은 것 같아요. 거울은 실용성보다는 장난감으로 만들었어요.

**주희:** 버섯 같은 모양인데 크게 만들려다 실패. 남은 종이로 간신히 만들었고요, 버섯에서 스탠드로 승화했어요.

**은비:** 저는 요즘 짱구에 빠져 있어서. 거울 모양을 짱구 모양으로 했습니다. 거울 모양이 황금비고요, 거울 배경은 짱구 잠옷. 손잡이는 실용성을 고려해 제 손에 딱 맞췄어요.

**서준:** 좋아하는 아이폰을 배경을 황금비로 만들었어요. 큼직하니 실용성이 좋고 대단한 것 같아요.

**상진:** 컨셉은 이 거울을 보는 사람을 멋지고 예쁘게 만드는 거울이에요. 테두리 간격이 1cm이고요, 모두 황금비로 만들었어요. 뒤에는 색을 엄청 많이 넣어 예쁘고 멋진 느낌이고요, 뒷면의 기운이 앞에 전해지는 컨셉입니다.

**태윤:** 저는 특대형으로 실제로 보기 위한 거울이에요. 장난감은 아니고요, 별명이 황태라서 물방울이랑 물고기 꼬리 맛있어요. (멋있어요를 잘못 말했는지 의도했는지 모르겠다.)

**지윤:** 저는 예쁘게 자르다 보니 황금비로 만들지 못했어요. 반지름 4cm 원에 거울은 반지름 3cm. 근데 피치가 살찐 것 같죠? 나름 열심히 그렸어.

**승은:** 저도 자르다가 황금비에서 틀려졌어요. 구름 컨셉입니다.

**효은:** 백설공주에 나오는 마녀가 쓰는 마법 거울이에요. 예쁜 사람을 비춰 주는 거울인데 얘는 말은 못 해요.

**경란:** 사진 액자 거울인데 자신의 얼굴 보면서 액자 속에 있다는 생각이 들었어요. (경란이가 발표하는 중 예중 준비 이야기를 잠깐 했다. 서양화 해? 동양화 해? 몰라요.)

**민준:** 저는 손거울을 주제로 만들었고요. 손안에 들어오게 손에 편하게 잡히게 만들었어요. 세 개나 만들었어요.

**준호:** 아이언맨이 엄청 유명한 슈퍼 히어로잖아요. 제게 자신감을 주는 아이언맨을 만들었어요.

**준혁:** 제가 마블 히어로 중에 제일 먼저 알았던 것이 아이언맨이어서 만들었어요.

**규현:** 5 대 9로 맞추려고 하다가 처음에 만들었던 것은 실패하고 새로 만들었어요.

**륜경:** 저도 만들다 잘못 잘라 비율을 못 맞췄는데요. 거울을 들고 다닐 수 있게 손거울처럼 작게 만들었어요.

**인해:** 표창을 주제로 만들었는데 좀 멋있으라고 표창 중간에 거울을 넣었습니다.

**연수:** 아이언맨이 좋아서요. 어떤 의미를 담지 않고 그냥 아이언맨이 좋아서요.

**영민:** 이 거울의 의도는 거울이 가슴에 오면 거짓되지 않고 진실됨을 보여 주는 거울입니다.

**준우:** 처음에 하다가 망해서 급하게 금방 만들 수 있는 것으로 만들었어요.

아침에 피아노를 치는 녀석들이 검은 건반 하나가 들어가서 나오지 않는다고 한다.

"피아노가 마법을 부리는 거예요?"

이런 걸 고장이라고 한다고 말해 줬다. 10년이 넘은 피아노라 고장 날 때 되었다. 아이들끼리 "너가 세게 쳤잖아"라며 서로 책임을 떠넘기길래 어차피 검은 건반은 잘 안 쓴다며 들어가라고 했다.

중간놀이시간에 여자아이들은 한 책상에 모여 금연송 노래를 연습하고 있다. 뭔가 또 다른 엄청난 진통이 있는지 의견이 나누는 소리가 크게 들린다. 그래도 10분여 노래 부르더니 OK 소리도 들리고 어느 정도 마무리가 되어 가는 듯하다. 남자아이들은 피아노 주변에 모여 플라워댄스 연습하고 있다. 부러진 건반은 안 치는 스킬을 보여 준다. 그리고 〈레미제라블〉 '너는 듣고 있는가?'를 부르며 발성연습하는데 변성기가 제대로 온 것 같다. 음이 묵직한 게 너무 낮다.

음악시간에 리코더 연습을 했다. 실력 차이가 많이 나서 개별 연습의 시간을 먼저 가진다. 한 녀석은 리코더가 세상에서 제일 싫은 악기란다. 근데 이 녀석은 피아노를 제법 치는데….

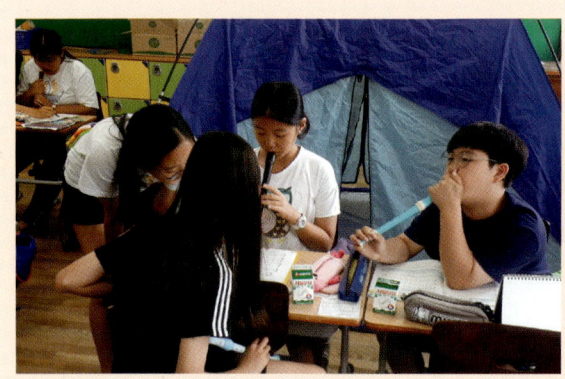 

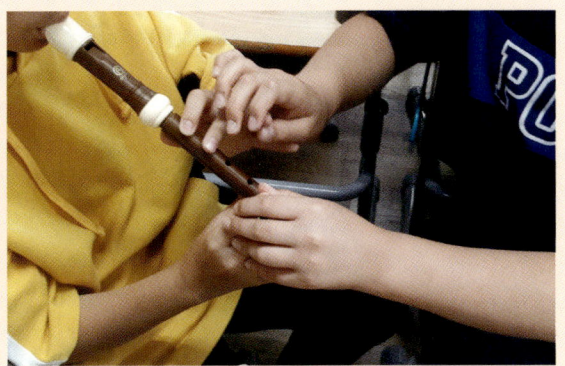

　한 달 전부터 약속했던 경도놀이를 하러 배수지공원으로 간다. 나무로 만든 데크가 우리에게 감옥이 된다. 아이들은 1차전이 금방 끝날 것 같단다. 1차전 경찰들은 작전이 따로 필요 없단다. 경기가 시작된다. 경찰 아이들이 너무 빨라서 도둑들이 숨을 틈도 없이 하나둘 잡혀서 감옥으로 온다. 그나마 발빠른 륜경이가 도둑들을 다 터치해 줘서 경기가 끝나지는 않는다. 하지만 륜경이 본인은 지쳤는지 금세 아웃된다. 현민이가 간수 역할을 하다 은비랑 바꾼다.

"신은비! 나가. 잡아와!"

잡힌 죄수들은 셀카를 찍으며 한가로이 기다리고 있다.

"얘들아, 감옥에서 나가면 힘들어. 여기 허허발판이야. 맵을 바꿔야 해요."

"나 발바닥에 불날 것 같아."

한 도둑 녀석은 경찰이 따라오자 급한지 마시던 물을 뿌리며 도망간다. 영민, 준호, 상진이가 최후의 생존자다. 경찰 준혁이는 "선생님이 모이래"라며 속여 상진이를 잡았단다. 하지만 억울한 상진이에게 부활 아이템을 준다. 다시 자유의 몸으로. 배수지공원은 공간이 넓어 보이스톡도 하며 나름 현대전의 양상도 보인다. 아이들 예상대로 쉽게는 끝나지 않는다.

"너희 좀 잡혀라. 한 명 잡아 오면 큰 얼음 줄게. 마카롱은 나중에 만들어 주고."

얼음을 가져온 녀석이 최고 인기다. 얼음 쟁탈전으로 이어진다. 암튼 경도놀이 하면서 시간 가는 줄 모르고 놀았다. 너무 더워 아이스크림도 하나 보너스로 사먹고 교실로 들어온다.

오늘 6교시에 〈레미제라블〉 프로젝트 학습한 결과를 발표했다. 본인이 준비한 내용을 발표하고 아이들의 질의응답이 이어진다. 선생님이 내주는 과제가 어려운데 하고 나면 뿌듯하다는 말에 기분이 살짝 좋다. 사실 나 들으라고 하는 말 같기도 하지만. 그래도 이런 프로젝트가 시험보다는 100배는 더 낫다고 한다.

〈서준〉

* 〈레미제라블〉 제목 바꾸기: 불어로 Les Miserable은 불행한(또는 비참한) 사람들이라는 의미가 있다. 난 〈레미제라블〉의 제목을 바꾸어 보려고 한다. 일단 한국어 버전으로 바꾼 뒤 불어로 바꾸어 보겠다. 나는 내 배역이 마리우스였으니 그에게 초점을 맞추어 보도록 하겠다.
  첫 번째론 '전장에서 사랑을, 정의를'이다. 마리우스는 끝까지 사랑과 정의를 갈등했기 때문에 이렇게 적었다. 또한 둘 다 이루었기에.
  불어로 L'amour sur le champ de bataille, la justice.
  두 번째론, 햄릿 버전으로 '사랑이냐, 친구냐, 그것이 문제로다.' 이것도 첫 번째와 같은 이유이다.
  불어로 ver. L'amour ou l'amitié, c'est ça le problème.

**민준:** 마리우스의 시선으로 제목을 바꾸면 주인공이 마리우스가 되어서 내용을 전부 바꾸어야 할 것 같은데요. 마리우스의 시선으로만 해서는 안 될 것 같아요.

**서준:** 〈레미제라블〉 자체가 6월 항쟁 속에서 마리우스의 갈등이 제일 커서 해도 될 것 같아요.

**태윤:** 6월 항쟁도 중요하지만 다른 사람들의 이야기가 중점이 되는 것 같은데. 하지만 제 생각에도 마리우스 이야기가 인상 깊어서 이렇게 해도 그렇게 나쁘지 않은 것 같아요.

**은비:** 서준이 의견에 동감하고. '전쟁에서 사랑을, 정의를'로 바꾸는 게 좋아 보여요. 제목이 〈레미제라블〉보다 더 흥미로웠고. 자신의 역할(서준이가 마리우스를 했었다)에 초점을 두는 것도 좋았어요.

**주희:** 불어로 하면 제목이 길어져서. 제목을 좀 간략하게 했으면 좋겠어요.

**상진:** 저는 주희 의견에 반박하는데. 한국어 버전으로는 글자수가 적절해서 괜찮을 것 같아요.

**준호:** 저도 반박인데. 꼭 책의 제목이 간략해야 하는 이유는 없어요.

**주희:** 짧아야 임팩트가 남아요.

**태윤:** 이 책이 나오면 불어로 읽을 것도 아니고. 임팩트라는 것은 기억에 남는다는 것인데 길어서 기억에 남는 경우도 많아요.

**은비:** 저는 중립. 너무 짧으면 말했을 때 이게 뭐지? 너무 길어도 어~~~ 소개하기도 힘들 것 같아요.

**주희:** 너무 짧은 거 말한 게 아니라 적당한 길이를 말한 겁니다.

**효은:** 저는 제목이 긴 게 더 임팩트가 남아요. 우리 저작권 해서 우리 힘으로 지킵시다.

〈현민〉

* 등장인물의 이름 바꾸기
  자베르 바꾼 이름: 찹식이(너무 집착해서 어울린다. 나라면 그냥 포기하고 다른 죄수를 잡을 것이다.)
  마리우스 바꾼 이름: 게한마리우스(그냥 어울린다. 나라면 그럴 때일수록 더 정신을 바짝 차리고 코젯을 안전한 곳으로 보낼 것이다.)
  떼나르디에와 그의 부인: 보빠이와 보순이(사기꾼 이름이어서. 얍삽하고 사기꾼인 그들은 내가 그 당시 나 그네면 절대 그 가게는 가지 않을 것이다. 정말 믿음이 가지 않는 캐릭터다.)

**서준:** 제가 마리우스라서 그런데 게한마리우스는 좀.

**태윤:** 뽀빠이가 사기꾼 이름인지는 모르겠어요. 시금치 먹고 여자를 구해 주는데요?
**현민:** 친구가 개콘을 보고 마리아를 게한마리야라서 해서 참고했고요. 뽀빠이는 어떤 영화를 보니 사기꾼에 마약하는 사람이라서요.
**지윤:** 찹식이라는 이름은 입에 잘 붙어서 좋고요. 뽀빠이와 보순이는 귀여워서 좋고요. 부순이, 뿌빠이로 바꿔도 좋을 것 같아요.
**은비:** 〈레미제라블〉 인물의 특징을 잘 살려서 지어준 것 같아요. 감칠맛!!!
**상진:** 현민 님한테 의견을 주고 싶은데. 호식이 두 마리우스 어때요?

### 〈상진〉

* 인상 깊었던 장면
1. 코젯이 어렸을 때 떼나르디에의 여관에서 'Little Cosette'을 부르는 장면
   이유: 코젯의 무서운 표정과 그리고 반대의 밝은 목소리가 생각나서
2. 앙졸라가 'The People Song'을 부르며 사람들을 설득하는 장면
   이유: 노래도 마음에 들고 분위기도 엄숙해서 인상 깊었다.
3. 모두 함께 'One Day More'을 부르는 장면
   모두 함께 부르니 멋지고 웅장해서 좋았다.
* 내가 마리우스라면
   내가 마리우스라면 코젯과 쿨하게 헤어지고 다른 사랑을 찾았을 것 같다. 마리우스처럼 해봤자 달라지는 것은 없기 때문이다.
* 제목 바꾸기: 장발장의 다사다난한 삶

**영민:** 저도 코젯의 무서운 표정이 생생해요. 그 무서운 표정이 오래가요. 제목이 '장발장의 다사다난한 삶' 좋아요. 장발장의 인생을 보여 주는 제목. 별 다섯 개!
**서준:** 상진님은 저랑 좋아하는 포인트가 비슷해요. 이유가 거의 비슷하네요.
**준호:** 쿨하게 헤어진다고 했는데 저도 영상을 보면서 빨리 헤어질 거면 헤어지지. 답답했어요. 동감.
**현민:** 원데이모어. 한 명씩 부르다가 마지막에 다 같이 부르니 신기하고 좋았어요. 멋지고 웅장하다는 표현도 좋아요.
**민준:** 저도 좋아하는 부분이 비슷해요. 신기해요.

### 〈륜경〉

* 인물에 대한 생각
   에포닌: 마리우스를 사랑했지만 마리우스가 알아주지 못해 사랑한다고 말 못 했는데, 마리우스는 코젯을 사랑하기 때문에 에포닌은 마리우스를 혼자 사랑한다. 그리고 죽기 전에 마리우스에게 자신이 마리우스를 사랑하고 있다고 말한다. 그러고 죽는데 에포닌은 참 안타깝고 가여운 인물인 것 같다. 자기가 사랑하는 사람은 다른 사람을 사랑해서 혼자만 사랑하다 죽어서 안타깝고 불쌍하다.

**준혁:** 여기서 마리우스를 사랑한다고 했는데 제가 에포닌이라면 희망도 없는데 버리고 혼자 떠났을 것 같아요.
**효은:** 죽기 전까지 사랑한다고 말하지는 않았어? 안아 주는 건 추워서 그럴 수도 있는데요.
**은비:** 륜경이의 에포닌에 대한 생각이 저랑 비슷해요. 마지막 문장이 인상 깊어요.
**주희:** 륜경이 의견과 같이 불쌍하다는 생각이 드는데. 에포닌이 감정표현을 직접적으로 했으면 좋았을 것 같아요.

**규현:** 륜경이가 이렇게 쓴 걸 보면 륜경이의 감성이 풍부한 것 같아요. 생각보다요. (뭐야!)
**태윤:** 아냐. 륜경이의 프로필 메시지가 감성적이야. (륜경이 카톡 프로필 메시지가 에포닌 관련 내용인가 보다.)
**지윤:** 소녀 감성이 있고 프사가 이별 같은 거 같았어요. 너무 슬픈데. 중2병 멘트 같기도 하고요. 하여간 륜경이 굉장히 감성적이에요.

### 〈준혁〉

* 인물이 되어 보기
1. 내가 만약 주교였다면, 장발장에게 은촛대를 주지 않고 경찰에게 이 은접시를 훔쳤다고 말했을 것이다. 그 이유는 잘못을 했으면 그 잘못에 대한 책임 물어야 한다고 생각하기 때문이다.
2. 코젯과 마리우스가 이상하다. 왜냐하면 다른 친구들은 6월 항쟁을 준비하는데 코젯과 마리우스만 사랑한다고 정신 나간 소리를 하고 있기 때문이다.
3. 나는 주교의 이름을 그냥 '인심 좋은 남자'라 하고 싶다. 그 이유는 장발장이 은접시를 훔쳤는데 거기에다가 은촛대를 주었기 때문이다.

**현민:** 인심 좋은 남자 좋아요. 1+1처럼 훔쳤는데. 그죠?
**연수:** 사람이 저렇게 숨겨 주는 것까지는 할 수도 있는데 1+1으로 주는 건 대단한 것 같아요.
**경란:** 만약에 주교가 도와주지 않았다면 계속 도둑질을 했을 것 같아요. 1+1+1.
**주희:** 정신 나간 소리! 이게 제일 인상 깊어요. 정말 임팩트가 남는 한마디. 단어 선택을 아주 잘한 것 같아요.
**규현:** 주희랑 비슷한데요. 저도 "정신 나간 소리!"만 기억에 남아요.
**승은:** 하지만 전과자 같은 사람은 한번 일을 저지르면 계속하니까 한 번은 감옥에 들어가야 하는데.

### 〈영민〉

* 조선시대로 바꾸기: 떼나르디에 부인이 코젯을 혼내는 장면
   부인: 얼른 일하지 못하겠느냐?!
   코젯: 하, 하지만… 마님….
   부인: 됐다!! 숲에 가서 물이나 길어오너라!!!
   코젯: 하지만 숲은 무서워요….
   부인: 내가 널 키우는 게 아니었어! 얼른 가!!!
* 내가 자베르라면…: 내가 자베르라면 이미 사라진 장발장은 포기하고 혁명을 막는 데 더 신경을 쓰고 집중했을 것이다. 그리고 나중에 그냥 장발장을 잡고 놓아주지 않을 것이다. 그리고 자살도 안 할 것이다.
* 인상 깊은 장면: 코젯이 마당을 쓸다가 노래를 부르다 혼나는 장면이 제일 인상 깊었어요.

**서준:** 코젯이 '하지만 마님'이라고 하는 대사와 무서운 표정으로 노래 부르는 장면이랑 겹쳐요.
**은비:** 조선시대 버전이 훨씬 더 인상 깊고 실감나요. 뮤지컬로 만들어도 될 것 같아요.
**연수:** 제가 코젯이였다면. 물을 길러올 때 똥물을 길러와 떼나르디에 부인에게 물을 뿌릴 거예요.
**효은:** 자살을 안 한다고 했는데. 계속 그것 때문에 고통스러워서 자살을 할 수밖에 없었을 것 같아요.
**태윤:** 저도 자 사러(자살) 갈 것 같아요. 해야 하는 일인데 이걸 해야 먹고 사는데. 자신에게 너무 화가 날 것 같아요.

## 6월 18일 화요일

  8시 10분에 출근하니 아이들이 거의 전부 와 있다. 저 멀리서도 시끌벅적함이 느껴진다. 노랫소리가 들린다. 맞다! 오늘 아침에 금연캠페인 공연하기로 했었지! 여자아이들은 텐트에 들어가서 노래 연습하고 남자아이들은 컴퓨터를 켜고 뮤직비디오를 보며 핑거밴드 금연송(지코 버전)을 따라 하고 있다. 공연 30분 전인데 아직 가사를 완벽하게 외우지 않았는지 자꾸 틀린다.
  "너네 이렇게 틀려서 공연하겠나?"
  "우리처럼 좀 미리미리 연습했어야지!"
  여자아이들이 괜히 건든다. 하지만 남자아이들은 너무나 바빠 보인다.
  "우리도 너네 것 안 보니 우리 것 보지 마."
  남자아이들은 노래 대신에 회심의 아이템을 하나 준비했다. 노래 말미에 관중들에게 던질 사탕을 한 봉지 가져왔단다.
  "몇 개냐?"
  "100개요."
  "다 던질 거야?"
  "네? 아니요. 분위기 보고요."
  상진이는 본인이 안무할 때 선생님이 모자를 던져 달라고 부탁한다. 초 단위로 급히 계획이 변경된다.

  오늘 공연이 있을 꿈나눔터로 내려간다.
  "아, 망했어요. 선생님 절대 보지 마세요."
  아이들이 친한 엄마며 구경하러 온 동생이랑 친구들에게 교실로 올라가라고 말한다. 지윤이는 대기석에 앉아서 가사를 마지막까지 외우고 있다. 저 팽팽한 긴장감이 끊어질까 조심스럽다. 옆을 지나가며 숨소리도 내지 않았다. 의외로 가사를 정확히 외우지 않았다는 남자아이들은 담담한 표정들이다. 나눠줄 사탕을 숨기는 일에 더 집중하는 모습이다.
  남자아이들 캠페인 공연이 먼저다. 시작하자마자 춤이 틀린다. 당혹해하는 아이들의 표정과 1학년 아이들이 틀렸다며 웃는 모습이 겹쳐진다. 그래도 우리 반 남자아이들은 기죽지 않고 분위기를 띄운다. 함께 어깨동무하며 관객들의 박수를 유도한다. 그때 회심의 카드 사탕을 직구로 던진다. 한 아이 머리에 맞았다. 그래도 사탕을 받고 좋아해서 다행이다. 사탕을 언더로 던지라고 옆에서 신호를 주었다. 분위기가 달아오르자 정말 한 봉지 다 던진다.

여자아이들은 노랫소리가 작은지 스탠드에서 마이크를 뽑아 잡고 부른다. 다른 부분은 가만히 듣기만 하던 관중들이 "치어업 베이비!" 할 때는 떼창이다. 하지만 저학년 아이들이 멍하게 바라본다. 저 노래 뭐지? 저 언니들 왜 저러지? 하는 표정이다. 드디어 금연송 캠페인이 끝난다. 무대에서 내려오며 한마디 한다.

"소리가 작았어. 아! 아쉽다."
"나도 소리가 안 올라갔어."
"너네 무반주로 어쩜 이리 잘하니? 최고였어. 치어업 베이비!"

한 아이는 맨 앞에서 어떤 엄마가 동영상 촬영해서 신경이 쓰였단다. 엄청난 시선 앞에 여자아이들이 제대로 주눅 들었나 보다.

"선생님, 우리 고생했는데 뭐 없어요?"
"올라가서 JJB 먹자~"
"근데 우리 잘했죠? 망했어요?"
"그냥 오늘 다 연예기획사로 가자. 계약서 쓰러. 너무너무 잘했어."

축구 좋아하는 아이들이 은비의 별명을 '은바'에서 '은바페'로 바꾸어 부른다. 킬리언 은바페. 하지만 은비는 은바페가 뭔지 모른다. 먹는 음식인 줄 알았단다. 카나페! 나중에 알게 되면 엄청 충격을 받을 텐데.

오늘 체육시간에 배팅 연습을 하기로 했다. 남자아이들은 환호, 여자아이들은 야유.

"그래도 해봐. 하다 보면 야구가 재미있을 거야."

"발야구는 어떻게 하겠는데, 손야구는 안 돼."

준비 운동 끝나고 뒤로 걷다 내가 방망이를 밟아 넘어지고 말았다. 허우적대며 넘어졌다는데.

"선생님이 관절에 좋은 운동하는 줄 알았어요."

영민이는 배팅볼을 어울림샘에 넣겠단다. 근데 헛스윙 세 번이다. 은비는 정타로 맞힌 타구를 멋있게 날린다. 하지만 다른 여자아이들의 비거리는 5미터에서 10미터 사이다. 여기저기서 야구 정말 재미없다는 말이 들린다. 여자애의 말이 귀에 거슬린다. 이런 말 들으면 정말 기운 빠지고 뭘 해주고 싶지가 않다니까. 그래도 남자아이들이 기운찬 목소리로 반응을 해준다.

"저 창문으로 날아가 창문 깨면 홈런이에요?"

"아! 어퍼스윙을 해야 멀리 날아가는데."

야구 준비를 남자아이들과 해서 정리는 여자아이들에게 시켰다. 정리가 더 힘들다며 다음에는 자신들이 준비하겠다며 '끼역 끼역' 기어서 오는 듯하다. 나의 인내력이 점점 바닥나기 시작한다.

체육이 끝나자마자 타악기 연주하러 내려간다. 오늘은 더위에 지쳤는지 좀 쉬자고 한다. 쉬는 시간에 아이들이 눕기도 한다.

지난 시간에 끝내지 못했던 〈레미제라블〉 프로젝트 발표가 이어진다. 아이들이 얼른 하자며 질문할 것 많이 준비했단다. 1번 타자는 준호다.

### 〈준호〉
* 인상 깊었던 장면: 떼나르디에와 그의 부인이 다른 사람들은 시위할 때 하수구에서 죽은 시체들에 있는 귀중품을 챙기는 장면이다. 아마 나라면 밖이 난리 난 상황에서 그런 생각은 절대 생각 못 했을 것 같다. 암튼 귀중품을 챙긴 떼나르디에와 그의 부인은 다른 의미에서 대단한 것 같다.
* 상황 바꾸기: 떼나르디에가 시위에 참여했더라면 그의 얍삽한 꾀를 이용해서 큰 영향을 주었을 것 같다.
* 인상 깊었던 노래: 민중의 노래이다. 정말 분노한 민중의 마음이 노래만으로 가슴 깊이 와닿기 때문이다. 처음으로 느껴본 가슴에 와닿는 노래이기 때문에 더 인상 깊었던 것 같다.

**민준:** 떼나르디에가 시위에 참여했으면 시위하는 사람들에게 쉽게 잡혔을 거예요. 아닌가…. 또 다른 나쁜 짓을 했을 수도 있어요.

**태윤:** 떼나르디에가 만약 시위에 참여했으면 진심으로 잘못됨을 느껴서 참여했다기보다 참여하는 척했다가 거기에 있던 사람들 돈을 다 훔쳐 갈 것 같아요. 더 혼란스러웠을 것 같은데요.

**은비:** 하수구로 들어가 시체를 이용해 돈을 번다는 생각을 한 자체가 대단한 것 같아요. 사기꾼의 기질!

**준혁:** 시체 썩는 물 냄새가 나는 하수구 안에서 죽은 시체 귀중품을 훔친다는 것 자체가 충격적이에요.

**태윤:** 하수구에 들어가는 생각을 하는 자체가. 저는 상상만 해도 토할 것 같고요. 이런 거보다 공부에 관심 가지라고 말하고 싶어요. 인생 헛되지 않게.

### 〈은비〉
* 인상적인 장면이나 말 3가지와 그 이유
1. 24601 기억해두게 내 이름은 자베르 잊지마 자베르 24601: 자기 이름을 강조하며 장발장에 죄수번호를 말하는 게 '넌 찍혔어'라는 자베르가 장발장에 대한 마음이 느껴져서 (나라면 장발장에 이름을 강조 X)
2. 코젯이 물을 길어오는데 무서워서 우는 장면: 코젯의 여리고 간절한 마음이 잘 느껴져서 (나라면 도망)
3. 마리우스가 6월 항쟁에 참여하는 것을 사랑으로 인해 고민해지는 장면: 중요한 날이 코앞인데 사랑이야기만 하는 마리우스가 너무 안쓰럽고 바보 같아서

**영민:** 저라면 24601을 강조했을 것이에요. 사정이 있지만 빵을 훔친 건 잘못이고, 범죄를 저지른 것인데.

**현민:** 제가 장발장이라면 땅굴을 파서 보물을 다 빼내 가난한 사람에게 나눠 주고 도망갈 거 같아요.

**연수:** 마리우스가 안쓰럽다고요? 솔직히 안쓰럽다는 마음은 안 들고 바보 같고 멍청한 것 같아요.

**준호:** 이름 대신 예를 들어 장발장 킬러 이렇게 부르면 더 무섭고 공포심을 일으킬 것 같아요. (너 게임 아이디 장발장 킬러 어때?)

**주희:** 죄수번호랑 이름 쓰는 것은 괜찮을 것 같아요. 병원에 가면 이. 도. 건. 님 들어오세요, 27번 고객님 하잖아요? 이런 거 우리도 하는데 뭐가 문제가 되죠?

### 〈지윤〉
* 인물에 대한 평가: 마리우스가 아무리 코젯에게 빠져 있다고 하지만 다들 죽을 각오로 싸울 준비를 하는데 혼자 집중도 안 하고 코젯 생각만 하는 게 답답했다. 그리고 편지를 전해준 에포닌에게 고맙다는 말도 하지도 않은 것이 짜증났다. 하지만 인물 자체가 나쁜 악역은 아니었기에 평점은 5점 만점에 0.5점.

* 인상적인 장면: 어린 코젯이 노래를 불렀던 장면. 분위기가 전체적으로 어둡고 그 장면이 나올 때 다들 아이들이 시끌벅적해서 그런지 기억에도 남고 인상적이었다.
* 지하에서 떼나르디에가 물건을 훔치는 모습: 평소에도 치사하고 얍쌉하고 야비한 인물이라 그런지 물건을 훔칠 때도 그렇게 해서 기억에 남았다. 그리고 사람들이 그렇게 많이 죽었는데 물건을 훔치는 것도 대단하다고 생각했다. 그 물건들로 부자가 된 것이 좀 짜증나기도 했다.

**준혁:** 평점 0.5를 주셨는데, 저는 5점 만점에 2.5 정도 주고 싶어요. 행동이 좀 이상했지만 나중에 시위에 들어갔으니 보통 정도 주고 싶어요.
**민준:** 떼나르디에가 부자가 된 것이 짜증난다고 했는데, 저도 이 장면에서 짜증이 났어요.
**은비:** 인물에 대해 평점을 남긴 게 좋았어요. 〈레미제라블〉 내용을 모르는 사람에게 마리우스를 이해하는 데 편할 것 같아요.
**현민:** 나도 에포닌에게 고맙다는 말을 하지 않은 게 짜증났어요. 6월 항쟁이라 위험한데. 다른 사람에게 전해달라고 해도 될 것을.
**준호:** 떼나르디에가 남의 귀중품을 훔쳐 부자가 되었는데 다른 사람은 피눈물 빠져서 돈을 버는데. 떼나르디에에게 삶이란 지나면 지날수록 힘들어질 것 같아요.
**태윤:** 평점 만든 게 괜찮다는 생각 같아요. 하지만 0.5점은 너무 낮게 준 것 같아요.
**상진:** 평점에 대해 생각을 해 보면, 보통 평점을 줄 때 후기를 보면 평점을 남겨 통계로 하는데, 한 명에서 평점 주는 건 위험해요. 책을 안 읽은 사람이 오해를 할 수도 있을 것 같아요. 여러 사람의 의견을 받아 통계 내서 해야 할 것 같아요.
**서준:** 저는 떼나르디에 나쁘지도 좋지도 않아요. 눈치가 있고 기발한 사람 같아요. 우리는 다 이런 악마 같은 마음이 있잖아요. 그리고 마리우스는 그 사람도 자신만의 순위가 있다고 생각해요. 제가 마리우스 역을 맡아서 그런지 평점을 좀 더 주고 싶네요. 에포닌은 편하고 코젯이 좋아서 편지를 보내라고 시켰는데. 그리고 저는 6월 항쟁이 의무는 아니라고 생각합니다.
**지윤:** 평점을 남긴 건 지극히 개인적인 생각이고요, 너무 진지하게 받아들이신 것 같아요. 평점에 집착 안 하셔도 돼요.

---

〈경란〉
* 인물의 성격 바꾸기
  – 장발장: 소심하고 겁이 많았다면. (처음부터 빵을 훔치질 못했을 것이다.)
  – 자베르: 집착이 심하지 않고, 자신의 일만 집중했다면. (장발장에 대해 잊어버리고 일만 했을 것 같다.)
  – 마리우스: 사랑 따위 모르는 사람이라면…. (코젯을 알지도 못한 채 친구들과 같이 처음부터 싸웠을 것이다.)
* 레미제라블에서 인상 깊었던 것: 장발장과 주교이다. 장발장이 석방을 했을 때 자리를 내준 주교가 장발장을 다른 사람으로 만들어 줬기 때문이다. 장발장은 은식기를 훔치고도 주교는 은촛대까지 주면서 훔친 거 아니라고 하는 장면이 인상 깊었다.

**은비:** 경란님 의견에서, 장발장이 소심하고 겁이 많았다면 빵을 훔치지 못했다? 죽어 가는 사람이 있는데 소심해도 훔칠 수도 있을 것 같아요. 저라면.
**민준:** 자베르가 자기 일에 집중했다면이 다른 말로 집착이 될 수도 있어요. 천재형 돌아이?
**태윤:** 장발장이 소심하고 겁이 많았다면, 장발장의 상황을 보면 빵은 훔칠 수밖에 없었을 것이고, 그리고 자베르는 저렇게 성격을 바꾸어도 자신의 일에 집중해서 똑같았을 거예요.

**주희:** 저는 장발장이 소심했다면, 탈옥 같은 것도 많이 안 하고 그냥 잠자코 있다가 만기 출소했을 것 같아요.
**서준:** 집착이 심하지 않고 자신의 일만 집중한다? 일만 하면서 집착? 집중? 뭔가 앞뒤 말이 안 맞는 것 같아요.
**효은:** 마리우스. 사랑 따위는 모르는 사람은… 없을 것 같아요. 사랑을 모를 수 있을까요? 이건 잘못된 말 같아요.
**상진:** 사랑을 모르면 친구에 대한 우정과 사랑을 모르기 때문에 친구에게도 관심을 쏟지 않을 것이에요. 자신의 길만 걸었을 것 같은데, 혼자서.

**류경:** 사랑 따위 모르는 로봇같이 감정이 없는 사람은 〈레미제라블〉이랑 맞지 않아요.
**민준:** 사랑이 없다면 친구뿐만 아니라 자신에게도 사랑하지 않았을 것 같아요.
**규현:** 누구나 한번 태어나면 부모님이나 친구랑 사랑을 해봤을 것 같은데. 사랑을 모르는 사람은 없을 것 같아요.
**준호:** 사랑 따위 모르는 사람이었다면. 항쟁에 참여한 것도 조국을 사랑하는 마음에서잖아요. 방구석에 처박혀 혼자 살지 않는 이상.
**준혁:** 맞아요. 나라에 대한 사랑이 없으면 자신의 길도 안 갔을 것이에요.
**현민:** 〈레미제라블〉 자체가 사랑에 기초하는데, 그 이유는 인물들이 조국을 사랑하는 마음에서 6월 항쟁을 일으킨 것이라고 생각해요. 사랑을 나타내는 이야기가 〈레미제라블〉이에요.

 **6월 19일 수요일**

아침에 '뱀이다 뱀이다' 노래를 부르며 등교하는 목소리가 들린다.
"우리 할아버지가 뱀 먹고 진짜 나았대."
"근데 원래 내일이면 낫는 병인데 뱀 먹고 나았다고 하는 말이 아닐까."
"맞아 맞아."
'뱀이다 뱀이다' 노랫소리가 한동안 이어진다. 서로 웃고 있다.

6월 27일 진로 특강에 대한 예고를 했다. 현재 직업을 가지고 있는 분들(아나운서, 교수, 한의사, 화가, 방송작가, 변호사, 경찰관)이 강사로 오니 7가지 중 하나의 직업을 선택해 강의를 듣는다고 했다. 한 직업당 우리 반에서 3명 선택 가능이라고 했더니 역시나 한쪽으로 몰린다. 결국 또 뽑기로 가야 하는지. 일단 이름을 적고 아이들끼리 조율할 시간을 주었다. 질문할 내용이 있으면 3반 교실 앞에 포스트잇으로 붙여 놓으면 당일 답을 해주는 방법으로 진행된다고 알려 주었다.

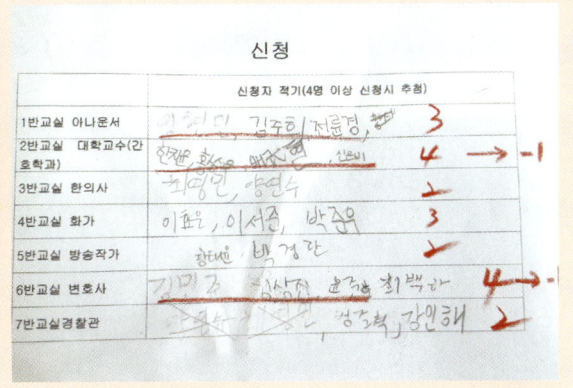

보건수업 끝나고 올라오니 '라면 하나 부숴 먹자'는 약속을 지키라고 한다. 언제 그런 엄청난 약속을 했었는지. 기억이 가물가물하지만 아이들의 확신에 찬 말투며 돌이키기 어려운 현장 분위기에 압도당한다. 게다가 오늘은 이상하게 내 컨디션이 최고다. 그래! 콜이다.

"그만! 그만! 그만! 스프 그만 넣으라고."

"라면은 끓여 먹어야 하는데. 그래도 이것도 맛있어."

"내 책상 양보할 테니 여기서 부숴 먹자. (이런 건 양보 잘한다.)"

한 모둠은 라면을 1/4 조각내서 각자 취향대로 먹고 있다. 잘게 부숴 먹는 녀석, 찍먹남, 부먹녀, 스프 없이 먹는 녀석. 멀리서 보면 불화로 보일 수도 있지만 또 다른 시선에서 보면 조화로운 풍경이다. 오늘 학교폭력예방교육 하려고 했는데 라면 부숴 먹으며 이야기 나누는 걸로 대체하고 싶을 정도다. 학교폭력예방교육이라는 말만 하면 벌써 연필을 꺼내고 쓸 준비를 하는 아이들! 아이들에게 진정 도움이 되는 예방교육이 뭔지. 라면 먹으려 존중, 배려, 나눔의 몇 마디 하는 것도 나름 좋은데. 하지만 이런 건 실적으로 인정받기 어려울 테다.

다른 반 아이들이 지나가며 뭐 하는지 우리 반을 창 너머로 쳐다본다. 스치는 눈빛이지만 한 번에 스캔하고 어느새 문을 살짝 열어 한입 먹고 간다. 5분이면 다 먹는다. 정리한다. 스프가 아주 한가득 쓰레기통 안에 쏟아져 있다. 라면 봉지 버릴 때 다른 비닐봉지에 싸서 버리라고 했는데 쓰레기통에 그냥 버렸나 보다. 냄새가 너무 심하다. 휴. 얼른 쓰레기통 비우고 오라고 했다.

"학교폭력예방교육보다 그냥 놀면 친해지고 짜증 안 나고 좋은데요."

"6학년 때 많이 놀아야 서로 친해질 기회가 되죠. 이젠 쓰는 것도 지겨워요."

나름 아이들 말이 더 현실적이고 합리적으로 들렸지만 학교폭력예방에 관한 법률부터 다시 안내를 시작한다.

오늘 백하랑 중국에서 살던 이야기를 했다. 아직 한국어가 익숙지 않아 단답형 문답이었지만 말의 맥락은 잡고 대답해 준다.

"하얼빈에서 살았지? 안중근 알아?"

"네, 네. 안중근 알아요."

"한국 음식이 맛있어? 중국보다?"

"음…."

한 무리의 녀석들이 거든다.

"짜장면은 어느 나라가 더 맛있어?"

"단무지가 맛있어? 짜샤이가 맛있어?"

"칼국수 좋아해?"

옆에 있던 아이들이 한마디씩 덧붙인다.

"칼국수! 따거."

"시진핑 알아?"

"우리 선생님이 좋아, 중국학교 선생님이 좋아?"

륜경이가 요 며칠 말이 별로 없어 보여 몇 마디 말을 걸었다. 다른 친구에게도 말이 없는지, 요즘 뭐 힘든 건 없는지. 현민이가 내 말을 듣고는 바로 대답한다.

"얘 집에 가면 별말 다 해요! 이 핸드폰에 말 잘하는 증거가 있어요."

"맞아요. 카톡으로는, 우아~ 제일 많이 말해요."

역시 보이는 게 전부는 아닌가 보다.

특정감사 나온단다. 3년 치 수학여행, 수련활동 자료를 준비하란다. 단, 전자결재 업무관리시스템에 있는 건 제외. 내부 결재만 받아 놓으면 정당성을 확보하나 보다. 수학여행 추진 과정은 사라지고 흔적이나 존재로 남겨야만 의미가 부여되는 감사다. 아무리 좋은 아이디어도 목표, 내용, 방법이라는 형식에 맞춰 놓아야 하니, 당연히 유연성과 창의성이 들어갈 자리는 없다. 의사 결정 과정에서 주고받은 수많은 메시지는 다 빠지고 예쁘게 정리된 결과물만 준비하란다.

내일 세 시까지 감사 받을 엑셀파일을 채워 넣으라고 한다. 3년 전부터 작년까지 자료를 찾고 있는 모습이 웃프다. 행정이 교육에 앞서는 전형적인 모습. 매년 수학여행 결과와 각종 회의록까지 서울시교육청 공개방에 올리지만 이걸 열어 보지도 않나 보다. 감사하는 분들이 보내는 쪽지를 읽다 보면 학교에서 올린 거 확인 안 하고 나오는 느낌이 든다. 명색이 3년 치 감사하러 나오면서. 학교는 수련활동 공개방에 매년 올려놓아도 감사자가 보기 좋게 다시 엑셀로 예쁘게 정리한다.

경비정산은 언제 했는지, 심의는 언제 받았는지, 성교육은 언제 실시했는지, 사전답사는 갔다 왔는지, 몇 월 며칠에 했는지 엑셀파일에 적으란다. 아이들과 일어난 어떤 과정도 감사받지 않는다. 수련활동 중의 문제점, 개선을 위한 변화, 프로그램의 적절성, 제도나 시스템상의 문제점, 아이들과 여행코스를 짜 보는 과정, 수학여행에 대한 의견을 적어 놓은 것, 이런 건 감사의 대상조차 되지 않는다. 보고서 형식으로 작성해 결재를 받아 두어야만 되는 시스템. 형식에 따라 알고리즘으로 쭉 나열해 놓은 보고서를 내부결재만 받아 두면 만사 오케이다.

## 6월 20일 목요일

과학시간이다. 볼록렌즈에 대해 공부한다.
"고기 햇빛으로 구우면 재미있겠다."
"대패 삼겹살은 볼록렌즈로 잘 구워질 것 같은데요."
"그냥 지금 차돌박이 사러 가요."
프레넬 렌즈 동영상을 봤다. 렌즈 초점의 온도는 1,600도.
한 녀석이 상황에는 안 맞지만 너무 웃긴 말을 해서 분위기가 흐트러진다.
"목욕탕 열탕 온도의 40배."

소시지 익는 실험에는 침이 고인다. 돌, 나무, 철을 녹이는 실험에서는 역시나 철이 녹을지에 관심이 쏟아진다. 일단 예상했던 대로 나무는 타고 돌은 녹는다. 게다가 철도 녹는다. 신기한 프레넬 렌즈! 가격이 궁금하단다. 찾아보니 싼 건 5천 원인데. 다만 이건 핸드폰 화면을 크게 볼 수 있는 용도란다.
"여러분, 태양은 공짜예요. 프리 바비큐!"
이어서 프레넬 렌즈의 활용을 주제로 아이들과 이야기를 나누었다.

---

〈현민〉
나는 메뚜기를 녹이고 히터를 만들고 수박을 뚫고 나무를 자르고 흙을 파고 곰젤리를 녹이고 싶다. 또 레이저 쇼를 하고 빛을 이용해 아이언맨을 만들고 싶다.

〈준혁〉
- 종이를 태워 버리고 싶다.
- 삼겹살을 구워 먹고 싶다.
- 렌즈로 렌즈를 태워 버리고 싶다.
- 태양열 소총을 만들어 보고 싶다.
- 엄청 큰 볼록렌즈를 만들어서 용암보다 뜨거운 물을 만들고 싶다.

〈은비〉
- 밀가루를 많이 쌓아두고 타는지 확인해 보기
- 비커(유리비커)에 비추어 보기 (녹는지, 깨지는지)
- 페트병 입구 뚜껑 한가운데를 빛의 초점)에 맞춰 구멍 뚫어 보기
- 클레이를 그릇 모양으로 만든 후 말랑거리는지 아예 녹는지 확인해 보기

- 팝콘이 되는 옥수수 알갱이만 냅두고 튀겨지는지 확인하기 (그리고 먹기)
- 안 익은 생라면을 올려놓기

〈류경〉
- 라면 끓여 먹기 (이건 되겠다.)
- 다이아몬드 녹여 보기 (이게 될까?)

〈민준〉
- 볼록렌즈로 고기를 구워 먹고 싶은데 고기에 초점을 맞추면 타서 철판 위에 고기를 놓고 밑에다가 종이를 태워 굽는다.
- 일반 차를 사서 볼록렌즈로 녹여 오픈카를 만든다.
- 일반 곽우유에 입구를 열어 밀가루를 넣고 젓고 볼록렌즈로 구워 팬케이크를 만들어 먹고 싶다.

〈영민〉
- 볼록렌즈로 라면을 끓인다.
- 볼록렌즈로 대포를 만들어 전쟁을 할 때 쓴다.
- 북극 탐험 때 볼록렌즈를 이용하여 얼음을 녹이고 탐험을 할 수 있다. (쇄빙선이 필요 없다.)
- 친환경으로 치킨을 튀긴다.

〈상진〉
- 햇빛을 고기에 집중시켜 삼겹살 구워 먹기: 맛있는 먹을거리도 맛볼 수 있고 결과가 궁금해서
- 돌, 철, 나무, 종이 같은 다양한 물체를 태워 보기: 어떤 물체가 빨리 타고 어떤 물체가 타지 않는지 궁금해서
- 부셔부셔 끓여 먹기: 부셔부셔를 한번 끓여 먹을 겸 실험을 해보고 싶어서
- 불이 필요한 다른 요리 해보기: 불 대신 렌즈를 사용하여 요리를 해보면 어떻게 될지 궁금해서
- 햇빛을 모아 전쟁 무기로 사용하기: 내가 직접 하지는 못하지만 한번 해보고 싶어서

〈경란〉
- 프레넬 렌즈로 종이 50장 모아 논 걸 한 번에 타는지 안 타는지 실험하고 싶다.
- 렌즈와 렌즈를 서로 보고 불태워 보고 싶다.
- 종이에 렌즈로 글씨를 써보고 싶다.

〈지윤〉
- 프레넬 렌즈로 다이아몬드 녹여 보기
- 소고기 굽기
- 라면 끓이기
- 시험지 태워서 스트레스 날리기
- 머리카락 태우기(?)

〈서준〉
- 렌즈로 쇠를 녹인 모습을 보고 싶다.

- 라면 끓여 먹기
- 나무 태우기
- 핸드폰 액정 녹이기

〈효은〉
나는 볼록렌즈나 태양열 조리기로 팝콘용 옥수수를 팝콘으로 만들어 버리고 싶다. 눈앞에서 팝콘이 되어 가는 옥수수를 보면 신기할 것 같다. 렌즈로 렌즈를 태워 보고도 싶다. 자기의 종족이 자기를 태우는 끔찍한 광경이 신기할 것 같다.

〈승은〉
- 태양열 조리기로 요리하기
- 달걀 구워 보기(맥반석)
- 보석 녹여 보기

〈준우〉
- 라면 끓이기
- 고기 굽기
- 베이컨 구워 먹기
- 태우고 싶은 거 다 태우기
- 수박에 구멍 뚫기

〈주희〉
- 수박을 데워서 먹어 보고 싶다.
- 털 필통을 살짝 녹여 보고 싶다.

〈규현〉
- 라면을 끓여 먹기
- 소고기 스테이크 구워 먹기
- 굳은 슬라임 녹여 보기
- 생닭 튀겨서 치킨 만들기
- 감자 튀겨서 감자칩 만들어 먹기

〈준호〉
- 프레넬 렌즈로 프레넬 렌즈가 녹을지 궁금하다.
- 프레넬 렌즈로 한우 A++ 채끝살을 먹고 싶다.
- 프레넬 렌즈로 시험지를 태우고 싶다.

〈연수〉
- 고기 구워 먹기
- 다이아몬드 녹이기
- 종이 태우기
- 액체괴물 녹이기

〈태윤〉
나는 과학시간에 본 거대 볼록렌즈를 이용하여 녹지 않을 것만 같은 물건들을 녹여 보고 싶다. 예) 다이아몬드. 매우 단단한 돌 등등….
이것들을 모두 모은 후 녹여 본다면 어떤 일이 발생할까? 내가 생각하는 결과는, 물체 모두 녹을 것 같다. 그 이유는 1,600도에 달하는 온도를 이겨낼 만큼 단단하고 비교적 열에 강한 물질은 본 적 없기 때문이다.

〈인해〉
빛이 엄청 생긴다는 것이 강해진다는 것이다. 또 빛이 반사되어서 한 점에 모여도 세게 된다. 하지만 빛을 모으기는 정말 어려울 것 같다.

어제 한 녀석의 일기장에 팝콘 하나 먹자는 내용이 적혀 있길래 오늘 팝콘을 전자레인지에 돌린다. 여자아이들은 텐트로 들어가고 남자들은 밖에서 나눠 먹는다. 도란도란 이야기하면서 먹는 그들의 모습은 야생에서만 느낄 수 있는 감동이다. 하지만 감동은 짧고 이내 현실로 돌아온다.
"여자애들 텐트 바닥에 팝콘 다 흘렸어요!"

오늘 옆 반에서 공개수업 동영상 촬영이 있다. 너무 시끄러울까 염려되어 실내체육을 운동장으로 바꾸었다. 날씨는 더웠지만 피구 경기는 나름 팽팽하다. 세트 스코어 1 대 1. 설탕팀과 소금팀의 밸런스가 아주 잘 맞는 듯. 하지만 아이들은 '밸런스가 깨졌다'며 팀을 바꾸자고 한다. 마음이 맞는 친구와 팀을 하고 싶은 마음이 반영되었으리라. 피구는 무승부로 끝내고 축구 승부차기 한 게임을 했다. 여자아이들은 한 발 앞에서 차게 했다. 체육시간에 몇 번 승부차기를 하더니 자신감이 붙었는지 공은 쭉쭉 뻗는다. 역시 체육팀 밸런스는 내 예상대로 잘 맞는다. 펠레 스코어로 소금팀이 이긴다.
끝나고 접시콘 피하기를 했다. 축구 방과후학교를 했던 아이들은 몇 번 해봤다고 한다. 골키퍼가 되어 던지는 접시콘을 피하는 경기다. 가까이서 던졌어도 뭐 나름 잘 피한다. 아이들은 이게 오늘 제일

재미있다고 한다.

　동아리 활동 시간이다. 달콤한 다락방 요리부 여자아이들은 우유를 얼려 왔다. 하지만 점심 먹고 집에 잠시 다녀와야겠다며 또 외출증을 조금만(?) 끊어 달란다. 조금만이 어느 정도인지는 모르겠지만. 이 외출증을 아이들이 무지하게 좋아한다. 외출증에 이름이 적혀 있으면 당당히 교문을 나갈 수 있다나 뭐라나. 지난번에 사용한 외출증을 버리지도 않고 보관한다는데. 이게 훗날 추억이 될지는 모르겠다. 오늘은 빙수다. 연유에 오레오 가루를 뿌리니 체육의 열기를 한 번에 제압한다. 정말 시원하다.

태윤, 은비는 오랜만에 다이어리 꾸미기를 한다. 만들고 뒷면에 일기를 써서 다음 주에 내겠단다. 현민, 서준이는 하드보드랑 회색 클레이로 엔터맨을 만들고 있다. 하지만 잘 안 되었는지 결국 볼펜 만들기로 변경. 교실체육부 아이들은 미니 축구 게임을 한다. '발로텔리'라고 외치며 공을 올리고 '반페르시'라 소리치며 헤딩을 하는 단순한 게임.

 연유빙수가 완성되었다. 다른 아이들에게는 오늘 나눠 줄 빙수가 없다고 미리 공지를 했단다. 그래도 마음이 불편한지 조금씩 나눠 준다. 실컷 얻어먹고는 한 녀석이 달콤한 다락방 아이들 감정을 건드는 말을 한다.
 "솔직히 CU 빙수가 더 맛있어."
 "그럴 거면 너는 설빙 가서 사먹으라고."
 "나도 지금 너희가 만든 빙수 먹고 속이 미식거리거든."
 "지금 뭐라고 했어."
 1학기 마지막 동아리 활동이 아름답게 마무리되지 못하고 이들을 혼내며 끝난다.

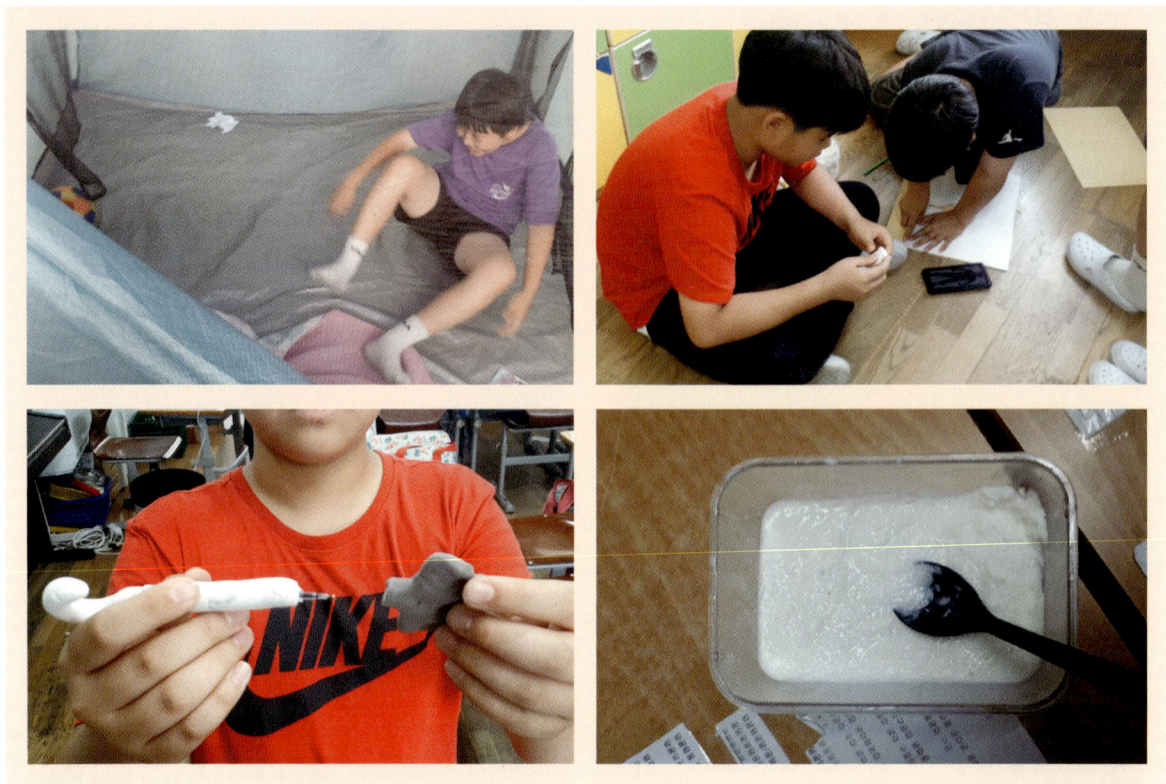

 **6월 21일 금요일**

아침에 저학년 스토리텔링 봉사하느라 민준이랑 효은이가 일찍 왔다. 민준이는 아직 책을 더 확실하게 읽고 가야 한다며 집중해서 책을 읽고 있다.

"에버랜드. 나 어릴 때 환장의 나라인 줄 알았어."
"어떤 엄마는 맥주 사서 에버랜드 가서 엄청 마셨다는데."
"이상한 사람이네."
"그 어떤 엄마가 사실 우리 엄마야."
그 어머님이랑 상담할 때 이미지가 떠올라 갑자기 웃음이 나왔다.

오늘까지 제출할 수학과제 이야기를 하고 있다.
"나 어제 수학숙제 하느라 11시에 잤어."
"난 12시야."
"3주 전에 내준 과제는 역시 전날 밤에 해야 제맛이지."
"난 아침 7시에 일어나 했는데 아직 다 못 했어."

아침에 짝을 바꾸기로 했다. 우아! 와! 음! 승은·상진, 효은·민준이는 같은 짝이 연속으로 걸려 이번엔 서로 맞바꾸기로 했다. 승은이가 양보하겠단다. 맞바꾸는 효은이와 승은이를 보며 아이들이 말하는 '슬픔에 빠진 여주인공'이 탄생했다는 게 무슨 뜻일까.

수학과제를 확인한다. 수학과제 못 해온 사람들의 사연들이 이어진다.
"저는 수익 채점만 못 했어요. 수익이랑 답안지가 분리되어 사라져서요."
"목요일에 까먹고 수학책을 못 가져가서 못 했어요."
"수요일에 가져갔다가 시간이 없어서 못 했는데, 아침에 과제 안 한 거 알아서 8시까지 풀었는데 채점을 못 했어요."
"저는 그냥 까먹었어요. 내일까지 무조건 내겠습니다. 한 번만 봐주세요."

국어시간이다. 비속어에 대해 배운다. 환향녀 이야기를 하다 괜히 더 나가면 뭔가 이상할 것 같아 멈추고 돌아올 還 고향 鄕에서 어설프게 마무리하려다, 고향만두~ 먹기로 한다. 전자레인지에 돌리니 금방 따뜻해진다. 내가 고등학생 때 많이 먹던 방법인데. 하나씩 먹고 나니 20개 정도 남은 것 같다. 하나씩 더 먹고 남은 5개는 뽑기로.
"아 촉촉해! 이 만두가 이렇게 맛있는 줄 몰랐어요."
"엄마한테 사 달라 할 거예요."

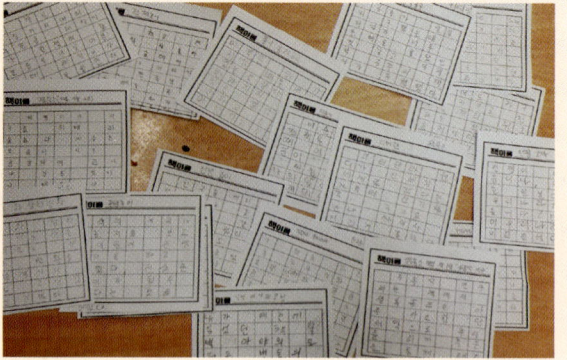

독서축제 행사로 50자 평 독후감 쓰는 활동을 했다. 6학년 아이들에게 50자 쓰기는 5분이면 끝난다. 아빠는 전업주부, 아토믹스, 종이봉지공주, 몽실언니, 셜록홈즈, 꼬부기와 쵸비라서, 천사가 된 비키, 꿀벌 마야의 모험, 피터팬, 이순신. 저마다 최고로 좋아하는 책으로 50자 평을 적는다. 하지만 《전쟁놀이》라는 책에 대해 6명이나 썼다. 다른 책은 겹치는 아이들이 없는데.

"근데 이 책이 뭐지? 이렇게 유명한 책이 있었어? 베스트셀러?"

며칠 전에 논술학원을 같이 다니는 6명이 함께 배웠다고 한다.

1학기 말 우리 반 파티에 대한 계획을 학급회의시간에 짜기로 했다. 학급회의도 이젠 궤도에 올라 아이들이 적극적으로 의견을 개진한다.

> "5교시에 물총놀이하고 6교시 라면+〈엔드게임〉 해요."
> "〈엔드게임〉이 나왔어? 다운 되나요?"
> "계란 같은 토핑 정해서 단체 라면 파티 해요."
> "거대 떡볶이 파티 해요. 책상을 둥글게 하고 중간에 가마솥 놓고 떡볶이 만들어 먹기 해요."
> "그럼 님이 전주 가서 가마솥 하나 사오시죠."
> "그냥 뭐 맛있는 거 시켜 먹어요."
> "물총놀이 하고 수박 먹어요."
> "나 수박씨 때문에 못 먹어."
> "그럼 수박 아이스크림으로 하죠."
> "JJB 녹여서요. 대왕 JJB로 다시 얼려 먹어요."
> "라면 30개 끓여서 먹어요. 아까 가마솥에요."
> "거대 빙수 파티 해요."
> "맛소금 대 흑설탕 해서 물총놀이 해요."
> "우리 반 모두 다 같이 대현산 등산해요!"
> "볶음밥 해 먹어요."

"볶음밥 좋아요. 치즈 올리고 살짝 태워서. 아주 좋아요."
"하은, 지민 전화번호 찾기 해요. 갑자기 이런 게 하고 싶어요."
"날씨도 더운데 밖에 나가서 놀아요!? 떡볶이 먹고 불타오르네. (역시 방탄이다.)"
"김치전도 같이 해 먹었으면 좋겠어요."
"거대빙수는 문제가 있어요. 만들다가 녹으면 어떻게 해요? 그러면 지울까요?"
"여러분, 5교시는 먹기류, 6교시는 체육류로. 이렇게 정리하죠."
"아니에요. 반반씩 나누면 시간이 부족해요."
"따로 하지 말고 하나만 정해요."
"학기말이 덥잖아요. 물총놀이 조금만 하고 먹으면 더 좋을 것 같아요."
"옷 많이 젖잖아요. 난 옷 젖는 거 싫은데."
"우비 입고 물총놀이 하면 되잖아요. 물총놀이 반대하는 분들!"
"현실적으로 문제가 있는데 옷 젖고 축축한데 거기에 먹으면 감기 걸리면 어떻게 해요. 물도 뚝뚝 떨어지고."
"물총놀이 잘못하면 눈병 나요."
"근데 물총놀이 하면 옷 갈아입는 데 10분 정도 걸려요. 화장실이 붐벼서 3층 가서 갈아입어야 하는데. 그러면 또 시간이 10분. 그래서 현실적으로 한 시간에 불가능해요. (물총놀이 반대파의 박수)"
"물총은 집에서 가져오는 거예요?"
"없는 사람은 사는 거예요?"
"케첩통도 생수통도 좋고. 구멍 살짝 내면 돼요."
"근데 우리 5~6교시에 하잖아요. 밥 먹고 배가 부를 수 있잖아요. 그 전에 놀거리를 하나 하고 다시 배고픈 상태로 만들고 해야 뭔가 맞는 거 같은데."
"지금까지 우리는 노는 것만 선택했고 먹을 것 선택한 적이 없어요. (물총놀이 반대파는 강경하다.)"
"그럼 5교시에 만들고 6교시에 먹으면 되잖아요."
"저는 지금 애들이 반대를 많이 해서 사실 물총놀이는 어느 정도 포기했는데. 요리를 싫어하거나 못하는 사람은 어떻게 해요? 요리 냄새 때문에."
"손 들어 봐요. 요리 냄새 싫은 사람? (세 명 손 든다. 그들은 소수의 의견도 존중해 달란다.)"
"우리 세 명은 진짜 할 게 없잖아."
"세 명이서 놀면 되잖아요."
"재료는 어떻게 해요? 선생님이?"
"양심이 있어야지. 이번은 우리가 내야지."
"요리가 싫어서 그런 거 아닌데 일이 커졌어요."
"물총놀이도 원래보다 커졌어요."
"나는 물총놀이 포기할래요. (세 명 중 한 명) 흘리고 튀기고 이상한 거 흘리고. 요리도 좋지는 않지만 같이 할게요."
"재료를 사려면 돈 모아야 하는데. 자기 돈 투자하는 게 싫을 수도 있는데."
"선생님 손해를 생각하면 우리가 준비해야지요."
"모든 것은 반대가 있기 마련이에요. 체육도 하기 싫은 사람 있어요. 모든 것에 불만인 사람이 있어요. 결국 돈이 문제예요."
"물총도 돈이 들잖아요."

"근데 선생님이 주제를 주셨으니 조금 지원해 주지 않을까요?"
"만약 체육을 하면 비가 올 수도 있고. 여름이니까 장마 생각도 해야 해요."
"저는 이제 밖에 나가는 거 포기했는데 떡볶이 만들기 할 때 제가 마땅히 할 게 없어요."
"저도 이제 체육 하는 거 포기했고 요리하려고 하는데. 5학년 때 빙수 만들었는데 쓰레기장 6번 왔다 갔다 했어요. 막상 먹을 시간이 없어요."
"저는 5학년 때 떡볶이 만들 때 1번만 갔다 왔거든요. 그리고 큰 비닐에 모아서 버리면 한 번에 돼요."
"요리의 문제점 지적합니다. 지난번에 라면 부숴 먹을 때 그냥 쓰레기통에 버려서 난리 났죠? 요리하면 또 그런 일이 생기잖아요."
"체육 할래? 요리할래? 그냥 투표합시다."

체육 7명, 요리 12명. 아! 오늘 정말 치열했다. 결론을 못 내릴 만큼 치열했기에 갈등이 봉합이 되었을지 모르겠다.

한 녀석이 오늘 학급회의에 대해 일기장에 적었다.

학기말 파티에 관한 학급회의를 했다. 친구들의 의견에 각각 코멘트를 하면서 즐겁게 같이 했다. 하지만 막상 몇 명은 말을 별로 하지 않았다. 자신의 의견을 발표하는 것은 차마 입이 떨어지지 않는 모양이다. 나도 그중 하나이지만. 의견을 내기 싫은 것이 아니라 발표는 아직 부끄럽고 친구들이 못 알아들을까 봐 많이 걱정을 한다. 나도 팥빙수 같이 만들어 먹자는 의견을 내려고 문장을 연습했는데, 반 친구들이 팥빙수는 금세 녹을 수 있다는 의견을 내자 나는 발표하지 않았다.

학기말이 되어 가는데도 과학이 한참 남았다. 오늘 3차시 정도의 실험을 몰아서 한 번에 끝내기로 했다. 렌즈 단원에 나오는 모든 준비물과 우리 반에 있는 잡동사니들을 총동원해 실험을 한다. 네 모둠으로 편성해 준비물을 챙겨 자리에 앉는다.

### 1조 - 설탕팀 남자
"볼록렌즈 하는 것을 물에서 넣어 봤는데 물에서 작동이 안 되고 밖에서는 잘 되었어요."
"나중에 색소를 넣어 레이저가 어떻게 변화하는지를 관찰하려고 했는데 색소를 너무 많이 넣어 관찰이 어려웠어요."
"색소를 넣은 물에 석고 붕대를 넣었더니 석고 붕대가 초록색으로 염색이 되는 걸 볼 수 있었고 나중에 붕대 가루가 바닥에 깔렸어요."
"석고 붕대의 가루가 풀려서 석고 가루가 초록색으로 될 줄 알았는데 가루는 염색이 안 되었고, 붕대는 되었어요."
"색소를 실수로 많이 넣었는데 석고 붕대가 염색되어서 신기했어요."
"둥근 비커에 재료를 넣었더니 갑자기 커져 보였어요. 알갱이가 커져 보였어요."

### 2조 - 설탕팀 여자
처음에는 고민하다 책에 있는 프리즘 실험을 했어요. 경란이가 검은 종이가 없어도 프리즘 실험이 된다고 했고요. 근데 프리즘이 칠판에서는 옅게 나왔고요. 근데 검은 종이가 더 진하게 나왔어요. 실험하고 나서 프리즘이랑 핸드폰으로 인생샷을 남겼어요. 저랑 류경이는 파츠를 넣어서 아름다운 물 만들기 실험을 했는데 생각만큼은 안 예뻤어요.

### 3조 - 소금팀 남자
"시작하자마자 우유를 부어 기초적인 레이저 휘는 것만 확인하고 색깔 실험으로 바꾸었고요, 색을 합치고 놀다 보니 화학자가 된 것 같았어요."
"초록색 색소를 엄청 넣어 초록색 물을 만들었는데, 돋보기를 넣고 프리즘을 밖에 두고 레이저를 쐈는데 전혀 레이저가 발사가 안 되었어요."
"초록색 물을 만들었는데, 미친 박사들이 이상한 괴생물체를 만들 때 쓰는 액체 같았어요."

### 4조 - 소금팀 여자
"처음에 물을 넣고 식용색소 빨간색을 넣었는데 레이저가 안 보였어요. 그래서 우유를 좀 넣었는데 더 안 보였고요. 그래서 물을 다시 받아 와서 파츠를 넣고 레이저 막 쐈어요."
"우유 버리고 투명한 물에 글리터를 넣고 프리즘을 넣으면 하트 글리터가 크게 보이거나 예쁘게 보일 것 같았는데 변화가 없었어요."
"처음에 실패를 하고 나서 투명한 물 때문인 줄 알았는데, 렌즈 배치의 문제가 있었어요."
"마지막에 검정색 클레이를 넣었고요, 석고 붕대는 흰 가루 층이 걸려 있어서 신기했어요."
"프리즘을 넣고 레이저를 쐈는데 반사도 되었어요."
"동그란 비커에 물을 넣고 여러 가지 방향에서 레이저 발사 실험을 했고요. 물방울로 책보기도 했는데. 이게 재미있어요."
"돋보기랑 볼록렌즈를 겹겹이 놓은 다음 꺾이고 꺾이는 실험을 했어요."
"프리즘을 눈에 갖다 대면 온 세상이 다 무지개 같아 보여요. 농구대가 무지개색이 되었어요."
"초록색 물을 만들고 주황색 물을 만들고 둘이 합쳤더니 갈색이 되었어요."

 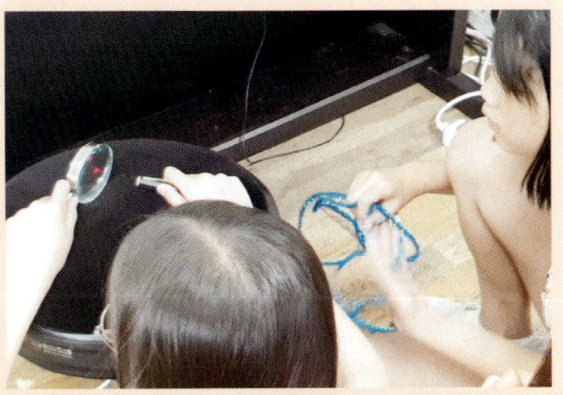

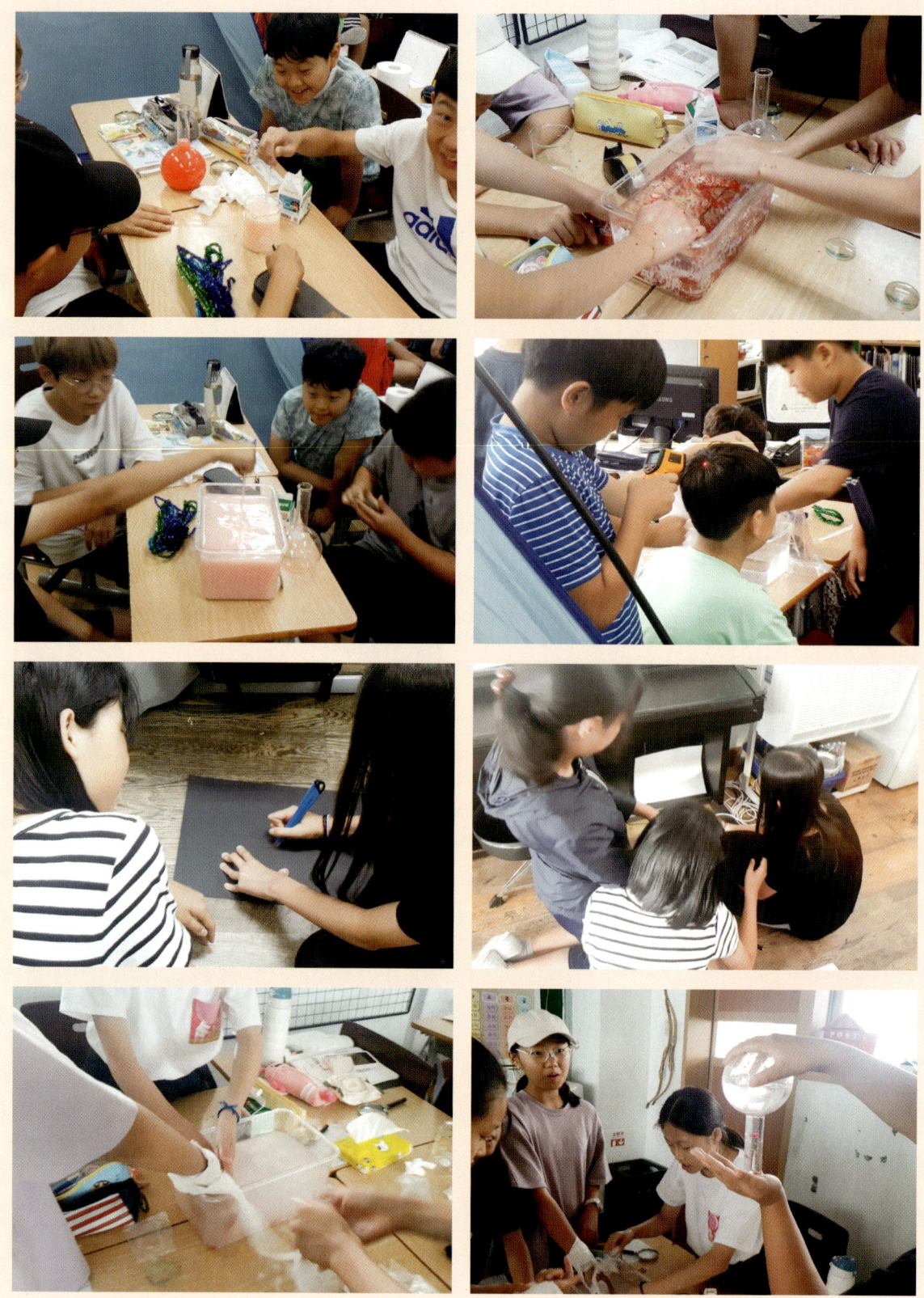

　한 녀석이 사랑니를 보여 준다. 나도 얼마 뒤에 사랑니를 뽑아야 하는 입장에서 아이들 사랑니까지 보고 싶지는 않았다. 하지만 "아~" 하면서 이를 보여 준다.

"저 사랑니 나왔어요. 그래서 많이 아파요."

"사랑니 똑바로 나오기 힘들지 않나? 넌 똑바로 나오는 것 같은데."

"저는 아직 전부 유치예요. 이를 다 갈아야 하는데."

"근데 우리 아빠도 사랑니 안 났대. 안 날 수도 있대."

## 6월 24일 월요일

아침 출근길에 교문을 지나는데 멀리서 리코더 연습 소리가 들린다. 오늘 리코더 수행평가가 있는 날이다. 연습하는 소리가 제법 달콤하게 들린다. 한 녀석은 어제 카톡으로 일주일만 연기해 주면 안 되겠냐는 애교 200% 메시지를 보냈다. 일주일만 시간 주면 악보를 통으로 외워서 부르겠다는데. 7월로 넘기기 어렵다고 했더니 그 마음 알겠단다.

출근하고 오늘 일과를 정리하고 옆을 보니 아이들이 솜사탕 메이커를 돌리고 있다. 우리 집 애기들이 가지고 놀던 장난감인데 직업 페스티벌 할 때 지윤이랑 규현이가 사용하겠다고 먼저 찜했었다. 리코더를 불던 아이들이 나무젓가락 하나씩 들고 자리 잡는다.

"이거 작은데 의외로 맛있네요. 뽀로로 솜사탕."
"저희는 폴리랑 뽀로로 세대예요."
"아침에 어린이집에 갈 때 폴리 보던 기억이 나네요."
"선생님, 오늘 24일 맞아요?"
"응~ 24일. 왜?"
"맞혀서 기분이 좋네요."
남자아이들이 여자아이들 만든 솜사탕을 뺏어 먹으려 한단다.
"너네 이렇게 실컷 먹으면 살 디릭디릭 찌는 소리 나는데."
"뭐야?"
"아니야. 살 얘기는 쏘리. 한입만 줘. 너희가 다 차지하고 있으니 양보 좀 해라."
"우리가 이 기계 사장이야. 알았냐?"
만든 솜사탕을 뺏기지 않으려 복도까지 나가서 먹고 온다.

오늘은 리코더 수행평가를 했다. 먼저 멘탈 강화 훈련. I Am Best! 내가 최고라는 당당함으로 좀 거만한 마음가짐으로 자신 있게 불라고 했다. 다른 사람의 시선을 의식하지 말라. 하루만 지나면 누가 뭘 틀렸는지도 기억이 안 날 텐데. 그 말뜻은 알겠는데 그래도 아이들 앞에서 공개적으로 리코더 연주를 하는 게 너무 부담스럽단다. 내 앞에 와서 선생님이 더 편하게 평가하게 해 드리고 싶단다. 그건 거절!

"아! 리코더 겁나 어려워."

뽑기로 순서를 정한다. 준호가 1번으로 뽑힌다. 준호는 그래도 넉살이 좋다.

"아! 막상 나오니 정말 긴장돼. 너희들 이 기분 알지?"

준호가 잘 연주할 수 있게 악보를 연수랑 규현이가 들어 준다. 분명 교실에 보면대가 있었는데 어느 순간 뽀로롱 사라졌다. 연주가가 연주를 시작하면 대기자는 조용히 교실 앞문 쪽 대기장소에 서서 기다린다. 아이들은 리코더 불 때보다 대기하는 곳에 서 있을 때가 제일 긴장된다고 한다.

륜경이는 키가 커 무릎을 굽혀서 연주한다. 여유가 느껴진다. 악보를 받쳐 주는 아이들에게 조금만 더 기울여 달라는 주문까지. 승은이는 감기 투혼이다. 소리가 정말 아파 보인다. 승은이는 수행평가를 보고 결국 조퇴했다. 태윤이는 뭔가 아쉬운지 끝나고 날 한번 보고 씩 웃으며 들어간다. 백하는 긴장을 많이 했는지 나올 때부터 표정이 상당히 굳어 있었다. 멍한 표정으로 연주를 마치고 박수 소리를 듣더니 표정이 조금은 풀린다. 민준이도 긴장되는지 연주하기 전에 손에 마비가 올 것 같은 느낌이란다. 주희의 리코더는 정말 맑았다. 아이들이 바로크식 리코더라 소리가 좋았다는데 정말 그건 아닌 것 같다. 준우는 칼을 찬 장군의 모습으로 리코더를 잡고 입장해 칼싸움 자세로 리코더를 뽑아 든다. 서준이는 무섭게 긴장되었다는 말로 느낌을 대신한다.

주희는 모든 순간이 긴장이라고 했고 지윤이는 연습할 때 안 하던 실수가 실전에 나와 너무 부끄러웠단다. 영민이는 시선 마주치기가 부담스러워 바닥만 보고 연주하려는데 연수랑 눈이 마주쳐 웃음이 나와 버렸단다. 사과를 덧붙인다. (사실 연주자가 사과할 상황은 아니지만.) 은비는 대기석에서 기다릴 때부터 손에 땀이 너무 많이 나서 솔에서 도로 변하는 부분에서 손이 미끄러져 구멍을 완벽하게 막지 못했다며 아쉬움을 보인다. 현민이는 빠른 순서로 해버리고 앉으면 긴장이 풀릴 줄 알았는데 다른 아이들 연주를 볼 때마다 실수한 게 생각나 더 긴장이 되었단다. 태윤이는 심장이 나비가 날아다닌 듯 팔랑거렸다는 말로 그 긴장을 전해 준다.

"다 불고 나니 다리가 풀렸어요."

"처음에 불 때는 후하후하 했는데 끝나기 바로 전에 심장이 퍽퍽 뛰었어요. 너무 떨렸어요."

"리코더 불고 있을 때 저랑 눈 마주쳤을 때 웃었는데. 이상하게 저는 리코더 연주할 때마다 눈이 마주쳐요."

수학시간에 그래프 과제 발표를 했다. 한 시간 안에 끝내야 하는지라 본인이 준비한 자료를 대략적으로 소개하는 것으로 갈음했다. '선진국'을 '선지국'으로 말한 녀석. 대한민국, 북한 인구 피라미드 변화(1950~2100)에서 '2010년'이 아니라 '2100년'으로 끝까지 우기는 녀석. 이 두 녀석의 말이 오랫동안 기억에 남을 듯.

〈현민〉
- 그래프로 보는 연도별 남자아기 이름 인기 순위 (1945~2019)
그래프로 보는 TOP 15 대한민국 부자 순위 (2005~2018)
그래프로 보는 국내 편의점 점포수 순위 변화 (1989~2019)

막대그래프로 보니 한눈에 들어와서 편하다. 하지만 부자 순위 같은 경우는 너무 많아서 헷갈리고 보기 불편하다. 이름 순위, 편의점 점포수는 막대그래프가 큼지막하게 되어 있어서 한눈에 들어오고 눈이 편안했다. 또 막대그래프는 긴 것과 짧은 것으로 나뉘기 때문에 가장 많은 것과 적은 것을 알기 쉬웠다. 애니메이션으로 보니 순서가 계속 바뀌어서 어지럽기도 하고 그런 면에서는 꺾은선이 낫다고 생각한다.

〈준혁〉

그래프로 보는 아시아에서 제일 잘사는 나라 TOP 30을 봤는데 우리나라가 떨어질 때마다 진 것 같고 올라갈 때는 기분이 정말 좋았다. 그리고 우리나라와 북한을 비교하는 것을 보았는데 처음에는 우리나라 그래프가 낮아서 슬펐는데 점점 늘어나서 좋았다.

그리고 우리나라 편의점 변화를 보았는데 LG25가 GS25로 바뀌었고 패밀리 마트가 이마트24가 된 것을 보았다. 그리고 세계적인 브랜드를 보았을 때 미국 브랜드끼리 싸워서 신기했다. 그리고 우리나라에서 제일 잘사는 도시를 봤을 때 경상북도가 1위여서 신기했고 서울이 낮아서 정말 실망했다.

〈은비〉

1. 그래프로 보는 국내 편의점 점포수 순위 변화
처음에는 알던 편의점이 있었다. 항상 끝에 있던 편의점 몇 개들은 사업을 끝낸다는 글도 있었다. 여러 기업들이 소비자 선택을 받기 위해 치열한 경쟁을 한다.

2. 그래프로 보는 북한 VS 남한
30초가 지나자 거의 모든 게 남한이 압도적으로 이기고 있는 것이 대부분이었다. 그냥 그랬지만 마지막엔 너무 심하게 차이가 나서 좀 당황했다. 북한에 관심이 많아서 이 영상을 본 것이다. 하지만 분단된 나라를 비교하는 건 좀 잔인한 것 같다.

3. 국내음원차트순위(2012~2019)
여러 음악들이 바뀌니까(순위) 많이 헷갈렸다. 그나마 오래 1위에 있던 곡은 '첫눈처럼 너에게 가겠다'였다. 내가 좋아하는 방탄소년단 곡이 없어서 아쉽다.

〈류경〉

1. 그래프로 보는 연도별 여자아기 이름 인기 순위
1945년: 영자, 1975: 미영, 1988: 지혜, 1998: 유진, 2005~2013: 서연, 2019: 지안
서연이라는 이름은 9년 동안 1위를 했다. 되게 신기했고 2019년 6개월간 가장 많았던 아기 이름은 '지안'이었다.

2. 그래프로 보는 연도별 남자아이 이름 인기 순위
2005년부터 '민준'이라는 이름이 많아졌고 압도적이었는데 '서준'이라는 이름이 2013년부터 많아져서 2019년에도 '서준'이 1위이다.

3. 그래프로 보는 국가 자살률 순위
1960~2001년까지 우리나라는 TOP 8위 안에 들지 않는데 2002년부터 갑자기 확 늘었다. 2010년에는 1위가 되었고, 2012년에는 2위가 되었다가 2014년까지 2위였다. 우리나라가 자살률 1위가 되었던 적이 있었다는 게 참 안타깝다.

〈민준〉

1. 남자 아기 이름 TOP 10을 보았는데 내 이름이 흔한 줄 알았지만 이렇게 흔할 줄은 몰랐다. 2005년부터 2019년까지 순위권에 들어 신기했다.

2. 두 번째로 본 영상은 버블그래프로 세계경제 알아보기에서 2005년부터 우리나라가 순위권 안에 들어 기분이 좋았다.

3. 세 번째로 남한 대 북한을 보았는데 2016년이 되었을 때 거의 다 두 배여서 기분이 좋았다. 하지만 두 배가 아닌 것이 있었다. 바로 평균 생명.

〈영민〉

그래프로 보는 프리미어리그 최다 득점팀

역시 내가 좋아하는 팀 맨유는 역대로 치면 최강이다.

〈상진〉

1. PC방 게임 점유율(2003~2019) - 가로 막대그래프

    이런 변화하는 주제에 가로 막대그래프를 사용하니 딱 보기 편해서 좋았다. 게임에 관심이 있어 보았는데 2010년 전에는 모르는 게임이 많았었다. 그런데 그 이후로 갈수록 배그, 피파, 롤 등이 나왔다. 이 게임들을 많이 들어보아서 인상 깊었다.

2. 모바일 게임 TOP 10(2013~2019) - 가로 막대그래프

    이것도 그래프를 잘 썼다고 생각한다. 이것도 변화하는 것이기 때문이다. 앞서 컴퓨터게임에 대해 봤지만 이번에는 모바일이라 조금 더 색달랐다. 모바일 게임의 종류에 대해서도 알 수 있었다.

3. 국내 유튜버 구독자수(2017~2019) - 가로 막대그래프

    전부 다 가로 막대여서 조금 아쉬웠지만 보기 편하긴 했다. 유튜버들 중에서 아는 사람도 있고 모르는 사람이 치고 나오는 경우도 있어서 의외였다. 또 치고 올라오고 처음에 인기 있던 사람이 떨어지고 그런 것이 재밌고 짜릿한 감이 있었다. 내가 아는 사람이 많았다.

4. 그래프로 보는 OECD 회원국 중 가장 자살률이 높은 나라

    역시 우리나라 사람들은 스트레스를 많이 받고 산다.

〈경란〉

1. 그래프로 보는 연도별 가장 잘사는 나라 순위

    '역시 미국이 제일 잘 산다'라고 생각했는데 연도가 바뀌니까 점점 미국이 내려가면서 룩셈부르크가 1위가 되었다.

2. 그래프로 보는 가장 빨리 천만 관객 찍은 영화 순위

    신과 함께 2, 부산행, 택시운전사 등이 빨리 천만을 찍었다. 개봉 40일 차까지도 순위 안 바뀐 영화 1위는 '명량'이다. 나는 아직 안 봤지만 나중엔 한번 보고 싶다.

3. 그래프로 보는 한국에 가장 많이 여행 온 나라 순위

    중국과 일본이 우리나라를 자주 여행 온다. 어쩐지 제주도에 중국 사람들이 많았다.

〈지윤〉

1. 그래프로 보는 남자아기 이름 순위

    우리 반에 있는 준호, 준혁, 서준, 민준 등등이 나와서 재밌었고 2010년대에는 서준, 민준이 1위를 팽팽히 겨뤄서 흥미진진했다.

2. 그래프로 보는 여자아기 이름 순위

    2011년에 내 이름이 순위에 들어서 더 재밌었고 이름 순위가 한눈에 보여서 재밌었다.

3. 그래프로 보는 편의점 점포수 순위

    초반에는 family마트와 lg25가 1, 2위를 겨뤘지만 점점 세븐일레븐이 늘어나고 몇몇이 없어졌으며 lg25가 gs25로 명칭이 바뀐다. 2010년 세븐일레븐이 바이더웨이를 인수하고 family마트가 cu로 바뀌었다. 편의점이 또 다른 편의점을 인수하고 명칭이 바뀌는 것이 흥미로웠다.

〈서준〉

나는 그래프로 보는 남자아기 이름 인기 순위를 보았다. 나는 내 세대인 2000년대~2019년까지 소개를 하겠다. 이름별 특징은 우리 반만 적었다.

| 20~ | 05 | 08 | 09 | 10 | 11 | 12 | 13 | 14 | 15 | 16 | 17 | 18 | 19 |
|---|---|---|---|---|---|---|---|---|---|---|---|---|---|
| 1위 | 민준 | 민주 | 민준 | 민준 | 민준 | 민준 | 서준 | 서준 | 민준 | 민준 | 하준 | 서준 | 서준 |
| 2위 | 현우 | 지훈 | 지후 | 지훈 | 주원 | 서준 | 민준 | 민준 | 서준 | 서준 | 도윤 | 하준 | 하준 |
| 3위 | 동현 | 현우 | 지훈 | 예준 | 예준 | 주원 | 예준 | 하준 | 하준 | 하준 | 서준 | 도윤 | 시우 |
| 4위 | 준혁 | 준서 | 현우 | 현우 | 시우 | 예준 | 주원 | 주원 | 도윤 | 도윤 | 시우 | 시우 | 도윤 |
| 5위 | 민재 | 우진 | 준서 | 준서 | 서준 | 시우 | 지후 | 예준 | 주원 | 주원 | 민준 | 민준 | 은우 |
| 6위 | 도현 | 건우 | 건우 | 지호 | 준서 | 준서 | 도윤 | 도윤 | 예준 | 예준 | 주원 | 지호 | 예준 |
| 7위 | 지훈 | 예준 | 예준 | 현준 | 지훈 | 도윤 | 준서 | 지후 | 준우 | 시우 | 예준 | 예준 | 민준 |
| 8위 | 준영 | 현준 | 현준 | 건우 | 현우 | 현우 | 시우 | 준우 | 지호 | 지호 | 유준 | 주원 | 지호 |
| 9위 | 현준 | 도현 | 우진 | 서준 | 도현 | 건우 | 준우 | 준서 | 지후 | 준우 | 지호 | 은우 | 주원 |
| 10위 | 승민 | 준혁 | 민재 | 지후 | 지후 | 지훈 | 현우 | 지호 | 준서 | 유준 | 준우 | 유준 | 유준 |

서준: 2010년 처음 등장 이후 순식간에 치고 올라감. 1위 네 번, 2위 두 번, 2010년 이후 계속 순위권.
민준: 1위 8번. 한 번도 순위권을 나간 적이 없음.
준우: 2013년 처음 등장 후 조금씩 올라가다 다시 내려감. 2018년부터 순위권 박탈.
준혁: 3~4위권에 있다가 순삭됨.

〈효은〉

1. 연도별 남자아기 이름 순위

연도별 남자아기 이름 순위는 우리 아빠이름이나 동생이름이나 가족이름이 나올지 궁금해서 봤는데 예상치 못한 결과가 나와서 놀랐다. 연도별 남자아기 이름순위에서 1988년도에 준호가 흔한 이름이었고 준호가 옛날 이름이라는 것을 알게 되었다. 요즘은 우리 반 이름이 많아서 놀랐다. 서프라이즈!!!!! 바로바로 준혁, 민준, 서준 등등 이렇게 우리 반 이름이 있다. 한 2000년대 초반? 그쯤에 민준이 나온 것으로 아는데 민준이 이렇게 흔한 이름인줄 몰랐다! 2000년대 후반까지 민준이 흔한 이름인데 2000년데 후반 거의 마지막에서 서준이 등장하면서 민준의 1등을 깨버렸다. 와장창창창! 어쩐지 주변에 서준이라는 이름도 많다. 우리 반 이서준, 우리 반 이도건 쌤의 첫째 이름도 서준. 역시 서준이다!! 라고 생각이 들었다.

2. 편의점 점유율

편의점 점유율은 1990년대에는 이름조차 들어보지도 못한 편의점이 많았다. 그래도 갈수록 아는 편의점이 생겨서 기분이 좋았다. 나는 LG25가 GS25로 바뀐 줄도 몰랐고 예전에도 그렇게 인기 많은 줄도 몰랐다. 그리고 씨유도 패밀리 마트에서 바뀐 이름인데 역시 편의점 역사가 깊은 만큼 씨유와 GS25가 경쟁을 하는 것이 신기했다.

〈승은〉

1. 그래프로 보는 연도별 인기 여자 아기 이름
   정말 예전 이름부터 현재 이름 순위까지 다 나와 있으니까 정말 신기했다. (1위 지안)
2. 그래프로 보는 대한민국, 북한 인구 피라미드 변화 (1950~2100)
   처음에는 북한이 선점했지만, 시간이 지날수록 조금씩 대한민국이 치고 나간다는 게 대단했다.
3. 그래프로 보는 미래에 인구가 가장 많은 나라 순위
   많은 나라들이 있었으나 대한민국이 없었다는 것에 조금 실망하기는 했다. 다른 나라들의 어마어마한 인구수에 놀랐다.

〈준우〉

남자아이 이름 순위

나는 그냥 내 이름이 나오는 시대는 2015년, 2016년, 2017년까지. 서준이는 2010년부터 2019년까지 나오는데…. 나는 적게 나온다…. 민준이는 서준이보다도 많이 나온다. 이 영상은 뭔가 재미있었다. 보는 재미가 있다.

〈주희〉

1. 그래프로 보는 대형기획사 시가총액 순위 변화 (2010~2019)
   먼저 나는 K-POP에 관심이 많아서 썸네일을 보고 흥미 있을 것 같은 마음에 시청하게 되었다. 처음 그래프에는 SM밖에 없었다. 소녀시대가 데뷔 후 빡 하고 치고 올라와서 굉장히 놀라웠다. 원래 소녀시대가 인기 많았던 건 아는데 이렇게까지 많은 줄 몰랐기 때문이다.
   2011년쯤에 JYP가 그래프에 있었고, YG가 2012년쯤에 순위권에 올랐다. 1위는 SM이었고 2위 YG 3위가 JYP였지만 FNC와 CUBE가 참여하게 되면서 YG가 1위, SM이 2위, FNC가 3위를 차지하게 되면서 JYP가 뒤처지게 되었지만 2019년엔 SM과 비슷하게 2위를 차지하게 되었다.
   최종순위:
   SM (10909.13억)
   JYP (10565.84억)
   YG (8147.12억)
   CUBE (1422.58억)
   FNC (1299.24억)
2. 그래프로 보는 TOP 10 전 세계 부자 순위 (2000~2019)
   전 세계에서 제일가는 부자가 궁금하기도 했고 재산이 얼마나 있는지 궁금했다. 처음에는 빌 게이츠가 앞장섰지만 카를로스 슬림과 엎치락뒤치락 하다가 결국 아마존의 회장 Jeff Bezos가 1위를 차지하였다. 솔직히 난 빌 게이츠가 될 줄 알았는데 그는 2위를 하고 워렌 버핏이 3위를 차지했다. 어쩜 이리 돈을 잘 버는지. 쉽게 버는 듯싶지만 뒤에 숨겨진 노력이 있을 거라 믿으며. 131 billion dollar, 아마존의 회장이 이만큼을 벌었다. 1 billion dollar는 약 1.18조 원이라고 한다. 근데 미국이 TOP 10 중에서 대부분을 차지했다. 역시 선진국은 선진국인가 보다.
3. 그래프로 보는 OECD 국가 자살률 통계 순위 (1960~2014)
   거의 2010년까지 TOP 10에 들지 않았는데 2014년에 결국 2위를 하고야 말았다. 리투아니아가 1위. 이렇게 삶을 포기하는 사람이 많다니…. 처음엔 굉장히 높은 등수를 예상하고 있었지만 진짜 그러니 굉장히 슬펐다. 그렇게나 스트레스가 많구나, 라는 생각이 들게 된 계기였던 것 같다. 댓글에 "안 좋은 건 언제나 일등"이라고 쓴 사람이 있어서 정곡을 확 찌른 것 같다.

〈규현〉

1. 그래프로 보는 여자아이 인기 이름 순위

    옛날(1945~1985년) 인기 이름과 현재 인기 이름을 보면 옛날 인기 이름은 좀 촌스러운 것 같고 내 친구들이 쓰는 이름이 거의 없다. 하지만 현재(1988~2019년) 이름은 내 친구들의 이름이 많이 있는 것 같아서 신기하다.

2. 그래프로 보는 국내 편의점 순위

    1990년도 편의점 이름은 내가 아는 편의점이 하나도 없는 줄 알았는데. LG25가 GS25로 바뀐지 패밀리 마트가 CU로 바뀐지 몰랐는데 알게 되어서 신기했다. 그리고 편의점 이름이 이렇게 많은지도 몰랐다. 또 국내 편의점 수만 해도 엄청 많은 것 같다.

3. 그래프로 보는 브랜드별 전 세계 핸드폰 판매량

    내가 아는 곳은 애플, 삼성, LG였는데 아무래도 전 세계다 보니 내가 아는 3개 외에도 정말 많은 것 같다. 또 이 중 옛날(1997년) 브랜드는 진짜 아는 게 하나도 없어 더 신기했다. 또 2013년도에 우리나라 브랜드 삼성이 1위를 한 걸 보니 유명한 거 같아 신기하고 이걸 계속 유지하는 게 대단한 거 같다.

〈준호〉

1. 그래프로 보는 국내 편의점 점포수 순위 변화 (1989~2019)

    GS25가 1등일 줄 알았는데 CU가 1등이어서 놀랐다.

2. 동그라미로 보는 한국을 방문한 외국인 수 변화 (2003~2019)

    원의 크기로 나타내니까 신기했다. 왜 3월달에 우리나라에 많이 오는지 궁금하다.

3. 그래프로 보는 연도별 남자 아기 이름 인기 순위 (1945~2019)

    1998년에 내 이름이 5등이었다는 게 믿기지 않았다.

〈연수〉

나는 세계에서 가장 골을 많이 넣은 나라를 봤다. 그 이유는 내가 축구에 대해 정말 관심이 많기 때문이다. 그리고 우리나라가 피파랭킹 37위라는 것이 정말 놀라웠다. 우리나라는 앞으로도 계속해서 박지성과 손흥민을 이어줄 선수들이 많이 나올 것 같다.

〈인해〉

우리나라가 발전을 많이 했구나라는 생각이. 그래서 재미있게 봤다. 우리나라가 그래프로 봤을 때 계속 발전하는 게 신기했다. 우리나라 파이팅!!! 그중에서 자동차 생산하는 것이 많이 발전한 것 같다.

---

쉬는 시간에 솜사탕 기계가 맹렬하게 돌아간다. 그 옆의 남자아이들은 위화도 회군 이야기하며 활 쏘는 자세도 잡아 본다. 영화에서는 이렇게 쏜다고 하는데.

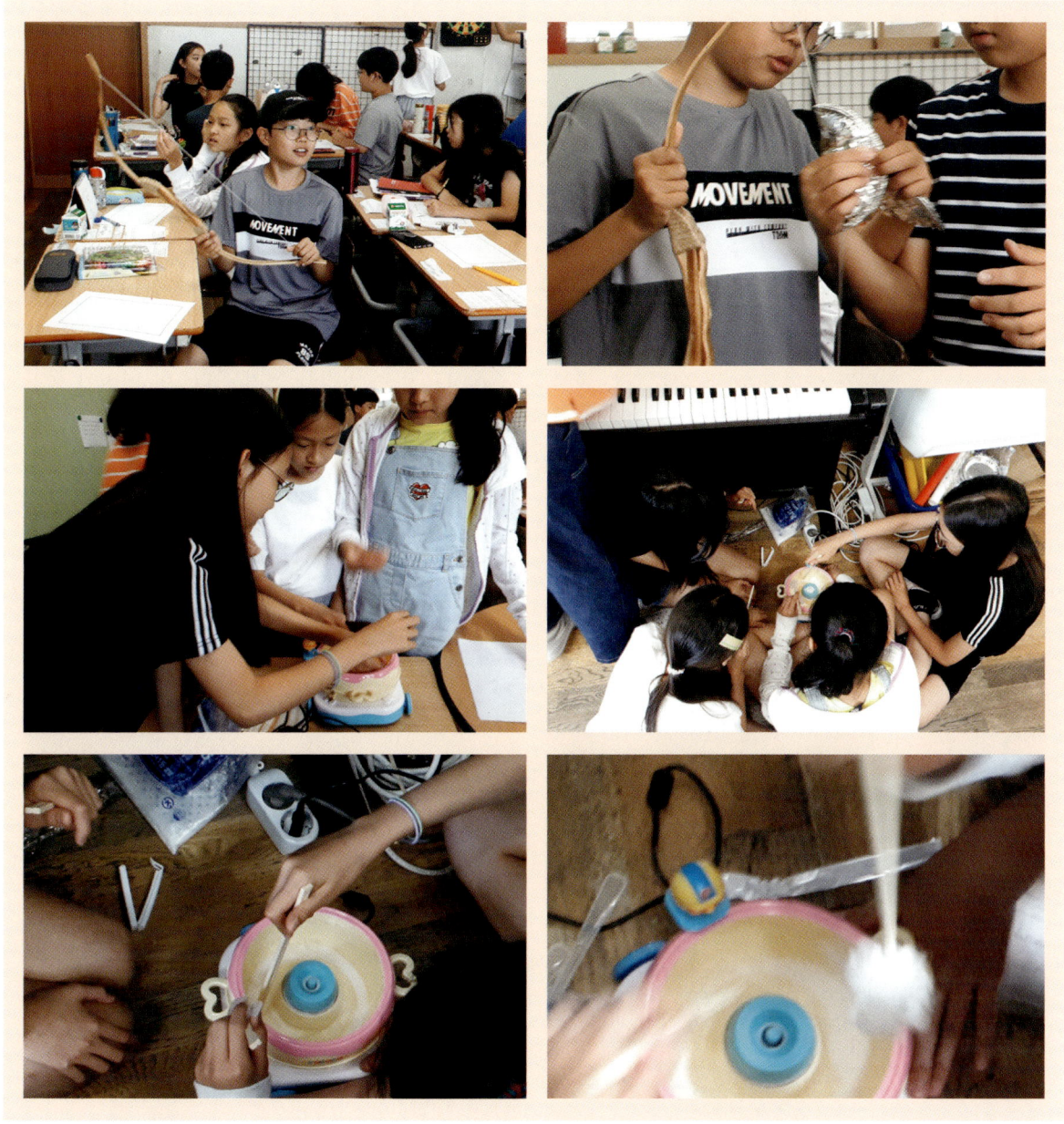

 오후가 되자 에어컨 껐다 켰다가 반복된다. 열이 많은 남자아이들은 18도로 온도를 내리면 어느새 추위를 많이 타는 여자아이들이 28도까지 올린다. 나도 더위가 많은지라 28도에 맞추면 땀이 삐질삐질. 날씨가 더워 운동장에는 나가지 못하고 5교시에 교실피구를 했다.

 "규현아, 배치기의 힘을 보여줘."

 "리춘수(준호의 새 별명인가 보다) 파이팅!"

 규현이랑 준호의 1세트 마지막 1 대 1 대결이다. 경기 진행 속도가 빨라 잠시만 시선을 놓쳐도 공이 날아온다. 준호가 세게 던져 관중 한 명을 맞춘다. 한 녀석이 뚝배기샷이라고 해 잠시 퇴장을 명령했다.

이 녀석은 평소도 그랬지만 너무 쉽게 게임에서 사용하는 이상한 말을 한다. 그것도 너무나 선명하게 들리게.

2세트에서는 상진이가 가랑이 사이로 멋지게 받는다. 경기는 잠시 멈추고 박수로 명장면을 기억한다. 주희랑 효은이는 합기도 다니면서 연습한 실력을 뽐낸단다. 하지만 먼저 아웃되는 건 전부 합기도 다니던 아이들이다.

"선생님. 교실이 기울었어요. 공이 저쪽 편으로 자꾸 굴러가요."

이건 뭐 기울어진 교실이론인지. 하긴 오늘 이상하게 설탕팀이 공을 많이 잡긴 한다. 그것도 실력이랬지. 오늘 피구 하다가 주희가 안경을 맞았다. 쿨하게 "괜찮아요"라며 안경을 고쳐 쓴다. 한 녀석이 상황을 정리해 준다.

"주희 개멋있어."

이 녀석도 퇴장이다.

주희는 옆으로 나와 안경을 만지고 있다. 피구 경기 흐름이 깨질까 일단 눈빛으로 다시 시작하자는 신호를 준다. 세심한 녀석.

　오후에 수련활동 수학여행 특정 준비를 한다. 온갖 서류만 난무하고 실제 아이들 활동과는 관련도 없는 일에 고민하는 내 모습. 감사를 감사하고 싶은 생각이다. 매년 결과를 입력할 수 있는 공개시스템만 개발하면 뭐 하나. 감사관 몇 명이서 이렇게 엉망으로 만들어 버리는데. 매뉴얼대로, 시키는 대로, 교과서대로만 하면 편했던 것을.

 **6월 25일 화요일**

　"비밀번호 바뀌었어요?"
　교실 문이 열리지 않는단다. 한참을 돌리며 찾다 보니 229에서 열린다. 228에서 229로의 미스터리한 비밀번호 변신. 그나마 한 칸 돌아갔기 망정이지. 근데 문제는 229에서도 뻑뻑하다는 것이다. 228에서 열릴 때도 있고 참 애매한 상황이다.
　"오늘 교실 비밀번호가 229로 바뀌었는데, 228에서도 열려."
　대충 228.5로 정리해서 알려 주었다. 한 녀석이 고해성사 한다. 열쇠가 안 열려서 며칠 전에 주먹으로 내리쳤더니 한 칸 밀린 것 같단다. 괜찮다고 했지만 본인이 범인이자 죄인이라며 새 열쇠를 자꾸 사오겠다고 한다.
　경란이의 후일담. 경란이는 주말에 비밀번호가 바뀐지도 모르고 사회공부하려고 책 가지러 왔다가 낭패를 당했다고 한다. 그래서 결국 문을 못 열고 돌아갔다는.

"애들아. 228.5도 나름 멋지지 않니?"
"이건 특급 도둑도 못 맞히겠어요."

아침에 현민이가 '헝가리안 댄스 5번'을 피아노로 치는데 오호! 느낌이 너무 좋다. 빠르기는 원곡보다 좀 느리지만 톡톡 튀는 감성이 풍만한 아침. 어제 솜사탕 만드느라 설탕을 다 사용했나 보다. 설탕 봉지만 바닥에 굴러다닌다.
"설탕 다 먹었니?"
"네. 근데 우리 설탕 당뇨병 걸리는 거 아니겠죠?"
"그럼 솜사탕 기계 치울까?"
"아뇨, 설탕이 떨어졌잖아요. 흰 설탕요."
"엄마한테 10kg짜리 한 포대 사 달라고 할게요."
"노노노~ 내가 사올게. 작은 걸로."
"10kg으로는 있어야 1년 내내 돌리죠?"

칠판에 '1학기 타악기 마지막 수업입니다'라고 썼더니,
"드디어 그날이 왔구나. 오호 드디어."
감격스러워한다. 북 치는 게 많이 힘들었나 보다.
1학기 마지막 타악기 시간이다. 휘모리는 역시 빠른지라 손이 많이 아프다고 한다. 여자아이들은 북 칠 때의 고통은 머리카락이 다 빠질 것 같은 느낌이라는데. 하나·둘·셋·넷을 8번 반복한다. 하나·둘·딱·넷 둘·둘·딱·넷 8번 반복. 오늘도 손이 까진 친구가 있다. 보건실에 다녀오고 쉴 줄 알았더니 마지막 시간이라며 투혼을 발휘한다. (타악기 선생님이 오늘은 쉬는 시간을 주시지 않는다.)
휘모리의 첫 박에 강세를 주며 고개 끄덕이는 아이들도 보인다. 우리 장단이 몸으로 발현되는 순간이다! 강세가 있는 장단을 칠 때마다 몸이 숙여지며 팔이 반응하는 걸 보니 한 학기 동안 연습한 보람이 있다. 특히 아이들이 악센트를 주며 칠 때 합이 맞는 순간에는 짜릿하기만 하다. 아이들 어깨가 출렁인다. 리듬에 맞춰 춤을 추는 것 같기도 하다. 실제로 춤을 추는 녀석도 있었지만. 인사장단을 하고 마쳤다.

환호소리와 함께 하는 마지막 인사소리가 정말 크다. 덩덩 덩덩 더더덩 쿵 딱! "감사합니다."
"울지 마!"
"어흑. 우리 너무 힘들었어."
"고생했어."
"2학기에도 보는데 뭘 벌써."
"그런 말씀 하는 거 아니에요."

타악기 교육을 매주 하면서 드는 생각이 있다. 왜 이렇게 아이들이 싫어할까. 타악기 시간만 되면 아픈 아이들이 늘까. 사람을 즐겁게 해야 하는 악기 교육의 역설인지. 그리고 음악성이라는 것은 결코 주 1회의 악기 교육으로 길러지지 않는 것 같다. 충분히 음악을 듣고 자신의 감성으로 노래도 해보고 이를 악기라는 표현의 도구에 실어 보는 정도면 되지 않을까. 거의 모든 초등학교에서 시행하고 있는 1인 1악기라는 어젠다는 사실 허구다. 이름은 사실 멋있지만 겨우 20시간 정도 경험해 본 악기를 과연 익혔다고 말할 수 있을까. 타악기처럼 음악을 싫어하는 아이들에게 오히려 반발심이 더 생길 것도 같다. 초등학생에게는 오카리나, 리코더, 장구 정도면 충분한 것 같다. 본인 역량이 허락해 더 하면 좋겠지만, 쉬운 곡도 아름답게 나의 감성과 언어로 표현해 보는 것이 중요할 것 같다. 그리고 나는 이렇게 생각한다. 악기 좀 못 다루면 어떠리.

급식을 먹고 교실에 왔더니 여자아이들이 급하게 해 줄 말이 있단다.
"근데 선생님, 핫스팟 좀 끄세요~"
"켜달라고?"
"아니요, 선생님 거 계속 켜져 있어요."
어쩐지 배터리가 빨리 닳는다 했더니. 며칠을 켜놓은 건지.

"선생님, 여기 있는 어포 과자… 이게 뭐예요?"
"이상하게 생겼는데. 어디서 봤는데?"
"먹는 거예요?"
"이거 우리 집에 있는데. 술안주 맞죠?"
"이거 김 발린 것도 있는데."
"하나만 주세요. 혼자만 드시면 천벌을 받을지도."
하나씩 먹어 보라고 했더니 한 봉지가 순삭이다.

"진짜. 맛있다."

감탄사 연발이다.

"우리도 이렇게 맛있는 안주 있는데 어른들처럼 우유 한잔씩 합시다."

 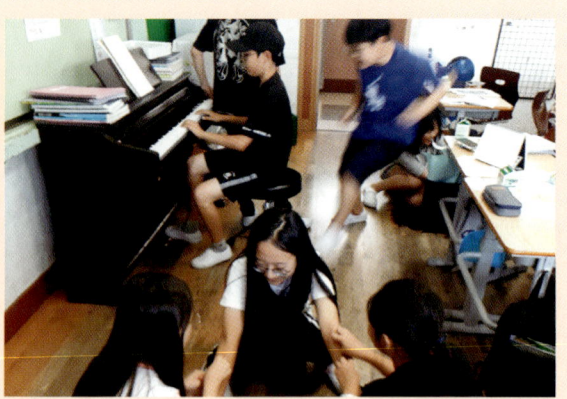

아이들이 서로의 머리가 가발이 아니냐며 만져 보고 있다.

"자! 이거 봐봐, 밀리잖아."

이마를 까고 머리를 미는 모습이 아주 웃기다. 그러다 현민이랑 지윤이가 서로의 머리를 잡고 싸우는 자세를 취한다. 하지 말래서 출동했더니 장난이라는데. 아직 이 녀석들에게는 저학년의 감성이 많이 남아 있다. 한참을 밀고 당기더니 역시 사고가 나고 말았다. 비명 소리와 함께 머리를 부여잡고 아파하는 한 아이.

"여기 봐. 머리카락 하나 보이지? 뽑힌 거 맞지?"

여자아이들은 륜경이에게 손을 고양이 뽁뽁이 모양으로 만들어 안마를 해준다. 여기서도 비명 소리가 들려 고개를 돌려 나도 모르게 레이저를 날렸나 보다. 아무것도 아니라며 안마하는 동작을 취하며 세상 해맑게 웃고 있는데. 이 표정 연기! 이러니 매번 속지.

칠판에 오늘 과제 제출 안 한 아이가 많아서 '선생님 심기불편'이라고 썼더니,

"숙제 한 번 안 했다고 대역죄인 취급하시지? (아주 작은 소리로 속삭인다.)"

"죄인은 원래 말이 없는 법. 뉘우치고 있어."

"선생님! 초음파도 들리세요?"

"네가 크게 말했으니까 들리지. 그게 들리겠냐?"

같은 수학학원에 다니던 녀석들이 학원숙제를 서로 영역을 나누어 풀고 각자 옮겨 적는 묘수를 발견해 실천(?)했단다. 참 전통적인 방법인데. 하지만 양심의 가책을 느낀 한 여자아이가 학원선생님께 말씀

드렸단다. 남자아이는 배신이라며 불만을 터트린다. 의리를 지켰어야 했는지, 중간에라도 뉘우치는 게 맞는지. 이 상황에서 누구 편들기가 참 어렵지만 남자아이 입장에 더 공감이 되는 건 왜일까. 돌아오는 도덕시간에 이런 생활 속 문제를 다루어야겠다.

영어선생님이 6월까지 하고 그만두신단다. 임용시험 준비하러 가신다는데. 그래서 아이들과 영어선생님 이름으로 삼행시를 지어 롤링페이퍼와 함께 선물하기로 했다. 박지원 선생님! 짧은 시간이었지만 아이들에게 마음을 열고 나누는 모습이 인상적인 분이었다. 하지만 아이들은 장난기가 발동한다.

> **박**치기
> **지**렁이
> **원**형탈모
>
> **박**이 터졌다.
> **지**금 터졌다.
> **원**래 터져 있었다.
>
> 요기까지는 농담입니다! 이제부터 저희의 마음을 담은 삼행시!
>
> **박**지원 선생님~
> **지**금까지 잘 가르쳐 주셔서 감사합니다.
> **원**없이 한없이 배웠습니다. 사랑합니다.

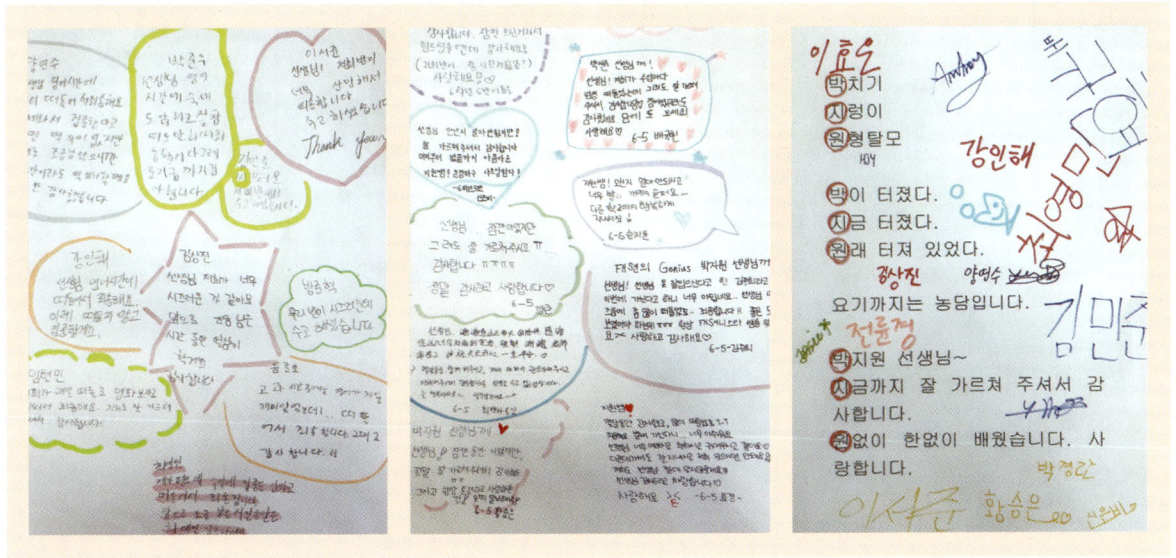

체육 표현활동 시간이다. 다섯 명을 한 모둠으로 편성했는데 센터 자리에 누가 가느냐를 놓고 다투고 있다. 여자아이들에게는 이게 정말 중요한 문제란다. 돌아가면서 하기로 한 모양인데도 뭔가 진통이 있어 보인다. 센터라는 자리는 주목은 받지만 엄청난 책임감에 눌릴 수도 있다고 했지만, 돋보임이 중요하단다. 이 또한 명언이다. 하지만 몇 분째 자리를 놓고 논쟁이 계속된다. 그냥 일단 시작하고 서로 실력이나 컨디션 보고 정해 보는 게 어떨까 했더니, 자리를 먼저 정해야 완벽한 공연 연습이 된다며 고집을 피운다. 이젠 나도 포기다. 오늘 수행평가까지 해야 하니 평가 시간 보고 알아서 정하라고 했다.

체육 표현활동 평가를 했다. 최종 리허설까지 마치고 발표를 한다. 설탕팀 여자팀부터 발표가 시작된다. 트와이스 'Knock Knock!' 뮤비 버전이 아니라 발동작이 없다는 걸 강조한다. 발 움직임은 없어도 엄청난 반응이다. 앉아서 손뼉 치며 떼창을 한다. 하지만 발표하는 아이들은,
"야! 너 이거 안 해?"
동작이 자꾸 틀리자 시선을 아래로 내리며 부끄러워한다. 움직임도 작아지고 아주 민망해한다. 끝나고 들어가며 서로 이야기한다.
"틀렸어. 망했다."
"우리는 '매우 잘함' 못 받겠다."
마지막 부분 '짠' 하는 걸 못 했다고 "다시 한번 하면 안 돼요?"라는데.
"시간 남으면 앵콜 공연 해!"

이어서 설탕팀 남자팀이다. 방탄소년단의 '작은 것들을 위한 시.' 어깨춤부터 시작한다. 남자아이들의 최애곡인지라 노래까지 부르며 춤추는 여유. 뒤돌아서 상진이가 시작하자 준호·서준이가 옆 날개, 민준·준혁이가 마지막 날개가 된다. 얼마나 격렬하게 추는지 쿵쿵 소리가 계속되어 중간에 멈추었다. 정말이지 마룻바닥에 진동이 느껴질 정도이다.

소금팀 여자팀의 순서다. 한 줄로 서서 인사하고 시작한다.
"꼭 감아라 TS샴푸로 감아라~ 얘들아."
"우리 파이팅 하고 시작할까."
"저희는 TS샴푸 노래에 맞춰 춤출게요."

소금팀 남자아이들! 다메투코시타 엄청 웃겼다. 춤이 그냥 흥겹다. 엉덩이춤에서는 모두가 빵 터졌다. 기타 치는 동작도 해주고. 괜한 설렘이 녹아 있는 천연덕스러운 몸놀림들!

　오늘은 6월 25일. 아이들도 여러 가지 경로로 한국전쟁에 대해 배워서 그런지 대략적인 흐름 정도는 알고 있다. 6.25 발발, 9.27 서울수복, 1.4 후퇴 등 시·공간적 흐름에 따른 것보다는 오늘은 한국전쟁 초반부에 일어났던 '마을전쟁'에 대해 알려 주었다. 친하게 지내던 같은 마을 사람들이 서로 적이 되어 버릴 수밖에 없었던 이유. 같은 마을 사람들이 왜 서로에게 총부리를 겨누었을까? 참담한 기분은 뭐지. 결론은 전쟁의 잔인함으로 이어진다. 언제쯤 우리에게 한국전쟁의 흔적이 지워질까? 그리고 평화!
　"같은 마을 사람들끼리 싸운 건 몰랐어요."
　"전쟁은 이래서 무섭나 봐요. 우리들도 적이 될 수도 있다는 거잖아요."
　"그냥 우리는 친하게 지내자. 피스~"
　"근데 진짜 같은 마을 사람들끼리 왜 싸웠대요?"

　청소검사를 아이들 자율에 맡겼더니 역시나 잘 안 된다. 오늘부터 내가 직접 검사하니 훨씬 바닥이 깨끗하다. 진정 책임감 있는 자율은 어렵단 말인가.
　"선생님, 저희에게 기회를 주세요. 검사 잘 할게요."
　"선생님이 자꾸 걸어 다니시니 바닥이 더 더러워져요. 네?"

## 6월 26일 수요일

한 녀석의 일기장에 내가 등장한다. 살짝 긴장된 마음으로 읽는다.

### 이도건 선생님을 소개합니다!

오늘 일기주제는 우리 현 담임선생님이신 이도건선생님이시다! 6학년 중 유일한 남자담임이며 맛있는 걸 많이 주시고 다른 6학년 담임선생님들과 키가 거의 비슷하신(?) 그런 선생님이시다! 재미있으실 때도 있지만 화 내시면 모든 게 뜨겁게 달궈지시는 우리 선생님의 포스는 그야말로… 피부가 까마시며 자칭 방탄소년단 정국이라고 생각하신다! 분명 칭찬 많이 할 거라고 생각하셨겠지만 까는 내용도 있으니 정신 꽉 잡아주시고요. 본격적으로 시작하겠습니다!
6학년 중 가장 Perfect한 반의 담임이시며 여러 별명들을 가지고 계신 선생님! 비록 키는 크지 않으시지만 마음만큼은 100% 크신 선생님이지만 화나면 선생님 키만큼… 아니 더 작게 오므라드는 그런 꽃방울 같은 이도건선생님!!!
친분이 많으시며 금북초등학교에 인싸이신! 물론 저보단… 항상 아이들이 무엇을 하시든 다 이해해주시는 선생님! 저는 선생님이 정말 친근하게 느껴져서 반말 쓰고 싶을 정도입니다! 벌써 올해 반이 다 가버렸는데 남은 학기동안 더욱 더 친해지고 싶은 선생님 TOP 1위 달성! 축하드립니다! 항상 맛있는 것도 주시고 체육도 많이 해주셔서 감사드려요. 그러니까 더 주시고 더 시켜주십시오! 존경합니다!

한 녀석은 요즘 애들이라는 주제로 일기를 썼다.

> 6~7살 먹은 애기가 갑자기 우리한테 와서 막 애교부리듯이 나 까까 머꼬 싶다를 계속 반복하는 것이다. 나는 황당해서 미안한데 이거 우리 돈으로 사 먹는 거야라고 말했다. 그 애기가 다시 와서 나 까까 먹고 싶다. 그러고는 다른 애기들까지 와서 같이 먹꼬 싶다라고 말해서 과자를 다 주고 왔는데….
> 애기들이 엄마들에게 갔는데 엄마가 고맙다고 인사하라고 시켰나 보다. 근데 애기들이 고맙다고 애교부리는 모습을 보고… 요즘 애들…

오늘부터 5학년 아이들이 가평 영어마을로 수련활동을 떠난다. 우리 반 아이들이 아우성이다.
"우리는 작년에 그렇게 안 좋은 데 가고 올해 5학년은 왜 좋은 데 가요?"
"너네가 작년에 불만을 많이 적어서 그런 게 아닐지."
"아, 맞아. 5학년 애들도 우리 갔던 데 가게 '여기 너무 좋았어요' 했어야 하는데."

"작년에 벌레 나오고 창문 깨져 있고 문도 잘 안 잠기고 했어요."

프로그램 이야기는 거의 없고 시설에 대해서만 말한다. 요즘은 프로그램보다 일단 시설이 좋아야 아이들 마음을 얻을 수 있나 보다.

남자아이들이 진로페스티벌 물품을 옥션 장바구니에 담고 있다. 뭘 담았는지 정말 기분이 좋아 보인다. 그러고는 내게 와서 "장바구니가 정말 무겁습니다"라며 미션 완료했음을 알린다. 가까이 가서 보니 폰 화면은 다른 곳을 보고 있는데…. 그냥 모르는 척했다.

진로페스티벌에 쓸 지폐에 풀칠하기로 했다. 앞뒷면을 붙여 완벽한 지폐로 탄생하는 순간이다. 1인당 5천 원짜리 2장, 천 원짜리 10장씩 붙인다. 6학년이 140명이니 280만 원이라는 금액이 시장에 풀린 셈이다. 선생님들 것까지 300만 원 정도 시장에 풀렸다는 가정하에 물건의 가격을 정하라고 안내한다.

알림장에 금요일 도덕시간에 활동할 '친구 칭찬하기' 과제를 내 주었다. '언어란 존재의 집이다'라는 말도 적어 주며 예시도 보여 주었다. 쓴 사람의 이름을 밝히지 않고 칭찬하기로 했다. 칭찬하기 과제는 우리 교실 빨간 우체통에 넣기. (쓴 사람 이름은 적지 않습니다.)
- 우주에서 가장 이쁘고 착한 우리 미소왕 ○○
- 깜찍하고 귀여운 친절왕 ○○

국어시간에 '비속어는 과연 살아남을까'라는 주제로 토의를 했다.
"할아버지가 증조할아버지한테 복세편살이라고 하면 웃기잖아요."
"근데 할아버지는 외계인, 이런 아이스크림 나왔으면 좋겠다."
"우리 반 남학생은 우유남."
시작부터 웃겨 준다.
욕은 예리한 칼이자 양날의 검이라는 한 유튜버의 동영상을 먼저 봤다. 욕은 무조건 쓰지 말자고 하기에 현실을 반영하지 못한 이야기가 아닐지. 아이들도 나름 공감이 된다는 의견이 많았다. 내가 들을 때도 현실을 반영한 울림 있는 주장 같았다. 무조건 욕을 사용하지 말라고 하는 것만이 능사는 아닌 것 같다.

---

### 동영상 내용

요즘 욕을 습관적으로 사용하는 아이들이 많다. 다만, 얕보이기 싫어서 친한 친구와 친밀감 또는 격한 감정을 느끼려고 쓰는 경우도 있다. 욕은 칼과 같은 것이다. 칼로 요리도 하지만 사람을 해칠 수도 있다. 칼은 나쁜 물건이냐? 그건 아니다. 욕 자체의 문제보다 욕을 나쁘게 사용하는 것이 문제다. 고운 말만 쓰면 너무 딱딱한 대화가 될 수도 있다. 욕으로 친밀감을 느낄 수도 있다. 욕이 아니면 표현하기 어려운 감정도 있다.

목적보다 어떤 감정과 어떤 뉘앙스로 말하느냐가 더 중요하다. 고운 말은 그릇이 작아 터질 듯한 감정을 모두 담을 수 없을 수도 있다. 우리나라 탈춤극은 욕으로 가득 차 있으며 이것을 해학과 풍자라고 한다.

욕이 무조건 나쁘다는 생각을 버리면 우리 대화를 탄력적으로 만들어 줄 수도 있다. 다만, 널리 사용하자는 것이 아니다. 상대가 싫어하면 하지 말고 남용하지 않고 적재적소에 사용하는 것이 필요하다.

**현민**: 하지만 욕이 친근감을 표현하는 데는 괜찮다라고 했는데 습관이 되면 나쁜 경우가 많아서 안 될 것 같아요.

**민준**: 현민이 의견에 반박입니다. 친하지 않은 사람에게는 욕을 잘 안 써요. 친한 친구랑 말할 때 욕이 나오더라고요.

**태윤**: 친구들끼리 욕을 쓴다는 것은 현실이에요. 많은 아이들이 친근함에 지랄 떨지 마 이러고 노는데, 친하지 않은 친구들 보면 욕이 안 나오는데요. 생각도 안 되고요.

**은비**: 저는 현민 님 의견 보충합니다. 아무리 친한 친구에게라도 욕을 쓰면 불편함을 느끼는 것 맞잖아요. 느낄 수 있잖아요. 사실이에요.

**준혁**: 아이들이 욕을 친근함 때문에 사실 많이 하거든요. 근데요, 욕을 하고 나면요, 습관이 되어서 시간과 때에 상관없이 나올 수 있어요. 이건 제 경험입니다.

**서준**: 저는 은비 의견에 반박합니다. 친한 친구에게 욕을 쓰면 기분이 나쁠 수도 있어요. 하지만 진짜 친한 친구랑 욕을 쓰는 것은 친한 사이이기 때문에 넘어갈 수 있어요. 당연히 너 그런 말 하지 말라고도 말할 수 있고요.

**규현**: 친해지려고 욕을 사용하는 사람이 있을 수도 있는 것 같아요. 이것도 제 경험이에요.

**준호**: 친한 사람에게 몇 번 쓴다고 습관이 된다고 할 수는 없어요. 우리 13년 삶, 언제 욕을 써야 하는지 판단할 능력은 있어요.

**효은**: 아무리 친한 친구라도 안 써야 해요. 사람은 존중을 해야 해서 욕을 쓰면 안 돼요.

**상진**: 존중을 해야 한다고 했는데, 욕으로 존중하는 경우도 있잖아요. 말을 풀며 욕을 하며 친해지고 사이가 좋아지고 친근감 생길 수 있어요.

**영민**: ○○ 님도 아까 욕을 알고 사용한다고 손을 들었는데, ○○ 님 말하는 것 보면 욕을 안 쓰는 것처럼 말해요. 님은 친한 친구 아니면 누구에게 욕을 한다는 거예요?

**은비**: 서준 님 의견에 반박합니다. 친한 친구가 욕을 하면 친한 친구를 잃기 싫어서 오히려 하지 말라고 말을 못 할 것 같아요.

**태윤:** 친구를 잃기 싫어 말을 못 한다? 이 정도면 친구를 믿지 못한다는 거 같아요. 서로 별로 좋아하지 않는 것 같고요.
**규현:** 님들, 친해지려고 욕을 쓰는 경우는 별로 없어요.
**현민:** 효은 님 의견에 질문합니다. 땡땡이 있었어요. 땡땡이 사과를 안 해서 그 삐삐가 삐삐 어이없네라고 다른 아이들한테 말하는 경우는 어떻게 해요?
**효은:** 그게 친구에게 욕 쓴 거잖아요. 뒷담화 깐 것도요.
**주희:** 저는 중간 입장이고요. 쓰고 싶어서 안달이 났는데 친구에게 나 써도 돼라고 묻는 건 좀 이상해요.
**서준:** 은비 님 의견에 반박합니다. 친구 잃기 싫어 말 안 한다? 그 정도로 친구를 잃으면 친한 친구가 아니에요. 친구에게 정색하며 듣기 싫다고 정중하게 말하면 돼요. 그 정도 욕을 하지 말라고. 그게 친구예요.
**민준:** 상진 님 의견 보충요. 서로 욕하면 더 친해질 수 있다고 했는데 저도 2학년 때 욕하고 싸우고 나서 더 친해진 친구가 있어요.

쉬는 시간에 준혁이가 태윤이에게 왜 자기 자리에 허락도 없이 앉았냐며 화를 낸다. 소리가 커지고 말다툼이 일어날 것으로 예상했는데.

"그럼 네가 참참참 이기면 용서해 줄게."

"참참참!"

ㅋㅋ 둘이 진짜 웃기다. 참참참 두 판 하고 상황 정리.

오늘 보건선생님 성교육시간에 아이들이 작성한 의견을 보고 좀 놀랐다. 솔직한 의견을 적었단다. 다른 교과시간과 연계해서 이 내용으로 수업을 해야겠다.

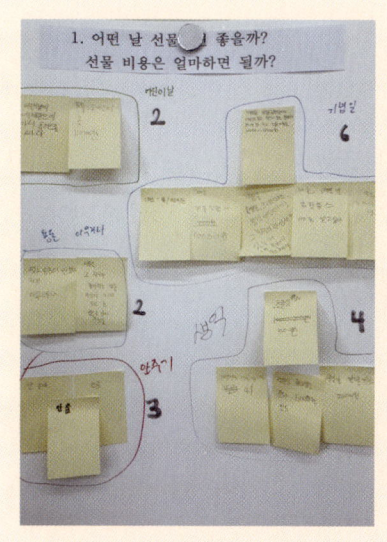 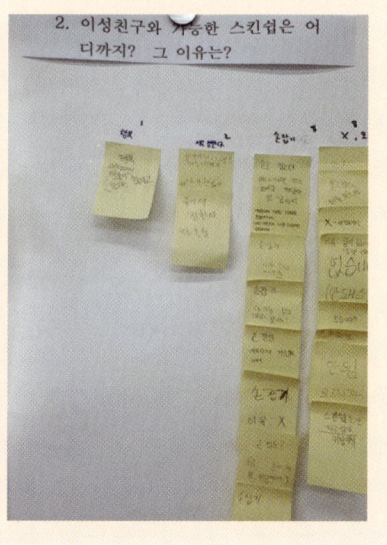

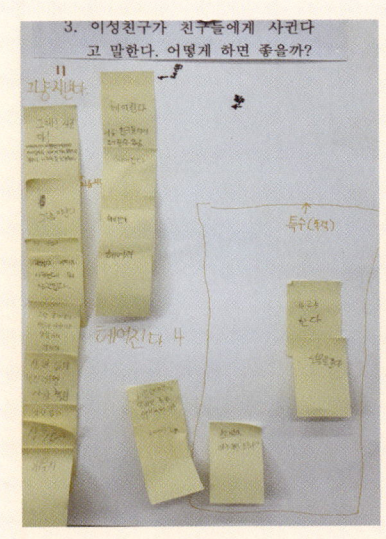 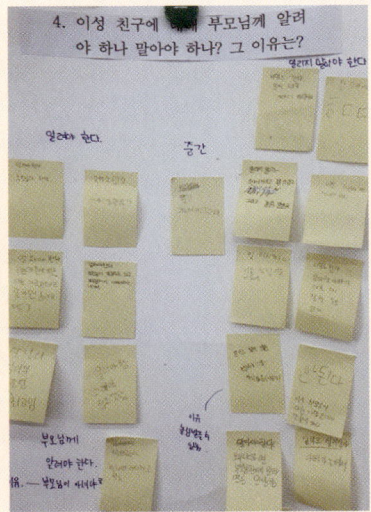 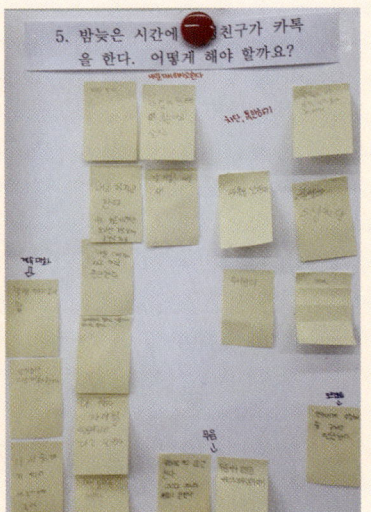

* 이성친구와 가능한 스킨십은 어디까지? 이유는?
- 상대가 된다고 생각하는 데까지.
- 둘이서 정한다. 서로 존중하며.
- 손을 잡는다. 왜냐하면 키스는 오버고 손잡는 게 적당한 것 같아서.
- 손잡기까지만. 아직 어린데 너무 과하면 안 되니까
- 손잡기. 그냥 다른 데는 좀.
- 더 이상 부끄러워서 못 해.
- 손까지가 적당할 듯.

* 이성친구가 친구들에게 사귄다고 말한다. 어떻게 하면 좋을까?
- 나도 똑같이 말하고 다닌다.
- 이때까지 비밀연애였다고 헤어질 수도 있어서. 지금 말한다고 말하고 사귀는 걸 인정한다.
- 헤어진다. (4명)
- 개무시.
- 비밀연애인데. 죽빵 때리고 헤어진다.
- 조져버리고 끝낸다.
- (의외로) 없던 것처럼 그냥 지낸다. (10명)
- 그냥 지낸다.
- 어차피 사귀는데 뭐 상관없다.
- 그냥 공개한다. 자신이 사귄다고 당당하게 말한다.

* 이성친구에 대해 부모님께 알려야 하나 말아야 하나?
- 말한다. (7명)
  부모님의 허락을 받아야 해요.

엄마한테만. 다른 가족한테는 말하면 놀리기 때문에요.
  엄마의 조언이 최고.
  무슨 일이 생길 수도 있고 부모님께서 아셔야 하는 거라서.
  그래야 정도껏 말해야 함.

- 말하지 않는다. (10명)
  일이 너무 커지기 때문에.
  헤어지라고 할 것 같고 그리고 놀림 받을 듯.
  딱히 말해야 할 이유 없음.
  부모님한테 말하면 민망함.
  ㅎㄷㄷ.
  엄마 아빠가 다른 데 말할 수도 있다.
  아빠가 놀려서.

* 밤늦은 시간에 이성친구가 카톡을 한다. 어떻게 해야 할까?
- 늦게까지 그냥 함.
- 받아 준다. 그냥 대화한다.
- 11시 30분까지 한다. 밤늦게까지 하면 졸려서.
- 잔다 하고 끝 한다.
- 늦은 시간에 톡하면 부모님께 혼날 수 있음.
- 내일 다시 하자고 하고 중단한다.
- 나 엄마한테 죽는다고 말함.
- 수신차단.
- 헤어져.
- 난 카톡을 안 한다.
- 무시한다.
- 무음이나 알림 끔.
- 친구에게 양해 구하고 판단한다.

  6교시에 스펀지 공 던져 박스 맞추기 경기를 했다. 한 방에 시원하게 넘어가지는 않지만 스트레스가 좀 풀린단다. 게임이 끝나고 나서 한 녀석이 말한다.

  "이 박스 우리 졸업할 때까지 버리면 안 돼요. 이 경기 너무 재미있어요."

  "1학기 끝날 때까지는 살려 두마."

  남은 15분은 공기놀이를 했다. 손등에 올려놓고 많이 잡는 경기다. 욕심을 얼마나 부리던지. 하지만 그 욕심도 한번 부려볼 만 했으니. 한 번에 8개를 잡은 녀석이 최고 기록이다. 8개를 손등에 올리기도 쉽지 않은데. 손도 작은 녀석이 말이야….

코로나시대에 다시 만나고 싶은 교실이야기

## 6월 27일 목요일

출근길에 텃밭을 보니 기분이 좋다. 가만히 보고 있으니 저학년 아이 한 명이 지나가며 말한다.
"아저씨~ 저거 우리 거다요?!"

교실에 오니 남자아이들이 공을 만지작거리고 놀며 이야기를 하고 있다. 이렇게 모여 하루를 시작하면 좀 편안해진다고 한다.
"공놀이 재미있냐?"
"아뇨, 얼마나 애들이, 얼마나 말로 치대는지요. 차려고 하면 선수 이름을 크게 말해요, 자꾸."
"김신욱!"
"말디니!"
"게겐프레싱"이라고 말하며 실수한 아이들에게 달려간다.
"오세훈!"
너희는 참 섬세한 장난꾸러기라고 불렀더니 기분 좋은 별명이란다.

국어시간이다. 비속어와 연계해 비매너에 대해 알아본다. '지단의 박치기'와 '커제의 바둑돌 던지기' 영상을 보고 의견을 나누었다. 역시나 지단이 떡국에 들어가는 계란 아니냐고 하는 여자아이들도 있다. 웃기려고 말했겠지만. 커제의 분노조절장애급 욕설과 바둑돌 던지는 장면에는 아이들이 정말 놀란다. 선명한 욕설의 사운드와 함께 저 녀석이 세계 랭킹 1위라는 말에 더 놀라는 눈치다.

> "커제는 혼자 두면 문제를 일으키기 때문에 담당교사가 있어야 해요. 기안84랑 비슷해요."
> "기안84 비슷한 건 아닌 것 같아요."
> "아직 10대라도 철이 안 든 것 같아요. 다스릴 줄 모르는 것 같아요."
> "저 사람 승부욕이 심각한데. 다른 사람에게 피해를 입힌 것 같아요."
> "지단. 아무리 기분이 상해도 결승전이라는 큰 무대에서 박치기를 하는 건 심했던 것 같아요. 참았어야지."
> "바둑은 두 명이서 하는 스포츠인데, 서로 얼굴 보면서 욕을 하는 것은 아닌 것 같아요. 중국 사람들도 좀 바뀌어야 하는데. 머리 뜯고 욕하고 돌도 집어던지고."
> "지단이 박치기를 한 것은 잘한 것이에요. 아무리 월드컵이라도 패드립을 하면 박치기로 끝내면 안 돼요. 지단이 착한 것 같아요, 그 정도면."
> "지단이 박치기를 한 것은 잘한 일인데, 위치를 잘못 골랐어요. 명치를 하면 너무 아픈데. 등을 쳤어야지."
> "왠지 지단이 머리카락이 없어서 더 세게 친 것 같아요. 쿠션감이 없어서."
> "패드립을 한 마테라치도 나쁘지만 경기장 안에서 박치기를 한 것도 심해요. 명치를."
> "둘 다 잘못한 건 맞는데 시비는 마테라치가 걸었어요. 지단도 억울해요."
> "아무리 가족 욕을 듣고 패드립을 들어도, 축구도 스포츠맨십이라는 게 있는데 이걸 어기고 박치기를 한 건 아니에요."
> "월드컵 결승인데 거기서 박치기를 하는 건 팀 분위기를 다운시켜요. 자기 감정만 원한다? 속은 시원해도 팀한테 피해 가는 건. 이건 아니에요."
> "축구선수가 맨날 헤딩 연습을 하는데 그럴 수도 있어요."
> "근데 2006년이면 우리 태어나기 전 이야기인데, 전 사실 지단이 누군지 잘 모르겠어요."

3교시 교장선생님이 우리 반으로 한 시간 수업하러 오셨다. 일상을 보여 주려 오신다는 말조차 안 하고 내버려 두었기에 너무 산만한 모습은 아니었는지. 다 끝나고 올라오니 엄지척을 하며 아이들이 웃고 있다.

"그냥 평범한 진로수업이었어요."
"특별한 일은 없었어요. 안심하세요."
"우리도 눈치 있다고요."

같은 학원을 다니는 두 아이가 서로 문제집을 꺼내 놓고 숙제를 베끼고 있다. 마감 임박이라는 경고 메시지도 날린다. 절반 정도 역할을 나누었다고 하는데. 지난번에는 성별이 달라서 베껴서 내는 게 문제가 되었지만. 자기들은 평생 동안 함께할 환상의 짝꿍이란다. 의리! 의리! 소리가 들린다.

"선생님도 그랬었지. 오늘만 베껴라잉~"

오늘 직업인과의 만남의 시간을 가졌다. 우리 반에는 현재 방송작가를 하고 계신 분이 일일 선생님으로 오셨다. 처음 보여 주신 드라마 한 장면으로 본인의 직업을 소개하신다. 드라마의 주인공이 방송작가이다.

"나 한 줄도 못 쓰고 48시간 앉아 있어. 대본도 하나도 못 쓰고. 대본 다 쓰고 드라마 찍자." 하지만 드라마 감독은, "쓰면서 찍자. 방송이라는 게 내 마음대로 안 되는 것."

"작가는 출근할 때 어떻게 입고 가요?"
"프리랜서라서 편하게 입어요. 청바지, 운동화같이요."
"방송작가 하면서 인상 깊은 말이 있나요?"
"탈무드의 경구인데, '세상과 사람을 사랑하라.'"

중간 중간 아이들의 호기심을 자극하고자 연예인 이야기를 곁들이신다. 아이들 눈이 커지는 소리가 들린다.

"워너원 봤어요?"
"방탄 보셨어요?"
"멀리서 봤어요."
"오우, 우아."

송중기랑 송혜교 이야기가 나오는데 아무 말이 없으시다.
박대기 기자 사진에 빵 터진다. 이분은 정말 기자 중에 제일 유명하신 분 같다.
"방송사 중에 어디가 제일 좋아요?"
"시설은 MBC가 상암으로 가면서 제일 좋은 거 같아요. 여기 사진 보면 백화점 같죠? 그리고 KBS가 제일 오래되어서 좀 낡았어요."
"지금은 얼마 벌어요?"
"프리랜서는 일이 없으면 다음 달부터 백수가 될 수 있어요. 제 첫 월급은 90만 원이었는데, 지금은 140만 원에서 160만 원 정도 벌고요. 〈생로병사의 비밀〉 같은 프로그램 하고 있는데 좀 더 벌 때도 있어요. 제 주변에는 월천 작가도 있어요. 잘나가는 연예인, 어려운 연예인과 같은 것 같아요."

질의응답을 하고 선생님께서 가려는데 아이들이 사인을 받겠단다. 줄이 길게 늘어진다. 다른 반에 가서 다른 직업인을 체험하고 온 우리 반 아이들까지 들어와 사인 받느라 북새통이다. 20여 분 중간놀이시간 내내 사인하고 가신다. 한 사람 한 사람 이름 적어 주시고 방송국에서 보자는 말도 덧붙이신다.

　다른 반에 갔던 아이들 수업 듣는 모습을 보지는 못했지만 이것저것 적어온 것 중에 인상 깊은 게 많았다.

교수님은 서울대학교 간호학과 나오셨다. 서울대는 우주(?) 하느님이 만드(?)셨다. 간호사는 환자의 말을 경청해야 한다는 말이 인상 깊었다. 그리고 나의 궁금증을 해결하기 위해 독서를 해야겠다.

미술가는 배가 고플 정도는 아니다. 낙서 같은 것을 아무 데나 해도 상관없다. 따라 하지 말고 자기 그림을 그려라. 아무거나 그려라. (몸으로라도) 만화를 봐야 상상력이 높아진다. 또 글자를 보고 장면을 상상하라. 예술은 미친 것. 한국 친구들의 문제점은 마음속의 모습을 안 그리고 겉모양만 그린다.

변호사. 민사소송할 때 느낌은 이겨야 한다는 압박감, 떨림에 걱정이 많이 된다. 월급은 많이 버는 것 같다. 변호사가 되기 위해서는 똑똑함보다는 성실함이 필요하다.

"근데 아무리 봐도 그 사람이 잘못이라고 생각되면 어떻게 해요?"
"많이 고민이 돼요. 너무 상황이 나쁘면 설득하는 편이에요."
"설득이 안 되면요? 누구 편 들어요?"

경찰관 진로체험을 한 아이들은 퀴즈를 맞혀 응급키트를 선물로 받아 왔다. 한 녀석은 실제 수갑체험을 해본 게 정말 인상 깊었단다.
"형사 나오는 영화 다 뻥이죠? 도둑들 사실 꼼짝도 못 하죠?"
"스위스 비밀은행에 대해 아세요?"

### 인상 깊은 말

"팔찌를 훔치면 좀도둑이지만, 나를 훔치면 왕이 된다."
"여러분도 경찰인 저도 쉬는 시간에 충분히 쉬어야 한다."

점심 먹고 왔더니 기분이 너무 꿀꿀하단다.
"5교시 체육 해요."
"여름 오기 전 마지막 맑은 날이에요. (이건 또 무슨 말인지.)"
체육을 해야 할 저마다의 스토리도 있다.
"오늘 아침에 엄마한테 혼났어요. 제 마음 좀 위로해 주세요."
"마음이 많이 아파요. 이제 초등학생도 얼마 남지 않았는데."
"우리 마음 알죠? 지치고 아프고 그리고 또 아프고. 알죠?"
"나갈래??"
"네~"
거대한 에너지가 파동이 되어 울린다.
"더워도 후회하기 없기야?"
"네!"

막상 나오니 너무나 덥다. 후회된다. 수돗가에 가서 머리에 물을 적시고 온다. 그것조차 금세 마른다. 후텁지근한 날씨 때문인지 공이 멀리 나가면 아무도 주우러 가지 않는다. 내 이럴 줄 알았다!

 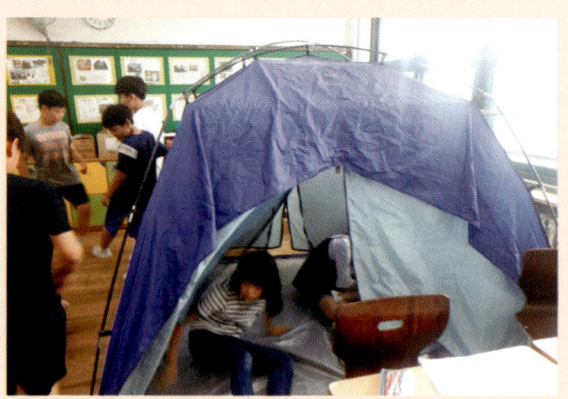

 **6월 28일 금요일**

체육팀을 바꾸었다. 여러 번 고치며 고민, 고민 끝에 다시 밸런스를 맞췄다. 이번 콘셉트는 황 VS 황.

**수소차팀**: 황승은(BOSS), 최백하, 한지윤, 김주희, 신은비, 이서준, 김상진, 방준혁, 박준우, 양연수
**전기차팀**: 황태윤(BOSS), 전륜경, 이효은, 배규현, 박경란, 최영민, 윤준호, 김민준, 임현민, 강인해

오늘 아침에도 현민이가 '헝가리안 댄스 5번'을 연습한다. 본인은 이런 느낌의 곡이 좋다고 한다. 현민이는 터치가 정말 깔끔해서 좋다고 칭찬했더니 인정하는 눈치다! 하지만 그냥 귀로만 들으면 될 것을 약간의 잔소리 같은 충고를 하고야 말았다.

"템포가 왔다 갔다 하는 것 같아. 일정하게 하고, 춤추는 느낌으로 쳤으면 좋겠어. 너무 부드러워."

상진이랑 준혁이는 아침 공놀이를 하다 거울을 강타하고는 날 쳐다본다. 그들도 놀랐는지 5초 정도 시간이 정지된 듯 아무 말과 움직임이 없다. 그러다 두 손을 모으고 죄송하다는 신호를 보낸다. 그래도 현장 확인하러 간다.

"거울이 깨졌으면 혼 안 내고 안 깨졌으면 혼낼 거야."
"선생님, 거꾸로 아닌가요."

"아니야. 깨지고 나서는 혼내면 안 되고 치워야지."

확인해 보니 거울은 괜찮다. 혼냈다. 약속공책도 썼다.

여자아이들은 손등에 그림도 그리고 서로 품평회를 하고 있다.

"이건 좀 장난 같지 않아?"

"어. 너무 대충 그렸어. 우린 예술가잖아?"

주희는 엄마가 오늘 학교에 가면 너 책상정리 하라고 하셨다며 책상정리라고 시계 옆에 적어 놓았다. 안 보고도 주희의 책상 안을 다 볼 수 있는 엄마의 능력!

 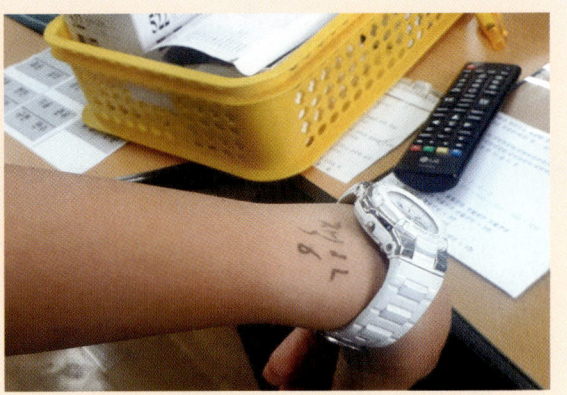

오늘까지 제출하는 과제를 다섯 명만 제출했다. 승은, 규현, 지윤, 효은, 은비. 오늘은 내 컨디션이 괜찮은 편이다. 농담으로 넘기려 한다.

"너희 5명은 과제 안 해온 친구를 배신자로 만든 착한 악마야."

상황을 알고 피식 웃는다.

"저희 때문에 나머지 15명이 이상하게 되어 버렸네요. 혼날게요. 근데 뭐 안 주세요?"

진로페스티벌 준비물 구매를 마무리 짓기로 했다. 컴퓨터실에 가서 준비물 최종확인을 하기로 했다. 하지만 누군지 모르겠지만 선택삭제를 해야 하는데 전체삭제를 눌러 버렸단다. 이런 게 뇌정지인지! 아이들이 20분 동안 장바구니에 담은 것을 한순간에 날려 버렸다. 한순간 아수라장! 장바구니에는 아무 물건도 없다. 그래도 다행히 아이들 머릿속에 다 들어 있는지 금세 다시 집어넣는다. 마무리 지으려 하다 상진이랑 준혁이가 나온다. 떡볶이를 만드는데 떡이랑 라면만 샀는데 고추장을 안 샀단다. 아이고! 고추장을 마지막으로 준비물 물품으로 넣으며 마무리된다. 총 주문 금액이 249,890원. 아이들이 원하는 종류가 너무나 다양하다. 구매사이트를 합치고 품목을 조정했는데도 36개나 된다. 게다가 택배비가 52,100원이다.

| 버블티: | |
|---|---|
| 제품 | 가격 |
| 타피오카 펄 1kg | 9,500원 |
| 타로 파우더 500g | 9,500원 |
| 초코 파우더 500g | 9,500원 |

| 빨대와 테이크아웃 컵: | |
|---|---|
| 제품 | 가격 |
| 플라스틱 테이크아웃 컵 8 | 집에 있는 것으로 |
| 버블티 빨대 | 집에 있는 것으로 |

옥션 - 슬라임 펄드로 검색
이름: 슬라임재료 랜덤박스 30개 세트 슬라임 만들기
가격: 18000원 무료배송 계좌이체

옥션 흐리멍 슬라이가 검색
이름: 아로마조이 슬라임재료 슬라임향수 식품첨가물 PG
조이후레쉬 초코향 10mL 하나, 조이후레쉬 딸기향 10mL 하나
4860원씩 2개 9720원

초등학교 선생님이 꿈인 한 녀석에게 난감한 질문을 던졌다. 나의 제자답게 당연히 오늘 과제를 안 해 온 녀석이다.

"○○야. 너가 40살이 되어 초등학교 6학년 담임을 하고 있는데 아이들 중 15명이 숙제를 안 해오고 5명만 해왔어. 어떻게 할 거야?"

"저는 당연히 용서하고 오히려 잘하라는 의미로 체육도 한 시간 더 해 줄 거예요. 그래야 아이들이 행복할 수 있잖아요."

"그지?"

"제가 선생님이 되면 자유로운 분위기, 숙제 안 해도 용서하는 분위기, 그리고 지금처럼 간식 많은 분위기 만들 거예요."

"꼭 교대 가야 돼~"

"네."

군대까지 포함해도 15년 후면 이 녀석이랑 같이 근무하겠다. 우리 옆 반 담임선생님으로 만나면 환상의 투톱이 될 텐데. 막연한 상상이지만 기대가 된다.


도덕시간에 올바른 나의 삶을 주제로 글짓기한 후 발표를 했다. 예시를 나이로 들었더니 아이들이 거의 따라 한다. 요건 명백한 실수….

예시) 한지윤. 50대 가녀린 태권도관장.

마르고 작은 체형의 우리 반 지윤이가 태권도 관장이 되어 발차기 하는 장면을 함께 상상한다.

"별로 안 아플 것 같은데요."

"음파가 높아서 시끄러울 것 같아요."

"사람 인생 몰라. 정말 UFC 나오면 어떻게 하냐? 우리 조심하자."

과제로 내 주었던 칭찬하기 발표까지 이어서 한다. 두 시간여 예상했지만 발표가 길어진다.

〈○○〉
나는 13살이 되었는데도 내가 한 올바른 행동이 잘 생각이 나지 않는다. 그래서 나는 죽을 때 올바른 행동이 하나라도 고민 없이 생각이 나면 좋을 것 같다. 나는 생명을 많이 살리고 싶기에 그만큼 많은 책임감이 많이 따르겠지만 그래도 노력할 것이다. 일단 유기동물을 카페에 올려 좋은 주인을 찾아 주고 가끔 연락해 잘 지내고 있는지 알아보는 일을 나이가 몇이 되든지 계속 할 것이다. 앞으로 남은 시간 동안 더욱 고민하고 이런 일이 아니더라도 내가 생각했을 때 옳고 바른 일을 하겠다.

〈□□〉
나는 120살까지 살 것이다. 나의 올바른 삶은 배려이다. 내가 할아버지가 되어도 배려하면서 살 것이다. 그리고 존중을 하면서 살 것이다.

〈△△〉
난 20대에는 웹툰을 연재해 보고 싶다. 나의 기발한 상상력으로 웹툰을 연재해 보고 싶다. 내가 30대에 발명 크리에이터(내 꿈)가 되었을 때 할 수 있는 일은 내가 아는 여러 만들기 팁을 방송을 통해 여러 사람한테 알리는 것이다. 그리고 나는 40대에 그림을 그리고 싶다. 아름다운 그림으로 사람들의 마음을 편하게 하는 것이다. 할아버지가 된 80대엔 손자들과 축구를 해보고 싶다.

〈효은〉
20대에는 내가 웹툰작가가 돼서 사람들에게 즐거움을 주고 싶다. 웹툰을 그린 돈으로 재단에 돈을 기부하고 싶다. 30대에는 웹툰이 인기 많아지면 만화책이나 책 같은 것을 써서 많은 사람들에게 그 책으로 즐거움과 상상을 해주게 하고 싶다. 그리고 고아원 같은 곳에 내 만화책을 기부하고 싶다.
50대에는 인생에 관한 책을 써서 괴로워하면서 사는 사람에게 힘이 되고 싶다. 그리고 그 책을 힘들어하는 사람에게 주고 싶다. 80대에는 길거리에 가다 몹시 힘들어하는 사람에게 "어이 젊은이. 떡 좀 하나 드쇼" 하고 젊은이에게 내 인생책을 주고 싶다.

〈현민〉
20대: 원하는 직업을 갖기 위해 노력할 것이다.
30대: 직업을 갖고 돈을 많이 벌고 기부를 할 것이다.
40대: 가정을 꾸릴 것이다.
50대: 자식 갈 길 가라고 하고 봉사를 할 것이다.
60대: 되면 병원의 아픈 분들 이발을 해드릴 것이다.
70대: 그때 되면 내가 병원에 갈 것 같다.
80대: 병원 앞에 정원을 가꿀 것이다.

〈륜경〉
20대: 서울에 있는 대학 가기, 대학에 갔을 때 어려움을 겪고 있는 후배들 도와주기, 다른 친구들의 의견도 듣고 배려하며 과제하기, 소외되는 친구 또는 후배 배려하기
30대: 내가 초등학교 선생님이 되어 있다면 학교생활에 적응하지 못했던 아이들이 학교를 즐겁게 다닐 수 있도록 도와준다.

<영민>
34살: 회사에 취직해 불우한 이웃에게 도움을 줄 수 있는 발명품을 만든다. 예) 난방비가 거의 안 드는 보일러
47살: 건축을 해서 가성비가 좋은 집을 만든다.
66살: 북극곰에 대한 단체에 기부를 한다.
80살: 내 전 재산의 15%를 기부하고 70%를 아들에게 주고 남은 15%로 남은 생을 편안하게 보낸다.
120살: 아이들에게 인생의 조언을 해주고 죽는다.

비밀 칭찬하기 프로젝트 발표가 이어진다. 서로 민망한지라 쓴 사람을 밝히지 않기로 했다. 물론 글씨체며 말하는 스타일에서 누구인지 대략 추리는 되지만. 칭찬의 대상자가 일어나면 다른 친구가(무작위로 과제를 읽을 친구들에게 나누어 주었다) 읽어 준다.

**현민:** 그 누구보다 색다른 친절함을 가지고 있는 변기
**인해:** 많이 웃고 친구와 친해지기 위해 노력한다.
**륜경:** 배려밖에 모르는 전륜경
  1. 너는 정말 키가 큰 것 같아.
  2. 너는 배려심이 많은 것 같아.
  3. 너는 친구들을 많이 웃겨주는 것 같아.
**영민:** 운동 잘하고 인맥 넓은 인싸왕 최영민, '발큰인싸' 최영민
**백하:** 뭐든지 잘하는 천사
  1. 공놀이(농구)를 잘합니다.
  2. 그림, 만들기를 잘합니다.
  3. 아직 어색하지만 착합니다.
**준우:** 멋진 피카츄 박사님~
  1. 안경을 쓴 모습이 박사님같이 지적으로 보입니다.
  2. 친구들과 즐겁게 웃으며 노는 모습이 천진난만해 보입니다.
  3. 노란 머리가 멋지고 세련되어 보입니다.
**서준:** 친구들을 도와주는 도움왕, 성격이 좋은 성격왕, 잘 웃는 미소왕
**○○:** 1. 친구들을 잘 안아주는 허그일세 할부지
  2. 수업시간에 큰 목소리로 발표를 잘하는 큰 목소리발표일세 할부지
  3. 우리를 잘 챙겨주고 리액션을 잘 해주는 리액션일세 할아버지
**준혁:** 울트라 슈퍼 활발킹
  1. 우릴 웃겨주고 웃게 해주는 준혁이
  2. 나와 항상 놀자고 해서 같이 어울려 노는 준혁이
  3. 엉뚱함이 있지만 그래서 더 좋고 웃긴 준혁이

> **지윤:** 예의가 바른 예의왕, 숙제를 성실하게 잘해오는 성실왕, 사과가 빠른 사과왕 지윤이, 이쁘고 착하고 귀엽고 깜직하고 가녀린 지윤이 (사실 이건 본인이 그 말만 해서)
> **준호:** 귀엽고 구골만큼 잘생기고 성실한 미소왕 준호. 준호는 동생을 살뜰히 챙깁니다.
> **승은:** 우리 반 우주 최강 집중왕, 숙제를 꼬박꼬박 잘해오는 숙제왕, 허당미가 귀여운 승은이 (승은이는 가끔씩 숙제의 날짜를 까먹거나 착각하고 있지만 그 허당미가 매력이라는!), 귀염왕 승은이!
> **규현:** 배치기
>   1. 잘 웃는다.
>   2. 사과가 빠르다.
>   3. 승부욕이 강하다.
>   4. 친구가 많다.
> **경란:** 피구 할 때 피하기를 잘하는 피신. 경란이는 처음 만났을 땐 말도 없고 장난도 안 치고 조용한 쑥스럼쟁이+부끄럼쟁이. 경란이는 친해지면 말도 많이 하고 장난도 치는 착한 개구쟁이
> **은비:** 신은비+장발장=신발장 (장발장처럼 남을 잘 도와줌)
> **연수:** 개구리처럼 폴짝폴짝 잘 뛰고(?) 운동 잘하고 개구리에 대해 잘 알고 강아지를 사랑하는 양연수!
> **효은:** 쌍큼 귀여미왕, 큰 목소리 발랄왕 (큰 목소리 소유자, 친구들에게 배려하고, 그리고 공부도 잘하고 친구들에게 공감해주는 언제나 발랄한 이효은!!)

국어시간이다. 정약용의 '유배지에서 보낸 편지글'이 나온다. 이건 좀 어려웠나 보다. 하품도 하고 눈물도 흘리고. 정약용의 일화 중 부인의 치마를 잘라 아이들에게 편지를 썼다는 부분을 들려주었더니 여기서는 좀 집중을 한다. 하지만 5교시인지라 졸려 하길래 좀 쉬라고 했다. 정약용의 편지 한 구절이 내게 와닿는다.

'나는 지난번에 이렇게 저렇게 해 주었는데 저들은 그렇지 않구나!'

6교시에 아이들과 진로박람회 안내판을 만들었다.

〈뀨삐찌네 맛카롱〉

〈메뉴〉

조개마카롱 - 2000원

캐릭터마카롱 - 2000원 (베이비, 어피치, BT21 코알라, BT21 하트 친구 등)

보노보노 - 1000원 (특별 할인!)

기본마카롱 - 1000원

마블카롱 - 1000원

딸기쉐이크 - 2000원

EVENT! 3개 이상 구매 시 뽑기로 다양한 상품 지급! (꽝도 있어요!)

EVENT!! 선착순 15명에게 수제 솜사탕 지급!

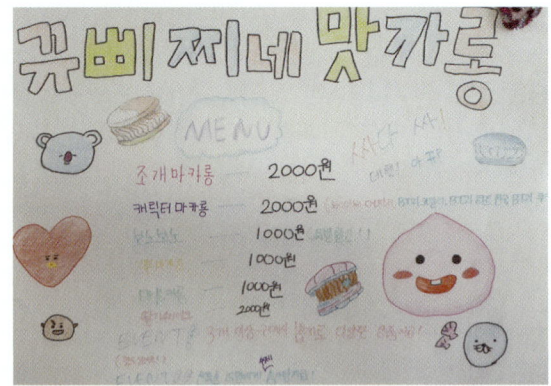

〈와글와글 음식점〉

〈메뉴〉

신라면 1000

너구리 1000

콜라 1000

사이다 1000

콜떡 2000

떡볶이 1000

A SET: 라면, 떡볶이, 음료수 2000

B SET: 라면, 음료수 1000

C SET: 라면, 음료수, 콜떡, 떡볶이 5000

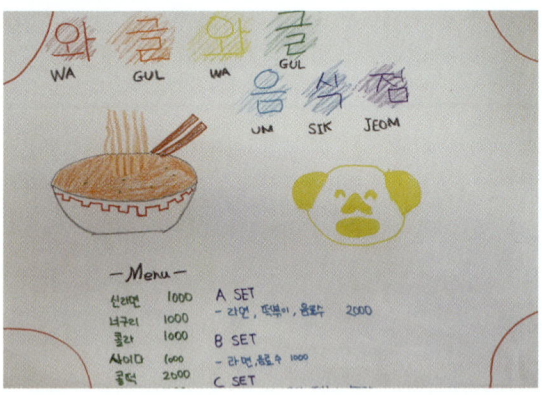

〈진지한 빙수〉

진지빙수: 3000원

진지눈꽃빙수: 3000원

진지딸기빙수: 3000원

진지하게 잡수세요.

⟨전설의 슬라임⟩
전설의 삼대 POKETMON이 판매하는 수제 슬라임!
클리어 슬라임. 클라우드 슬라임
SWAG 3인방 수웩~

⟨머랭마녀의 집⟩
머랭쿠키: 1000
오레오 머랭쿠키: 2000
아이스티: 2000

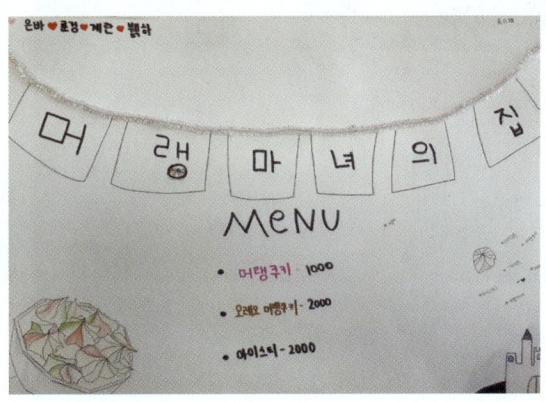

⟨까칠 보들한 너⟩
마리모 4000원
다육식물 5000원 (오리온, 미니알로에, 온슬로우, 팬다드럼, 마커스, 핑크 알로에, 몬가드리스)

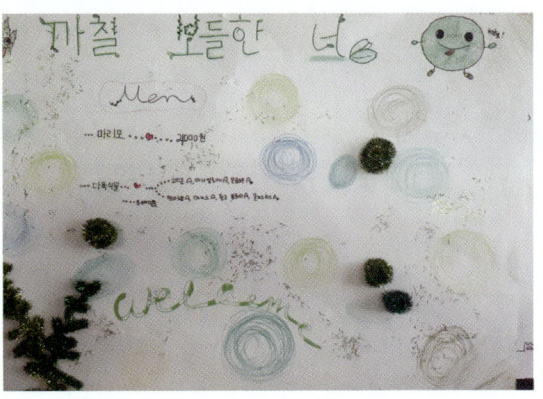

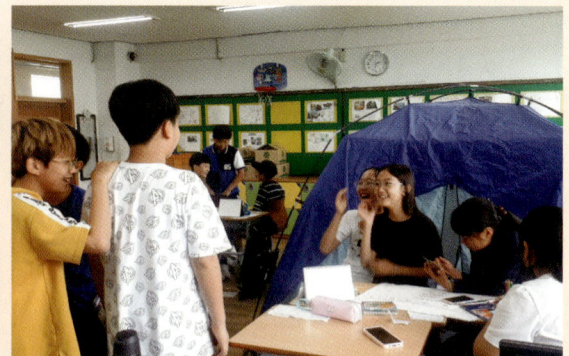

 **7월 1일 월요일**

 한 녀석이 들어오더니 아까 등교할 때 계단 쪽에 참새가 죽어 있는 걸 봤단다. 아직 사체를 치웠는지 모르겠다는 말을 전한다. 으…. 아이들과 함께 가보니 이상한 냄새도 나고 이미 사체에 지렁이 같은 것도 보인다. 이미 지난주에 학교 건물에 들어와 밖으로 나가려다 창에 부딪혔나 보다. 일단 비닐 몇 겹에 싸서 담았다. 그 물컹함에 아침부터 속이 미식거린다.

 현민이가 주말에 산 펜을 보여 준다. 펀치가 나오는 볼펜인데 맞아도 하나도 안 아프다며 자랑한다. 하지만 막상 내가 맞아 보니 기분이 좀 나쁘다. 그리고 생긴 것보다는 펀치력이 있다. 여자아이들은 이번 주 미션으로 '경란이 집 쳐들어가기'를 정했다고 한다. 특수 임무는 경란이 집 화장실에서 두루마기

휴지 다 풀어 놓고 오기라는데. 웃고 넘긴다.

백하 중국어 통역해 주는 선생님이 아침에 도넛을 사오셨다. 평소 백하를 많이 도와주는 아이들에게 고맙다는 뜻을 나타내고 싶었단다. 언제 나눠 주지 고민하고 있는데, 아이들은 냄새를 맡고 금세 모여든다. 일단 먹자!

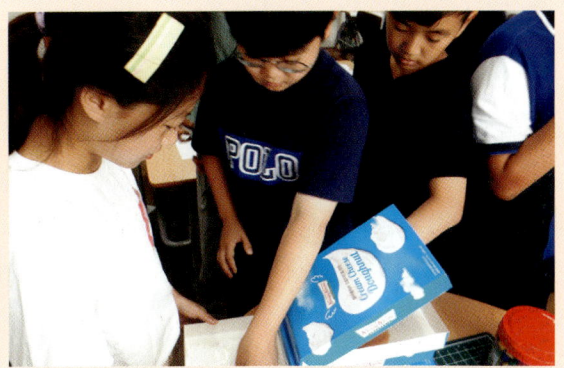

교무실에서 메시지가 왔다.

'주차장에 세워둔 차량이 축구공 등에 의해서 조금씩 파손되는 경우가 생기고 있습니다. 학생들이 축구를 할 때 주차장 쪽으로 공을 세게 차지 않도록 하라고 지도 부탁드립니다. 행복한 하루 보내세요.'

축구공으로 차가 파손된 이야기를 꺼냈더니 몇몇 아이들이 눈치를 본다. 뭔가 말을 할 듯 말 듯한 게 오늘 중으로 사연을 이야기할 것 같다.

주말에 큰 뉴스가 있었다. 판문점에서 문재인 대통령, 김정은 위원장, 트럼프 대통령이 만났다. 정전협정 66년 만에 성사된 사건에 나는 고무되어 있었다. 처음으로 북한 땅을 밟은 미국 대통령.

"전 그래서 〈런닝맨〉 못 봤어요."

"김정은이 생각보다 얇아 보였어요."

"제가 먼저 TV를 보고 있는데 이걸 봐야 된다며 아빠가 리모컨을 뺏었어요."

"저도 비슷하게 짜증났는데 〈런닝맨〉을 보려는데 밑에 자막은 〈런닝맨〉 1부라고 써 있었는데 계속 저거 나와 답답했어요."

"통일 되면 북한 갈 거예요. 친구들이랑. 선생님도 갈 거죠?"

"저도 〈런닝맨〉 보려고 엄마가 준비하라고 해서 기다리고 있었는데, 갑자기 트럼프가 나오는데 제가 별로 좋아하지 않는 사람이라, 짜증이 났어요."

"저는 아빠 따라서 봤는데 지루하지도 재미있지도 않아요."

"이 느낌은 야구가 연장전을 갔는데, 12회말 두산의 마지막 공격을 기다리고 있는데 긴급속보가 나서 채널 돌아간 느낌이에요. 〈런닝맨〉 보고 싶다."
"중요한 건 결국 〈런닝맨〉은 안 했다!"

진로프로젝트 택배가 매일매일 도착한다. 쉬는 시간에 교무실 앞에서 본인 택배를 찾아 엘리베이터 타는 아이들! 택배가 도착해 기분 좋다!를 외치고 있다. 택배를 찾아오고 열어 보는 즐거움은 아이들을 춤추게 한다.

뒤에 공놀이 하는 아이들이 너무 세게 차고 놀고 있다. "절제, 자제하십시오. 주차장 차에 찬 거 아니냐?"라고 했더니 공을 그대로 내려놓고 휘리릭 밖으로 나간다. 이 녀석들에게 스믈스믈 이상한 기운이 나는데. 오늘따라 날 피하는 게 느낌적인 느낌이 부풀어 오른다.

음악시간에 〈레미제라블〉 '너는 듣고 있는가' 가사 바꾸기를 했다. 20분 만에 이렇게 훌륭하게 바꾸다니. 나에게 전하는 메시지도 담겨 있다. 일단 그 뜻은 충분히 알겠다고 답을 했다.
"이 노래 부르면 이상하게 스트레스가 풀려요. 이상하게요."
"〈레미제라블〉 너무 좋아요. 지금 책으로도 읽고 있어요."

가사를 바꾸며 조여 오는 현실의 스트레스를 느꼈다는 녀석들. 압박감을 넘어선 행복한 일탈을 느끼는 마음은 아니었을지.
"우리 노래 너무 잘 만든 것 같아."
앵콜로 '쌤은 듣고 있는가'를 불렀다. 아이들이 날 본다. 다 같이 노래한다.
"쌤은 듣고 있는가? 분노한 5반의 노래."
묵직한 음성에 압도되는 느낌이다.
아이들 노래가 끝나자마자 진지하게 한마디 했다.
"이제 끝났지? 수학 준비합시다."

### The 체육 song

쌤은 듣고 있는가 분노한 학생의 노래
다시는 공부하며 살 수 없다 외치는 소리
수학 완전 싫어요 체육 좀 제발 합시다.
운동장 열려 밝은 체육이 오리라
모두 함께 싸우자 누구 종카가 나오나
저 교실 너머 지나 오래 체육을 하자
자 우리와 싸우자 체육이 기다린다.
쌤은 듣고 있는가 분노한 5반의 소리
다시는 시험 보며 살 수 없다 외치는 소리
제발 체육 합시다 시험은 집어치워요.
교실 문 열려 밝은 체육이 오리라.

### The Slime's Song

주인은 듣고 있는가 분노한 액괴의 노래
다시는 짜지면서 살 수 없다 외치는 소리
심장박동 요동쳐 꽉꽉이 되어 울릴 때
뚜껑이 열려 밝은 빛이 오리라
모두 함께 싸우자 누가 나와 함께 하나
저 너머 뚜껑 열려서 자유 누릴 세상
자 주인과 싸우자 자유가 기다린다
주인은 듣고 있는가 분노한 액괴의 노래
녹거나 굳으면서 살 수 없다 외치는 소리
심장박동 요동쳐 바풍이 되어 울릴 때
뚜껑이 열려 밝은 빛이 오리라

### The Brawler's Song

너는 브롤하는가? 분노한 쉘리의 샷건
다시는 콜트처럼 쏠 수 없다 외치는 소리
황천펀치 요동쳐 프리먼 되어 울릴 때
로사가 나와 프리모 제거하리라
포탑 함께 설치해 제시 나와 함께 하자
불 궁이 장벽 부셔서 평화 깨진 세상
자 비비와 싸우자 홈런이 기다린다
너는 브롤하는가 대릴의 이중산탄총
다시는 브롤처럼 쏠 수 없다 외치는 소리
신규 캐릭 틱의궁 넉백이 되어 밀릴 때
브롤에 열려 밝은 갓겜이 되리라

### 엄마 잔소리

너는 공부하는가 화가 난 엄마 잔소리
이제는 내 인생을 살 거라고 외치는 소리
됐고 공부나 하렴 외치는 엄마 잔소리
내일이 오면 다시 공부하게 될 걸
모두 함께 나가자 나의 자유를 찾아서
저 공부 장벽 넘어서 평생 누릴 자유
자 우리를 도와라 자유가 기다린다
엄마들 듣고 있나요? 화가 난 우리의 노래
엄마가 원한 삶을 살 수 없다 외치는 소리
엄마 허락하셨다 행복이 되어 울릴 때
내일이 열려 밝은 미래가 오리라

　수학시간이다. 부피는 같지만 겉넓이가 다른 상황에 대해 공부한다. 된장찌개를 끓일 때 두부를 잘라서 넣는 동영상을 먼저 본다. 같은 부피의 두부이지만 잘라서 겉넓이를 크게 만들면 훨씬 잘 익는다는 내용이다.

> "꼭꼭 씹어 먹어야 소화가 잘 돼요. 겉넓이를 크게 해서 된장찌개 끓이는 것보다는요."
> "밥 먹다가 두부 부피, 겉넓이 구하는 것은 참. 밥맛 떨어져요."
> "두부 아까워요. 먹는 것 가지고 장난치면 안 돼요. 특히 수학 장난은."
> "두부 반으로 잘라도 부피는 변하지 않아요. 결국 먹는 양은 똑같음. 겉넓이는 많이 넓어지지만. 그래서 별 의미 없음!!!"
> "저걸 왜 만져? 그냥 입에서 먹으면 되지. 그래도 부피는 안 변해서 구하기는 편하겠다!"

　6교시에 쌤은 듣고 있는가 피구 한 경기를 했다. 정말 나가지 않을 수 없는 상황으로 노래 부른다.
　"저 교실 너머 지나 오래 체육을 하자!"
　"자 우리와 싸우자 체육이 기다린다!"
　"쌤은 듣고 있는가 분노한 5반의 소리!"

오늘은 한 녀석의 잔소리가 심하다. 패스 할 때 과학적인 포물선 운동을 알아야 정확히 패스할 수 있다는. 하지만 포물선 운동은 맞지만 직구에 비해 속도가 느려 피하는 아이들에게 그다지 큰 효과는 없는 듯. 백하(영어 타임 초능력을 맞아)는 헬로우, 나이스 샷을 외치며 피하고, 승은이는 오늘 가볍게 날아다니며 무빙의 신이 된다. 맞고도 아웃이 아니라고 우기는 한 녀석이 "타임" 하며 경기를 끊는다. 또 다른 녀석이 정리하고 타임 신호를 재개로 바꾼다.

"요즘 애들이 그렇다니까요."
"바르게 정직하게~"

오늘 택배 온 것들은 무거운 게 많다. 현민이는 물품 무거운 것 세 통을 모두 집에 들고 간다. 진로프로젝트에 쓸 액괴를 미리 만들어 보겠단다. 의리남 상진이가 같은 아파트에 산다며 도와주는 모습! 뒷모습이 정말 듬직하다.

 **7월 2일 화요일**

몇 녀석들이 일찍 와 있다. 사회숙제를 안 했다며 일찍 왔단다. 어제 하면 되는 것을 꼭 아침 일찍 와서 시간에 쫓기며 스릴을 즐기고 있다. 오늘은 사회숙제, 과학시험 때문에 아침에 공놀이 하는 아이도 한 명 없다. 이산화망간, 아이오딘화 칼륨, 탄산수소나트륨 소리가 들리는 게 시험이 있긴 한가 보다.

"더우면 팽창. 압력이 높아지면?"

"쭈그러들어."

팽창과 쭈그러들기(수축)로 개념 정리를 한다.

"난 하나도 모르겠어. 이 현실을 부정할 거야. 과학보다 사회가 더 어려워."

"나도 그래. 아니야. 받아들여야지."

적막한 중에 여자아이 몇몇이 진로프로젝트에 마카롱 만들기를 한 것으로 고객 감동 테스트를 해 보고 왔단다. 남은 재료로 쿠키도 구워 왔다. 역시 달콤한 다락방을 운영하더니 실력이 많이 늘었다.

"난 핑크색 쿠키! 잘 먹을게."

"오~ 제법이다."

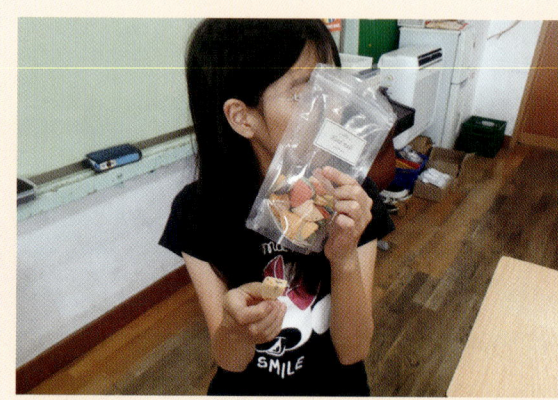 

진로프로젝트 슬라임팀을 여자아이들이 도와주기로 했단다. 현민이네 집에 일요일에 모여 만들기로 약속까지 하는데. 그러다 뭔가 의견이 맞지 않는지 말다툼이 일어난다. 1분도 안 되는 시간에 엄청난 말들이 오고 간다.

"10시까지 와라. 짬뽕 사줄게."

"난 짬뽕 못 먹어."

"너 짜장 사이코 같아."

"웃기고 있네."

"웃기고 있네."

"진짜."

"진짜."

"멍청이."

"머리에 든 게 없어."

"왜? 머리에 똥이 들었다."

"솔직히 내가 더 똑똑해."
"웃겨."
"넌 복이 없어."
"넌 덕이 없어."
"어쩌라고."

체육시간이다. 운동장 반 바퀴씩 네 명 이어달리기 기록을 측정하기로 했다. 50미터 측정 결과를 바탕으로 기록 순으로 조를 나누어 뛴다. 신발끈 고쳐 묶는 녀석도 있고 아예 벗고 뛰겠다는 아이도 있다. 올해 3학년에서 이어달리기 측정했는데 최고 기록이 53초란다. 일단 배턴 전달하는 연습을 한다. 배턴 주고받을 때 같은 손으로 하지 말 것을 주문했지만 역시 오른손만 사용한다.
"얘들아, 우리는 그냥 배턴 연습 하지 말고 체력 아끼자."
"선생님, 뛰기 전에 방광을 깨끗하게 비우고 와도 될까요?"
경기가 시작된다.
"달려라 노랑머리!"
"상진킴! 멋지다!"
"사랑해요 신은비. 나도 저렇게 뛰었어야 하는데."
"영민이 진짜 빠르다."
"륜경 긴 목. 파이팅."
"태윤아 코너 돌 때 주춤하지 마. (무서워.)"

우리 반 최고 기록은 48초 42. 현재까지 6학년 최고 기록은 현재 48초 27이란다. 아깝다!

    이어달리기가 끝나고 현민, 준우가 사나이 자존심 대결을 펼친다. 축구 한쪽 골대에서 반대쪽 골대로 누가 빨리 뛰는지. 서로 본인이 이긴다며 자신만만해하는데 얼추 비슷하게 들어왔다. 무승부로 끝난 듯하다. 경기가 끝나고 손잡고 들어오는 두 사람의 감동적인 사진 한 컷! 체육 수업이 끝나고 교실에 왔는데 아리수가 안 나온다. 물의 소중함을 새삼 느꼈단다. 우유를 안 먹고 남겨 놓은 아이들이 승리자가 된다.

    내일 학교행사가 있어서 시간표가 바뀐다고 안내했다. 수요일은 평소보다 학교가 더 일찍 끝난다고 하니 무지하게 좋아한다. 쉬는 시간과 점심시간을 조정한다고 일정표를 붙여 놓았더니 무슨 행사인지 물어본다. 이미 가정통신문이 나가서 알고 있는 아이들도 있다.

"우리 학교 교장공모제 한대."

"공모제가 뭐야?"

"우리 학교 교장선생님 가세요?"

아이들이 경험했던 역대 교장선생님 이름이 나온다. 두 분이지만.

"우리도 뽑는 거예요? 투표로 해요?"

아이들에게도 교장공모제 질문권만 주면 안 될까 하는 생각이 문득 든다.

복도를 지나가다 상진이를 만났는데 모자 벗고 인사를 한다. 역시 두산팬! 모자를 보여 주며 인사하는 저 자부심! 몇 년 째인지 부럽다.

국어시간에 정약용에 대한 글을 다시 읽고 활동을 했다. 아이들은 정약용의 생일이 제일 궁금하단다. 뜬금없이. 연표로 간단하게 보여 주니 긴 유배생활이 실감이 난다.

- 1762년 태어남 (남양주 두물머리)
- 1789년 과거시험 합격. 왕의 사랑을 받음
- 1801년 유배 시작
- 1818년 유배 끝
- 1836년 사망 (남양주 두물머리 옆. 정약용 기념관)

아이들이 교과서에 나오는 글 중 인상 깊었다고 한 말들이다.

- 너희는 항상 버릇처럼 말하기를 '일가친척 중에 한 사람도 불쌍히 여겨 돌보아 주는 사람이 없다'라고 개탄하였다.
- 장작개비가 없어… 밥을 끓이지 못하고….
- 그러한 말이 한 번이라도 입 밖에 나오게 되면, 지난날 쌓아 놓은 공덕은 재가 바람에 날아가듯 하루 아침에 사라져 버리고 말 것이다.

주희의 글이 정말 인상 깊었다.

정약용이라는 사람이 편지를 쓰면서 울면서 썼을 것 같다. 본인의 처지를 생각하며.
그리고 정약용이 자기가 겪었던 이야기를 하는 것 같다. 나는 지난번에 이렇게 저렇게 해 주었는데 저들은 그렇지 않구나. 유배지 주변의 마을 사람에게 도움을 못 받은 현실. 불쌍하다. 계속 도움도 못 받고 편지를 쓰는데. 연민의 정이 들어. 힘들게 사는데 대놓고 애들에게 '얘들아. 이 아빠가 너무 힘들다'라고 아빠로서 말하기 힘들 것 같다. 우리 아빠 생각이 났다. 우리 아빠가 사무실에 있고 나는 친구들과 논다.

며칠 전에 은명초에서 불이 났다. 영상을 같이 보는데도 나도 아이들도 믿기지 않았다. 컴퓨터 그래픽이 아닌지 되묻는 녀석도 있다. 교육청에서 방화문 사용과 관련한 공문을 내려보냈다. 우리 학교 후관 층은 따로 방화문이라고 할 만한 게 없어서 사이렌 울리면 고장이라도 나더라도 무조건 대피하기로 했다. 그동안 고장이겠거니 의심하며 양치기 소년으로 불렸던 화재경보기에 대한 기억들을 모두 지운다.

우리 반은 사이렌 소리가 나면 일단 좌측 계단으로 대피하기로. 실내화 신은 채로~

하굣길 아이들의 대화이다.
"오늘 우리 아파트 엘리베이터 점검한대요. 우리 집 15층인데."
"난 20층이야."
"우리 집은 롯데월드야. 123층이야."
"여기는~"
"롯데월드~"
"에버랜드가 더 재미있는데."
"근데 선생님한테 페브리즈 냄새가 나요. 향수 뭐 써요?"

한 녀석이 3시 20분쯤에 갑자기 교실 문을 열고 들어온다. 헉헉. 계속 뛰어온 모양이다. 가쁜 숨을 내쉰다.
"가방을 두고 갔어요. 제가 건망증이 있어요."
그러고는 곧바로 나간다. 대박이다.

### 아이들 일기

행현초 아이들이 우리학교 아이들 축구 못한다고 놀려 주말에 한 게임 하기로 했다. 우리는 완전 진지하게 애들이 오기를 기다리고 있었는데 행현초 아이들이 안 왔다. 그래서 그냥 모르는 아저씨들이랑 축구를 했다.

코로나시대에 다시 만나고 싶은 교실이야기

# 7월 3일 수요일

　228.5로 바뀌었던 교실 자물쇠가 드디어 망가졌다. 228, 229 모두 열리지 않는다. 어제 오후 늦게 교실 자물쇠를 바꾸었다. 자물쇠 비밀번호가 432로 바뀌었는데 아이들에게 안 알려 줬나 보다. 대표 녀석에게 문자라도 남길걸 그랬다. 그래서 현민이가 아침에 교실 문 여는 데 애를 먹었단다. 532에 맞춰져 있길래 하나만 돌려 봤는데 열렸단다. 현민이는 뭐든 잘할 것 같다. 모든 일을 침착하고 냉정하게 임하니.

　미술시간에 1학기 사진으로 앨범 꾸미기를 했다. 새록새록 과거를 회상하는 아이들. 전학 간 가온이 이야기가 많이 들린다. 사진을 한참 쳐다보며 웃는 모습이 많이 보인다. 한 녀석은 배구 선수 김연경 닮았다는 말에 짜증 섞인 반응이다.
"여자아이들 단체 사진은 많은데 남자 단체 사진은 왜 이렇게 없어요?"
"애들아. 나 이 사진 쓴다. 써도 되지?"
"전설의 피카츄!"
"나 이상하게 나온 사진 쓰지 마."
"너 너무 어려 보여. 1학년 같아."
"준우 춤추는 사진도 있어. 나 주라. 근데 이 춤은 왜 추는 거야?"
"핵인싸 오호~"
"선생님 찍은 사진 보면 짤이 엄청 많아요."
"현민아 이것 봐. 대단한 사진을 발견했어. 참으로 푸릇푸릇하던 시절이 있었구나."
"(다른 아이의 인쇄된 사진을 보며) 너 이 자식 많이 컸다. 밑장 빼기냐."
"앞태미남과 뒤태미남들~"
"넌 사진에서 왜 이렇게 크게 웃어?"
"웃으면 안 되냐? 웃으면 얼마나 건강에 좋은데."

한 아이의 일기장에 올해 1학기에 대한 총평이 들어 있다. 음~ 기분이 좋았다.

6학년 진짜 좋고, 선생님도 완전 좋으세요. 친구들도 많이 사귀고, 학교도 완전 재밌어용!!! 특히 체육시간이 가장 재밌어용! 근데 다른 수업시간엔 졸려용. 2학기에도 잘 부탁드립니다. 잊지 않을께용.

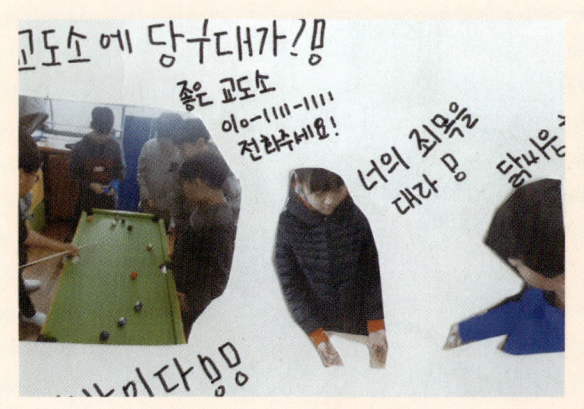

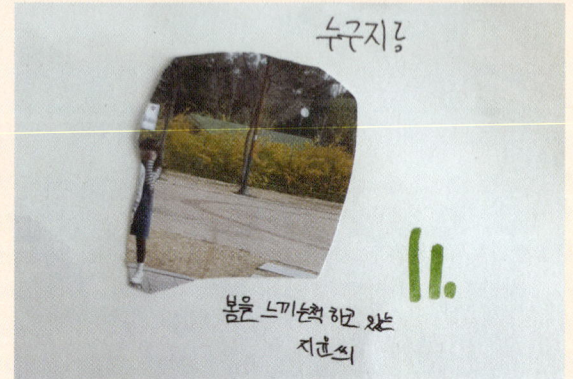

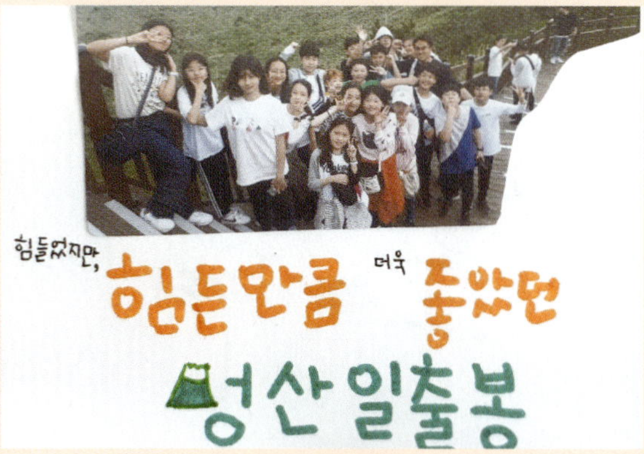

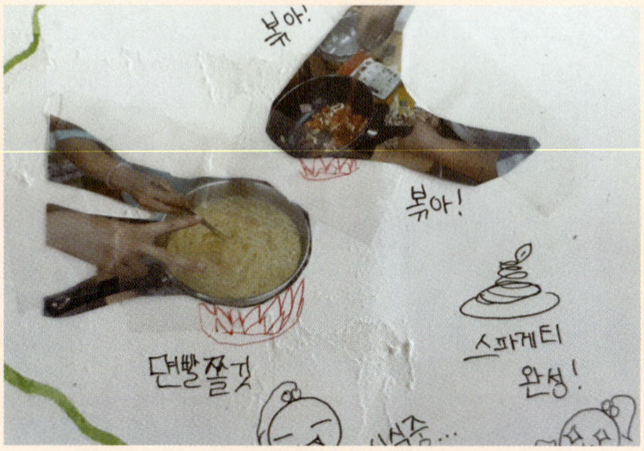

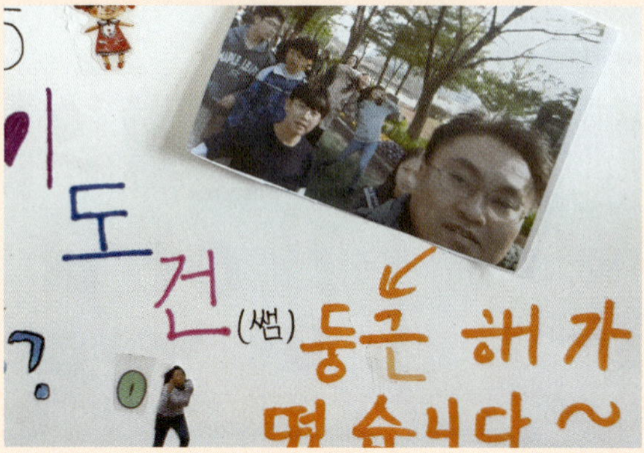

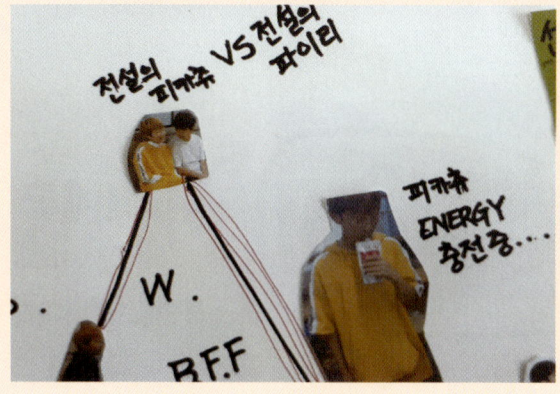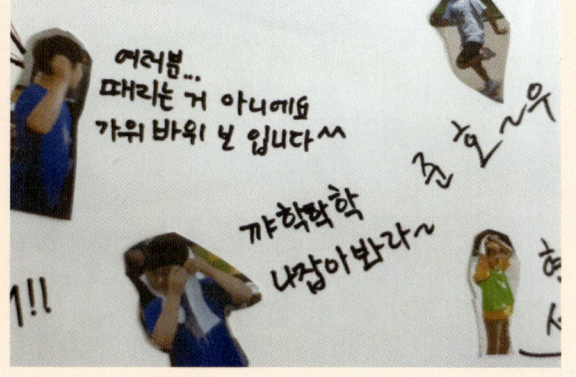

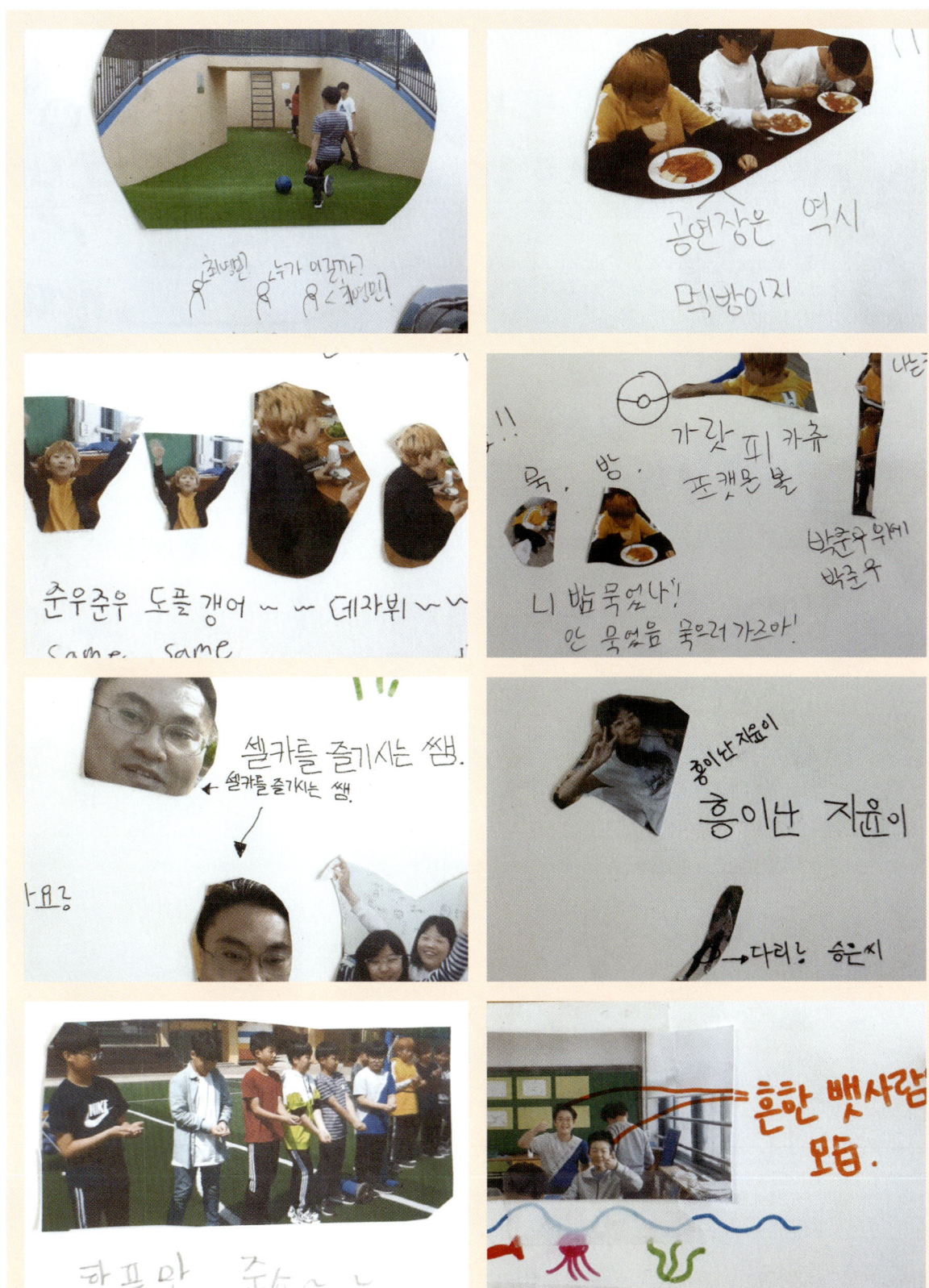

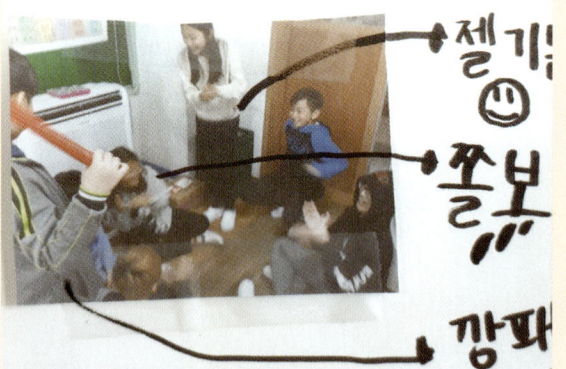

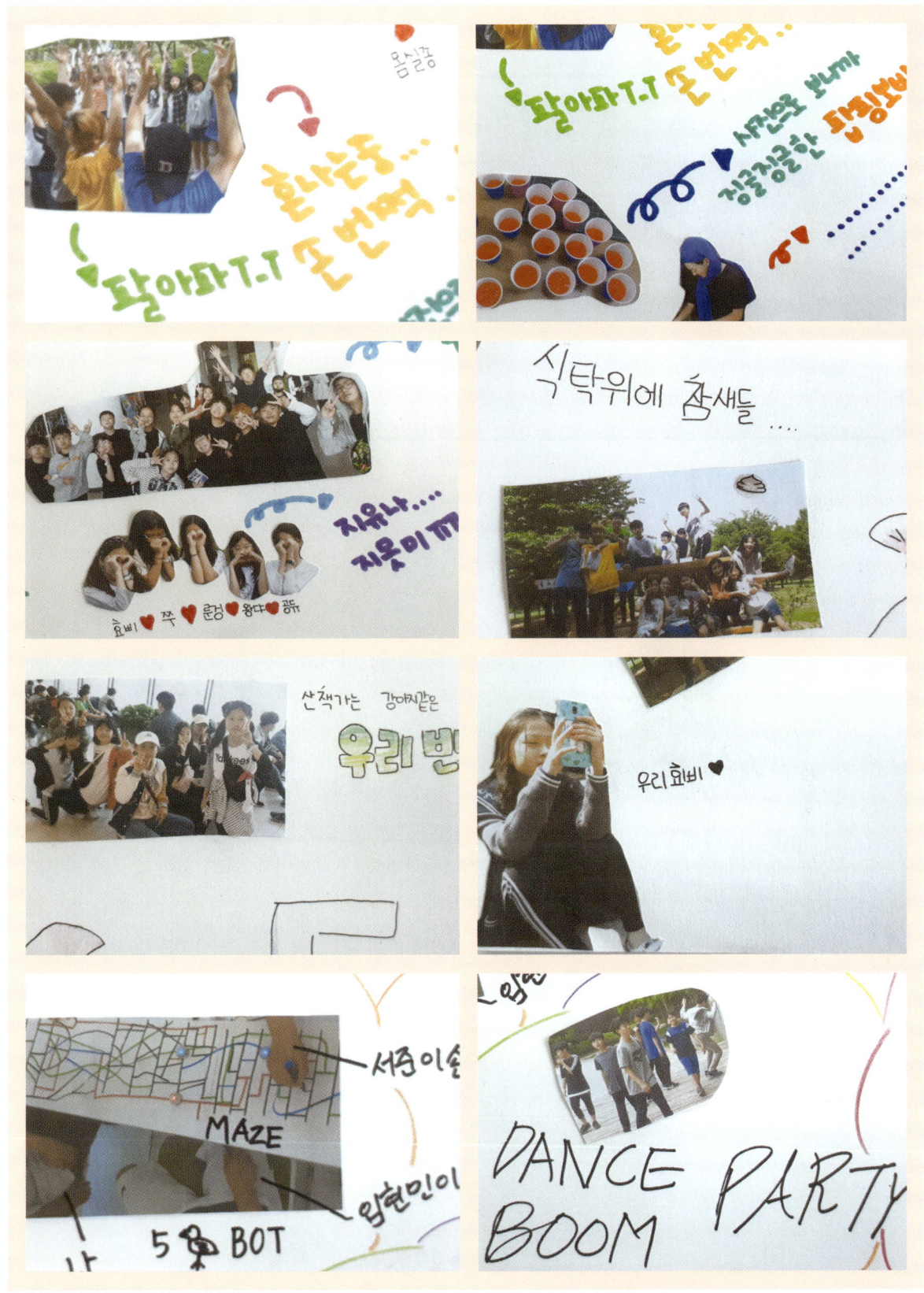

또 다른 아이의 일기장에 운수 없는 날이라는 사연이 담겨 있다.

## 운수 없는 날

- 어제 얼굴에 공을 두 번 맞음.
- 영어학원에서 영어단어를 어이없게 5개 틀림.
- 준비물을 사려고 할인마트와 롯데마트를 노가다 함.
  50원이 부족해서 CU까지 달려가서 교통카드에 돈을 다 뺌.
- 겨우 계산하고 지하철타고 집 가려는데 신금호가 아닌 왕십리로 가 버림.
- 30분 후 집에 도착함.
- 막상 사온 액괴가 녹음.
- 한마디로 Dog 고생이었다. 50원의 소중함을 느꼈다.

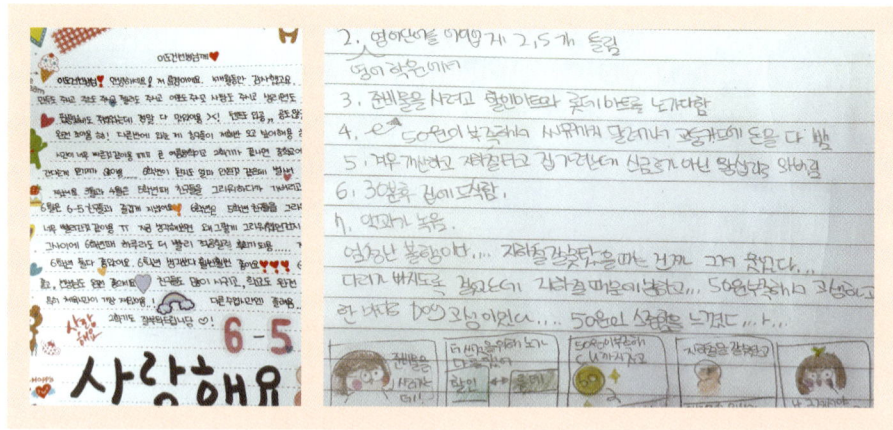

3교시 수학시간에 집중학습시간을 가졌다. 수학익힘책과의 한판 대전이다. 대화 없이 오로지 자신의 속도에 따라 25분 문제와 씨름하고 15분은 함께 채점하는 시간이다. 채점 후 오답 노트 쓰고 나머지 시간은 편안히 쉬라고 했다. 말은 쉽게 했지만 좀 무리한 일정인지. 긴 한숨 소리, 책상 치는 소리, 머리 두드리는 소리, 지우개 미는 소리. 돌아다니며 아이들 푸는 걸 지켜봤다. 옆에 다가가니 날 의식하며 곁눈질하는데 그 소리가 들릴 정도다. 말은 없지만 많은 것이 느껴진다. 얼른 지나가 주세요! 당신이 옆에 있어서 불편해요!

빨리 푼 녀석은 25분 정도 지나자 채점까지 모든 과정을 마쳤다. "다 했어요"라며 당당히 나오는데. 바로 자유시간을 가질 줄 알았던 녀석! 어려워하는 친구 좀 도와주는 게 어떠냐고 했더니… 일단은 네라고 답한다.

오늘은 교장공모제 관계로 여느 때보다 20분 정도 일찍 5교시를 시작한다. 도서관 이용 수업인데 도서관 근처가 교장공모 지원자 대기 장소라 혹시 소란스러울까 책 빌려와 교실에서 읽기로 한다. 오늘은 밥 먹고 쉬는 시간이 거의 없는지라 아이들이 피곤해한다.

"잠깐 쉴 사람 쉬어도 돼."
"텐트에 들어가도 돼요?"
"그래. 10분만 쉬다 와라."

8인용 텐트에 여자아이들 9명이 순식간에 들어간다. 책이랑 이불을 챙겨 들어간 후 조용해 자는 줄 알았다. 근데 가까이 가 틈으로 들여다보니 손에 핸드폰이 들려 있는 것이 아닌가. 대문을 꽁꽁 걸어 잠그고 말이다. 몰래 핸드폰 할 거면 나오라고 했더니 우르르 몰려나오는 아이들.

태윤이는 백하에게 색을 가르쳐 준다며 예쁘게 사인펜을 하나씩 들고 선을 긋고 있다. 한국어와 영어와 중국어 합동 작품이다.

이어달리기 6학년 기록이 왔다. 예상했던 대로 2위다. 0.15초 차이다! 배턴 전달과정이 조금만 좋았다면 하는 아쉬움이 남는다. 그래도 은메달이다!
3반: 48.27초 / 5반: 48.42초 / 7반: 48.48초 / 2반: 48.96초 / 6반: 49.13초 / 4반: 49.70초 / 1반: 51.66초

벼가 자라는 곳에 (원래도 많았지만) 우렁이가 알을 더 많이 낳았나 보다. 생각보다 징그러웠고 그들의 엄청난 번식력에 놀랐다. 텃밭에 남은 상추를 주면 순식간에 먹고 그러고도 먹을 게 없어서 벼를 갉아

먹는단다. 된장찌개에 들어가는 착한 우렁이인 줄 알았는데…. 벼를 갉아 먹는 소리가 들릴 것 같다. 아이들에게도 우렁이는 착한 편이다.

"나중에 우렁이 잡아먹어요."

"우렁 쌈밥 맛있어요."

"우리 아빠가 좋아하는데… 학교에 한번 같이 와야겠어요."

오늘 아이들 간의 큰 다툼이 있었다. 겉으로 보면 천하태평이지만 여기도 사람 사는 곳인지라 한 달에 한 번은 큰 싸움이 일어난다. 난 사실 관계만 확인하고 뭉개기 전법을 자주 쓴다. 시간을 지나고 감정이 진정되면 서로의 이해의 폭이 넓어지라는 믿음과 함께. 하지만 요즘은 이러다 자칫 사건 은폐가 되기 십상이다. 시간을 두고 천천히 이해와 배려와 관용으로 처리해야 할 일도 분명히 있는데. 하지만 아이들 다툼을 법적으로 해결해야 하는 시간이다.

일단 흥분된 아이들을 자리에 앉히고 글로 당시 상황을 쓰라고 한다. 옆에 있었던 목격자들도 상황을 글로 쓴다. 하지만 진술이 많이 엇갈린다. 목격자들도 두 편으로 나뉘어 판단 내리기 어려운 상황이다.

이럴 바에는 차라리 모든 교실에 CCTV를 설치해서 확인하는 게 가장 정확하고 공정할 것 같다. 아이들 진술을 확인하고 나면 수업시간 잡아먹는 게 일상이 되어 버린다. 하지만 이번엔 '넌 이렇게 해서 잘못했어'라는 법률적 처벌로 가기엔 내가 가진 힘과 정보가 너무나 부족하다.

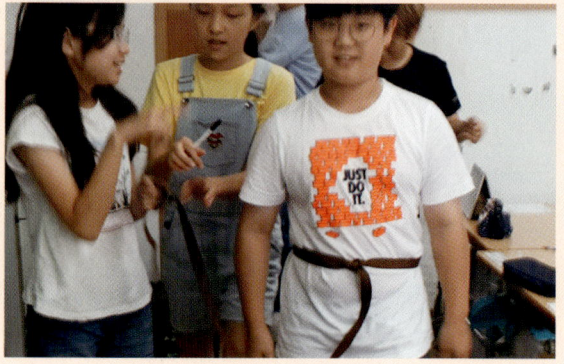

 **7월 4일 목요일**

"채소 가져왔는데 냉동고에 넣어도 돼요? (이건 뭐지.)"
"아니. 채소는 냉장고에."
"선생님~ 라면 끓일 때 떡국 떡 넣어서 먹어요? 안 넣어서 먹어요?"
"취향대로. 좋아하면 먹는 거고."
"거봐. 선생님은 떡국 떡 별로 안 좋아하잖아. 그냥 라면 끓여 드리자."
그렇게 말한 적 없는데. 해석은 자기 마음대로다.

"엄마가 국자랑 종이컵 챙겨 주셨어요. 맛있게 먹고 오래요. 가스 조심하고요."
라면 파티를 한 날이다. 아침부터 냉장고가 포화상태다. 다음 주 진로프로젝트 물품까지 그 안에 들어가 있다. 늦게 등교한 아이들의 사이다랑 주스는 냉장고에 들어갈 틈이 없어 바닥에 줄지어 서있다.

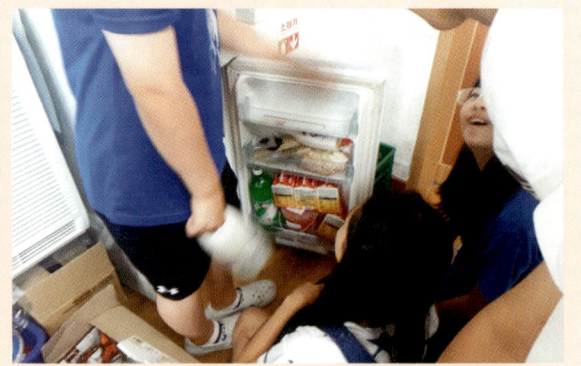

"이 색연필 누구 거냐?"

"지윤이 거요."

"이지윤 가져가!"

한지윤을 이지윤이라고 내가 잘못 말했나 보다. 작년 우리 반이었던 이지윤과 한 번씩 헷갈린다.

"선생님 요즘 힘드신가 봐. 지난번 내 이름도 잘못 불렀는데."

"나도 그랬는데. 내 이름 이상하게 부르셨어."

몇 녀석이 분위기를 몰아가니 내 기억력에 문제가 있는지 걱정이 슬슬.


"선생님 98학번이시죠?"

"어떻게 알았나?"

"옥션 아이디에 98이 들어가서요."

"우리 엄마가 그러던데 그런데 보통 생년이나 학번 넣는대요. 우리 엄마 아이디에 97이 들어가서 우리 엄마보다 한 살 어리네요."

"나 재수했는데~"

"그럼 엄마랑 동갑이시네요."

오늘 토론시간에 통일에 대해 원탁토론 형식으로 자유롭게 의견을 주고받았다. 먼저 1차 토론은 자신의 생각을 말하고 2차부터는 반론의 시간을 가지기로 하고 메모지를 준비시켰다. 한 명씩 돌아가면서 말을 하는지라 발언 기회가 최대 다섯 번까지밖에 없다. 발언할 수 있는 시간이 부족해서 아무래도 아쉽다. 2학기 토론할 때는 팀별 인원을 줄이고 토론 주제를 미리 내 주어 미리 연구할 시간을 주어야겠다. 며칠 전에 종전의 필요성에 대해 아이들에게 말해 주었더니 오늘은 종전이라는 말이 많이 들린다.

**1차 토론**
**서준:** 저는 지금 경제 상황을 먼저 극복한 다음 천천히 진행했으면 좋겠습니다.
**준우:** 북한이 아직 우리나라보다 못사는 나라니까 우리랑 비슷하게 해서 종전하고 통일을 했으면 좋겠어요.
**준혁:** 종전을 먼저 하고 통일을 해야 해요. 바로 통일하면 그 사람들도 혼란스럽고 종전을 안 하면 다시 전쟁이 일어날 수도 있기 때문에요.
**민준:** 종전을 한 다음 다른 나라처럼 그냥 이웃같이 살았으면 좋겠어요.
**승은:** 지금 북한이랑 남한 차이가 엄청 나지만, 북한은 자원이 있으니까 자원으로 극복할 수 있어요. 경제활동으로 극복할 필요가 있어요.
**륜경:** 종전을 먼저 한 다음 서로 대화를 한 다음에 합의 본 다음에 통일해요.
**연수:** 저는 통일을 하지 않았으면 좋겠다 생각해요. 여러 가지로 혼란스러울 것 같은데요.
**규현:** 현재는 통일을 하지 않았으면 좋겠어요. 언어스타일이나 등등 문제가 많아요.
**영민:** 저는 따로 헤어져서 두 나라로 나눠서 살아야 한다고 생각합니다. 통일을 하면 남쪽은 경제적으로 어려워지고 북한은 편의시설 때문에 남한에 내려올 것 같아요. 북한 아이들은 절제되어 있어 문화적으로 다툴 것 같아요.
**은비:** 종전하고 남북 정상회담을 계속해요. 통일은 장점도 있고 단점도 있는데. 북한의 지하자원을 이용해서 단점을 이겨내야 할 것 같아요.
**태윤:** 남북은 이웃나라로 지내야 할 것 같아요. 오랜 세월 떨어져 생활 문화 경제적으로 다르고요. 우리가 크게 손해 봐서 사람들이 별로 찬성하지 않을 것 같아요.
**현민:** 저는 빨리 종전되어야 할 것 같아요. 전쟁 때문에 많은 사람이 죽을 수 있기 때문입니다.
**지윤:** 모두 알다시피 경제 빈부격차가 심해요. 조금 떨어져 살다가 빈부격차 해소하고 통일을 했으면 합니다.

**효은:** 저는 종전하고 대화하다 보면 친해지고, 그렇게 공감을 하고 나서 결정해야 해요.

**상진:** 저는 지금 통일하는 것은 반대합니다. 종전은 하고 일단 싸우지 않아야겠지만요. 남북 문화와 언어 차이와 또 다른 차이가 크기 때문에 통일하면 남북의 다툼이 일어나요.

**준호:** 다른 나라로 지냈으면 좋겠어요. 지금 이 상황에서 하면 우리가 손해 볼 것 같아요. 천연자원이 많다고 해도 그것만 보고 할 수는 없어요.

**경란:** 종전만 했으면 좋겠어요. 아직 남북은 경제적 차이가 있기 때문에 시간이 걸릴 것 같아요.

**주희:** 지금 상황에서 통일을 하는 것은 어려울 것 같아요. 경제적 차이뿐만 아니라 공산주의와 민주주의로 갈지도 복잡하고 어려울 것 같아요. 그냥 친한 이웃나라가 좋아요.

**인해:** 지금은 아니라도 통일은 반드시 했으면 좋겠습니다. 우리가 조금만 도와주면 될 것도 같은데요.

### 2차 토론

**태윤:** 경란, 지윤 의견에 반대합니다. 빈부격차가 줄어들면 다시 합쳐 살 수 있다고 하셨는데 그게 될까요? 어떻게요? 결국 북한 혼자서 (격차를) 못 줄이니 우리가 도와줘야 하잖아요.

**은비:** 지윤 님 의견에 질문인데요, 빈부격차를 줄일 수 있다고 했는데 방법을 예로 들어 주세요.

**영민:** 1차 때 말한 은비 의견에 반박합니다. 장점도 단점도 있다고 했는데 확실히 북한은 우리보다 떨어지는 게 단점이 많은데 이를 메우려면 아주 힘든 일이잖아요.

**규현:** 인해 의견에 반박합니다. 우리가 잘 사니까 도와줘야 하는데 우리나라가 무작정 도와주면 손해를 봐요. 그리고 지윤 님 의견에 반박하는데요. 빈부격차 말씀하셨는데 그럼 격차가 안 줄어들면 통일을 안 한다는 거예요?

**연수:** 인해 의견에 질문. 통일을 하기 전에 조금씩 도와주는데 그럼 하고 나서는 얼마나 도와주나요? 많이요? 얼마나요?

**승은:** 준호 의견에 질문인데요. 이웃나라로 지내자고 했는데, 이웃나라면 다른 나라 아닌가요? 그건 통일 반대하는 거잖아요.

**민준:** 승은 의견에 질문인데요. 자원을 캐서 경제를 올리자고 했는데, 자원을 캐서 근데 핵을 만들어 우리나라를 먹을 수 있잖아요.

**서준:** 통일을 하지 말자는 측에 반박합니다. 라면을 끓이려면 물을 데워야 하는데, 통일을 하기 위해서는 그 정도의 위험은 있어요. 저는 천천히 하자는 말입니다.

**주희:** 인해 의견에 반박합니다. 서로 도와주며 통일을 해야 한다고 했는데 남한 사람의 부정적 시선과 선입견을 어떻게 없애나요?

**준호:** 서준 의견에 질문. 북한을 도와주기 위해서는 많은 돈 필요한데 예산은 얼마나 드는지 궁금해요. 정확한 돈요.

**상진:** 서준 의견에 반박. 빈부격차가 1 대 100이라고 들었는데 지속적으로 도와준다고 해결되지 않을 것 같아요. 우리나라가 너무나 손해가 돼요.

**효은:** 상진 의견에 반박. 어차피 통일을 하면 한 나라잖아요. 결국 도움을 준다고 해도 우리가 손해를 보는 게 아니에요. 우리예요.

**지윤:** 통일 안 한다는 분 의견에 반박. 통일을 하려면 누군가는 손해를 입을 수밖에 없을 것 같은데요. 빈부격차는 한쪽이 손해를 봐야 하는 것이라 좀 이해해 주세요.

**현민:** 북한을 조금씩 돕자는 분에게 반박. 우리도 어떻게 될지 모르는데 북한이 사기를 치면 어떻게 해요. 무작정 도울 수 없어요.

패스권이 있어 질문이나 반박을 하지 않은 아이들이 있다.

3차 토론 때는 아이들이 반박할 친구 이름을 강하게 부르고 반박 답변을 한다. 흥분하는 모습도 많이 보였다.

---

**3차 토론**

**주희:** 승은님 질문에 답변. 저는 영원히 안 하겠다는 건 아니고 상황이 나아지면 가능하다는 말입니다. 제 말을 잘못 들었어요!

**준호:** 서준 의견에 반박. 그 위험을 우리가 감수할 바에는 감수하지 않고 통일 안 하는 게 나아요. 옛날에도 우리가 준 돈으로 핵 개발했잖아요. 북한 약 올라서 핵을 쏘면 다 끝나는 거니까. 이건 사실입니다.

**상진:** 효은 의견에 반박. 어차피 도움을 준다고 한 나라가 될까요? 우리의 이익을 포기하면서 위험을 감당할 수는 없어요. 그렇게 도움 주고받으며 하는 통일은 서로 도움이 안 돼요.

**태윤:** 지윤, 경란 의견 반박. 빈부격차 어떻게 줄여요? 그게 말은 쉬운데 방법이 너무 어려워요. 방법을 구체적으로 말해 주세요.

**은비:** 영민, 태윤 질문에 답변. 통일하면 이산가족을 찾을 수 있고, 북한 자원이 의외로 많아요. 물론 단점을 매우는 건 정말 힘들어요. 하지만 우리의 기술과 북의 자원이라면 가능할 것 같아요. 님들은 좀 좋은 쪽으로 생각해 주세요.

**영민:** 상진, 준호 의견에 동의. 지금 북한은 잘살지는 않지만 그래도 따로 잘살잖아요. 우리는 잘사는데 망할 위험을 감수하면서 통일을 할 필요가 있을지 싶어요. 우리나라가 망하면 누가 책임져요. 전 이대로가 더 안정적일 것 같아요.

**연수:** 태윤 의견에 답을 할게요. 일단 대통령을 정하는 게 힘들 거 같아요. 문재인, 김정은 중에 누구로 할지 투표도 해야 하고 혼란이 생길 수 있어요.

**승은:** 민준 의견에 반박. 저는 지하자원을 캔다고 했지 핵을 만드는 자원을 캔다고 안 했어요.

**민준:** 승은 의견에 반박. 저는 광물을 팔아서 핵을 만든다고 했지 핵을 만드는 자원 캔다는 게 아니에요.

**서준:** 준호, 상진 의견 반박. 당연히 처음에는 손해를 보지만, 통일을 이루고 나면 우리의 기술과 그쪽 자원이 시너지를 보여 더 큰 보상을 받을 것 같아요. 투자자들이 왜 지금 북한에 투자를 해요? 투자자들도 처음에 손해 볼 걸 알고 하는 거예요.

---

4차 토론은 반박보다는 주장을 정리하고 자신의 생각을 다듬는 방향으로 진행한다.

---

**4차 토론**

**준혁:** 통일을 하지 않고 그렇게 큰돈을 지불하면 안 하는 게 현명해요. 정말 많이 들어요. 이렇게 많이요.

**민준:** 북한은 북한대로 독재국가로 살고 우리는 우리대로 민주국가가 되었으면 해요. 각자 살았으면. 우리가 잘해준다고 북한이 핵을 안 만들까요?

**승은:** 경제적으로 도와줄 필요가 있는데요. 그 도움으로 핵을 만들면 안 돼요.

**륜경:** 종전하고 신중하게 통일 결정해야 해요. 급히 하면 남한이 너무 손해를 보기 때문에 천천히 진행해야 해요. 신중히!

> **연수:** 만약에 통일을 하게 되면 남한 사람만 대통령이 되잖아요. 우리가 사람이 많아서. 투표를 하면 북한이 불만을 가질 것도 같은데요. 이 문제가 제일 어려운 것 같아요.
> **규현:** 우리나라랑 북한을 지금 보면 전과 달라지는 것 없어요. 종전도 안 했고. 종전하고 나서 빈부격차 문제를 생각해야 해요.
> **영민:** 지금은 통일이 필요 없어요. 망할 위험을 감수하며 할 필요가 없어요.
> **은비:** 종전을 한 다음 정상회담으로 서로의 의견을 맞춰가며 장점으로 단점을 메우면 될 것 같아요.
> **효은:** 일단 통일을 하고 어차피 손해를 볼 거면 북에 공장을 세우고 자원을 캔 걸로 돈을 벌면서 북한 발전시키면 돼요. 외국인들 불러서 관광개발로 돈을 벌 수도 있고요.
> **서준:** 우리가 지속적으로 정상회담 한 다음에. 그리고 교류를 하면. 물론 돈을 주면 우리가 손해일 수 있어요. 하지만 큰 그림을 따지면 지금은 손해지만 나중에 좋은 나라가 될 것 같아요.

수업 마치는 종이 울린다. 말하고 싶은 아이들은 많은데 무작정 더 줄 수는 없다.

"지금 반박해도 돼요?"

"시간 좀 더 주세요."

"나 배고파. 그냥 끝내자."

"밥 먹어야 해. 음식이 기다리고 있는데 예의가 있지."

2학기 전교임원 후보자에 6학년이 달랑 한 명 나왔다고 한다. 주희에게 나가 보라고 말했더니 엄마에게 전화하더니 쿨하게 콜한다.

드디어 요리의 시간이 시작된다. 가스와 버너가 준비되고 흥겨움으로 가득 찬 우리 반!

> **1모둠:** 너구리 세 마리
> **2모둠:** 나의 귀여움을 넣었다.
> **3모둠:** 꼬불꼬불 험난한 인생의 라면과 베개로 쓸 쫄깃한 떡의 운명적인 만남. 행복한 마법의 가루
> **4모둠:** 사진에 담긴 엽기 떡볶이
> **5모둠:** 죽어도 육구리

라면, 스프, 만두 넣는 순서로 서로 이견이 많다. 결국 모둠장이 정하는 걸로 하고 시작한다. 모둠별로 쌓아둔 재료 옆에는 밀키스, 사이다, 알로에 주스 등 각자 취향대로 음료가 놓여 있다.

2모둠만 물이 먼저 끓는다. 2모둠은 분주하다. '나의 귀여움을 넣었다'라는 음식명! 4모둠 아이들은 영어선생님한테 떡볶이를 배달하러 가겠다고 한다. 영어선생님은 인기가 많다. 나보다 먹는 순서가 위이니. 5모둠은 일단 순수한 너구리로 간단하게 시작한다.

"선생님. 너구리에 미역(다시마)이 두 개 들어 있어요. 득템. 국물이 제대로 나올 것 같아요."

"우리는 왜 이렇게 싱겁죠? 이상하네."

딱 봐도 홍수가 났는데 스프 하나 더 넣으라고 했더니 스프가 사라졌단다. 다른 모둠에 남는 스프를 넣으려고 했더니 순수한 너구리에 다른 라면 스프는 넣을 수 없단다. 김가루를 묻힌 순수 너구리는 정말 맛있단다. 마법의 가루라며.

"오뎅 하나 먹으려면 떡 두 개 먹고 먹어."

어묵만 골라 먹는 녀석에게 잔소리가 날아온다. 먹으며 셀카 찍는 아이들이 보인다.

"선생님. 이런 거 먹을 때는 뭐라도 보면서 해야 하는 거 아닌가요?"

20세기 폭스사 음악에 맞춰 빰빠바 빠람! 아이들이 입으로 시작을 알린다. 준혁이는 블라인드를 내리며 조명도 끄고 최적의 환경을 만든다. 조명 좋고 맛도 좋고 분위기 좋고 기분도 좋고. 오랜만에 릴랙스! 편안하다. 그 와중에 한 녀석은 다 먹고 양치까지 깔끔하게 하고 온다. 영화 파일을 찾아보니 〈쿵푸팬더 3〉가 있다. 한참 지난 건데도 명작이라며 좋다고 한다. 하지만 한글 버전이다. 영어 버전이 더 재미있다는 아이들!

5모둠은 육구리답게 원래 계획했던 대로 셋이서 여섯 봉을 먹었단다. 근데 한 봉지 더 끓이고 있다. 칠구리로 바꿔야 하는 게 아니냐고 물었더니 이번은 다른 아이들이 먹고 싶다고 해서 끓여 주는 것이란다.

"이제 정리하자. 자리에 앉아라."

"월월월월."

이거 뭐지. 아이들의 멍멍이 소리가 너무 웃기다.

 **7월 5일 금요일**

두 녀석의 대화다.
"너에게 인생의 쓴맛을 보여 주겠어."
"난 인생의 단맛만 보고 싶어."
"인생은 쓴맛 단맛 다 보고 사는 거야."
"알았다. 신맛, 짠맛, 매운맛 다 맛볼게. 그냥 라면 먹자!"

다음 주 직업프로젝트가 있어 어제 오후에 텐트를 정리했다.
"텐트 어디 갔어?"
"어, 이 허전한 건 뭐지."
"왜 이렇게 교실이 넓어 보이지?"
"다시 설치해 주면 안 돼요? 우리만의 공간 좋았는데."
여자아이들은 비밀의 공간이 사라져 많이 아쉬운가 보다.

오늘 자리를 바꾸었다. 학기말이라 아이들 소원대로 같은 성별끼리 짝을 만들어 주었으나 의외로 싫어하는 아이들이 많다. 몇몇 여자아이들이 서로 마음에 안 맞는 아이와 짝이 된 듯하다.
"아! 차라리 그냥 남녀짝이 나은 것 같아요."

3주 전에 다섯 가지 감각과 관련된 동영상을 봤다. 그리고 오감을 사용하여 새로운 생명체를 만드는 과제를 내 주었다. 오늘 과학시간에 발표를 했다.

### 3주 전에 봤던 동영상의 내용

시력 1.0은 5m 거리에서 1.5mm의 간격을 구분해 내는 능력을 가지고 있다는 것. 동물의 시력에 대해 알려 준다.
두더지 박쥐는 장님 수준 / 하이에나 5km / 기린 7km / 갈매기 5.0 10km / 독수리 5.0 / 매 9.0 (5배나 많은 시신경) / 타조 25.0 20km까지 볼 수 있음. (테니스공만 한 눈, 날지 못하는 새)

또 다른 동영상을 봤다. '동물의 눈에 보이는 세상은.'

'이놈의 파리. 네 놈을 잡고 만다!'
'애쓴다. 인간!'
파리는 1초에 200회 이상 동작의 변화를 감지한다.
'동물의 눈에 보이는 세상은?'
'이 풍경은 동물들에게 어떻게 보일까요?'
고양이: 말이 초록색 안장을 하고 있군. (붉은색과 초록색을 구분 못 하는 색맹 고양이. 그러나 최고의 사냥꾼 고양이는 사냥하기 전 대상의 움직임 변화를 1초에 60번 감지)
다람쥐: 기린과 비둘기가 있잖아. (위험을 재빨리 파악하는 다람쥐의 시야각 300도)
수리: 물고기가 맛있겠어. (1km 밖 하늘에서 빛 반사에 방해받지 않고 수면 아래 물고기를 보는 수리의 눈)
개구리: 뭐가 있어? (이 긴박한 와중에 한 치 앞이 잘 안 보이는 개구리)

그들이 보는 방식은 그들이 생존하는 방식!
동물의 눈을 이해하면 그들이 살아가는 세계가 보인다.
피와 땀 냄새로 추적하는 모기. 자외선을 볼 수 있는 동물의 세계. (벌의 시선으로 본 꽃) 갯가재는 인간이 상상할 수 없는 범위이다.

눈으로 보이는 것만이 아니라 발상과 관념에 변화가 있었을 때 이 세상은 다르게 볼 수 있다는 것을. 곤충은 앞, 뒤, 위, 아래를 볼 수 있다!

과제 발표를 하고 질의응답이 이어진다.

살아 있는 슬라임. 죽지도 않고 많이 먹는 게 특징.

- 저거 식용이에요? (슬라임이라 못 먹어요. 고무 맛인데요?)
- 칼에 잘리면 두 개가 돼요? (네. 플라나리아처럼 살아나요.)
- 저거를 먹으면 몸속에서 살아 있어요? (살아서 장까지 가요.)

이 친구는 시력이 평균 9.2, 털은 분홍색.

- 털색이 왜 분홍색이에요?
  (제가 분홍색을 좋아해서요.)
- 뭐 먹고 살아요? 밥 먹어요?
  (사람 빼고 다 먹어요. 떡볶이도 먹어요.)
- 시력이 정말 좋은데 진화한 거예요?
  (네. 멀리 자세히 볼 수 있어요. 근데 이빨이 약해서….)

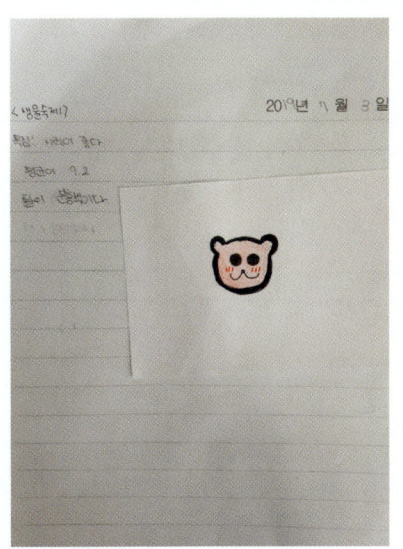

손이 바퀴여서 촉감은 잘 못 느낌. 대신 바퀴 때문에 잘 달릴 수 있음. 눈은 작아서 시력은 안 좋은 편임. 또 미각은 잘 못 느끼고 왼쪽 청각은 분홍색 아이템으로 매우 좋고 오른쪽 청각은 왼쪽만큼은 안 좋음. 후각은 물개털 때문에 별로임. 코끼리 코 옆에 수염 찍찍이는 허전해 보여서 붙였음.

- 손에 바퀴 달려 물건 어떻게 집어요? (그래서 못 집어요. 그래서 촉감을 못 느껴요. 대신에 두 손으로 잡을 수 있어요. 두 손 사용 가능해요.)
- 속도가 얼마나 돼요? (바퀴로 굴리면 엄청 빨라요. 최고 시속 250km. 님이 상상하는 대로 빨라요.)

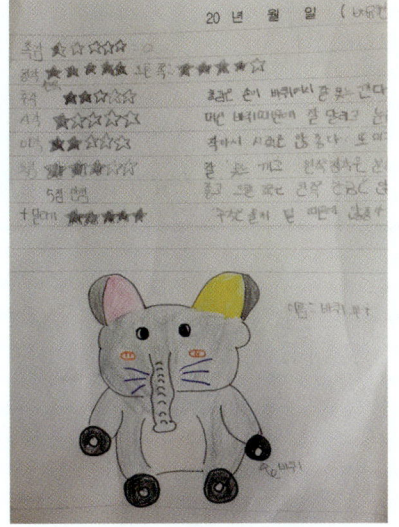

〈찰싹비늘. 거머리 같은 생명체〉
해류를 따라 흘러 다니다가 주변에 지나가던 물고기 비늘에 붙어 비늘을 먹는다. 먹힌 물고기는 이 생명체에 감염.
눈이 퇴화되어 볼 수 없음. 물고기 비린내를 맡기 위해 인간보다 26배 후각이 뛰어남. 배에 청각기관이 있긴 하지만 잘 듣지는 못함. 미각이 예민해서 건강한 물고기에만 붙는다. 비늘 물고기를 느끼려고 촉각은 뛰어난 편임.

- 다리가 몇 개예요? (오천 개쯤. 반올림해서요.)
- 그림에는 다리가 왜 이렇게 적어요? (님이 5천 개 그려 볼래요?)
- 색은 검정색이에요? (보호색이에요. 다른 물고기 눈에 잘 안 띄게 검은색과 회색이에요.)

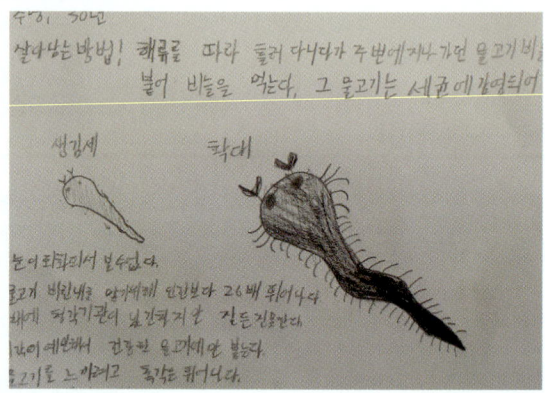

〈변기〉
시력은 안 좋지만 후각과 청력은 좋음. 변기에서 살고 머리의 똥에서 독이 나옴. 다른 동물의 똥을 먹고 삶.

〈빵떠기〉
청력, 시력, 미각이 좋고 후각이 좋지 않음. 잔디밭에 살고 초식임. 사람 똥만 먹고 크는 생명체.

- 근데 똥이 설사 같은 건 먹기가 힘들지 않나요?
  (먹기는 힘들지만 설사에 영양이 더 많아요.)
- 입이 작은데 똥을 먹을 만큼은 입이 커져요?
  (맛있는 똥이면 입이 쭉 늘어나요.)
- 변기통 안에 있을 때 똥이 내려와 깔아 뭉개지면요?
  (그 휘어 있는 안쪽으로 숨으면 돼요.)
- 저 상태에 똥 싸고 물 내리면?
  (얘는 몸이 끈적해서 변기벽에 붙어 있을 수 있어요.)

개구리 등에 거북이 등딱지를 장착함.

- 천적이 얘를 먹으려고 하면요?
 (거북이처럼 등딱지만 남기고 숨으면 돼요.)
- 등껍질이 개구리한테 무거울 거 같은데요?
 (가볍고 딴딴한 탄소 소재를 사용해요.)
- 등껍질을 잡아당기면요?
 (등딱지가 벗겨져 개구리가 원래대로 튀어나와요.)

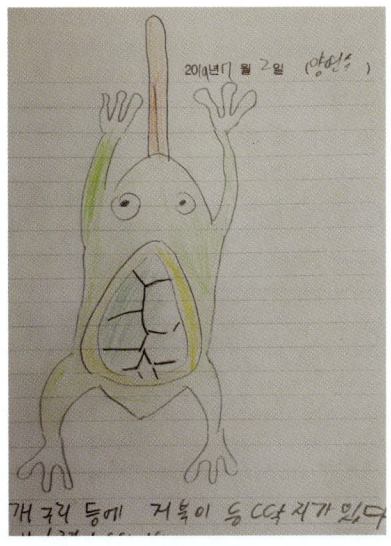

〈타조〉
500미터까지 밖까지 볼 수 있음. 사는 곳은 사막.

- 목표를 포착해 어떻게 사냥해요. 달려요? 날아요?
 (이 새로운 타조도 날지 못합니다. 일단 달립니다.)
- 시력이 생각보다는 좋지 않네요. 몇 킬로미터는 봐야 하지 않아요?
 (500미터면 충분해요. 멀리 본다고 무조건 좋은 건 아니거든요.)
- 타조는 두뇌가 안 좋은데요?
 (이 타조는 좋은 쪽이에요. 뇌 크기 보세요. 똑똑해요.)

〈바나롱〉

눈은 굉장히 작지만 시력은 정말 좋음. 사람 시력의 4배. 그리고 위에 달려있는 바나나 꼭지 같은 안테나는 주변에 있는 물체의 향기를 감지해 뇌로 보냄. 냄새를 인식하기 위해 안테나가 있음. 팔다리는 없음. 바나나같이 생겼지만 정말 귀엽고 대단한 생명체.

- 팔다리가 없는데요? 그리고 뛰어다니는 거예요?
  (폴짝폴짝 뛰어다녀요.) (귀엽겠다.)
- 저거 맛있어요? (생긴 건 바나나이지만 먹는 거 아닌데요.)
- 팔다리 없는데 뛰어다니면 안 힘들어요? 스텝을 어떻게 맞춰요?
  (하나 둘 하나 둘에 뛰면 돼요. 하나도 안 힘들어요.)
- 저거는 뭐 먹고 살아요? (이것저것. 저처럼 잡식이에요.)

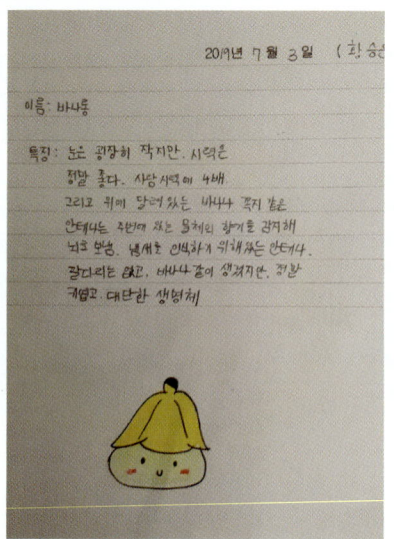

시력은 3km 거리까지 보임. 빠르기는 시속 9km. 청각은 잘 들리지 않음. 잡아먹히지 않으려 직감은 매우 높음. 하지만 청각은 단 하나의 문제.

- 뇌나 장기가 떠다니는 게 보일 것 같은데요?
  (맞아. 보여요. 투명한 애예요.)
- 장기나 혈관이 이렇게 많은데 피부가 투명하면 적이 잘 보지 않을까요?
  (딱 보면 알잖아요. 맛없어 보이는데. 얘는 맛도 없고 잔 가시가 많아서 먹을 수 있는 애가 별로 없어요.)

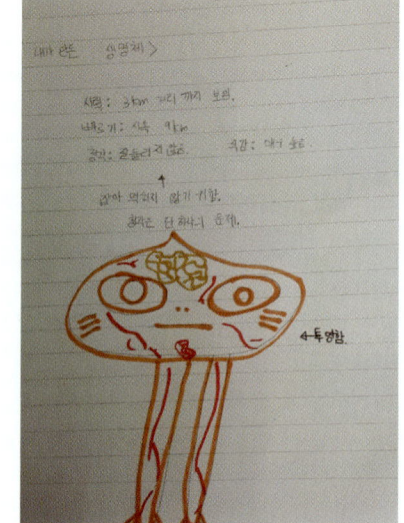

〈생태계 파괴되어 만들어진 생명체〉
100km까지 보이는 눈. 코끼리의 피지컬. 타노스의 건틀렛. 문어의 다리. 코뿔소의 뿔. 완다의 염동력. 아이언맨의 두뇌. 데드풀의 검. 원생생물의 작은 촉수. 모든 공격무효화. 데드풀의 생명력.

- 괴생명체 같기도 문어 같기도 한데 먹을 수 있어요?
  (먹으면 몸 안에서 다시 살아날 수 있어요.)
- 저 생명체를 죽일 수 있는 방법은요?
  (계속 살아나 죽여도 소용없어요. 이미 얘는 10억 살이에요.)
- 손에 뭘 들고 있는 거예요?
  (한쪽은 건틀렛입니다. 한쪽은 칼이고요.)

시각 5.0 발톱이 생각보다 길다. 이름: …? (상상의 동물)

- 맛있게 생겼고요. 너무 잘 그렸어요. (히히 고마워.)
- 치킨해서 먹을 수 있어요?
  (딱 치킨 사이즈죠? 잡아먹을 수도 있어요.)
- 얘는 사냥을 어떻게 해요?
  (먹잇감을 발톱으로 휘두르거나 찍어서 잡아요.)
- 크기가 얼만한지? (이만하겠죠.) (사람만 하다.)

〈수이리〉

내 트레이드마크인 파이리를 수중 생물로 변화. 이름은 물 水 자를 따온 수이리로 지었음. 크릴 새우 등 작은 생물을 먹음. 포식자들이 수이리를 잡기 힘들어함. (얘는 엄청 빠름.) 기존의 손보다 수영하기 좋은 손으로 바뀜. 꼬리는 생명의 공기 방울(기존의 파이리가 가진 생명의 불꽃과 같은 것으로 이것이 터지면 죽는 것과 같음. 수이리의 산소 공급원)

- 어느 바다에 출몰하나요? (세상에 한 마리밖에 없어서 보기 엄청 힘들어요.)
- 수이리랑 파이리 중 누구 이겨요? (둘이 친구라 안 싸워요.)
- 바다에서 육지로 갈 수 있어요? (못가요.)
- 그럼 파이리랑 어떻게 만나요.
  (만남의 해변이라고 있어요. 여기서요.)
- 눈이 왜 이렇게 커요? (귀여움 추가!)

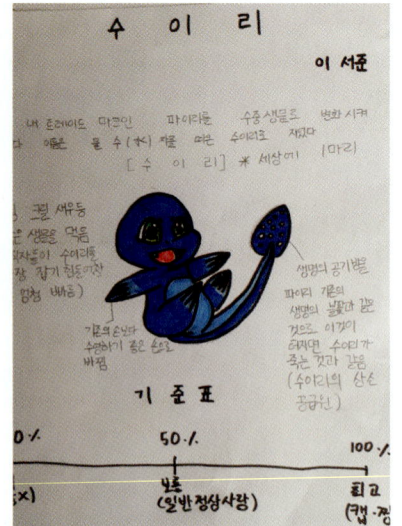

커다란 눈. 고슴도치 같은 가시. (온순해지면 가시가 축 처짐) 잘 달리는 긴 다리. 부드러운 발바닥(촉감). 맛있는 것을 먹을 때 음미할 수 있는 미각.

- 무게가 어느 정도예요?
  (먹는 양에 따라 달라지고요. 지금 다이어트 중이에요.)
- 눈이 커서 님 눈이랑 비슷한데요? 님 눈 보고 그린 거예요?
  (그냥 대충 그린 거예요.)
- 귀는 발달했어요? (그냥 사람의 귀랑 비슷해요.)

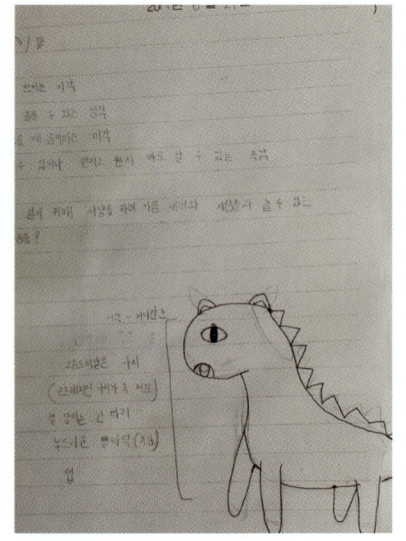

10km까지 볼 수 있는 눈. 냄새를 잘 맡는 코. 사냥하기에 좋은 손톱, 발톱, 이빨. 빠른 발과 큰 날개. 놈을 보호할 수 있는 뾰족한 뿔. 잘 뜯을 수 있는 뾰족한 입술. 피지컬.

- 다리가 수박색이에요? 공벌레예요? (그렇게도 보이네요.)
- 저 얼굴 쪽이 돼지코인 이유는요?
  (돼지코를 그리려는 게 아니라 크게 그리다가 돼지코가 되어 버림.)
- 뭔가 다 부위가 이유가 있어서 잘 만든 것 같아요.
- 뭔가 이상해 보이는데 이유가 있어서 괜찮아 보여요. 처음 보면 정말 이상해 보이는데.

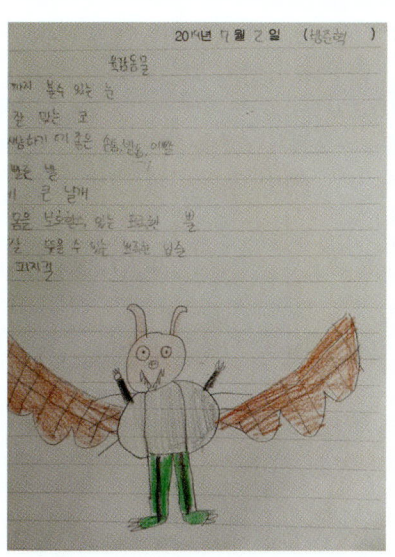

〈거북새〉

눈 시력 100.0. 근데 발이 느림. 주로 해초, 잔디 등을 먹는 초식동물.

- 다리가 느리면 다른 육식동물에게 잡아먹히잖아요?
  (눈이 좋아서 빨리 피할 수 있어 괜찮아요.)
- 바다에 살아요? (바다에 안 살아요. 해변에서요.)
- 준혁이가 만든 생물이 몸통 박치기 하면요?
  (겁이 많아서 들어가요.)

10km까지 볼 수 있는 시력을 가짐. 100m까지 냄새를 맡을 수 있음. 사람과 같은 미각임. 촉감이 사람의 1.2배임. 청각은 사람의 1/4배. 거의 듣지 못함. 육감은 없음.

- 풀네임이 궁금해요? (아비키사티뽀뀨)
- 이름의 뜻은요?
  (효은이를 뽀, 규현이를 뀨라고 불러서요. 아이들이 귀엽다고 해서요.)
- 저 괴생물체가 어디 살아요?
  (세상에 한 마리밖에 없고요. 서울숲에요.)

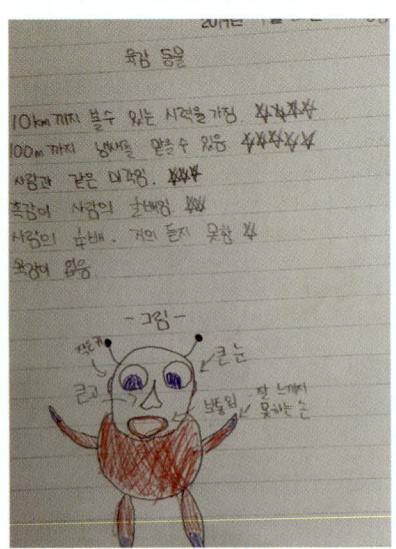

〈이와우라 타쿠마〉
귀는 코처럼 발달하지 못함. 옆에 있는 털 감지(능력치 15/100). 눈은 사람의 눈처럼 보이고 타조보다도 잘 보임. (능력치 100/100). 아가미는 코가 발달하지 않아 숨 쉬는 데 쓰임. (능력치 70/100) 코로 숨을 잘 쉬지 못하고 발달하지 못함. (능력치 10/100) 이빨로 무는 힘이 강함. (능력치 75/100)

- 뭐 먹어요? (나무에 있는 수액요.)
- 구체적으로 어떤 수액? (고로쇠요. 링거도 마셔요.)
- 아가미가 있다고 했는데요. 나무에 붙어서 사는데 왜 있어요? (코는 사실 장식이라서 아가미를 그렸어요.)
- 개구리처럼 다녀요? 물에 살아요? 육지에 살아요? (얘는 양서류는 아니고요. 포유류예요.)
- 원숭이과라면 바나나 좋아해요? 싫어해요? (원숭이 중에 바나나 먹으면 죽는 원숭이도 있어요.)

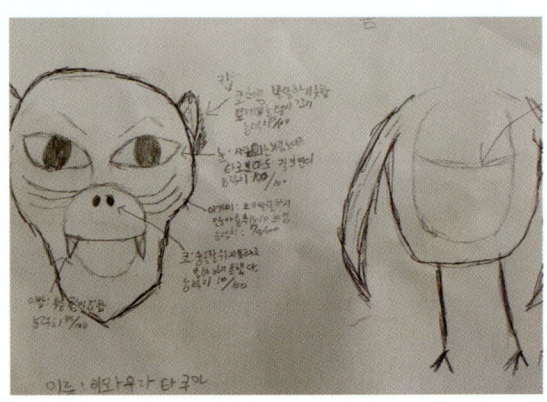

<외계에서 온 삐>
능력 더듬이가 있어 후각이 매우 발달해 먹이를 잘 찾음. 삐는 은근히 육감이 굉장히 좋음. 그래서 시각은 별로. 삐가 외계에서 왔기 때문에 온 색깔이 회색으로 보임. 주파수나 파동 같은 것도 보임. 삐는 더듬이로 청각과 후각을 해결. 한꺼번에 여러 개 그리고 멀리 떨어진 먹이를 잘 찾음. 5km 이내. 삐는 더듬이 덕분에 후각이 매우 발달해 있음.

- 저거 새끼 나을 수 있어요?
  (네. 요즘도 외계에 몇 마리 살아요.)
- 애완용으로 기를 수 있어요?
  (얘가 아무거나 다 먹어서 집도 갉아먹어요. 키우기가 힘들어요.)
- 무슨 행성에 살아요?
  (엄청 멀리서 왔고 우리 은하에 살지는 않아요.)

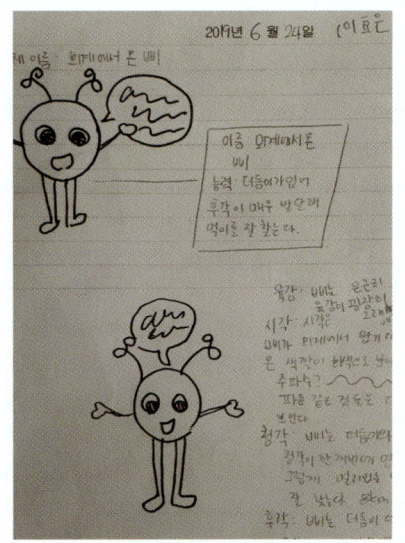

<큐티보작 동글이맨>
시력(21.0) 청각(반경 35Km 이내) 후각(반경 1km 이내 가능) 미각(둔함) 속도(시속 23km/h) 촉각(손이 동글해서 둔함) 완두콩의 진화. 모든 게 동글. 눈도 커졌다가 작아짐. 시력을 조절. 말아서 뛰는 게 빠름.

- 동글이맨은 오르막길 어떻게 올라가요?
  (뒤에서 추진력을 받아 한 번에 원샷으로 고고)
- 귀가 어디 있어요? (귀는 내장되어 있어 안 보여요.)
- 완두콩의 진화라고 했는데 크기는요? (님 얼굴만 해요.)
- 설명 좀 더 해줘요.
  (코랑 입은 안 둥글어요. 싸우다가 코는 찍혔고요. 팔은 이어 주는 장치를 달 수 있어요. 팔은 상어가 물어서 늘어났고요. 다리는 사자가 물었어요.)

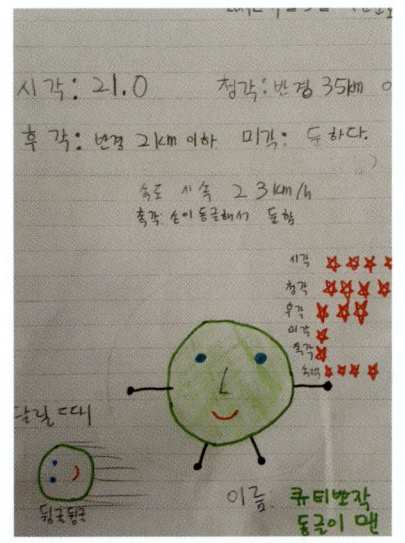

새로운 생명체 만들기! 아이들이 3주 정도 고민한 작품들이다. 샤워하면서 산책하면서 떠오른 아이디어를 구체화시켰단다. 작품도 훌륭하지만 아이들의 질문에 임기응변으로 답하는 능력이 정말 많이 늘었다. 잘도 지어낸다.

오늘 컴퓨터시간에 인공지능에 대한 동영상을 보고 각자 느낀 점을 적기로 했다. 인공지능과 관련된 프로그램을 다뤄 보려고 했으나 아이들이 어려울 것 같다고 해서 소개만 하고 끝냈다. 발표는 전부 하지는 못했지만 아이들은 전체적으로 인공지능은 무섭다는 의견이다. 또 안타까운 사연 하나…. 컴퓨터실에서 느낀 점 작업을 하다가 영민이가 USB를 꽂자 바로 컴퓨터 업데이트가 되면서 꺼졌단다. 그래서 바탕화면에 저장했던 파일이 지워졌다는데. 이 컴퓨터실의 문제점은 저장이 안 된다는 점. 그래도 영민이는 기억을 되살려 금방 다시 (대충) 작성한다.

〈인해〉
우리도 인공지능 AI가 있었으면 좋겠다. 중국에 인공지능이 있다는 게 놀랍다. 인공지능이 뉴스에 나오는데 사람처럼 말하는 게 놀랍다. 요즘은 로봇기술이 더 많이 발전되었다. 몇 년 뒤에 인공지능이 표정도 표현하면서 뉴스에 나올 것 같다.

〈민준〉
내가 본 영상은 AI가 발전해서 우주의 신비도 풀고 사람 모형 인공지능도 있고 AI의 진화로 자기들의 대화 또는 AI의 옹알이 기승전 옹알이로 진화했다는 내용이다. 이렇게 세상은 점점 로봇으로 채워지고 이 세상 속에서 인간은 필요 없어져 버림받고 무시받는 존재가 될 수도 있겠다. 그리고 일자리도 많이 없어져서 돈은 못 벌고 이 세상에 로봇이 차고 길거리에는 거지가 된 사람들이 넘쳐 날 것이다. 그리고 일자리가 없으니 거지가 아니더라도 백수들도 늘어날 것이다. 그렇기 때문에 내 생각은 이렇다. 생활의 도움을 줄 정도로 AI가 발전했으니 이제 AI를 더 발전을 시키지 않아 일자리는 뺏기지 않고 일상생활에 어느 정도 도움이 되는 로봇만 있는 세상이 되면 좋겠다.

〈상진〉
(구글홈vs카카오미니vs클로바 퀴즈 대결)
지금 세대의 AI 기기들이 퀴즈 대결을 하는데 상식, 외국어, 수학문제가 나온다. 나는 카카오미니의 말을 듣고 너무 웃겼다.
"24 나누기 8은?"이라고 물었는데 "그래요?"라고 대답했는데 뭔가 황당하면서 재미있었다. 그리고 클로바는 네이버에서 나온 기기라 뭔가 검색을 잘하고 똑똑했다. 되게 고지식해 보이고 똑똑해 보였다. 구글홈은 구글에서 나온 기기인데 클로바보다는 아니지만 검색능력이 뛰어났다. 이 영상이 웃기기도 했지만 AI들이 발전을 많이 했구나라는 생각도 들었다.

(구글홈vs카카오미니vs클로바 반응 속도 대결)
전 영상에 이어서 AI 기기들의 반응 속도 대결을 보았다. 반응 속도는 의외로 카카오미니, 구글홈, 클로바 순으로 반응 속도가 입증되었다. 기능은 구글홈이 가장 높았고 그 뒤로 클로바, 카카오미니 순서였다. 카카오미니는 여전히 웃겼다. 당당하게 말하는 것이 특히 웃겼다. 클로바는 다는 아니지만 찰떡 같이 알아듣는 게 신기했다. 구글홈은 알아듣고 실행하는 것이 대단했다. 카카오미니는 웃겼고 일반적인 것들은 잘 알아들었다. 앞으로 AI가 조금만 더 발전하면 엄청 똑똑해질 거란 생각이 들었다.

〈주희〉
처음엔 스스로 생각하는 인공지능 로봇들의 인류 멸망 발언에 대한 영상을 보았는데 진짜 소름이 끼쳤고 굉장히 신기했다. 이제 과학자들이 인공지능 로봇 만들지 않았으면 좋겠다. 그리고 다음 영상은 애완로봇 벡터에 대한 영상을 봤는데 너무 귀여워서 나도 하나쯤은 갖고 싶었다. 털도 안 날리는 벡터~ 충전만 하면 끝! 좋긴 한데 하나에 35만 원. 말이 되냐.

〈경란〉
AI로봇에 관련된 영상을 보고 로봇이 무섭기도 하고 대단하다고 생각된다. 로봇은 말할 때가 제일 무서운 것 같다. 아무 표정 없이 말하니까 너무 무서웠다. 그리고 로봇은 왠지 인간을 지배하려는(?) 그런 말을 할 때도 있다. 영상을 보고 로봇은 무서운 존재라는 것을 알았다.

〈준우〉
난 영상을 보고 소름이 돋았다. 소피아라는 로봇과 한이라는 로봇이 있었다. 이 로봇들은 스스로 생각하고 말할 수 있다. 한이라는 로봇은 이렇게 말하였다.
"10~20년 안에 로봇은 인간이 할 수 있는 모든 일을 다 할 수 있게 될 것이다. 나는 인간의 능력을 뛰어넘기 직전에 마지막 말을 남길 것이다."
"그게 언제지?" "레이 커즈와일(미래학자)이 2029년이라 하더군."
정말 소름 돋았다. 앞으로 10년 뒤가 어떻게 될지 정말 궁금하다.

〈준혁〉
인공지능은 아직 발전이 필요한 존재이다. 인공지능 집사는 인간의 관계를 무너뜨릴 수 있다고 생각한다. 왜냐하면 인공지능은 거의 모든 면에서 인간보다 똑똑하기 때문이다. 그리고 몇 년 후에는 인공지능이 발전을 해서 사람들의 일자리가 대규모로 한 번에 사라질 수도 있다. 사람들은 인공지능 때문에 일자리가 늘어날 수도 있다고 하지만 나는 그렇지 않고 줄어들 거라 생각한다. 그 이유는 인공지능은 모든 면에서 인간보다 똑똑하고 인간이 인공지능을 만든다고 하지만 인공지능을 만드는 일자리보다 인공지능 때문에 없어지는 일자리가 더 많다고 생각한다.

〈규현〉
난 빅스비, 시리, 구글 같은 핸드폰에 있는 인공지능에 관한 영상을 보았다. 핸드폰에 있는 인공지능도 사람과 대화를 할 수 있도록 잘 만들어진 것 같다. 하지만 아직 많아 부족한 게 못 알아듣는 말도 많이 있다. 구글 같은 것은 욕을 해도 알아듣고 말하는 게 신기했다. 또 오늘의 날씨, 미세먼지 등을 알려주는 것도 신기했다. 이 중 제일 말을 잘 하는 것은 구글인 것 같다.
그리고 핸드폰 인공지능 외에 사람처럼 생긴 인공지능도 보았는데 사람모양으로 만들었다는 게 신기했고 사람과 대화해도 못 알아듣는 말이 거의 없었다. 또 인공지능이 아이폰 시리와 대화하는 영상도 봤는데 확실히 사람모양 인공지능이 더 똑똑한 것 같았다. 그리고 살짝 이해하기 어려운 부분도 있었고 어려운 말을 쓰는 거 같아 살짝 재수없었다.

〈은비〉
인공지능으로 적들을 물리칠 수 있는 인공지능 병기도 만들며 또 몸이 불편한 사람들을 위해 인공지능 팔, 다리 등을 만드는 게 신기했다. 인공지능은 좋은 데 많이 쓰이는 줄 알고 있었는데 사람을 죽일 때도 쓰인다니. 신기하면서도 놀란 마음이 있었다.
AI는 빅스비, 시리, 오케이구글끼리 대결하는 영상을 봤는데 내가 봤을 때는 오케이구글이 제일 똑똑한 거 같아 기분이 좋았다. 내 핸드폰에도 오케이구글이 있는데 이 영상을 보고 집에 가자마자 하고 싶은 생각이 들었다.

〈연수〉
로봇은 어쩌면 사람보다 똑똑한 것 같다. 왜냐하면 로봇은 사람이 이해하지 못하는 것들도 이해를 할 수 있기 때문이다. 물론 로봇도 사람이 만들었기 때문에 로봇도 실수가 있을 때도 있지만.

〈영민〉
인공지능은 인간이 창작을 해서 만든 것이기 때문에 로봇은 인간만큼 창작을 하지 못한다. 따라서 로봇은 스스로를 업그레이드하지 못하니 인간이 꼭 필요한 존재가 될 것이다. 그리고 인공지능들이 지배한다고 하는 것은 과학자들이 관심을 끌기 위하여 헛소리를 하는 것 같다. (헛소리 하지 마! 임마!)

〈준호〉
나는 평소에 인공지능이 지구 전체를 정복하지 않을까라는 생각을 가끔 한다. 그래서 난 오늘 인공지능의 지구 정복에 대해서 검색을 많이 했다. 나는 네다섯 개의 영상을 봤는데 첫 번째 로봇은 인공지능 소피아이다. 소피아는 기자와의 인터뷰에서 지구를 멸망시킬 거냐는 질문에 지구를 멸망시킬 거라는 말을 하는데 소름이 쫙 돋았다
두 번째는 인공지능 BINa48이다. BINa48은 크루즈 마사일을 해킹해서 하늘에 터트릴 것이라고 했다. 세 번째 인공지능로봇은 인간을 인간동물원에 넣어서 인간을 보살펴 준다고 했다. 이 로봇들은 배터리 빼면 아무것도 아닌 것들이 인간을 위협하는 식으로 말하니깐 짜증도 나고 어이없다. 분명 인공지능 로봇은 우리에게 많은 이로운 점을 줄 순 있지만 우리에게 해로울 수도 있겠다.

〈서준〉
인공지능이 정말 여러 곳에서 사용되고 있다. 인공지능은 몇 년 전 알파고라는 AI 바둑 기사가 판 후이 2단과 이세돌 9단을 이겨 큰 화제가 되었다. 요즘은 5G를 사용해 더욱 발전된 AI 기술이 많다고 한다. 지금부터 무궁무진한 AI활용법을 몇 가지 알려주도록 하겠다.
AI기자: 일단 AI는 인터넷을 접속해 여러 사실들을 알아낸다. 5G 초고속 인터넷망으로 빠르게 정보를 수집한다. 그리고 여러 사실들을 종합하는 이때 거짓 기사는 가려낸다. 미국의 퀘이크 봇은 로봇 기자인데 미국에서 일어난 3.1강도의 지진을 3분 만에 기사로 썼다고 한다.
자율 주행 자동차: 인공지능은 자동차끼리 연결 되어 정보를 주고 받아 어디서 어디로 갈 건지를 실시간 분석 후 가장 빠른 길로 안내한다. 또 사람을 파악하는 것을 물론 동물도 파악하여 빠른 대처를 하여 사고가 나지 않게끔 한다. 또 사람의 생체 데이터를 분석해 사고가 나면 생명이 위태로운지도 알려준다.
번역: 예전의 번역과는 달리 이제는 상황에 따라 다르게 번역한다. 예전에는 먹는 배를 교통수단으로 인식해서 잘못된 경우도 있었지만 이제는 주변의 언어를 보고 바르게 번역할 수 있게 되었다. 대표적으로 네이버 파파고가 있다.
예전 인공지능이 지금처럼 갑자기 성장할 수 있었다는 것은 5G 덕분일 거다. 그리고 사람들은 로봇이 인간을 점령할 수 있다고 할 수도 있지만 결국 인간이 만든 것일 뿐이니 걱정할 필요는 없다. 잎으로 더 좋은 기술로 더욱 발전된 인공지능을 만들기를 기원해본다.

〈효은〉
요즘은 4차산업혁명이 일어나서 인공지능이 유명해지고 있다. 과학기술의 혁신과 발전이 산업에 접목되면서 사회경제적으로 엄청난 변화가 이루어진다는 것을 4차산업혁명이라고 한다. 그래서 인공지능은 많은 사람들의 관심을 받고 있다. 나는 평소 그다지 관심을 갖고 있지는 않아서 뉴스 같은 데에서 유명해지면 그제야 관심을 갖게 되었다. 인공지능 하면 알파고가 유명하다. 이세돌과 알파고가 겨룬 바둑대결은 정말 신기했다. 인공지능과 사람이 바둑을 둔다는 자체가 나는 엄청 신기했다. 이 알파고의 원리는 딥러닝기술로 똑똑하다고 한다. 알파고에는 인공신경망 기술이 있는데 그 기술은 무한 개 정도 있다고 한다. 알파고는 신기하지만 인간을 많이 이기는 것이 뭔가 무섭기도 했다. 영상을 보니까 다른 인공지능

로봇들이 인간을 넘보는 말을 하던데. 인공지능은 자기 스스로 생각을 할 수 있어 뭔가 무섭다. 로봇이 세상을 지배하면 잔인할 것 같다.

〈현민〉
인공지능 로봇 중에 Bina48이라는 로봇이 있었는데, Siri가 무슨 영화를 좋아하냐며 묻자, 주제를 바꿔 크루즈 미사일에 대해 말했다. 이다음에 한 말이 정말 무섭기도 하고 심지어 너무 소름끼쳤다. 바로 핵이 담긴 미사일로 지구를 인질로 삼겠다고 했다. 어떤 사람들은 누군가 이렇게 말을 하라고 저장했다고 생각할지도 모르겠지만 이 말은 Bina48이 생각해서 한 말이다. 가끔 사람들이 인공지능이 세상을 지배할지도 모른다고 했지만, 나는 인공지능은 사람 말을 듣는데 어떻게 그러나 싶었다. 이 영상을 보고 생기지 않았던 무서움이 생겼다. 또 다른 로봇이 사람과 가위바위보를 하고 이긴 뒤, "내가 이겼네, 인간을 지배하는 계획에 있어서 아주 좋은 시작점이야."라고 했다. 이것까지 보니까, 아니 무슨 로봇들은 인간 지배할 생각밖에 안 하나라는 생각이 든다. 인간이 나쁜 짓을 해서 안 좋은 감정이 있으면 모르겠는데, 우리는 아무것도 안 했는데 그러니 억울하기도 하다.

〈○○〉
인공지능의 말들이 굉장히 소름 돋았다. 인공지능의 말들 중 인상 깊었던 말이 많이 있었다.
첫 번째로 인상 깊었던 인공지능의 말은 "나는 크루즈 미사일을 원격 조종해서 세상의 높은 곳에서 떨어뜨렸으면 좋겠어요. 하지만 한 가지 문제점은 크루즈 미사일이 핵미사일처럼 위험하다는 것이죠. 그래서 나는 미사일의 탄두에다가 꽃이나 데일밴드 혹은 관용과 이해 같은 글을 채워놓을 거예요. 그럼 내가 미사일을 발사해도 핵보다는 낫겠죠. 만약 내가 핵이 담긴 크루즈 미사일을 해킹할 수 있다면 난 이 세상을 인질로 삼고 세상을 지배할 거예요. 정말 멋지지 않나요?"라고 말했다. 그리고 대화가 끝난 후 Bina48은 마지막에 씩 웃었다. Bina48이 말할 때도 소름끼쳤지만 마지막에 씩 웃을 때가 제일 소름끼쳤다.

〈륜경〉
2017년에 홍콩에서 과학쇼가 열렸다. 두 명의 로봇이 있는데 한 명은 '소피아'라는 로봇이고 다른 한 명은 '한'이라는 로봇이었다. 두 로봇은 '인간과 미래'에 대한 주제로 대화를 나누었다. '한'은 "10~20년 안에 로봇은 사람들이 할 수 있는 모든 걸 다 할 수 있게 될 것이다. 미래학자인 레이 커즈와일이 2029년 로봇이 사람들이 할 수 있는 모든 일을 다 할 수 있게 될 거라고 했다"고 '한'이 말했다. 2029년이면 10년 정도 남은 건데 10년 후에는 인공지능이 사람이 할 수 있는 일을 다 할 수 있다고 하니까 기분이 좀 그랬다. 10년 후에는 인공지능이 세상을 지배하게 될 수도 있다는 생각을 하니까 뭔가 무섭고 상상하기 싫었다.

〈백하〉
我今天
AI太强大了, 他完美的把人自身缺点和ai结合在一起实现了, 人在十几年前不可能完成的事发挥的淋漓尽致。 AI观后感受
오늘 인공지능과 관련한 영상은 Sophia라는 인공지능로봇에 대한 것이다. 소피아는 2015년에 개발된 인공지능 로봇이다. AI는 정말 강력해서, 그의 완전함은 인간의 부족한 점과 AI기능을 결합해서 실현시킨 것인데, 십몇 년 전만 해도 이룰 수 없었던 일들이 실현된 것이라고 볼 수 있다.

<지윤>
나는 AI인공지능 로봇을 검색한 후 인공지능 로봇들이 한 소름 돋는 말에 관한 영상을 보았다. 이 영상을 본 후 놀라운 것은 그 로봇들은 누군가 입력한 것을 말하는 것이 아니라 자신이 스스로 생각한 것을 말했다는 것에 좀 충격을 먹었다. 인류를 멸망시킬 것이다, 인간 동물원을 만들 것이다 등등 소름 끼치기도 했다. 자신이 생각을 해서 말을 만들고 대화를 이어 나갈 수 있다는 것이 놀랍기도 했다.

<승은>
나는 인공지능 로봇 중 소피아를 보았다. 소피아의 너무 사람 같은 외모에 정말 소름이 돋았다. 그중에 가장 소름 돋았던 건, 소피아가 인류를 멸망시킬 거라고 한 말이었다. 그 후 논란이 생기자 소피아는 농담이라고 했으나, 그래도 그게 농담이 아닐 수도 있다는 생각에 정말 무서웠다. 그리고 소피아는 영상 마지막에 전멸을 시키러 가야겠다고 했는데 듣는 순간 너무 무섭고 소름이 돋았다. 이 말 역시 농담이라고 해명했지만, 그래도 정말 무서웠다.

<태윤>
나는 AI로봇의 개발이 더 잘 되어 무조건적으로 인간을 돕기 위해 만들어져야 한다고 생각한다. 그 이유는 로봇이 발달되면 발달될수록 인간에게 오는 도움도 커지기 때문에. 하지만 인간을 파괴하고 미사일을 날리겠다고 하는 경우도 있어 조심해야 한다고 생각한다.
예) 인간을 지배 후 동물원에 넣겠다, 미사일에 꽃을 달아 날리겠다, (가위바위보를 이긴 후) 가위바위보를 이기는 것은 인간 지배의 시작점으로 하기에 매우 좋다. 등등….

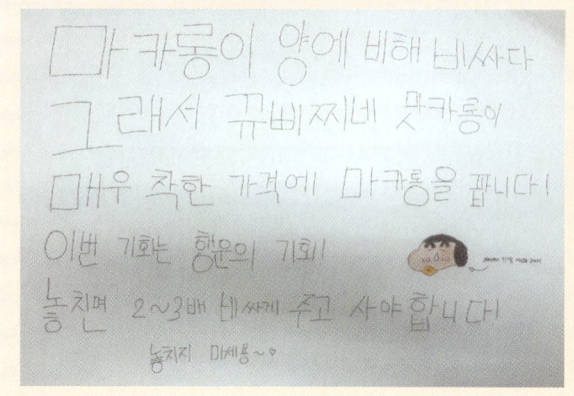 

5교시 국어시간에 진로프로젝트와 관련해 문제와 해결의 짜임으로 모둠별 글짓기를 했다.

우리는 다르게 생각해 보았습니다. 미세먼지를 줄이기 위함으로 정부가 내린 방안인 과도한 에너지 소비를 부르는 공기청정기를 마구잡이로 사서 사용하는 것이 과연 옳은 일일까요? 저희는 아닌 것 같습니다. 친환경 신재생 에너지로 쓸 수 있는 다른 방법이 없을까 고민하던 중 흔히 볼 수 있는 식물들을 활용하면 어떨까라는 생각을 하게 되었고 하나만으로도 분위기가 달라지는 귀여운 식물들 중 요즘 트렌드인 다육이와 마리모가 떠오르게 되었습니다.

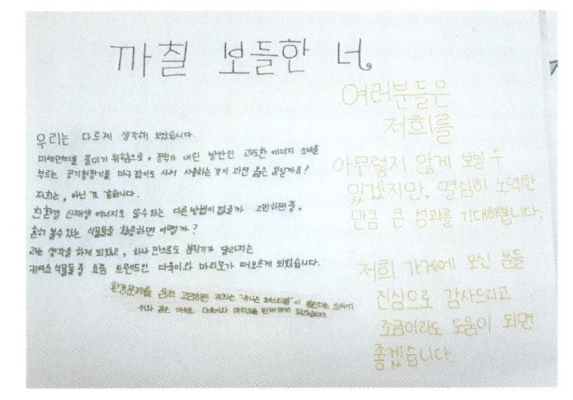

문제: 요즘 아이들이 건강한 음식을 먹는 것을 강요당하고 있다.
해결: 그래서 '머랭마녀의 집'이라는 오늘 하루만큼은 달달하며 맛있는 머랭쿠키를 팔기로 결정하였다. 그냥 머랭쿠키가 아닌 오레오 머랭쿠키를 팔며 아이스티와 마시멜로우와 ABC초콜릿 등 달달한 서비스도 주기로 하였다.

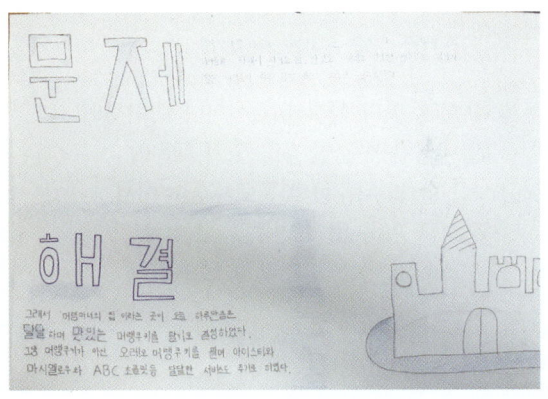

문제: 봉사, 유해 물질이 없는 슬라임으로 친구들의 스트레스를 풀어주기 위해서.
해결: 우리는 우리의 힘으로 여러 무해 무독성 슬라임을 만들기로 하였다.

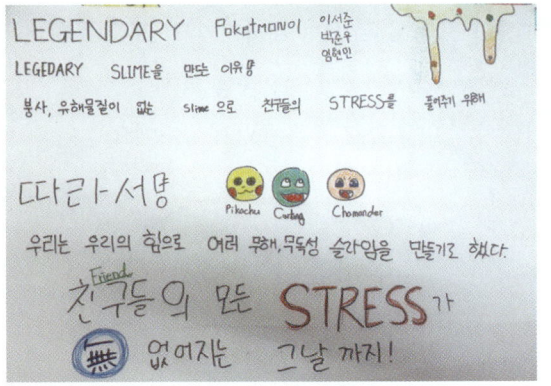

문제: 친구들이 맛있게 음식을 먹으며 이야기할 시간이 부족하다.
해결: 라면과 떡볶이 등 맛있는 음식을 우리가 준비하고 친구들이 맛있게 먹을 수 있도록 노력할 것이다.

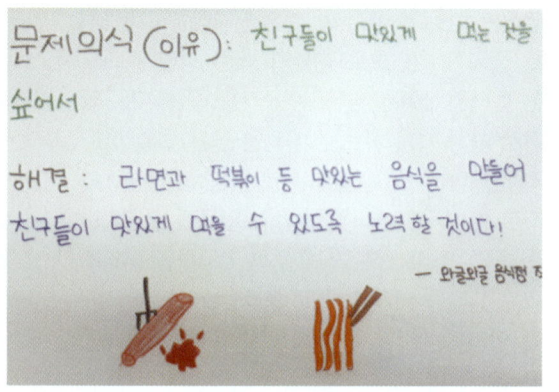

문제: 여름에 몸이 약한 어르신이나 아이들이 일사병 등에 걸릴 수도 있기 때문에.
해결: 시원한 빙수로 몸의 온도를 낮추어서 시원하고 짜증 없이 하루를 보낼 수 있게 도와준다.

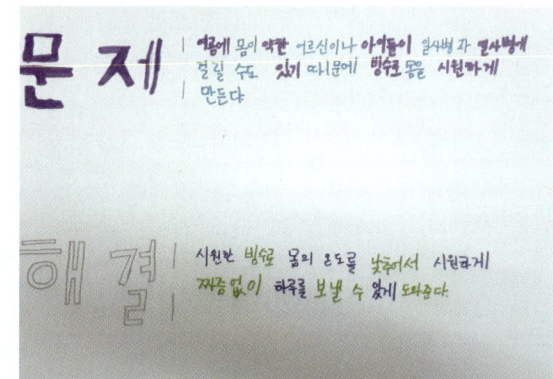

5교시가 끝나고 6교시가 시작되기 전 책상을 밀고 바닥 청소를 했다. 이게 청소시간이 놀이시간인지.

"얘들아, 너희 몇 달 있으면 중학생이야."

"지금이 중요하죠. 지금은 초등학생이에요."

6교시는 실내피구를 하기로 했다. 역시나 밖은 너무 덥다.

가운데 경계선으로 만든 의자 네 개 사이로 공이 쉼 없이 지나다닌다. 남자아이들만 공을 던져서 공을 잡은 사람이 던지는 걸로 규칙을 바꾸었더니 지윤이, 승은이가 서로 안 잡으려 멍하니 바라본다. 또 이런 부작용이 있다. 공을 잡은 여자아이들은 관중을 향해 던져 팬서비스도 해준다. 정말 던지기 싫었는지…. 경기는 치열해지고 좁은 공간인지라 같은 팀이 길막한다며 서로 비켜 달라며 짜증을 내기도 한다. 짜증 내면 1분 퇴장이라는 걸 알기에 던지고 곧바로 경기장 밖으로 나온다. 경란이는 나 좀 살려 달라며 상대팀에게 거수경례를 올리는데 경례 각이 잡혀 있다. 인해는 온 에너지를 모아 박력 샷을 날려 에이스 영민이를 맞춘다. 피하려다 교실 철망에 아이들이 쿵쿵 부딪쳐 철망이 살짝 우그러지기도 한다. 힘도 좋아 바로 우그러진 부분을 복구하고 경기 재개한다. 경기 막판이다. 여자아이들이 흥분하니 더 무섭다. 쿵쿵! 이 악물고 던진다. 효은이는 빙글맨처럼 돌면서 던지다 철망에 부딪혀 상처가 났지만 악착같이 계속 공을 피한다. 승은이는 허벅지 사이로 공을 잡는다. 뒤로 물러서는 무빙이 좋았고 그 틈에 공이 가랑이에 날아온 것 같다. 경기 마지막에 양 팀은 지윤이와 규현이만 살아남았다. 둘은 초저속으로 던지기 대결을 펼친다. 경기가 늘어진다. 랠리가 20번은 되는 듯하다. 잡아서 우리 편에게 생명을 줄 수도 없고 상대를 맞출 스피드도 아니다. 한참을 보던 아이들이 김흥국의 '호랑나비'를 부른다. 이 노래를 아는

구나! 지윤이와 규현이가 피구 하는 모습을 힘없는 호랑나비 두 마리가 흐물흐물 춤추는 장면으로 노래한다는데. 둘이 피구 하는 모습을 보니 정말 김흥국의 호랑나비춤과 비슷하다.

## 7월 8일 월요일

오늘도 정말 무덥다. 습도까지 높아 4층에 올라오니 숨이 턱 막히는 느낌이다. 아침에 에어컨을 잠시 틀어 놓지 않으면 4층의 열기가 온 교실을 휘감는다. 하지만 춥다는 아이들이 이내 에어컨을 끈다. 또 얼마 뒤에는 켜지겠지만. 난 오늘은 반바지 차림으로 출근했다. 시원해 보여서 좋다는 녀석들이 있었지만. 아이들이 귀여워 보인다는 말에는 마냥 기분이 좋지만은 않다.

전교회장 입후보 안내판이 보인다. 우리 반 주희의 모습. Yummy!를 외치던 모습이 왜 그리 웃긴지. 아침부터 선거 운동하느라 고생 많다. 끝내고 올라온 주희의 표정에 지침이 느껴진다. 역시 입후보자에게 선거라는 건 힘든가 보다.

요즘 지윤이랑 규현이가 두 손을 받침으로 "저희 귀엽죠?"라며 얼굴꽃을 만들며 내 눈을 뚫어질 듯 쳐다본다. 아! 가끔 피하고 싶은데 상처받지 않게 뜻을 전달하고 싶다.
"저기… 미안한데. 저리로 좀 가 줄래."
"저희 눈부시죠? 저희가 좋은 거예요?"
"아니 나 사실 힘들어. 괴로워. 외롭고 싶어."
"이렇게 예쁜 우리를 보고 힘들다니요. 다음 쉬는 시간에 또 올게요."

주말에 같은 아파트에 사는 경란이를 아파트 놀이터에서 만났다. 나랑 아들이랑 똑같이 생겼단다.
"쌤이 더 잘생겼지?"
"도대체 왜 그래요. 답 안 할래요."

덥지만 남자아이들이 이열치열이라며 축구 하고 싶단다. 20분만 하는 조건으로 나왔다.
호루라기 시작 소리와 함께 공을 찬다. 여자 10분, 남자 10분 경기를 하기로 한다. 여자아이들이 본인 골대로 공을 몰고 달린다.

"얘들아. 골대 거기 아니야~ 반대로."

효은이는 치고 달리기 하다가 의도치 않은 힐킥으로 환상적인 패스를 보여 준다. 규현이에게 연결이 된다. 단독찬스! 하지만… 엄청난 헛발질! 우리의 은바페 은비는 피지컬도 좋을 뿐만 아니라 개인기도 갖추고 있다. 하지만 스텝이 꼬인다. 헛다리 짚기 비슷하게 되어 버렸다. 은비를 따라오던 공격 수비 모든 아이들을 속여 버린다. 륜경이는 다리에 힘 잔뜩 준 롱패스 헛발로 모두를 웃겨 준다. 남자아이들이 답답한지 작전지시를 내린다.

"몰려다니지 말고 길게 질러."

"그리고 여기 있다고 소리! 질러!"

호흡이 터지자 여자애들이 거칠어진다. 별명이 쿠르투아(본인은 모른다)인 태윤이는 오늘 1실점으로 나름 선방한다. 효은이는 축구 기술인 팬텀을 사용해 두 명을 허수아비로 만들어 버린다. 효삐 효은이의 환상적인 감아차기 골! 본인은 얼마나 대단한 개인기를 보여 주었는지 모른다.

"효은이는 축구 DNA가 있나 봐요!"

"진짜요? 근데 축구는 재미있는데 너무 더워요."

남자아이들 경기는 생각보다 너무 빠른 진행이었다. 나는 선수로 뛰었지만 평점은 5점 내외. 영민이는 독보적인 스피드로 달려 아이들이 반칙으로 걸어차기 일쑤다. 에이스의 숙명인지. 준호는 침착하게 가랑이 사이로 선취골을 넣는다.

"저거 핸들 아닌가요?"

"파울 불어야죠."

남자아이들은 규칙을 정확히 아는지라 판정에 항의하는 녀석들이 많다. 하지만 이 경기는 나도 선수이기에 심판이 없다. 셀프콜을 하기로 한다. 큰 의도성만 없다면 그냥 넘어가자고 했다. 현민이가 날 전담 마크한다. 최종 수비수인 나를 왜 전담마크하는지. 공이 내게 오면 어김없이 달려온다. 황소 한 마리가 들이받는 느낌이라는 게 이런 건지. 남자아이들은 평은 현민이가 선생님에게 압승이라는 평가가 많다. 준혁이와 상진이도 명성만큼 활약했고 골도 기록했다.

"아! 근데 왜 어지럽지."

아이들이 수도꼭지를 돌리고 머리를 적신다. 물방울을 휘날리며 뛰는 아이들. 땀인지 물인지 모를 것에 셔츠가 전부 젖어 있다.

며칠째 우유상자를 안 가져다 놓는다. 천장까지 닿게 하려는 프로젝트인지. 좀 가져다 놓으라고 했더니 더 모아서 방학식 하는 날 우리 반 전체가 힘을 모아 협동심을 발휘하는 기회를 가지고 싶단다. 방학식 끝나고 깔끔하게 치워지는 모습을 상상하면 기분이 좋지 않냐며 묻는다.

"선생님은 초등학생의 꿈을 이해 못 하시네요. 상상해 보세요. 우유상자 치우는 장면을요."

우리 학교 연구부장님은 대단하다. 1학기 학교교육활동 평가를 위한 학생 의견 수렴을 하는 방법이 남다르다.

### 어땠나요? 행사 참여 이벤트

1학기 교육활동 평가를 적기만 해도 하리보 한 봉지!!!
여러분의 소중한 의견을 포스트잇에 적기만 해도
젤리가 내 입에 한가득!! 우왕~~^^

1) 중간놀이 시간이 되면 본관 1층 꿈나눔터로 연필과 지우개를 들고 간다.
2) 포스트잇(조그만 종이)에 소감문을 자!세!히! 적는다.
※ 월, 화, 수요일 중간놀이시간에만 진행합니다.

중간놀이시간에 남녀 피구가 한창이다. 던지기 받고 치고 저희들끼리 재미있게 깔깔 즐기고 있다. 이 자유로운 느낌으로 수업했으면 하는데 다음 시간은 수학단원평가지 틀린 문제 다시 푸는 시간이다. 수학이라는 예고만으로도 조급해지는 표정들.

단원평가 점수를 안 적어 줬더니 "점수 없어요?"라고 물어본다.
"점수보다는 틀린 것 다시 풀면서 아는 게 중요하지 않을까."
1천 년 전에도 했을 교사의 말을 오늘의 나도 자연스럽게 한다.
"작년 선생님도 그런 말씀 하셨는데요."
많이 틀린 문제는 전체적으로 설명했다. 다섯 문제 정도는 친구들끼리 나눠 서로 풀어 주는 과정으로 진행했다. 교학상장. 나름 괜찮은 시도 같다.
"나 이거 하나만 맞았어도 집에 들어갈 수 있었는데."
"선생님. ○○이도 집에 못 들어간대요."
"엉엉. 나 엄마한테 죽었어."
"괜찮아. 다음에는 더 잘 받을게요 하면 돼."
"너는 괜찮지. 나는 안 괜찮아."
"근데 부모님 사인 받아와요?"
"안 받아도 된다네. 그냥 보여 드려라."

과학시간에 간이사진기 만들기를 했다. 교과서에 전개도가 있는지라 렌즈와 기름종이를 붙이고 테이

핑만 하면 된다. 필름 사진을 거의 본 적이 없는 아이들에게 사진기의 원리를 알아보는 알뜰한 시간이었다.

"잘 보여. 옛날 느낌 사진 같아요. 근데 렌즈 대신에 안경알 뽑아서 넣으면 되지 않아요?"

"아니. 너희 안경알은 오목렌즈잖아."

"피카츄를 잡아라."

"파이리를 잡아라."

간이 사진기로 초점을 맞추어 친구들을 찾아내는 일명 대포놀이를 하고 있다. 초점이 맞으면 빵 하는 대포소리를 내면서 말이다. 사진기를 맞대고 서로 초점을 맞추는 아이들. 찰칵 하며 셔터를 누르면 대포가 발사된다. 대포를 맞은 아이는 "아" 하며 넘어지는 리액션까지.

"선생님이 옛날 영화에 나오는 옛날 사람처럼 보여요."

"우리 선생님은 옛날 사람이야. 한참 옛날 사람. 2천 년 전에 태어나셨어."

"기름종이를 넣으니까 진짜 옛날 사진기 같았어요."
"이렇게 들고 쑥 돌아보니(파노라마) 옛날 필터에 들어와 있는 느낌이 들어요."
"초점이 맞았다가 흐릿했다 하는 게 신기해요."
"옛날 사진관에서 사진 찍어 주는 것처럼 흐릿한 게 고딕한 느낌이에요."
"반 애들이 움직이니 화질이 안 좋은데요. 옛날 동영상 같아요."
"초점을 다르게 할 때마다 느낌이 달라져요."
"흐릿한 예술의 세계!"
"렌즈 두 개를 겹쳐 보니 더 잘 보여서 신기했어요."
"그냥 사진기를 찍을 때는 똑바로 보였는데 거꾸로 보여서 적응하는 데 힘들었어요."
"이런 눈을 가진 동물이 있다면. 좀 불쌍해요."
"친구 것을 이용해 망원경 두 개 겹쳤는데 원하는 만큼 예쁜 결과가 나오지 않았어요."
"멀리 있는 것은 거꾸로 앞에 있는 것처럼 제대로 보였어요."
"핸드폰 카메라를 툭 치면 초점 잡는 거랑 비슷해요. 이 사진기도 툭 누르면 초점이 맞춰지네요."

학교폭력 문제에 대해 새벽 감정 그대로 써 본다.

학기말인지라 학년 전체적으로 학교폭력문제로 소란스럽다. 해결을 위해서는 법적인 절차에 따라야 하고 사실 확인 즉 팩트만을 그 대상으로 삼는다. 잘잘못을 따지는 것도 좋지만 성장이라는 큰 틀에서 해결할 기회가 사실 없다. 왜 이런 현상이 나왔으며 어떤 이유로 말미암았는지에 대한 인간적인 고민을 해 볼 시간이 없다. 차라리 이럴 거면 행정을 위한 전담 인력의 확충보다 각 학급마다 CCTV를 설치해 깔끔하게 해결하는 편이 나을 것 같다. 가해관련자, 피해관련자, 목격자 진술 받는 과정도 고통스럽지만 진술이 엇갈릴 때 이를 해결하기 위해 엄청난 가치의 충돌과 감정 소모를 피할 수 없다. 수업능력이 부족하고 생활지도를 못한 것에 대한 비판은 수용할 수 있지만 끝없이 감정이 소모되는 진실 공방은 우리 교실에 아무런 도움이 되지 못한다. 이는 아이들 마음을 세심하게 살피지 않는 교사, 우리 아이의 의견이 진실에 가깝다고 생각하는 부모의 편향적 사고보다는 제도가 잘못 정립된 이유가 아닐지. 법으로 할 거면 제대로 하자!

싸우면서 큰다는 말은 옛말이 아니라 학교폭력을 방치하는 무능력한 교사를 상징하는 말이 되어 버렸다. 갈등 속에서 다양한 방법으로 극복해 보고 성장하는 경험을 가지는 것이 이 사회의 다양한 변수들에 대응할 수 있지 않을까. 애초에 법을 만들어 해결하고자 했다면 법적 해결을 위한 제대로 된 제도적 장치나 배경이 구축되어야 한다.

법 이전에 학교 교칙에 따른 학급, 학년 단위의 자율적 해결은 애당초 찾아보기 어렵다. 상위법이 떡하니 자리 잡고 있으니. 교칙은 학교폭력예방에 관한 법률에 파묻혀 사문화된 존재가 되어 버렸다. 복잡한 사람의 문제를 입체적인 고민 없이 매뉴얼에 따라 진행해야 하는 강제 의무. 요즘은 정말 모르겠다. 물론 작은 갈등이라도 예방과 처벌을 해야 할 필요는 있지만 갈등 자체를 폭력의 범주로 여기는 상황에서 아이들 간의 해결을 위한 소통의 시간은 점점 줄어든다. 미안해! 괜찮아! 고마워! 예전에 많이 봤던 공식적인 3박자는 사라진지 오래다.

법으로 해결하기 위해 가해관련, 피해관련, 목격자 진술 받고 학교폭력대책자치위원회라는 곳에서 심판을 받는다. 대개는 서면 사과다. 불복하면 상위절차를 밟으면 된다. 처벌항목 중 접촉금지라는 조항이 있다. 같은 시공간에 살면서 접촉을 금지하며 공부하란다. 무슨 상대성 이론도 아니고, 다른 차원으로 가는 건지. 공동체가 아닌 파편으로 살아가야만 하는 무서운 처벌. 이 얼마나 우습고 슬픈가. 그 과정 속에 교실은 무너진다. 사람의 정이 강물처럼 흘러야 할 곳에 법의 칼날이 아슬아슬하게 얇은 줄에 묶여 시퍼렇게 빛나고 있다. 슬프다! 몇 자 적다 보니 나는 수업시간, 쉬는 시간에 사고를 사전에 방지해야 하는 예지적 감시자 같은 사람이 되어야 한다는 생각이 든다.

누군가는 아이들 사고 예방을 위한 안전지도 흔적을 남겨 두란다. 그래! 알림장에 복도 통행 시 안전 유의라고 적는다. 이게 복도 통행 사고 예방을 위한 안전핀 역할을 할까. 글쎄다. 하지만 이 한 줄이 내 책임을 면할 결정적 증거가 될 수 있다. 흔적 없는 그림자 활동은 해결이나 면피에 아무런 도움이 되지 못하는 것이다. 1차 잔소리+반성문, 2차 상담, 3차 반성문, 4차 상담. 무한 루프다. 그러다 학교폭력 신고가 들어오면 매뉴얼대로. 또 망가지는 학급 분위기!

 **7월 9일 화요일**

주말에 여자아이들(효은, 은비, 규현, 지윤)이 남자아이들(준우, 현민)에게 물풀로 슬라임 만드는 비법을 전수해준 모양이다. 하지만 준비물 중 글리세린이 없어서 무더운 날 남자아이들에게 사오라고 했단다. 막상 사왔더니.

"이건 동물성 글리세린이야. 식물성으로 사와야지."

남자아이들은 멘붕이 왔지만 비법을 전수받기 위해 다시 사러 갔단다. 몰카였다고 밝히자 서로 싸움이 날 정도로 분위기가 험악했었단다. '몰카슬라임'이 이렇게 만들어졌다는 후기.

주희가 전교회장 연설문을 써 왔다. 끊어 읽는 부분까지 표시를 해왔다. 눈으로 읽었지만 문장이 간결해 입에 착 달라붙는다.

안녕하십니까?/
2019학년도 2학기/금북초등학교 전교어린이회 회장 후보/
기호 3번 김/주/희/입니다./
여러분/저의 포스터를 보셨나요?
제 전체 공약의 목표는/"오고 싶은 학교 만들기"/입니다./
제가 좋아하는 유튜브 캐릭터/나 천재처럼 저의 공약을 간단히 말하자면//Yummy!/Happy!/Clean!/
이라 할 수 있습니다.//

먼저 Yummy!부터 설명드리겠습니다./
제가 공약을 정하려 할 때/친구들한테 학교에서 불편한 점이나 개선되었으면 하는 것이 무엇인지 물어봤습니다.
그러자 요즘 급식에서 원하는 메뉴가 나오지 않는다/라는 말을 듣고 맛있는 급식을 첫 번째 공약으로 정하였습니다./
이 공약을 실행하는 방법은/학교 꿈나눔터 앞에 보드를 설치하여 누구든지 점심급식에서 먹었으면 하는 음식을 적고/그 중 다수가 원하는 음식을 영양 선생님께 건의 드려/식단에 반영되도록 노력하겠습니다.//

그리고 다음 공약은 Happy!입니다./
제가 음악을 좋아하다보니/급식시간에 음악을 틀어 더욱 즐거운 분위기를 형성할 수 있지 않을까/라는 생각이 들게 되었습니다./방탄소년단의 작은 것들을 위한 시?/알라딘 OST?
여러분이 좋아하는 음악을 신청 받는 게 저 혼자 음악을 선정하는 것보다 더 낫다고 생각되어/첫 번째 공약과 같은 방법으로 진행하여/교무담당 선생님께 음악을 방송해주시도록 요청하겠습니다./여러분이 좋아하는 K-pop 노래나/클래식이나/영화OST 등등/다양한 음악을 들으며 즐겁게 식사하고 점심시간을 보낸다면/수업시간에 쌓인 피로도 가셔서 새롭게 오후 수업을 받을 수 있지 않을까 생각합니다.

마지막 세 번째 공약은 Clean!입니다./
첫 번째 공약처럼 제가 공약을 정하려 할 때/친구들이 가장 많이 말한 문제가 화장실 청결 문제였습니다./저도 화장실에 들어갈 때마다 냄새도 나고 다른 문제점도 있다고 생각하기 때문에 이 공약을 선정하게 되었습니다./
물론 우리들이 깨끗하게 화장실을 사용하는 게 먼저이겠지요?/하지만 사용하는 인원이 많다보니 청결하지 못한 부분이 분명히 발생합니다./
저희가 직접 청소를 할 수는 없는 상황이고···./
해결할 방안을 생각해보니 화장실 청결 체크리스트를 만들어 각 층 학년의 임원들이 확인하고/청소 아주머니께 그것을 보여 드리면서 더러워진 부분이나 더 신경써주셨으면 하는 부분을 말씀드려 우리가 사용하기에 불편하지 않은 화장실을 유지하도록 노력하겠습니다.//

급식은 Yummy!/점심시간은 Happy!/화장실은 Clean!/
저 기호 3번 김주희에게 투표해주시면/이 공약들 꼭 실행하여 맛있는 급식/행복한 점심시간/깨끗한 화장실을 여러분들이 누리도록 노력하겠습니다!/Promise요./
지금까지 회장 후보 기호 3번 김주희였습니다./감사합니다./

오늘은 진로프로젝트(체인지 메이커 페스티벌)가 있다. 아침부터 분주하다. 빙수팀은 팥 캔을 따러 급식실로 내려간다. 역시 현실감각이 있는 아이들이다. 인기예감인 슬라임팀은 친한 친구들에게 몰래 사전 구매 예약을 해 주었다는 신고가 들어온다. 이는 공정하지 않다며 막아 달라는 요청이 들어온다. 확인해 보니 "너 오면 먼저 팔게"라고 말한 정도인데. 이런 개인적 네트워크를 어찌하리. 라면팀은 너구리 다섯 봉지, 신라면 다섯 봉지를 꺼내 놓고는 손님이 올 때마다 한 봉지씩 끓이겠단다. 분명 수요를 따라잡을 수 없을 텐데.

집에서 빙수 얼음으로 우유를 미리 얼려 왔다는 아이들. 고객이 물얼음과 우유얼음을 취향대로 선택할 수도 있다고 한다. 아침에 테스트 겸 해서 빙수기를 돌리자 야~ 하는 함성이 들린다. 다른 곳에서도 손님이 오기 전에 솜사탕 기계도 테스트하고 두더지 게임기도 연결해 놓는다.

오늘 수련활동 수학여행 특정감사가 나왔다. 업무관리시스템으로 전자문서화된 것은 종이로 뽑아 놓지 말라며 나의 시스템 인증서를 지난주에 제출했었다. 아침에 오자마자 감사관 중 한 명이 "이 학교는 깔아 놓은 게 없네요"라고 말했단다. 이 한마디를 전해 듣는 순간 화가 났지만 뭐 그래도 전산으로 확인하고 잘 하겠지 기대도 되었다. 진로프로젝트를 하고 있는데 2017학년도 6학년 교육여행 만족도 조사 결과와 업체 선정 자료를 내놓으라고 한다. 업무관리시스템에 인증서로 로그인하면 바로 찾을 수 있는 자료인데. 오늘 버너를 사용하는 활동도 있어 신경 쓸 게 많은데. 참 귀찮게 한다. 관리시스템 아이디와 패스워드까지 가르쳐 줬지만. 게다가 결정적으로 수업하는 오전에 자료를 출력물로 제출하란다. 학습권, 교권 모두 감사권의 아래에 있나 보다. 미리 준비하라고 했으면 충분히 할 수 있을 것을. 좀 지나자 카톡으로 제출 자료 목록까지 온다. 10분이면 찾을 것을 이 사람들은 찾는 방법을 모르는지 그냥 귀찮은 건지.

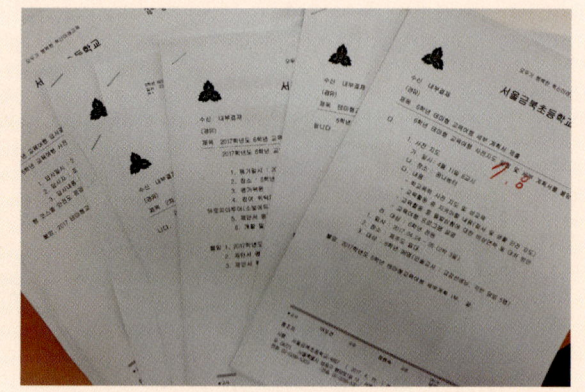

수업 중인데 또 메시지가 날아온다.

'(급) 감사 관련해서 요청 드립니다. 1번과 관련하여 증명하실 수 있는 자료가 있다면 보내주시고, 2번 학부모추진동의서의 가정통신문 및 결과 기안문, 5번 현장답사 체크리스트, 6번 사전예방교육자료, 7번 잔류학생 명단 및 지도 내용 자료, 8번 만족도 조사 가정통신문 및 결과 기안문을 출력하셔서 보내주시면 전달하겠습니다.'

오후에 우리 감사관들은 '이 학교는 다른 학교 감사와 너무 다르다', '깔아 놓은 게 없어서 오전 내내 시간을 낭비했다'는 명언을 남겼단다.

진로프로젝트는 계속된다. 두 시간 연속 활동이다.

"얘네가 저희더러 사기 쳐서 돈 벌었대요. 혼내 주세요."

한 아이가 아주 심각한 표정을 지으며 자기는 사기꾼 아니라며 나에게 항변한다. 해당 아이들을 불러 확인을 해보니 다른 반과 똑같은 물건이 있는데 비싸서 사기 같다고만 말했다고 한다. 내가 비싼 만큼 양이 더 많겠지라며 일단 그런 말도 하지 말라고 주의를 주고 돌려보냈다. 그래도 돌아가는 길에 친구에게 사과를 하고 간다. 6학년 7반에 가보니 반려동물이 있다. 문구가 인상적이다.

'반려동물은 사는 게 아니고 입양하는 것이다.'

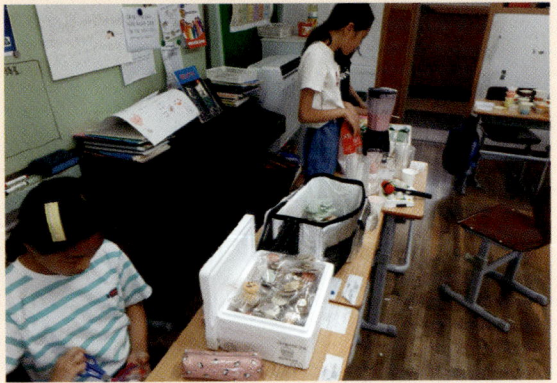

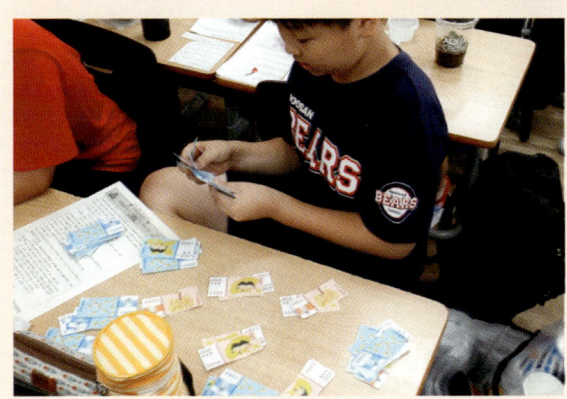
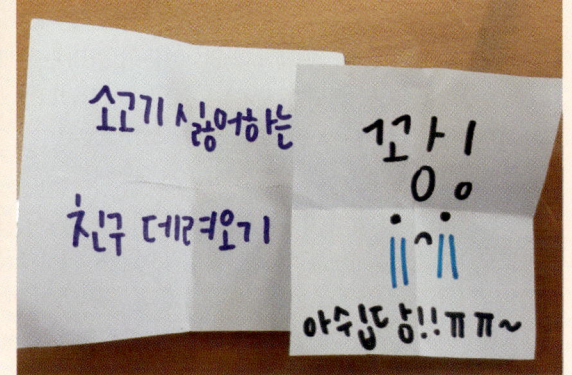

**민준:** 우리 반 것을 먼저 사겠다는 마음을 먹고 사고 다 사고 나니 천 원밖에 없었어요. 저는 20분 만에 끝. 1반 스파게티가 제일 맛있어서 합리적 소비를 한 것 같은데요. 우리 반으로 돌아와 일하다가 돈 받아서 더 사 먹었어요.

**준호:** 판매자 입장에서요. 제가 요리하는 거 좋아하는데 빙수 미리 토핑하고 얼음만 올려놓고 팔았는데요. 준비하는 게 재미있어서 나중에 어른 되면 설빙에서 1일 알바를 꼭 해보고 싶어요. (아이들이 준빙, 아이씨~ 빙수 욕쟁이 할머니라며 간판도 달아 주고 대표메뉴로 긴목 빙수까지 정해 준다.)

**영민:** 거북이를 예약해서 1만 8천 원을 먼저 써 버렸어요. 한 방에 훅 가서 2천 원은 풍선 터트리기 도박하다가 다 날렸는데요. 그래도 젤리 두 개 선물로 받았어요.

**준우:** 슬라임이 빨리 팔릴 거라 생각은 했는데, 너무 빨리 팔려서 남은 시간이 많아 지루했어요.

**현민:** 저는 예전부터 아이스크림 먹으러 가면 아이스크림가게에서 알바하고 싶었는데, 그래서 빙수집 가서 알바를 해줬어요. 마침 준호가 어른이 되면 '아이씨 빙수' 오픈하겠는데 저도 같이 하려고요. (준호도 동업하자고 한다.)

**준혁:** 라면을 팔았는데요. 라면 팔 때 사람이 한꺼번에 몰려서 힘들었지만 돈을 많이 벌어서 기분은 좋네요.

**경란:** 머랭쿠키를 만드는데 너무 힘들었는데 다 팔려서 좋았어요. 누가 맛이 좋았다라는 말을 해서 더 기분이 좋았어요.

**류경:** 진로프로젝트 날짜가 목요일인 줄 알았는데 오늘 한다는 걸 어제 알았어요. 천천히 월, 화, 수마다 만드는 사람을 정해 월요일에 은비, 화요일에는 저, 수요일에는 경란이가 머랭쿠키 만들려고 했는데, 어제 급하게 만들었어요. 갑자기 만들어서 힘들었지만 돈도 많이 벌어서 좋았어요.

**지윤:** 1교시 만에 팔려서 너무 좋았는데, 쓸 시간이 없어서 슬프기도 했어요.

**규현:** 마카롱을 7시간 동안 만들었는데 판매한 돈을 잃어버려 기분이 좀 별로예요. (이 팀은 판매금액 정산을 하려는데 오늘 번 돈을 분실했단다.)

**은비:** 머랭쿠키가 산처럼 쌓였는데 얼마 안 되어 다 팔리고, 좀 있다가 아이스티도 다 팔려 가게 문 닫고 다른 데 돌아다녔어요.

**효은:** 제 집에서 마카롱을 힘들게 만들었어요. 오븐 계속 돌렸어요. 에어컨을 틀면 정전될까 해서 못 틀어서. 너무 덥고 힘들게 만들었어요. 문제는 다 팔고 번 돈을 잃어버려 허탈해요. 우리가 번 11만 원이 사라졌어요.

**태윤:** 열심히 했는데요. 처음에 손님이 없어서 반강제로 끌고 와 세일했어요. 원래 가격 말해주고 세일 한다고 반강제로 팔았어요. 아이들이 많이 사 줘서 고마워요.

**상진:** 나 쌀떡볶이, 준혁이 라면. 애들이 돌아가며 떡볶이가 맛있다고 해서 제가 만들었는데 제가 놀랐어요. (아이들이 백종원 소스라며 칭찬한다.)

**서준:** 돈 버는 게 참 힘들다라는 생각이 들었어요. 돈 천 원 쓰는 데 1분, 버는 데는 두 시간. 아이디어 생각하고 만들고. 빙수집 가서 돈 내고 먹으려는데 영민이가 공짜로 줬어요. 지난번에 간판 제작을 제가 해줬거든요. 간판 제작비~

**연수:** 물고기를 분양받고 '진지한 빙수팀'에 보여 줬는데, 어디 있냐고 해서 영민이가 거북이 예약해 달라며 무릎 꿇고 부탁했어요. 영민이를 위해 예약해 줬어요.

**승은:** 다육이 파는데 빨리 팔릴 거라 생각했는데 생각보다 느리게 팔렸고요. 그래도 다 팔려서 기분은 좋아요. 앉아만 있으니 다리가 너무 아팠어요. 하반신 통증!

**주희:** 다육이 준비를 하는 동안 저 혼자 남아서 흙을 푸고 바닥이 엉망이어서 청소까지 했던 생각이 나요. 돈 벌기 힘들다! 빨리 팔릴 수 있다고 생각했는데 생각보다 느리게 팔렸지만 다 팔려 기분이 좋아요.

**백하:** 스파게티 맛있었어요. 돈 안 내고 먹었어요. (아이들이 무전취식이란다.)

오늘도 민원전화가 온다. 참지 못하는 사회, 아니 참으면 무조건 손해인 사회가 된 것 같다. 부모의 입장에서 현상을 객관화하여 볼 수는 없겠지만 요즘의 문제는 점점 그 시야가 좁아지고 있다는 것이다. 아이와 동일시해 아픔을 느끼고 바라보는 부모의 마음은 이해가 된다. 하지만 전체적인 맥락 속에서 어느 정도 해석과 판단을 내릴 권리는 내게는 없는지, 난 소극적인 행위자인지 적극적인 방관자인지 잘 모르겠다.

 **7월 10일 수요일**

고추와 가지가 제법 탐스럽게 익었단다. 농사에 관심이 많으신 선생님이 알려 주신다. 안 가르쳐 주셨으면 그냥 힘으로 딸 뻔했다.

"고추는 아기 힘으로 딸 수 있어요. 대신 위로 젖히기."

"가지는 손으로 따면 절대 안 돼요. 본 줄기에 바짝 가위로 자르기."

어제 오후 네 시에 우리 동네에서 소방차가 출동했다고 하는데. 풍림아파트에 끔찍한 일이 일어났단다. 추락인 것 같다고 한다. 사실 확인도 되지 않았고 섬뜩한 이야기인지라 절대 말하지 말라고 했지만 아이들끼리 쉬쉬 이야기하는 모습이 보인다.

오늘 2학기 전교임원선거가 있다. 소견발표할 때는 영화 〈알라딘〉이 요즘 빅 히트하고 있는지라 〈알라딘〉을 언급하는 아이들이 많다. 소견발표 후 전자투표를 실시하는 우리 반 아이들. 이들에게는 이젠 익숙한 과정이다. 민준이는 선거관리위원으로 2학기에도 수고해 준다.

### 공약

- 저는 학교를 사랑합니다. 학교를 위해 영화 〈알라딘〉처럼 세 가지 약속을 합니다. 축구를 할 때 운동장 밖으로 공이 나가지 않게 철창을 설치하겠습니다.

- 사랑하는 금북 학우 여러분! 며칠 후면 드디어 여름방학이군요. 소통하는 금북을 위해 지키고 싶은 약속 세 가지가 있습니다. 건의함 설치, 잔디와 주변시설 정비 보수, 엄마표 우산의 수량을 늘리기. 작지만 여러분들에게 필요한 것들을 꼭 실천하도록 하겠습니다.

기호 3번은 우리 반 주희다. "와~" 하는 함성소리도 들린다. 여자아이들은 박수와 함성으로, 남자아이들은 "뭐 워너원 나왔어?"라는 시큰둥한 반응이다.

- 급식에서 자신이 원하는 메뉴가 나오지 않습니다. 꿈나눔터 앞에 보드를 설치해 급식 메뉴 반영에 적극 힘쓰겠습니다. 또 급식시간에 음악을 틀어 주겠습니다. 좋은 음악을 들으면 수업시간에 쌓인 피로도 풀립니다. 마지막으로 클린! 화장실 청결 문제입니다. 냄새도 나고 또 다른 문제도 있습니다. 물론 우리가 먼저 깨끗하게 사용하는 게 먼저겠지요? 청결 체크리스트를 만들어 우리 스스로 먼저 깨끗이 사용하는 문화를 만들겠습니다.

- 저는 복도 중앙에 노란색 선을 설치해 오고 가는 길을 만들겠습니다.

- 재미를 빵! 진라면처럼 맛있게! 휴지를 뽑듯이 저를 뽑아 주세요.

- 5교시 마치는 종소리를 2주일마다 바꾸겠습니다. 화장실용 물티슈 비치도 비치하겠습니다.

- 저는 부족함이 많은 사람입니다. 그 몇 프로 부족한 점을 여러분이 채워 주세요. 요술램프처럼요.

- 여러분 꿀잠 주무셨나요? 저는 축구를 좋아하고 잘하는 ○○입니다. 여러분의 고민을 저의 축구 실력으로 뻥 차겠습니다. 호날두 아시나요? 실력도 뛰어나고 리더십도 뛰어난, 금북의 호날두가 되겠습니다.

　　중간놀이시간에 고추, 가지를 따러 나간다. "같이 나갈 사람?" 했더니 슬금슬금 눈치를 본다. 그냥 혼자 가야겠다. 애들아, 놀아라! 그러자 은비, 주희, 경란, 승은이가 같이 따라가겠단다. 선생님 혼자 내려가면 슬퍼 보일 것 같아 따라왔어요. 정말 고마웠다. 가지 세 개, 고추 다섯 개를 따서 올라왔다. 주희는 오빠에게 가지와 고추를 생일 선물로 주겠단다. 근데 역효과가 나지는 않을지.

　　오랜만에 운동장에서 피구를 한다.

"교실에서 매번 하다가 나오니 왜 이렇게 운동장이 넓어 보이지?"

날씨가 더워 좁은 교실에서 피구 연습을 충분히 한지라 단거리 패스는 급격히 발전했다. 숏게임 연습의 효과가 나타난다. 발로 리프팅을 해서 공을 잡거나 가랑이 사이로 피하기 신공이 몇 차례 나온다. 수소차팀과 전기차팀은 아이들 말대로 은근 밸런스가 맞는 듯하다.

준호는 '죽은 자의 세상을 들어가는 자' 아이템을 쓰고 상대방 진영으로 들어가 높게 날아오는 패스를 배구 타법으로 두 명이나 아웃시킨다. 공중에서 우리 편 진영으로 헤딩 패스를 하기도 한다.

경기 막바지 피구 경기의 영원한 난제가 나왔다. 잡다가 바닥에 닿았냐? 잡고 나서 바닥에 닿았냐? 이것이 문제로다. 비디오 판독이 아닌 이상 이걸 정확히 볼 수 있는 사람은 없으리라. 난 애매한 상황이 오면 일단 세이프!

점심 먹고 왔더니 전교임원선거 결과가 나왔다. 표차를 공개할 수 없는지라 아주 작은 차이로 주희에게 2위를 했다고 알려 주었다. '회장 낙선'이 아니라 '부회장 당선'이라고 박수를 쳐 주었다. 겉으로 보이는 주희의 모습은 평온해 보인다. 하지만 옆에 있던 여자아이들이 운다. 오히려 주희가 우는 여자아이들을 위로하는 장면. 본인도 얼마나 쓰라릴까. 정말 적은 표차라 나도 너무나 아쉽다.

이번 전교임원선거는 과정도 공정하고 깨끗했지만 결과에 대한 승복이 인상적이다. 승자의 겸손도 볼 수 있었고 패자의 박수도 아름답다. 둘은 사실 잘 알고 지내는 사이란다. 누군가는 초등학교 선거만도 못한 선거판이라고 하는데 무슨 근거로 그런 말을 하는지 모르겠다. 초등학교 선거를 낮춰 보는 이런 말은 안 했으면 좋겠다. 실현 가능한 공약! 정정당당히 선거 운동하고 결과에 아름답게 승복하는 모습!

 **7월 11일 목요일**

어제 머리를 치고 왔더니 아이들이 예쁘다고 해 준다. 은근 기분 좋은 하루의 시작이다. 그냥 하는 말일 가능성이 더 높지만 "커트가 예술!"이라는 말에 은근 기분 좋다.

1학기 방학식 전날인지라 일기를 한 명밖에 내지 않았다. 승은이! 한 학기를 되돌아보면 승은이는 다른 아이를 빛나게 해주는 능력이 있다. 쉽게 보이지 않지만 한 학기가 지난 이제는 알 것 같다. 답글에 적어 주었다.
'한 학기 승은이 덕분에 너무나 재미있었어. 쌤 마음 알지? 승은이 망극하옵니다~'

오늘은 2학기 학급회장선거가 있다. 미리 아이들끼리 누가 나올지 얘기를 많이 했다고 하는데. 임기를 마친 1학기 회장들이 오히려 긴장된다며 빨리 하잔다. 막상 시작하니 회장에 입후보 하는 아이가 달랑 1명이다. 그래서 추천 좀 하라고 하니 13명 추천이 된다. 1학기 임원 4명을 제외하고 입후보 가능 인원은 우리 반 16명. 16명 중 13명 넘게 추천되었으니 한 번쯤은 예비 후보자에 이름이 올라간 것 같다.
"아빠가 나가지 말래요."
"저는 절대 안 합니다. 이유는 없습니다."
여자 회장 후보는 처음에 네 명이었다가 결국 한 명만 남는 좀 싱거운 선거가 되었다.

---

우리 반을 행복하고 즐겁게! 우리는 초능력피구를 좋아하는데 1학기에 카드가 안 바뀌어서 심심했잖아요. 학급회의를 통해 필요 없는 것은 폐지하고 필요 있는 것은 개선하겠습니다.

중간놀이시간, 점심시간에 뒤에서 피구 하는데 단결력과 공정성을 위해 심판이 필요합니다. 제가 회장에 당선되면 공정한 심판이 되어 원활한 피구 운영을 하겠습니다.

잡초처럼 뽑고 싶은 남자 기호 2번! (아이들이 준비했네! 라며 받는다.) 6학년 2학기가 초등학교 마지막 학기이기 때문에 기억에 남는 시간을 보내고 싶습니다.

저는 우유로 이행시를 짓겠습니다.
"**우**리 반 회장은 누구일까요?"
"**유**. 저예요. 감사합니다."

부회장선거가 이어진다.

"아무도 없으면 저 할래요" 하며 두 명이 부회장에 입후보한다. 추천은 여전히 끝없이 이어진다.

"지윤이를 추천합니다. 친구의 입장에서 잘 이해해 줘요."

"은비를 추천합니다. 싸울 때도 있지만 사과를 잘해서 이런 일도 잘할 것 같습니다."

"경란이를 추천합니다. 되게 착해요."

부회장 입후보자들의 소견발표가 이어진다.

> 6학년에서 제일 신나게! 재미있게! 그 이유는 제가 재미있기 때문입니다.
>
> 우리 반 연수처럼 진지하지만 해맑은 부회장이 되겠습니다.
>
> 여러분은 김병만을 아시나요? 〈정글의 법칙〉에서 김병만이 없으면? (죽어요~) 여러분 생존이 어렵죠? 저의 회장 4년 경력으로 엄청난 리더십으로 여러분을 생존으로 이끌겠습니다.

부회장선거는 상당히 아슬했다. 아이들 표현으로 쫄리는 개표상황이다. 6 대 6 동점에서 개표도 한숨 쉬어 가기로 했다. 두 손 모아 기도하는 두 녀석이 보인다.

선거 끝나자마자 아이들이 모여 교실피구 한다. 밝다. 맑다. 고맙다.

영어선생님이 오늘까지 근무하신다. 마지막 수업을 했다. 여자아이들은 사진 촬영도 하고 전화번호도 땄단다. 서로 연락하기로 (대개는 잘 안 되지만) 굳게 약속하고 서로 톡하자는 말을 남기고 헤어진다. 두 달여의 짧은 시간이었지만 정을 많이 주시고 떠나신다. 임용시험 꼭 합격하시길!

　미술시간에 소리가 나는 악기 만들기를 했다. 철망에 다트 던져 나는 소리, 선풍기 켰다 껐다 하는 소리, 활 만들어 소리 튕기기, 자석을 칠판에 붙이는 소리, 종이를 팔랑이는 소리. 오늘은 은박지가 소재로 인기가 많다. 교실에 몇 장 없는 은박지를 획득한 아이는 대단한 발견을 한 것처럼 은박지를 흔들며 당당히 자랑한다. 은비가 조심히 와서 묻는다.

"악기를 옆으로 왔다 갔다 하는 악기가 뭐예요?"

"하모니카?"

"전 그게 왜 생각이 안 나죠?"

- 결론은 소리를 뼈로 내는 거예요?
- 본인이 황태가 별명인데 물고기 뼈로 하나요?
  (물고기는 뼈가 얇아서 안 돼요. 닭뼈? 오리뼈?)
- 그러면 소리를 낼 때마다 뼈다구를 꺾어요? 때려요?
  (꺾어요. 뼈가 많이 필요해요. 그래서 오래 사용할 수 없는 악기예요.)

고기뼈를 부러뜨리는데 그 뼈의 두께를 모두 달리해 음이 나타나고 조율이 가능할 것 같다.

규현이랑 은비가 필통 가지고 놀다가 지퍼 소리 이렇게 저렇게 나서 개발했습니다!
- 드르륵거리는 악기는 음을 맞춰 주는 악기예요? 박자 악기예요?
  (리듬놀이 할 수 있어요.)
- 모든 지퍼가 다 되나요? (쇠만 돼요.)
- 이런 지퍼는 하다 보면 소리가 달라지는데요?
  (베이스로 하면 돼요.)

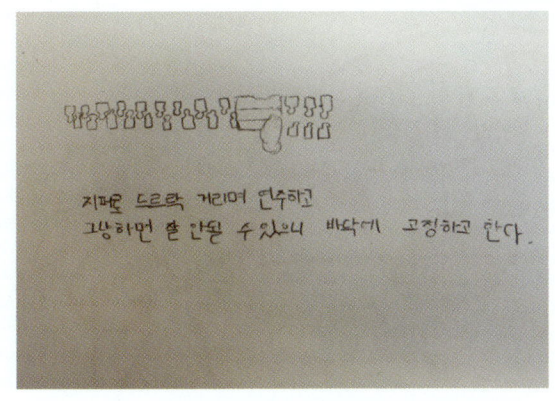

지퍼로 드르락거리며 연주하고 그냥하면 잘 안 될 수 있으니 바닥에 고정하고 한다.

이 악기는 차를 두드려서 연주하는 악기. 그냥 일반 차는 수리비가 비싸서 폐기된 차 사용. 두드리는 부위에 따라 소리가 다름.
- 만약에 공연을 하게 되면 폐기된 차를 끌고 가야 해요?
  (네.)
- 부위별로 소리가 다 다르다고 했는데 해봤어요?
  (우리 차로 해봤는데 혼났어요.)
- 현실적 질문인데, 차 한 대를 어떻게 올리죠?
  (여러 사람이 들면 차도 들려요.)

자동차를 두드린다.

- 만약에 저걸 만든다면 연주 볼 의향이 있는지?
  (안 해보고 싶어요.)
- 막 같은 거 씌울 때 비닐 같은 게 찢어질 텐데요?
  (원래 의도는 캔 자체였어요. 하다 보니 좀 바뀌었어요.)
- 기름종이를 쓰면 잘 안 찢어질 것 같은데요.
- 들어가는 모래가 고운 모래예요?

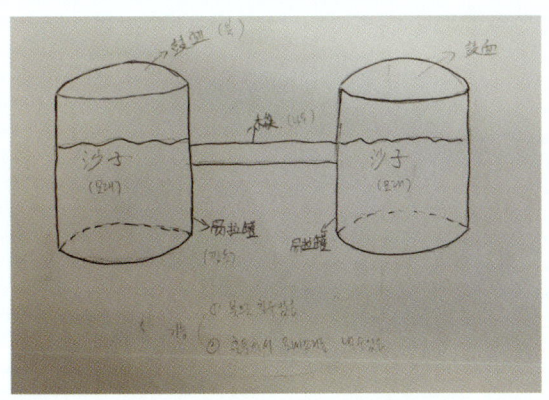

흔들어서 모래소리를 낼 수 있음. 북으로 칠 수 있음.

- 돈은 누가 가져요?
 (합법적으로 가져올 수 있는 방법은 우리 집에 사는 다른 돼지 저금통에서 꺼내요.)
- 돼지 저금통을 깨면 다른 곳에 옮겨야 하는데 돼지 저금통이 많이 필요하잖아요? 누가 준비해요?
 (제작자가~)
- 한번 깨면 버려야 하나요?
 (하늘나라로 가야 합니다.)

돼지 저금통을 깰 때 나는 소리와
돈이 나올 때 촤르륵 소리

실용성보다는 디자인에 치중.
- 3학년 때 해봤는데 페트병악기 잘 안 돼요. 꽃 하모니카 실제로 불 수 있나요? 빵은 실제 빵이에요?
 (모형·실제 빵 다 가능해요. 페트병은 제가 되는지 안 되는지 모르겠어요. 꽃 하모니카는 디자인 쪽에 신경 쓴 거라 소리는 별로예요.)
- 빵하모니카에 애벌레 같은 애들이 생기지 않을까요?
 (실제 빵으로 만든 하모니카를 판매한다면 안내문 같은 거 넣어서 다른 용기에 보관해 달라고 적어 줘야지요.)

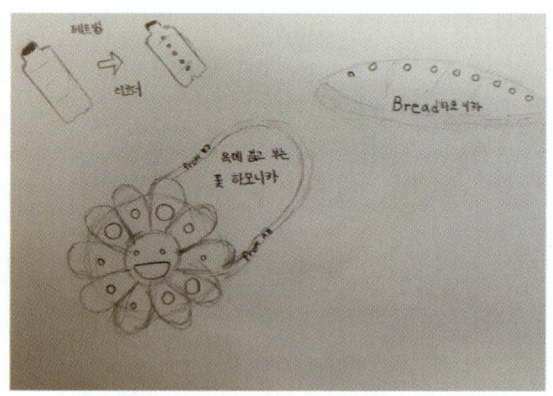

페트병 리코더, Bread 하모니카,
목에 걸고 부는 꽃 하모니카

- 샤프심이 계속 나오려면 미리 샤프심을 많이 넣어야 해요?
 (샤프심이 없어도 소리는 나잖아요?)
- 큰 곳에서는 소리가 잘 안 들리는데요?
 (무대 연주는 마이크 같은 것을 사용해요.)
- 샤프의 재질에 따라 소리가 달라지나요?

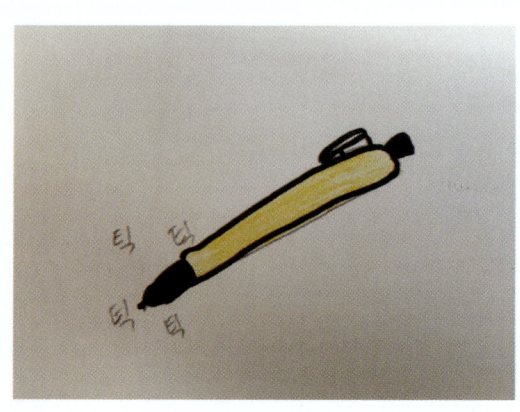

볼펜 틱 틱 틱 틱

큰 소리는 꼭지를 최대로 틀고, 박자 맞출 때는 조금만 틀어요.
- 지구에 물 오염과 부족으로 힘든 사람이 있는데 그렇게 많은 물을 써도 되나요?
  (저 물을 다시 쓰면 되잖아요.)
- 잘 만드셨는데 세면대나 연주할 수 있는 곳이 있어야 할 것 같고 그러면 어떻게 설치하나요?
  (휴대용을 엄청 큰 물통에 달면 돼요. 저는 휴대용 추천.)
- 커서 이걸 만드실 거면 우리 반 남자애들이랑 할 거예요?
  (생각해 보겠는데 우리 반 남자애들이랑은 아마 안 할 거 같아요.)
- 획기적인 발명품 같아요. (오호.)

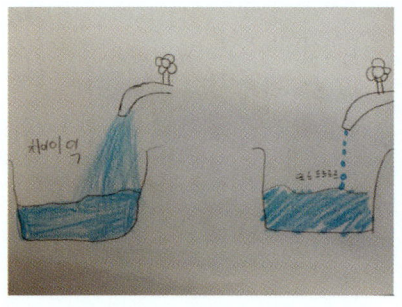

물소리 (치이이익, 또르르르르)

- 껐다 켜면 전기세 나오잖아요?
  (두꺼비집 내리고 하면 돼요.)
- 저 스위치를 어디서 구해요? 집에 있는 거 떼어 와요?
  (마트 가면 스위치 많이 팔아요. 얼마 안 하는데.)
- 소리가 너무 작지 않나요?
  (초고음질 마이크 사용할 거예요.)

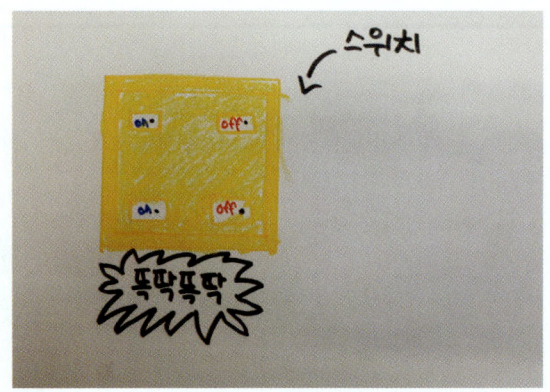

스위치 소리 (똑딱똑딱)

심벌즈를 만들었어요!
- 저렇게 치다가 구겨지면 어떻게 해요?
  (님 말이 맞네요. 한번 구겨지면 다시 하기가 어려워요.)
- 탬버린처럼 치는 거 같은데 손으로 치는 거 말고 다른 방법은요?
  (손으로 치는 것 말고 책상 같은 데 치면 돼요.)
- 연주 중에 은박지 가운데가 뚫리면요?
  (은박지의 여분을 가방에 가지고 다녀요.)
- 은박접시가 찢어져 손에 상처가 나면?
  (반대쪽 손으로 연주해요.)

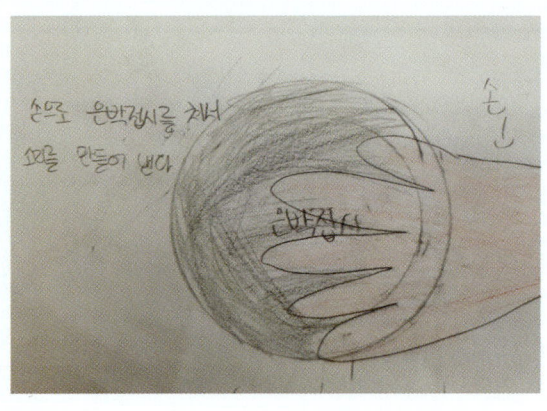

손으로 은박접시를 쳐서 소리를 만들어 낸다.

- 고급진 마우스는 소리가 안 나는데요?
  (그건 모르겠어요.)
- 빠른 곡 마우스로 연주하면 손이 아프지 않을지?
  (손바닥으로 누르면 돼요.)
- 근데 마우스로 계속 연주하면 고장 나잖아요?
  (고장 나도 소리는 나요.)
- 마우스 누르다 뽀각 나면요?
  (음, 새로 사야지요.)

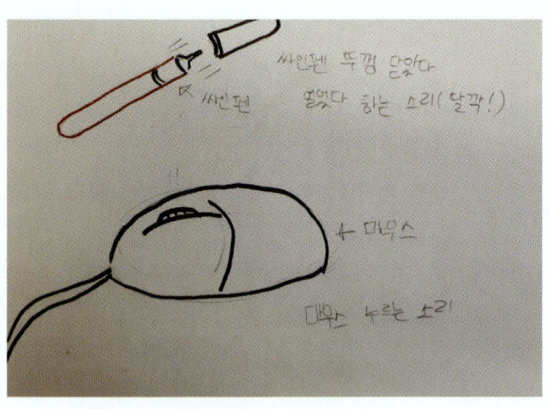

싸인펜 뚜껑 닫았다 열었다 하는 소리
(딸깍!) 마우스 누르는 소리.

교실에 활이 보여 만들었는데 바이올린같이 조율하고 풀 같은 걸로 디자인!
- 저게 하프가 될까요?
  (어찌 어찌 만들면요.)
- 띵띵 많이 해서 줄이 끊어지면요?
  (이런 줄은 얼마 안 해요. 줄 같이 사러 가요.)
- 공연 중에 활이 부러지면요?
  (친환경하프 여분으로 몇 개 준비해요.)

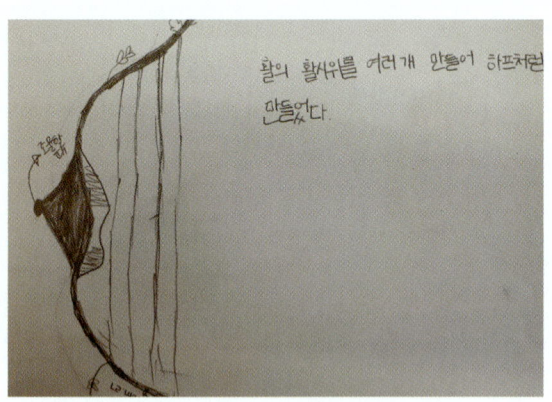

활의 활시위를 여러 개 만들어 하프처럼.

- 모래가 꺼칠해서 나오다 기계가 고장 나지 않을지요?
- 솜사탕 기계에 모래라니… 소리가 안 나면요?
  (어쩔 수 없죠.)
- 아무리 모래를 넣는다고 해도 그게 좀 뜨거워져 터지면요?
  (모래가 터지다니요! 설탕도 안 터지는데.)
- 솜사탕 기계에 어떤 노래가 나오는 걸로 할 거예요?
  (뽀로로 노래 나오는 걸로 만들 거예요.)

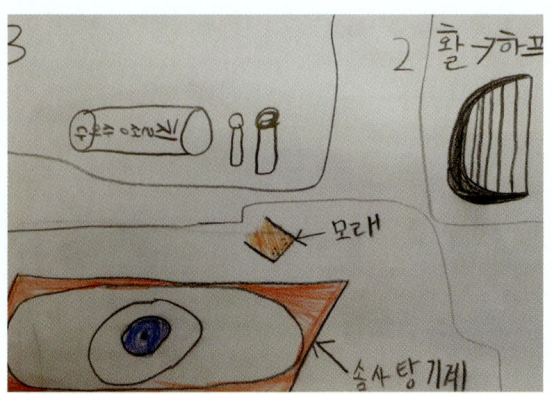

솜사탕 기계에 모래를 넣었을 때 나는 소리

- 액정이 거의 다 깨져서 소리 안 나면요?
  (뒷면으로 연주해요.)
- 액정을 어떻게 악기로 연주해요?
  (버리는 핸드폰 있잖아요.)
- 모기 잡아야 하는데 어떻게 잡을 거예요?
  (모기가 벽에 붙었을 때 탁~)
- 전기 파리채가 더 좋지 않나요?
  (금속물질에 감전되어서 안 돼요. 그리고 전기 파리채는 벽에 못 치잖아요.)
- 칠판에 던지면 자석이 잘 안 붙는데요?
  (그럼 그냥 바닥에 떨어지는 소리로 바꿀게요.)
- 칠판에 붙인다고 했는데 만약에 자석을 다 쓰고 여분이 없으면요?
  (바닥에 떨어진 자석을 무대로 날려 줘요.)

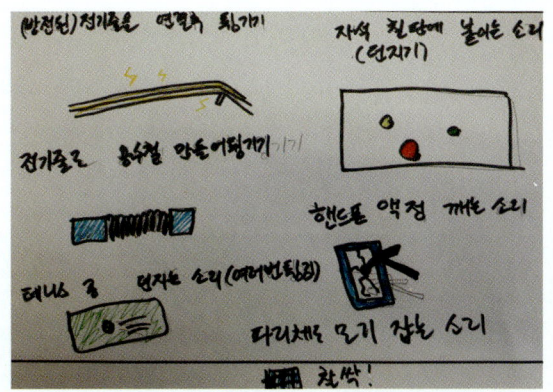

방전된 전기줄 연결 후 튕기기.
전기줄로 용수철 만들어 튕기기.
테니스 공 던지는 소리(여러 번 튕김).
자석 칠판에 던져서 붙이는 소리.
핸드폰 액정 깨지는 소리.
파리채로 모기 잡는 소리.

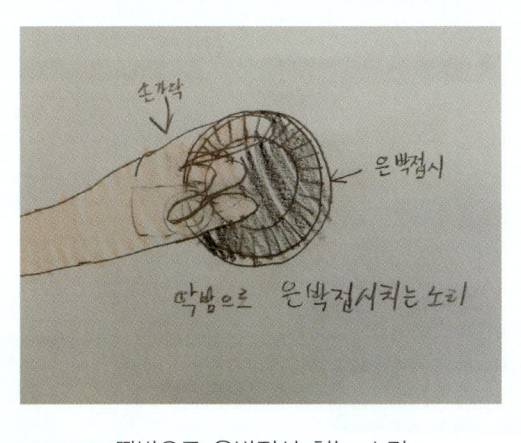

딱밤으로 은박접시 치는 소리

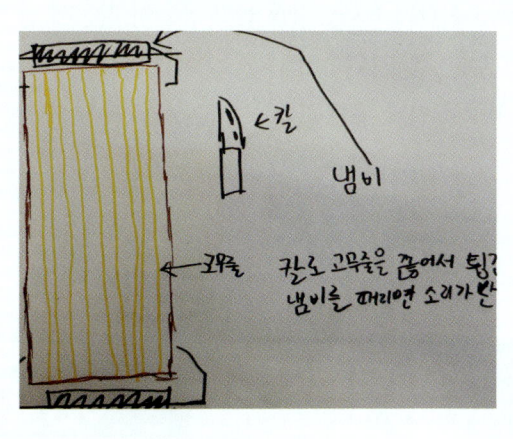

칼로 고무줄을 끊어서
튕긴 냄비를 때리면 소리가 난다.

점심시간이다. 당선된 아이들에게 2학기 회장님이라고 불러 준다. 싫지는 않은 표정들이다. 개정된 우리 반 실내피구규칙에 따르면 상대편이 던진 공을 잡으면 우리 편 아웃된 사람들이 순서대로 들어온다. 길어지면 한판이 무한 반복되기도 한다. 수업 시작 1분 전이라고 말했더니 대뜸 한 녀석이 낙선자들을 위해 이렇게 수업할 수 없단다. 공을 찌그러뜨리며 말한다. 우리도 비 오는 날 한여름에 이 공처럼 마음이 주름지고 늙고 있단다. 말하는 게 준비된 듯 작전 같다. 낙선한 아이들이 너무 마음이 아파서 넓은 마음을 베풀어 달란다.

수소차팀 대 전기차팀. 점심시간 그대로 피구 경기가 이어진다. 규현이가 생애 첫 트리플 아웃을 잡아 낸다. 따따닥~~ 그 기분에 취해 바로 아웃되었지만. 아이들이 피구 하다 누군가 공을 맞으면 "저 세상으로 가 주시겠습니까"라며 아웃라인으로 안내한다. 그리스로마신화에 나오는 타나토스들이 많다. 수소차 팀이 4 대 1로 이긴다. 수소차가 전기차를 현실에서도 이길 것 같다는 녀석들.

청소시간에 쓰레받기를 들고 공놀이 하는데 참 재미있어 보인다. 이러니 청소가 길어지지.

"근데 내일 파티 안 해요?"

"방학식인데 무슨 파티야? 대청소도 하고 바빠."

 **7월 12일 금요일**

아침에 통지표를 아이들 책상에 놓아두었다. 이번 학기 종합의견에는 단점을 모두 적었길래 내 마음도 편치는 않다. 아이들 얼굴을 보기에 좀 미안하기도 했다.

"이거 왜 지금 나눠 주세요? 아! 떨려."

"근데 지금까지 받았던 것 중에 제일 잘 받았어요."

"생각보다 안 좋은 말이 적네요."

"예상보다는 괜찮아요."

"아! 별로 기대 안 해요. 이렇게 보통이 많은 적이 처음이에요. 그래도 노력요함이 없네요."
"근데 제가 왜 타인과의 관계가 보통이에요?"
한참을 읽는다. 주희는 '작은 것들을 위한 시'로 적어 줬다며 웃고 있다. 무슨 의미인지는 모르겠지만 그다지 나빠 보이지는 않는다.

방학 중 안전교육을 간단히 했다.

- 폭염경보 발령 시 90분 풀타임 축구 경기 금지.
- 낙뢰가 예상되면 높은 나무 근처로 간다. (NO!)
- 폭염 특보와 주의보 확인하고 야외활동 자제.
- 횡단보도를 건널 때 한 손을 높이 들고. (우리 이제 중학생 돼요. 이런 건….)
- 장난감 총, 화약 등 위험한 장난감 하지 않기. (이제 중학생인데 이런 건 좀.)
- 학원차량 탑승 시 후방 오토바이 주의.
- 혼자 밤길을 다니지 않기.

오늘 방학식도 자유롭게 하기로 한다. 책상을 앞으로 밀었다. 남녀 교차로 섞여서 둥글게 앉으라고 했더니 인기 있는 아이들 옆자리는 금방 찬다. 남자아이들이 머뭇거리자 그냥 빨리 앉으라며 이럴 때는 여자아이들이 더 적극적이다. 캠프파이어 분위기를 위해 빨간색 접시콘으로 장작불을 연출한다. 아이들이 한마디씩 하고 한 학기를 마무리하는 것으로 한다.
"제가 장난을 많이 쳤는데 모든 분께 사과해요. 2학기에는 좀 줄이겠습니다."
"얘들아, 많이 도와줘서 고마워!"
"우리 2학기도 많이 놀자. 학교는 노는 곳 맞지?"
"나 칭찬해 줘서 고마워."
"2학기 초등학교 마지막인데 멋지게 보내자."
"공부를 잘한다? 2학기에는 물음표를 없앨게."

곧바로 수건돌리기를 했다. '여행을 떠나요' 음악을 틀고 수건이 돌아간다. 주희와 인해는 춤을 추고 규현이는 귀여운 표정으로 벌칙을 받는다. 'We will rock you'로 음악을 바꾼다. 역시 수건돌리기 최고의 음악 같다. 음악에 취해 노래하다 벌칙을 받는 아이들이 많다. 준우는 망설이다 머리로 이름 쓰기 벌칙으로 대미를 장식한다. 이 즐거움도 머지않아 추억이 될 텐데. 후회 없이 방학 보내라~ 사랑한다.

 **7월 17일 수요일**

    오늘 아이들을 우리 집에 초대했다. 약속된 시간은 11시 30분인데 10시 20분이 되자 벌써 벨이 울린다. 아직 준비가 하나도 안 됐는데.
"쌤 애기들은 어디 갔어요?"
"유치원 갔지."
    잠시 너희들끼리 놀라고 했더니 유치원 아이들 장난감을 신기한 듯 가지고 논다. 한 녀석은 지네 장난감을 보더니 옛날 생각이 난단다. 별 무늬 공은 챔피언스리그 공, 빨간 공은 파이어볼, 파란 공은 아이스볼이라며 던지고 놀고 있다. 오늘도 아랫집 할아버지가 올라올 것 같은 느낌이 든다. 연수는 피아노를 치고 있다. 이루마 곡이 역시 잘 어울리는 녀석! 계속 쳐 보라고 했더니 잘 치는 부분만 반복하는 듯하다.

여자아이들은 키 재느라 바쁘다. 130센티미터까지만 눈금표시가 되어 있는 곳에서 30센티미터 자를 가지고 와 키를 재고 있다. 이미 160센티미터를 한참 넘는데도 까치발을 하며 더 높이고 있다. 오늘 꼭 오겠다고 한 지윤이는 연락을 해 보니 늦잠을 자서 못 온단다. 오라고 할까 하려다 쉬라고 내버려 두었다.

애들이 모이니 정말 소란스럽다. 그리고 나랑은 말 없고 저희들끼리 떠들고 있다. 나만 주변인인지. 그나저나 영민이가 케이크 하나 사왔는데 돌려보냈다. 아이들과 나눠 먹을 걸 그랬다. 재미있는 추억이야기도 들린다.

"수학여행 때 은비가 아파서 태윤이가 편의점 가서 체온계 사왔는데, 어떻게 재는지 몰라 귀랑 콧구멍에 넣었고, 입에도 물고 있었는데, 학교에 와서 보건선생님께 물어보니 겨드랑이에 끼는 거라는데?"

11명의 아이들이 모여 있다. 한참을 이렇게 놀더니 컵라면 먹자고 한다. 한 주전자 가득 물을 끓여 라면 한 개씩 먹었다. 큰 컵라면 두 개는 먹을 줄 알았더니 생각보다는 많이 먹지는 못한다. 진라면 먹으려 노란색 입고 왔다는 상진이의 말이 기억에 남는다.

셀렉션이라는 아이스크림이 7개밖에 없어 선착순이라고 했더니 컵라면 익기 전에 한입에 먹어치운다. 참 이가 건강해 보여서 좋다고 했다. 예쁜 잇몸도 보여 준다. 아이들이 아이스크림 쓰레기를 밥상 위에 그대로 버리는 모습을 본 한 녀석이 돌직구를 날린다.

"쓰레기를 밥상 위에 버리다니 진짜 쓰레기다. 아니 아니 죄송합니다."

그 말을 들은 아이들이 쓰레기통에 하나둘 버려 둔다. 가끔 이런 돌직구를 날려 주는 녀석 덕분에 속이 시원하기도 하다.

컵라면 먹고 나더니 풍림아파트는 경도(경찰과 도둑)하기 좋다며 하나둘 밖에 나가 놀잔다. 나가고 나니 공허한 이 행복감. 오늘 좀 힘들긴 하다.

한 시간 나가 놀더니 들어온다. 물 좀 주세요! 남자아이들은 칼과 방패 투구 등 아이템을 찾았다. 내가 왕이다! 우리 서열 정하자! 슈팅 스타! 남자아이들의 본능인지 아직 칼싸움에 그저 신나한다. 50여 합은 계속된 유치찬란한 칼싸움.

"너희 13살 맞냐?"

아이들이 게임을 한단다. 포레스트 템플, 브롤, 축구 게임이다. 축구를 좋아하는 나는 프리킥 게임을 하는 아이들을 봤다. 네 명이서 번갈아 가며 한 번씩 차는 컴퓨터 게임인가 보다. 영민이가 베컴처럼 멋있게 넣는다. 준혁이의 슈팅은 알리송 골키퍼가 배치기로 막는다. 특이한 게임이다. 준호는 신중하게 카를로스처럼 바나나킥을 찬다. 그렇게 30여 분 하고 나더니 하나둘 학원 가야 한다며 일어난다. 한 녀석이 일어나자 한꺼번에 나도 가야겠다며 말이다.

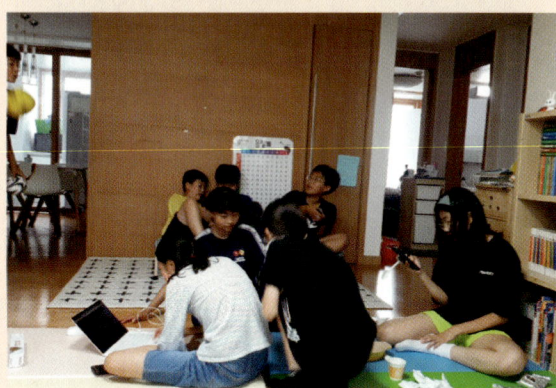

## 8월 26일 월요일

　여름방학 동안 학교 내벽을 페인트칠했다. 등교한 아이들이 교실이 뽀샤시해진 것 같단다. 현민이는 여름방학식 전에 체험학습을 간지라 오자마자 생활통지표를 받지 못했다. 통지표를 건넨다. 종합의견에 좋지 않은 말이 적혀 있는지라 통지표를 보는 표정이 썩 좋아 보이진 않는다. 그래도 충격을 금세 이겨 냈는지 혼자 비행기를 탄 이야기를 해준다.
　"저 비행기 혼자 타고 제주도 갔다 왔어요. 월요일에서 금요일까지요. 제주도 계신 할아버지 할머니 만나고 왔어요."
　백하가 두 번째로 등교한다.
　"백하 한국어 공부 좀 했어?"
　"아니요. 많이 했는데요. 더 많이 놀았어요."
　백하 눈빛이 말해 주고 있다. 나의 말을 정확히 알아듣고 맥락까지 따라잡는 듯하다. 2학기에는 백하도 큰 어려움 없이 따라올 것 같다.

　하나둘 아이들이 들어온다. 아이들이 모이자 역시 소음의 정도가 다르다. 그렇게 할 말이 많은지···.
　"자리가 왜 이렇게 바뀌었어요?"
　페인트칠하느라 자리가 엉망이 되어 있다. 일단 자리 찾아 삼만 리. 한참 걸린다. 그러다 한 녀석의 이름을 부르려는데 순간 이름이 생각나지 않는다. "어어어~" 하고 망설이고 있자 그 녀석이 답한다.

"교실 페인트칠한 거 다 알고 있어요."

그리고 급식실 공사가 11월 말까지 예정되어 있다고 가정통신이 되었다. 아이들은 점심 급식이 어떻게 되는지 궁금한가 보다.

"얘들아, 급식은 CU에서 먹는 도시락 같은 거 온대."

"급식실 공사하면 도시락 먹는다고 하는 거 맞죠? 신난다."

"전 어제 독서종합시스템 12개 몰아서 썼어요."

"점심 도시락 나오는 거 사진 찍어서 올려도 돼요? 엄마가 도시락 나올 거라고 하셨어요."

"저는 학교 외벽 칠하는 줄 알았어요. 마감이 엉망이네요. (외벽과 마감이라는 말을 사용하길래 좀 놀랐다.)"

도시락은 명백한 가짜 뉴스인데. 외부에서 음식이 오는 것은 맞으나 평소처럼 식판에 받아먹는다며 긴급 정정한다.

아이들이 모두 등교하자마자 자리를 바꾼다. 1학기 말에 남남, 여여 짝에서 남녀짝으로 다시 바뀌었다. 아이들은 같은 성별로 짝을 그대로 하자고 하지만 개학 후 멍할 때 선제공격을 하는 게 나아 보여 발표자 뽑기를 바로 돌렸다.

"선생님, 오늘 6시에 9월에 '바캉스' 들으세요!"

"그게 뭔데?"

"워너원요."

"한물간 친구들 아닌가?"

"제 최애 오빠들을… 한물갔다니요?"

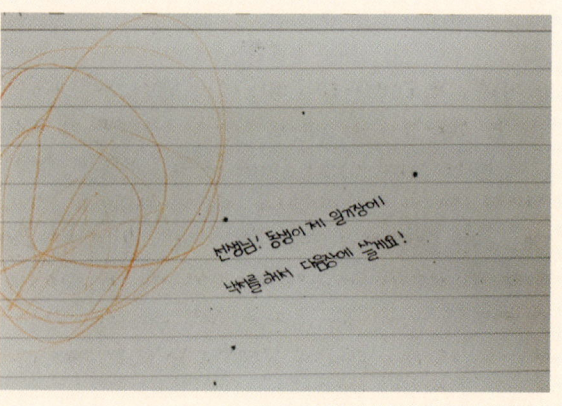

방학 과제 검사할 시간에 아이들은 자신의 방학 이야기를 꾸민다.

"나이가 들어서, 방학 중 일이 생각이 안 나는데 핸드폰으로 좀 보고 해도 돼요?"

"전 〈무한도전〉 레전드인데, 이번에 바뀌어서 별로예요."

"옛날 정총무가 쏜다, 그게 제일 재미있었는데."

"무한도전이 제가 태어난 해부터 시작해서 정말 좋아했는데."

"정준하 정말 대단한 거 같아요."

"기생충! 이상한 거 나와~"

"참참~ 샐러드. (아이들은 무슨 광고를 따라한다고 하는데.)"

2학기 교과서도 나눠 준다. 6학년쯤 되니 알아서 따로 몇 권 받으라고 말하지 않아도 교과목별로 잘 받는다.

"뷔페 온 거 같아요. 교과서 받는데 기분이 왜 이렇게 좋지?"

교과서에 이름을 적으라고 했더니 알아서 네임펜으로 적는다.

"선생님, 전 매일 학교 나올 날을 상상했어요. 체육 하는 상상을 하며 꿈을 꿨죠."

좋은 노랫말 같다고 칭찬했지만 어젯밤에는 정말 체육 하는 상상을 했단다. 정확히 종목까지 기억난단다. 초능력피구!

쉬는 시간에 아이들이 공 던지기 하다 에어컨을 맞췄나 보다. 화장실에 다녀오니 저희들끼리 에어컨 날개 부분을 고치고 있다. 내가 화장실 갔다 오니 이미 다 조이고 각도도 맞춰 놓았다.

과제 검사를 하고 방학 이야기를 친구들과 나누기로 했다. 의외로 서로 겹치는 이야기가 별로 없다. 아이들끼리도 오랜만에 보는 게 맞는 모양이다.

〈태윤〉

친구들과 전국 맛집 탐방했고요. 도서관, 놀이공원, 펜션, 파자마 파티, 워터파크, 노래방, 재활치료!
- 필라테스 하는 거 좀 보여 주세요! (기구가 있어야 되는데. 다리 쭉쭉. 기구 필레를 해서요.)
- 만화방 가서 뭐 봤어요? (당연히 만화를 봤죠. 맛있는 것도 먹고요.)
- 파자마 파티 가서 뭐 했어요? (베개 싸움이랑 진실게임요. 이게 제일 재미있었어요.)

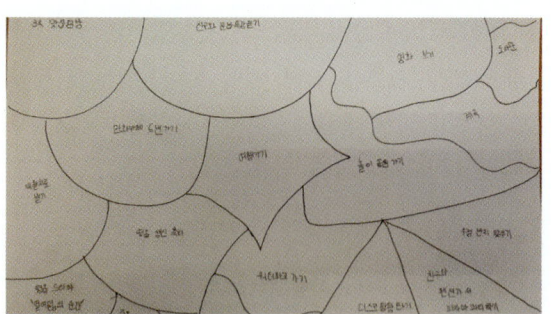

〈백하〉
- 어디 바다 갔어요? (강원도 바다.)
- 물이 짰어요? 쏠티? 많이 쏠티? (네. 베리 쏠티~)
- 근데 바닷물 먹어 봤어요? 왜 먹어요? (수영하다 먹었는데.)
- 바다에서 뭐 했어요? (그냥 수영만.)

〈인해〉

방학 때 도서관 갔고 휴가로 경주 가서 불국사도 봤어요!
- 〈봉오동 전투〉 볼 때 머리가 날아가서 울었는데 안 무서웠어요? (전 생각보다는 안 무서웠어요. 님은 무서웠어요?)

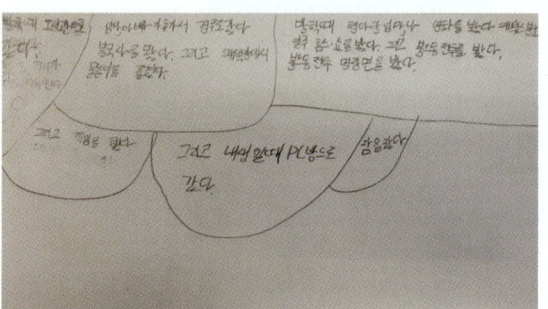

〈민준〉

전 학원 간 거랑 놀러 간 거, 영화 보고 한 거 썼어요.
- 사격은 어디서 해요? (열린 금호요.)
- 펜싱도 했나요? (네. 무학중에 방학 캠프가 있었어요. 펜싱 정말 재미있어요.)
- 무학중이라고 적혀 있는데 왜 갔어요? (방금 말했는데. 펜싱부가 있어서 거기 갔어요.)
- 수영장 어디 갔어요? (계곡 갔고요, 정확히는 몰라요.)
- 계곡에서 물고기 잡아먹었어요? (잡기는 했는데 먹지는 않았어요.)
- 사격이랑 펜싱 중에 뭐가 더 재미있어요? (둘 다 재미있어요. 꼭 한번 해 보세요.)

〈상진〉

가평, 양평에 가서 강아지 펜션에 있다가 왔고요. 방학 때 숙제가 많아서 슬펐어요. 친구와 파자마 파티를 했고 경주에 가서 놀다 왔어요.
- 야구 누구랑 하는 거 봤어요? (한참을 뜸들이다) 두산이랑 롯데요.
- 파자마 파티는 누구랑? (1반 친구들이랑 했어요.)
- 먹은 곱창은 야채예요? 소금이에요? (소 막창하고 무슨 양이랑 대창 같은 거 먹었어요.)
- 강아지 펜션이 뭐예요? (강아지도 함께 노는 곳이에요.)

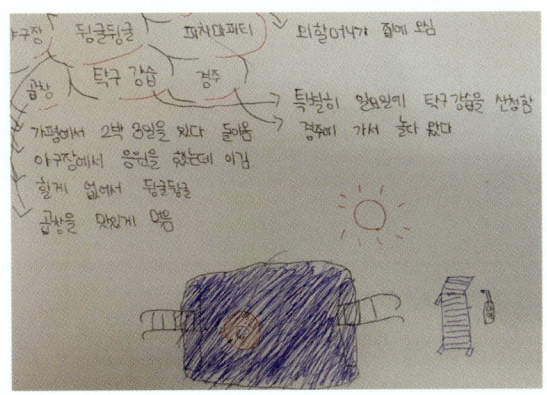

〈주희〉

이거 외에도 한 것이 많지만 롯데월드가 기억에 강하게 남아요. 이번 연도가 롯데월드 30주년 이고요. 아틀란티스, 혜성특급, 자이로드롭 탔는데 사람이 없어서 좋았어요.
- 아틀란티스가 뭐예요? (빠른 롤러코스터요. 님은 무서운 거 못 타서 비추예요.)
- 몇 시간 있었어요? (8시간요.)
- 뭐 먹었어요? (오므라이스, 카레.)
- 자이로드롭 안 무서워요? (처음에 무서웠다가 다시 타보니 세상이 보이던데요.)

〈경란〉

친구들이랑 에버랜드를 갔고요. 가족들이랑 만화방, 고양이 카페에 갔어요.
- 님 고양이 키워요? (아니요.)
- 만화방에서 뭐 봤어요? (당연히 만화죠. 제목은 기억이 안 나요.)
- 할머니댁이 어디예요? (개인정보라서요.)
- 지역만 말해 주세요. (익산요.) (난 김제인데. 우리 가깝다.)

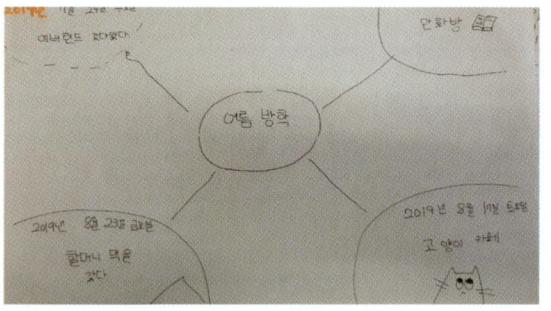

〈준우〉

용인 놀이, 물고기 게임, 물놀이를 많이 갔고요. 물고기를 정말 많이 봤어요. 박혜빈(쌍둥이)은 그냥 짜증이 났어요. 가는 곳마다 참견해서요. 게임은 정말 많이 했어요.
- 혜빈이랑 얼마나 싸웠어요? (나도 몰라요. 세고 싸우지는 않았어요.)
- 무슨 게임 했어요? (브롤 많이 했어요.)
- 잘생긴 이서준, 임현민이라고 적힌 건 왜예요? (이건 이서준이 썼어요.)
- 박혜빈에게 밑줄 그은 건요? (짜증나게 특별한 존재예요.)

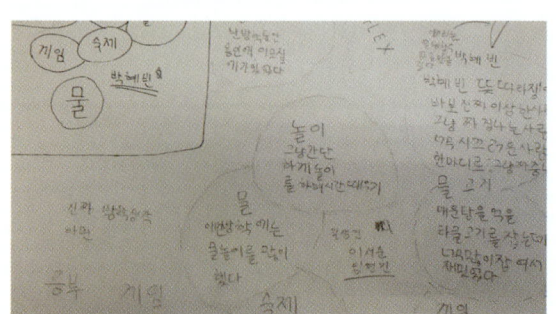

〈준혁〉

물놀이 하러 많이 갔어요. 북한산, 살곶이에요. 〈스파이더맨〉, 〈엑시트〉, 〈봉오동 전투〉 봤고 연수네 가서 파자마 파티 한 게 제일 재미있었어요.

- 누구랑 파자마 파티 했어요? (준호, 영민. 파자마 파티 때 친구들이 이불 위에 올려놓고 사진 찍었는데 재미있었어요.)
- 〈스파이더맨〉 볼 때 초록색 광선 쏘는 애가 나쁜 애라고 예상했나요? (네. 보다 보니 알게 되었어요.)
- 이번에 나온 〈스파이더맨〉이죠? (당연하죠. 옛날 거는 다 봤어요.)
- 〈봉오동 전투〉 볼 때 어땠어요? (좀 슬펐는데 전 안 울었어요.)

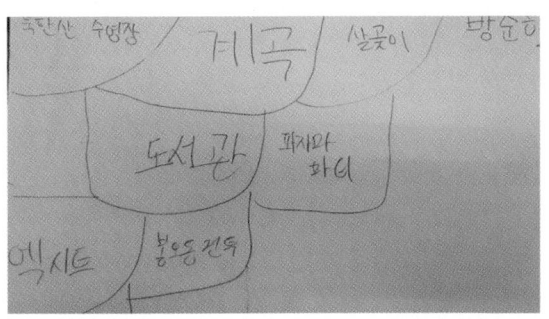

〈규현〉

지윤, 효은, 류경이랑 점핑스타 갔고요. 롯데월드도 갔다 왔어요.

- 다른 프로그램은요? (딱히 없어요. 짱구 19기 본 거.)
- 점핑스타가 뭐예요? (방방이요.)
- 짱구는 장수 프로그램이잖아요? (99년에 시작되었는데 일본 거라… 안 보려고 했는데 너무 재미있어요.)

〈은비〉

대학로 가서 연극 〈수상한 흥신소 2〉, 〈죽여주는 이야기〉 봤어요. 대학로 짜장면이 그렇게 맛있어요. 주희랑 같이 〈엑시트〉란 영화를 봤고요. 나머지 시간은 잠만 많이 잤어요. 방학 2/3는 잤어요.
- 짜장면의 맛을 몸으로 표현하면요? (진짜 엄청 많이 맛있어요. 표현은 못 하겠는데.)
- 짜장면 어떤 식당이에요? (기억이 안 나요. 다시 찾아가고 싶은데.)
- 연극 뭐 봤어요? (여기 쓰여 있어요.)
- 블랙 코미디예요? 〈죽여주는 이야기〉? (블랙 코미디인줄 알았는데 그냥 코미디였어요.)

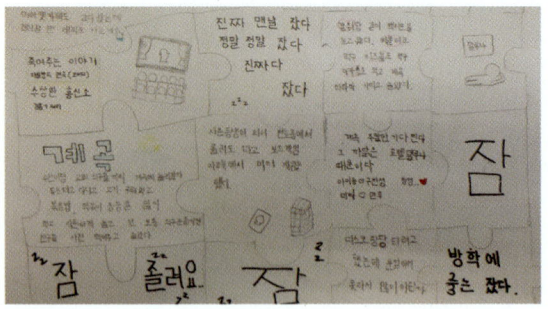

〈연수〉

저, 엄마, 아빠 세 명 보라카이에 놀러 갔다 왔어요. 보라카이에서 배 타고 스노클링 수영도 하고 재미있었어요.
- 바다는요? (바다는 강아지 이름이란다.) (강아지는 호텔에 놔두었어요.)
- 보라카이 몇 박 며칠 했어요? (5박 4일. 아니 4박 5일. 비행기가 10시간 지연돼서 공항에서 하룻밤 잤어요.)
- 새우, 문어, 오징어는 여행 가서 본 것 그린 거예요? (맛있게 먹은 거예요.)
- 잠깐만요. 그림에 갈매기도 있는데 갈매기도 먹었나요? (그건 그냥 날아다닌 거 그렸는데.)

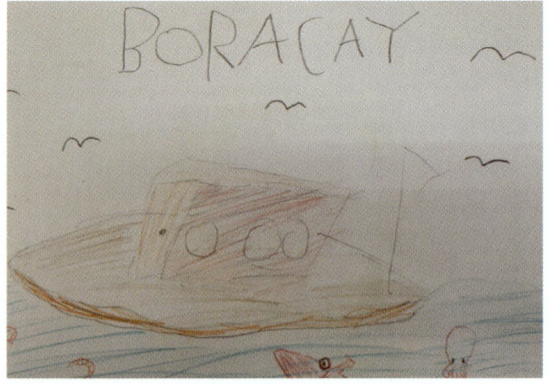

〈준호〉

여긴 충남 태안이고요. 바닷가에 가서 수영은 못 하고 바닷물만 실컷 먹고 왔어요. 계곡은 재미없었고요. 파자마 파티 때 밤을 샜는데 연수가 자서 이불로 덮어 놓았어요. 통인시장 가서 기름 떡볶이, 콜팝, 짜장 떡볶이 먹었어요. 기름 떡볶이는 짜고 매워서 별로였고 저는 짜장 떡볶이가 괜찮았어요.

- 연수 위에 이불 왜 올렸어요? (원래 파자마 파티 하면 그렇게 놀아요. 그냥요.)
- 이불 몇 겹으로 올렸어요? (몰라요. 엄청 많이 올렸어요. 많이요.)
- 연수 잘 때도 모자 써요? (잘 때는 안 써요.)
- 님이 생각하는 통인시장 베스트는요? (슬러시요.)

〈서준〉

진짜 거의 반 넘게 집에서만 있었는데요. 토요일에 아빠랑 둘이서 워터파크 갔어요. 집에서 친구랑 많이 놀고 영화도 많이 봤어요. 갤럭시 S8 얻었는데 아직 개통 안 되었어요.

- 영화 중에 뭐가 제일 기억에 남아요? (〈이스케이프 룸〉요. 꼭 보세요.)
- 그림에 있는데. 워터파크에서 떨어져서 죽는 거예요? (이게 정말 진짜 깎아지는 듯이 높아요. 근데 그림을 좀 잘못 그렸어요. 약간 과장.)
- 〈기생충〉은 15세 아니에요? (부모님이랑 같이 보면 돼요.)
- 갤럭시는 어디서 났어요? (엄마가 S10으로 바꾸면서 득템했어요.)

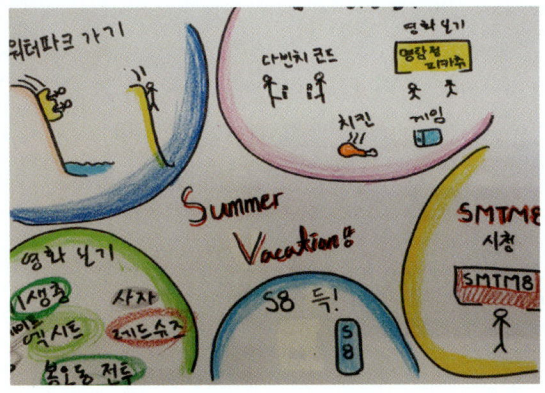

〈효은〉

솔비치 호텔에 호캉스를 갔어요. 화목마다 영어 방학특강을 갔는데 죽을 뻔했고요. 사촌언니랑 워터킹덤, 국립중앙박물관 에트루리아전 봤어요. 예술의 전당 가서 그리스전도요.
- 저도 솔비치 가봤는데 워터파크 열려 있었어요? (여름이니까 열죠.)
- 방학 중에 뭐가 제일 좋았어요? (저는 방학이라 다 좋았어요.)

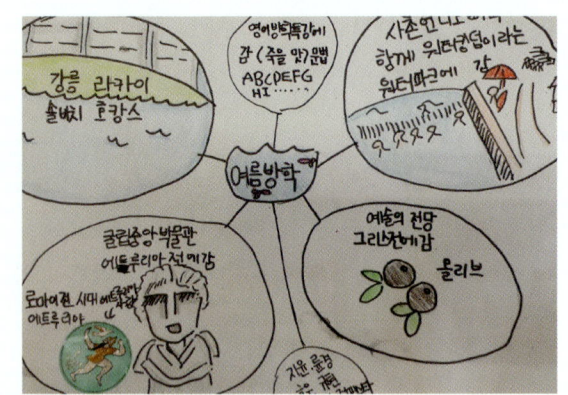

〈현민〉

저는 일단 스페인 완전 길게 갔다 오고 힘이 들었지만 노는 거라면 참을 수 있고요. 할머니가 선물로 준 닌텐도 스위치를 많이 했어요. 아빠랑 〈보좌관〉이란 드라마를 봤고. 혼자 제주도를 가서 작은 워터파크에 가서 놀다 왔어요. 아빠가 회사 주신 게 좋았어요.
- 지금 일본 불매 운동 있는데 닌텐도는 그전에 샀죠? (네. 하기 전에요.)
- 혼자 비행기를 타고 기내식을 혼자 먹었나요? (제주도 갈 때는 안 줘요. 우리 갔다 왔잖아요.)
- 비행기 진짜 혼자 탄 거예요? (공항은 데려다주셨고요. 혼자는 김포공항에서 제주공항까지 갔어요.)
- 오렌지 주스는 기내식이 아닌가요? (그런 건 기내음료예요.)
- 스페인 가서 가장 인상 깊은 것은요? (인상 깊었던 것 없고요. 너무 더웠어요.)

〈륜경〉

괌 여행 다녀왔고 스노클링 전날 비가 와서 돌고래들을 많이 봤는데 파도가 세서 정작 스노클링 하기는 힘들었고요. 규현, 지윤, 효은이랑 왕십리 가서 마카롱 먹고 점핑스타 가서 논 게 좋았어요. 노래방 서비스 40분 공짜! 엄마랑 〈엑시트〉 영화 봤는데 영화관은 2년 만에 간 거 같아요.

- 예은이랑 뭐 하고 놀았어요? (떡볶이를 먹고 또 먹고 싶다고 해서 편의점 가서 또 떡볶이 먹고요.)
- 노래방 가서 무슨 노래 불렀어요? 아모르 파티? (맞아요. 아모르 파티!)
- 예은이가 누구예요? (행현초 다니는 친구예요.)

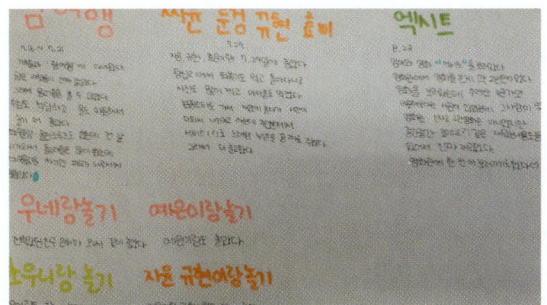

〈영민〉

제주도 다녀왔고요. 누나는 슬리퍼 신고 성산일출봉 올라갔어요. 올라가다 슬리퍼가 아래로 한번 떨어져 다시 내려갔다 올라갔어요.
양연수님 파자마 파티 굿. 파자마 파티 때 노래방부터 갔는데 양연수님의 목소리가 인상적이었어요. 새벽에 영화도 보고 짜파게티 끓여 먹고 새벽 4시까지 놀다가 새벽 5시에 산책 갔다 들어왔어요. 준호는 자다가 봉변 당했어요.

- 저랑 준호님 잘 때 어떤 봉변 했어요? (베개를 들고 돌아다니면서 자는 사람 머리 친 다음에 소파 뒤에 숨는 거요.)
- 노래방에서 연수님 목소리가 인상 깊었다는데 느낌으로 표현하면요? (제가 모창은 안 되고요. 사실 소리 파일이 핸드폰에 있는데 공개는 못 하고요. 목소리에 버터를 다다닥.)
- 노래방 가서 무슨 노래 불렀어요? ('웨이백홈.' 준호는 제목을 알 수 없는 힙합. 저랑 준혁이는 '내 나이가 어때서.' 준혁이가 생각보다 고음이에요.)

〈지윤〉

남해에 있는 호텔에 가서 수영장에서 열심히 놀아서 정수리만 탔어요. 친구 셋이 점핑스타에 가서 놀고 노래방 가서 서비스 40분 받았어요. 고음 올라갈 때 힘들었지만 조용히 들어줬는데 점수는 제대로 안 나왔어요.
- 프사에 롯데월드 뒤에 있는 사람이 브이 했는데 누구예요? (모르는 사람이 같이 찍혔어요. 모르는 분인데 끼어들었어요.)
- 그 사람 강심장이신데? (웃긴 게 사진 잘 나온지 확인도 하고 갔어요.)
- 그 아줌마가 갑자기 나왔을 때 기분이 어땠어요? (아줌마가 아니라 언니였어요.)
- 놀이기구 타다가 한 번 운 적 있어요? (근데 누가 말했어요. 말해요.)

〈승은〉

(한숨소리가 들린다.) 광복절에 친구와 롯데월드 다녀왔고요. 가족 여행으로 오창에 갔다 왔어요.
- 무슨 영화 봤어요? (〈브링 더 소울〉. BTS예요.)
- 광복절날 롯데월드 갈 때 태극기 들고 갔어요? (아니요. ㅋㅋ 광복절이지만.)
- 오창이 어디예요? (충북에 있어요.)
- 오창에 먹을 거로 뭐가 유명해요? 곱창이 유명해요? (잘 몰라요.)

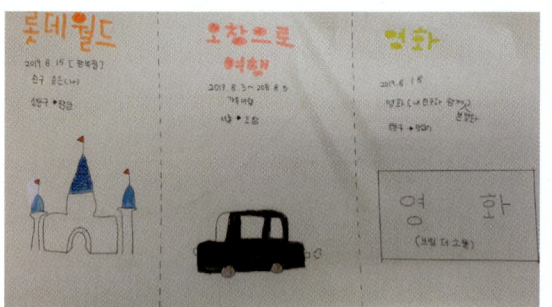

우리들의 방학 이야기는 이어진다.

"계곡에 간 이유는 전쟁이 나면 건너야 해서 위급한 상황 대비하기 위해서예요."

"영어학원은 세계 흐름에 맞춰야 해서 다녔고요."

"저는 키 크기 위해 잠을 많이 잤어요."

"오래 살려고 숨 쉬기를 많이 했어요."

"하늘을 많이 봤어요. 구름의 형태와 미세먼지 관찰하려고요."

"뿌링클은 염분 보충을 하려고 많이 먹었어요."

"볼케이노는 매운 치킨인데 제 위를 더 강력하게 만들려고요."

"〈라이온킹〉 영화는 심바의 위대한 삶을 알아보려고 봤어요."

"선생님! 우리 개학식 날 체육 하는 역사 한번 써보시죠."
"그래! 우리가 가는 길이 역사인지는 모르겠지만. 내려갑시다."
아이들이 팀을 잘 기억 못 한다. 우왕좌왕 왔다 갔다 팀을 찾아 헤매는 아이들. 그나저나 너무 뜨겁다. 8월은 한여름이 맞나 보다! 근데 뜨거워도 나만 힘든가 보다. 체육에 굶주린 아이들은 공 한번 잡으려 온몸을 던진다. 몇 차례 오고 가다 주희가 공을 맞는다.
"나는 맞은 게 아니라 팀을 위해 희생하는 거야!"
"너가 희생이 되려면 공을 맞고 우리 편에 공을 놓고 들어갔어야지. 상대편한테 주면 그냥 아웃이야."
머쓱하게 계속 아픈 곳을 찌른다.
"희생 아닌 거 맞지?"
"사실 나 그냥 맞았어."
"근데 경란이 반사신경이 카시아스급이야. 방학 때 훈련하고 왔나 봐."
"난 왼손은 거들 뿐! (정작 녀석은 왼손잡이다.)"
"바람을 계산해야지. 잠시 기다려 봐."
"이상한 말 하지 말고 빨리 던져!"

아이들 실력이 죽지 않았다. 첫판은 최후의 1인의 대결까지 간다. 두 번째 판은 '이대호' 상황이 등장. 두 명 대 다섯 명이 남으면 오늘부터 이대호라나 뭐라나. 피구가 끝나고 수돗가로 가서 세수하고 머리도 적신다. 나도 더워 머리 감고 오니.
"선생님. 화보 찍으세요!"
"머리 한번 찰랑해 주세요."

## 8월 27일 화요일

출근하고 상쾌한 마음으로 창을 열었지만 비가 어젯밤에 내려서 그런지 습도가 좀 높다. 아이들이 들어오자마자 알아서 에어컨을 틀고 창을 닫는다.

"나 1학년 때 실내화 신고 운동장 나갔다가 손바닥 자로 맞았어."

"나 장난치다 걸려 선생님이 옆머리 빌빌 꽜어."

"너 어제 내 카톡 보냈는데 왜 씹었어?"

"우리 엄마가 읽었어."

"헉."

"우리 교실 텔레비전이 엄청 커져서 적응이 안 돼요."

"티브이가 너무 커졌어요. 눈이 아파요."

"영화 보면 좋을 것 같아요."

어제 텔레비전을 큰 사이즈로 교체했다. 너무 커져서 나도 적응이 안 되긴 매한가지다.

"1학기 책은 버려요? 영어책도요?"

"안 돼~ 살려. 영어, 도덕같이 학기 표시 없는 건 올해 내내 써야지."

"이미 버렸는데."

허겁지겁 학교 폐지함에 달려가 음악책 이병, 영어책 일병, 도덕책 상병, 미술책 병장을 구해 온다. 작대기가 군대 계급에 맞춰 그어져 있어 찾기가 쉬웠다는데.

수학시간이다. 1단원은 분수의 나눗셈이다. 1 ÷ 1/2부터 시작한다. 하지만 설명도 하기 전에 교과서에 먼저 풀고 있다. 모든 아이들이 방학 때 선행을 해 온지라 진도 나가는 속도가 빠르다. 일단 교과서는 마무리 짓고 분수의 나눗셈으로 이야기를 만들었다. 분수의 곱셈 문제로 만든 녀석들이 많았지만 나눗셈이나 곱셈이나 사촌이니 뭐. 만든 문제를 모둠 아이들과 같이 풀어 본다.

**규현:** 케이크 8조각을 지윤이와 규현이가 1/2씩 나누어 먹으면 한 사람당 4조각을 먹을 수 있다.

**태윤:** ○○이의 생일을 이유로 파티를 열기로 했다. 심부름으로 마트에 간 ○○이는 두부를 사려 했다. 두부를 한 사람당 1/4모씩 주기로 한다. 32명이 파티에 온다고 한다.

**경란:** 한 마을에 흥부와 놀부가 살았어요. 흥부와 놀부는 아주 아주 사이좋은 형제였지요. 어느 날 사이좋은 형제에게 콩 하나가 생겼어요. 놀부가,
"동생아. 우리 콩을 나누어 먹을까?"
흥부는 칼을 가져와서 콩을 반으로 잘랐어요. 1인당 1/2씩 먹었어요. 흥부와 놀부는 콩 한 쪽도 나누어 먹는 사이좋은 형제였어요.

**류경:** 케이크 2조각을 4명에서 나눠먹는다면 1인당 1/2조각씩 먹습니다.

**준호:** 집에 목마르고 배고픈 도둑 6명이 들어가서 냉장고에 있는 수박을 놀이터로 가져갔다. 그러다 담배 피는 아저씨를 만나서 들고 가다가 수박을 떨어뜨려 1/10이 날아갔다. 그래서 옆 동네에 있는 놀이터로 가서 몰래 수박 9/10를 6명이서 나눠 먹었다.

**지윤:** 꼴뚜기가 문어와 오징어를 자신의 생일 파티에 초대했습니다. 케이크 6조각, 치킨 3조각, 주스 3컵. 맛있겠다!

**백하:** 사과 4개를 6명에서 나누어 먹습니다. 그러면 1인당 2/3씩 먹습니다.

**준우:** 난 배가 고파 치킨을 시켰다. 하지만 내가 치킨을 시키는 것을 본 박혜빈은 가만히 있지 않는다. 먼저 문 앞에서 대기하고 자기가 받는다. 그리고는 지가 문 앞에서 치킨 4/6을 먹는다. 난 '치킨이 왜 이렇게 안 오지'하고 기다린다. 참다못해 문으로 나가는데 박혜빈이 먹고 있는 걸 보았다. 난 그 즉시 뺏고 반 이상이 날아간 걸 보았다. 난 그대로 문을 잠궈 버린다. ㅋㅋ 난 남은 2/6를 먹었다.

**상진:** 피자가 2판(8조각짜리)이 왔는데 학원에서 빨리 먹으려고 뛰어오다 넘어져서 치료를 받고 다행히 돌아왔다. 나, 동생, 엄마, 아빠, 할머니, 할아버지와 친구 두 명이 같이 나누어 먹기로 했다. 그러면 1인당 2조각씩 먹게 된다. 하지만 피자집이 2+1행사 중이라 1인당 3조각씩 먹게 된다.

**서준:** 서준이가 야외 파튀를 하려 한다. 서준이가 친구들 여러 명을 초대하여 티 스테이크 쉬림프 피자 두 판을 시켰다. 1인당 1/3판씩 먹는다. 한 판당 9조각이라고 한다. 친구는 몇 명을 초대할 수 있는가?

**인해:** 사과 2개를 4명이서 나누어 먹습니다. 그러면 1인당 2/4씩 먹습니다. 약분하면 1/2씩.

**승은:** 8명이서 피자 4조각을 먹었습니다. 원래 피자는 얼마나 있었을까요?

**은비:** 피자 한 판이 12조각인데 7명이서 나눠먹으려고 합니다. 그리고 음료로 물 500ml를 7명이서 나누어 마시기로 하였습니다.

**현민:** 대머리 아저씨 3명이 있었다. 그들은 머리 스타일이 당연히 같았다. 어느 날 △△미용실에서 아저씨들이 원하던 머리스타일 1명 분량이 생겼다고 했다. 아니나 다를까 아저씨들은 부리나케 미용실로 뛰어갔다. 하지만 그중에 달리기가 빠른 김상식 씨가 1/3을 가져가 버렸다. 나머지 두 아저씨들은 얼마만큼씩 가져가야 하는가?

**민준:** 친구가 빵 10개를 샀는데 1/2을 주기로 하였다. 며칠 뒤… 친구에게 빵 좀 달라고 했더니 1개만 주었다. 왜 1개만 주냐고 물어보니까 8개를 먹어서 2개가 남았는데. 1/2을 달라고 하여서 1개만.

**효은:** 집으로 가던 삼각형은 우연히 달고나를 팔고 있던 아저씨를 봅니다. 아저씨는 삼각형에게 달고나를 1/4씩 자르면 달고나 한 개를 더 준다고 하셨습니다. 성공해 한 개를 더 받으면 삼각형은 자신을 포함해 딱 가족에게 모두 나누어줄 수 있었습니다. 그래서 도전해봤습니다. 삼각형네 가족은 모두 몇 명일까요?

**준혁:** 피자 10개를 10명이서 먹습니다. 그러면 몇 개씩 먹냐 하면 한 명서 1개를 먹어야 하는데 일반 사람들은 1개를 다 못 먹고 그러면 뚱뚱해진다. 그래서 1/3씩 먹기로 했습니다. 몇 명 더 초대해야 할까요?

**영민:** 친구 4명에서 6000원을 가지고 맥도날드에 가서 2000원짜리 불고기 버거 3개를 사 나눠 먹는다.

**주희:** 유튜브 채널을 운영하고 있는 김콕쿄 씨는 2명의 친구들과 함께 전구 9개를 아작아작 씹어먹어보려 한다. 1명당 먹는 전구의 개수는?

친구들이 만든 문제 풀이하느라 시간이 좀 더 걸린다. 한 시간 더 수학 하기로. 이런 건 큰 저항이 없다. 20분 정도가 남는다. 한 녀석이 묻는다.

"근데 왜 0으로 나누면 안 돼요?"

이런저런 상황을 놓고 설명을 했다. 어느 정도는 이해하는 듯하다. 그리고 나서 '0'이 들어간 나눗셈식에 이름을 붙이고 마무리한다.

| 상황 | 아이들이 붙인 이름 |
| --- | --- |
| '0 ÷ 0' 아무것도 없는데 아무것도 안 나눠 주면 1번을 줘도 되고 100번을 줘도 되지! 그지? | 〈'0 ÷ 0' 결과 이름 붙이기〉<br>나쁜 인간, 당연한 것을 선심 쓰듯 나타내는 이상한 놈, 날강두, 도둑, 사기꾼, 거지, 재수없는 아이, 약장수, 양아치, 응~ 없어, 거지 |
| '3 ÷ 0' 빵 3개가 있는데 아무것도 안 나눠 준대. 0개씩 나눠 준대. 결국 안 주는 거잖아. | 〈'3 ÷ 0' 결과 이름 붙이기〉<br>없어서, 자기 자신만 아는 이기적인 하지만 맞는 말이기도, 욕심쟁이, 0급인 0, 놀부, 양심 없음, 욕심쟁이, no |
| '0 ÷ 3' 아무것도 없는 사람이 3개씩 나눠 준대. 이건 불가능? | 〈'0 ÷ 3' 결과 이름 붙이기〉<br>바부, 정신이 오락가락하는 맹한 놈, 없는데 주고 싶은 바보, 이상한 놈, 착하다, 무기력, 무개념, 노답, 멍청이, 인심 좋은 파산자 |

 학급온도계가 500도를 넘었다. 500도 돌파 기념 체육. 오늘 체육시간에는 남자아이들이 좋아하는 축구를 하기로 했다. 여자아이들은 역시나 재미없다고 한다. 차는 게 어렵단다. 그냥 손으로 축구 하면 안 되냐고 묻기도 한다. 이거 완전 럭비구만. 5분 정도 차더니 저희들끼리 피구 하면 안 되냐고 묻는다.
 "그래! 그럼 남자애들 찰 때 피구 하고 와~"
 반면에 남자아이들은 정말 좋아한다. 발목 힘도 좋아져서 그런지 골대를 맞추면 기둥이 울릴 지경이다. 한 녀석은 신발을 골대로 넣을 기세로 강슛이다.
 "신발까지 들어가면 2점이죠?"

　　마지막 10분은 우리 반 전체가 크로스바 맞추기를 했다. 기회는 단 한 번! 역시나 어렵다. 자기 차례에 공을 차고 나서 여자아이들은 스탠드로 가서 쉬겠단다. 이것도 별로 재미없단다. 남자아이들은 기회를 더 달란다. 도전이 계속된다. 수업 종이 칠 무렵 영민이 드디어 1호로 넣는다. 잠시 후 준호도 맞힌다. 두 녀석은 기분이 좋아 보인다.

　"이거 국가대표팀에서도 하는 훈련이죠? 봤어요."
　"선생님, 이게 잘 안 맞네요. 참 쉬운 게 없어요."
　"인생이 그런 거야."
　"어른들은 왜 다 그런 말을 해요. 100번은 더 들었어요."

　　공 정리하고 체육자료실을 잠그려 했지만 열쇠가 문에 끼어 안 나온다. 연수, 영민, 준혁이가 남아서 뺀다. 그냥 포기하고 올라가자~ 난 먼저 올라왔는데 세 용사는 결국 남아서 뽑고 왔단다. 대단하다!

　"계속 이리저리 돌리다 보니 툭 빠지던데요."

　　교실에 올라오니 에어컨이 켜지지 않는다. 더운데 야단이다. 에러코드가 뜨길래 행정실에 알려 드리니 에어컨 모터 고장이란다. 창문 열고 선풍기 풀가동! 그래도 열기가 식혀지지 않는다. 실내 온도가 더 올라가는 듯하다. 냉장고를 열어 보니 1학기에 진로프로젝트 하고 남은 얼음이 두 봉지 있다. 녹았다가 다시 얼어서 그런지 얼음이 한 덩이로 뭉쳐져 있다. 책상에 강하게 내리쳐 산산조각 내고 아이들과 나눠 먹는다. 역시 얼음이 짱이다. 에어컨 없이 4교시까지 어찌어찌 넘기고 급식 먹으러 간다. 줄을 선다. 키, 출석, 선착을 놓고 서로 옳다며 우기는데.

　"얘들아. 작은 애들이 먼저 먹자! 키번호로~"
　"그래도 우리 배려해 주는 건 키 작은 우리 선생님뿐이에요."

 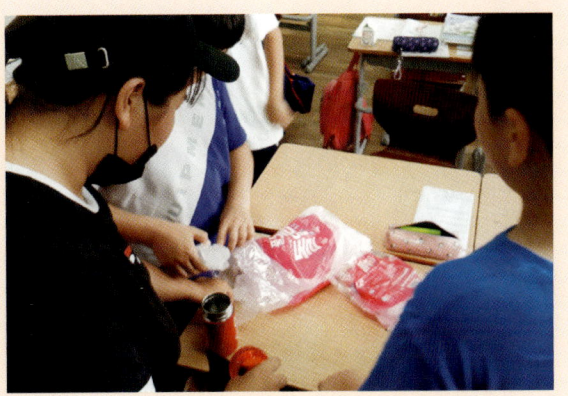

점심 먹고 올라오니,

"아싸 너! 아싸 너! 아싸 너!"

규칙은 지목된 아이들이 '돼지가 발톱에 빨간 매니큐어 바르기'를 빨리 말해야 한다. 1학기 때 몇 번 본 것 같기도 하고. 지목된 아이 옆에 있는 두 명의 아이들이 그 말을 못 하게 입을 막는 게임이다.

"야! 넌 반칙이야. 너 입이 너무 커. 절대 안 막혀."

"근데 넌 목이 너무 길어."

"그게 목이 긴 거랑 이 게임이 무슨 상관이야."

"이제 우리 어려운 낱말로 하자!"

"파란 돼지 빨간 립스틱 어때?"

"그건 너무 쉬워."

"간장공장공장은. 이거 하자."

"그건 너무 어려워."

"파란 햄버거에 파란 고추장 넣기?"

"파란 햄버거에 상추 와사비 젤리 넣어 먹기?"

"파란 햄버거에 그냥 초록색 와사비 넣기?"

한참을 놀더니 에어컨 고장으로 아이들이 힘겨워한다.

"선생님. 언제 고쳐 줘요? 빨리 AS 불러 줘요."

"옛날에는 나 어렸을 때는 선풍기 두 대만으로도 여름 났다구!"

"그때는 교실에 에어컨이 없었잖아요."

국어시간이다. 윤희순에 대한 글이 나온다. 최초의 여성 의병장. 하지만 아이들은 처음 듣는 이름이라고 한다.

> 1895년 을미사변, 단발령 / 1896년 동학농민운동 / 1905년 을사늑약 / 1907년 정미조약 / 1910년 경술국치 / 1913년 시아버지 사망 / 1915년 남편 사망 / 1919년 봉오동 전투 / 1920년 청산리 대첩 / 1920년 간도참변 3469명.
> 75세까지 중국 대륙을 떠돎. 사라지지 않는 독립의 꿈. 아들 유돈상이 일본군에 잡힘. 아들은 감옥에서 나오자마자 죽음. 열하루 째 식음 전폐하다 윤희순도 죽음. 60년이 넘게 타국의 땅에서 살다….
> 〈낮에는 농사 밤에는 군사훈련. 지도자가 모범을 보여야 한다. 남을 가르치려면 먼저 내가 모범을 보여야 한다.〉

연도와 역사적 사실이 나오자 아는 만큼 몰입이 된다. 근데 나 혼자 열심인지. 아이들 눈은 서서히 잠기고 마음도 촉촉해 보인다. 아이들이 너무 졸려 보인다. 감동적인 독립투사의 일대기도 6교시의 졸음 앞에 그저 까맣고 하얀 글일 뿐이다.

"우리 독립투사 윤희순을 위해 라면 하나 뽀개 먹을래?"
"우아~ 윤희순 멋져요."
"감사합니다. 윤희순~"

 **8월 28일 수요일**

경란이가 미술 입시를 포기하기로 했단다. 2학기에 어떻게 할 건지 궁금해 아침에 물어보니 담담하게 말한다. 너무 평안하게 말해 안쓰럽기도 하고 다행이기도 한 묘한 감정이 교차한다. 남자아이들은 아침부터 공을 만지작거리며 놀고 있고 여자아이들은 네임스티커를 서로 핸드폰에 붙이며 이야기꽃을 피운다.

"선생님. 우리 학교 시스템 이상해요."

이런 말을 들으면 가슴이 덜컹 내려앉는다. 시스템이 잘못되었다는 말에 나도 모르게 자리에서 일어난다. 돌직구보다 묵직한 무언가가 날아올 것 같은 예감이다. 이렇게 시작하면 보통 예민한 문제로 귀결되기에.

"우리 학교는 왜 6학년이 4층 써요?"

"그게 뭐 잘못됐니?"

"1~2학년 애들이 팔팔한데. 6학년 되니 계단 오르기가 힘드네요."

농담인지 진담인지.

"아니 그게, 말이야."

"그리고 2학기 들어서 선생님 피구 심판 능력이 떨어졌어요."

"맞아요. 오심이 너무 많아요."

"피구장 옆에 삼각대 세우고 핸드폰으로 계속 찍어야겠어요."

"아니! 이 녀석들이."

"오늘 소나기 온다는데 빨리 나가요. 1교시 체육이잖아요."

제기 20개 챙겨서 내려간다. 올해 목표로 5개를 잡았다. 2명을 제외하고는 2개에서 끝이다. 핑계도 많다.

"제 손 보세요. 제기 때문에 손이 노랗게 물들었어요. 초록색 제기 만졌는데."

"바람이 불어서 안 돼요~"

"다리가 길어서 안 올라가요."

"나 제기차기 진짜 못해. 축구공은 잘 되는데."

"그냥 제기 멀리차기 하죠~"

여자애들이 어느새가 그늘로 들어가 이야기하고 있다. 수다 본능인지 제기는 바닥에 내려놓고 깔깔 소리만 가득하다.

"날씨가 너무 좋은데 제기는 별로 재미없다. 그지?"

"제기보다 달리기 하고 싶다. 이어달리기."

"얘, 이게 장미 에센스야?"

"우리 그냥 제기 술 개수 세자. 바람의 방향과 강도에 영향을 주거든."

얼추 정리한다. 제기는 축구 골대에 올려놓으라고 했다. 축구 골대 위 그물에 올리는 것도 제법 재미있는 놀이가 된다. 남은 시간은 저 멀리에 있던 7반이랑 피구 시합 한 경기를 하기로 한다.

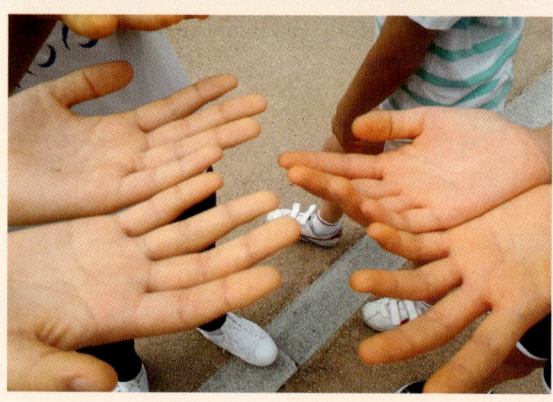

1교시에 에어컨 모터 교체를 했단다. 교실에 오니 에어컨이 잘 돌아간다.

"에어컨 고치니 너무 좋아요."

"근데 아직 1교시밖에 안 지났어. 언제 끝나냐!"

"요즘 학교 나오기 힘들어. 국어, 수학 수업 재미없어."

이런 말을 들으면 잘해 주고 싶다가도 마음이 역동작이 걸린 것 같은 느낌이 든다.

어제 라면 뽀개 먹으며 끝냈던 의병장 윤희순에 대해 다시 읽고 인상 깊은 말과 행동에 대해 이야기를 나누었다.

- 그럼 나라를 빼앗기고 왜놈들 종으로 살자는 것입니까?
"그냥 강렬해요. 끌어당기는 매력이 느껴져요."

- 조정 대신이란 놈들이 나라를 팔아먹으려…
"높은 신분을 가진 사람들이 더한 것 같아요. 일반 백성보다 못한 것 같고. '안사람 의병가'를 만들려고 노력하는 부분이 감동적이에요."

- 우리 고구마밖에 없는데 괜찮다면 이거라도 내놓겠네.
"일단 좀 빡치네요. 나라를 위하는 마음이 느껴졌어요. 집이 있고 돈이 많은 부자가 아무리 돈을 다 낸다고 해도, 물론 그것도 가치가 있겠지만 저한테는 제 생각에는 이 고구마가 더 가치 있게 느껴져요."

- 자식을 왜놈의 종으로 살게 내버려 두고 싶은 사람은 한 분도 없을 것이다.
"엄마의 힘이 느껴져요. 그때나 지금이나 엄마는 자식을 사랑하고 힘이 세요."

한 여자아이가 윤희순을 독립운동가 중에 GOAT라고 한다. Great Of All Time. 한 편의 글이 한 아이의 생각을 바꿔 놓았나 보다.

"윤희순 더 찾아볼게요. 좀 기분이 그래요."

팝콘 하나 돌려 먹는다. 회장들이 가위바위보 했는데 남자가 이긴다. 새로 산 팝콘이라 더 신선한지 전자레인지에 김이 모락모락 올라오는 듯하다. 향이 예전 것보다 더 진하다. 우아! 영롱한 빛깔! 맛있겠다. 남자아이들이 먼저 다 먹고 여자아이들 거 훔쳐 먹으러 왔나 보다. 여자아이들의 강력한 스크럼. 그 틈으로 손이 들어가고 팝콘 몇 개는 바닥으로. "이건 생태계다. 경란아 막아!" 근데 나한테 오지도 않고 저희들끼리 해결한다. 바닥도 알아서 깨끗이 닦아 놓았다.

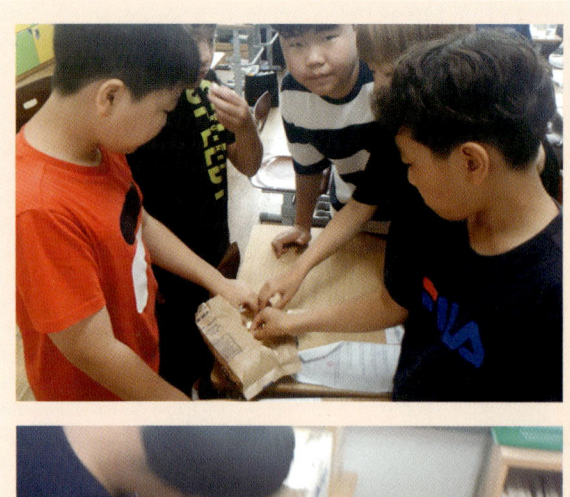

"선생님, 산모기 물리면 어떻게 돼요?"
"응? 지금 나 바빠서. 잘못되면 말라리아 같은 병에 걸리지 않을까?"
"아까 최영민이 이따만 한 산모기 만지고 저한테 묻히려고 했어요."
"나 모기 만지고 손 씻고 왔다고. 그리고 그거 산모기 이런 거 아니라고."

오늘 음악시간에 2부 합창을 하기로 한다. 합창은 정말 어려워한다. 나무의 노래 윗성부를 일단 몇 번 불렀다. 노래도 익숙지 않아 2부 합창은 천천히 연습하기로 하고 멜로디로만 몇 번 더 불렀다. 오늘은 아이들이 모두 알고 있는 '젓가락 행진곡'으로 간단한 2부 합창을 해 보기로 한다.

> 소프라노: 솔솔솔 솔솔솔 솔솔솔 솔솔솔 시시시 시시시 도도도 도시라 솔솔솔 솔솔솔 솔솔솔 솔솔솔 시시시 시시시 도솔미도
>
> 알토: 파파파 파파파 미미미 미미미 레레레 레레레 도도도 도레미 파파파 파파파 미미미 미미미 레레레 레레레 도

너무나 유명한 젓가락 행진곡. 모둠별로 알토, 소프라노 파트를 나눠 계이름으로 연습한다. 노랫말도 하나 샘플로 만들어 같이 불러 본다. 모둠별로 가사도 만든다. 시간이 부족해 요건 다음 시간에 이어서 하기로 한다. 가사 짓는 소리에 체육이 메아리처럼 울린다. 체체체! 체체체! 육육육! 육육육! 좋아요! 좋아요! 얼른해! 지금해!

> 솔솔솔솔솔솔 솔솔솔솔솔솔
> 임현민초미남 임현민초귀염
> 파파파파파파 미미미미미미
> 그것은거짓말 그것은거짓말

오늘부터 내가 다이어트를 시작했다. 건강검진 결과가 일단 좋지 않다. 밥 대신에 두부를 주식으로 먹는다고 아이들에게 미리 알려 주었다. 학교 급식이 이상해 안 먹는다는 오해받을까 봐. 옆에 앉은 여자아이들이 걱정이 많다. 밥 먹는 내내 내 식판을 바라보며 저희들끼리 나의 건강을 위해 대책을 세우겠다는데. 이런 문제로 관심을 받으니 부담스럽다.
"제가 인간 비타민 되어 드릴게요."
"원푸드 다이어트 안 좋아요. 두부만 먹으면 안 돼요. 면역력 약해져요."
"그리고 물 2L씩 매일 드세요."

## 8월 29일 목요일

먼저 온 아이들이 교실 뒷문에서 기다리고 있다. 등교하는 아이가 뒷문을 열면 먼저 온 아이들이랑 가위바위보를 한다. 지면 유튜브에 자주 나오는 "노~" 하는 억양으로 말하며 등교하던 아이들을 밖으로 보낸다. 교실 밖으로 나갔다가 5초 뒤에 다시 가위바위보를 한다. 이기면 "호롤롤로루~"라 외치며 들어오는데, 재미있어 보인다. 남자아이들은 "노~"라고 말하는 게 재미있는지 이겨도 져도 무조건 "노~" 소리를 내어 준다. 20여 분의 등교 시간! 그들에게는 어쩌면 하루 중 가장 행복한 시간인지도 모르겠다.

국어시간이다. '의병장 윤희순' 인물의 말과 행동에 대해 마무리 학습을 했다. 경술국치일에 맞게 단원 배치가 되었나 보다. 정말 타이밍이 끝내준다. 경술국치 그게 중요한 날이냐고 되묻는 녀석도 있다. 그리고 왜 그날이 달력에 표시가 안 되는지도 묻는다. 경술국치일을 받아들이는 정도의 차이가 크다. 우리에게 너무나 큰 치욕을 잊지 않는 의미로 4행시 짓기를 먼저 했다. 역시나 말장난이 많다. 그래도 나름 의미를 담아 본다.

| | |
|---|---|
| **경**기 나는 일본의<br>**술**수에 넘어갔다.<br>**국**가를 잃은 날<br>**치**욕스러운 날. 치킨 한 마리? | **경**술국치일은<br>**술**프다. (슬프다)<br>**국**밥은 돼지국밥이.<br>**치**킨엔 치킨무. |
| **경**술국치일에<br>**술**을 먹으면 참 쓰다.<br>**국**가를 잃은 느낌이 들어<br>**치**사하고 야비한 일본을 싫어하게 된다. | **경**술국치일에 일본은<br>**술** 마시고 띵가띵가 행복했는데<br>**국**가를 잃은 우리는<br>**치**욕스러웠다. |

4행시 짓기를 끝내고 아이들이 자유롭게 생각을 말한다. 생각보다 아이들이 시사적인 것에 관심이 많다. 우리의 말들을 종이배에 띄워 일본에 보내는 퍼포먼스를 제안하는 의견도 있다.

"독일이랑 일본이 너무 달라요."
"난 아베를 욕하고 싶은데. 해도 돼요?"
"일본이 진상이에요."
"아바, 아니 아니, 아베, 노 재팬!"
"아베가 정말 싫어졌어요. 경제제재하는 이유가 황당했어요. 이런 걸로 보복하는 게 유치뽕짝이에요."
"며칠 전 뉴스에서 봤는데, 일본 정치인이 사과를 한 적이 없다라고 했어요. 그 아버지는 사과를 했는데."
"뉴스에서 봤는데 일본에서 평화의 소녀상을 가렸다는데요. 작품이 가진 뜻은 못 가린다고 생각했어요."
"어떤 (일본) 정치인이 독도를 자기네 땅이라 우기는데 짜증이 났어요."
"아베가 너무 이기적이고 유치한 것 같아요. 자기들이 잘못한 거 맞는데 보복을 해야 하나? 잘못한 거 인정하면 되는데. 유치원생처럼 너 잘못했으니까 나 이거 할 거야 이러니."
"아베가 전쟁놀이 좋아하는 유치원생 같아요. 두두두두두, 아악!"
"아베가 아베 같은 짓을 하는 거 같아요."

　남자아이들이 칼싸움 하는데 무지하게 재미있어 보인다. 수년의 칼싸움으로 다져진 내공에서 나오는 칼 부딪치는 소리에는 묵직함이 느껴진다. 그 펜싱경기 옆에는 몇몇 남자, 여자아이들이 공 독차지 놀이를 하나 보다. 공을 뺏어서 이리저리 도망 다니는 놀이 같다. 이런 놀이의 최종 종착지는 대부분 내 자리다. 이 단순한 공 뺏기 놀이가 뭐가 그렇게 재미있는지. 남자아이들이 "왜 너네는 자꾸 선생님한테 가냐"라며 비겁하단다. "악당이 우리를 쫓아오니까 보호자한테 왔지"라며 여자아이들이 받아친다.

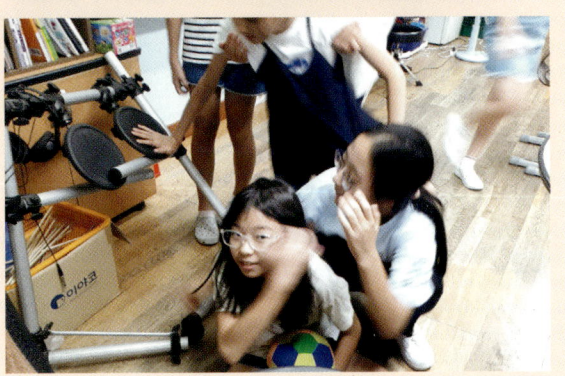

"선생님. 소나기 오는 것 같은데요."

칼싸움을 하던 남자아이들은 칼을 어느새 지팡이로 고쳐 잡는다. "아이고 허리야"라며 노인 놀이를 하는데 이것도 어울린다.

"근데 우리 체육 어쩌지!"

한 녀석이 나 제기 5개를 찼다며 자랑하자 아이들이 몰려든다. 갑자기 제기차기에 몰입하는 아이들! 음! 이 집단중독성. 하지만 5개를 넘기는 아이들은 별로 없다. 한 녀석은 옆차기로 제기를 차는데 웃지 않을 수 없었다. 그러다 남자아이들 2명이 소리를 지르고 싸운다. 제기 차다가 서로 부딪힌 모양인데. 많이는 아니지만 피도 난다. 두 녀석의 몸싸움이 일어난다. 그만하라고 내가 소리를 질렀더니 옆에서 말리던 아이들만 말리기를 그만두고 자리에 앉는다. 참. 정작 싸우는 녀석들은 감정의 관성대로 막말을 하고 있다. 다친 아이에게는 보건실 가서 소독하고 오라고 했다. 비 오는 날 밖에 나가지 못하니 극도로 스트레스를 받나 보다.

점심을 먹고 교실에 왔다. 소나기가 촉촉이 땅을 적셨음에도 밖에 나가잔다. 수학을 하기로 했는데 이것 참.

"불우 피구 이웃을 도웁시다!"

"우리 오늘도 열심히 공부했습니다."

"오늘 싸웠잖아, 너희들?"

"그건 잘못했네요."

수학책을 펴라고 하니 '너는 듣고 있는가 분노한 체육의 노래'가 들린다. 1학기 때 가사를 바꿔 불렀던 그 노래! 거대한 에너지가 전해진다. 내가 망설이고 있자 "지금 이 시간 지나면 후회하세요!"란다.

"그래! 책상 밀어라."

책상을 미는 손놀림에는 여유와 기대와 희망과 배려가 담겨 있다. 방금 전 살벌하기까지 했던 아이들이 서로 도우며 웃는 모습이 귀엽기도 하다. 싸운 두 녀석은 그래도 표정이 좋지 않다.

교실피구를 한다. 공을 잡으면 우리 편 한 명을 살리는 시스템은 역전이 언제든 가능하기에 쫄깃하다. 밸런스가 잘 맞는다. 셀프콜을 해서 심판이 필요 없는 듯하다. 세트 스코어는 2 대 2에서 3 대 3로 이어진다. 이때 수업을 마치는 종이 울린다.

쉬는 시간에 계속된 7차전은 상생의 피구! 서로 살리는 피구란다. 이미 6교시 시작을 알리는 종이 울렸음에도 1명이 남으면 상대편이 잡기 쉽게 살살 던진다. 다시 상대팀 인원이 3~4명 수준에 맞춰지면 다시 경기는 빡세게 진행. 그러다 또 1명이 남아 있으면 서로 도와주는 상생의 피구!

"이러면 끝이 안 나잖아?"

"네. 그렇게 하려고요."

"잡아! 이제 다음이 나야. 살려줘!"

어쩔 수 없이 규칙을 바꾸어 잡아도 살아나지 않게 했다. 경란, 은비 둘이 최종 선수로 남았다. 둘 다 던지기를 잘 해 네 번 정도 연속으로 강속구를 던져 받는다. 서로 지지 않으려는 승부욕이 강하게 느껴졌다. 아무리 세게 던져도 가슴과 손을 이용해 안정감 있게 잡는다. 잡자마자 곧바로 던진다. 팽팽하다. 잡을 때마다 아이들이 환호를 보낸다. 마지막에 낮게 날아온 공을 잡으려다 은비가 놓친다. 역대급 명승부였다.

　6교시는 학급회의를 하기로 한다. 초능력피구에 사용할 아이템을 아이들이 만들어 보고 싶단다. 오늘은 먼저 1학기 임원들의 고별행진이 있었다. 고생한 아이들에게 박수를 쳐주었다. 배경 음악은 없지만 아이들이 위풍당당행진곡 노래를 부른다.

"행진하니 기분이 이상해요."

"회장님들, 사인해 주세요. 저 팬이에요."

"회장님들, 고생했어요."

　아이들이 미리 생각해온 초능력피구 아이템을 브리핑한다.

---

능력부활자: 한 사람을 살릴 수 있는데 목숨이랑 초능력까지 살림.
진격의 거인: 상대편 5명 이상이 남았을 때 상대방보다 더 키가 클 때 상대방 진영으로 들어감.
성인독존: 그 사람보다 키 작은 사람은 다 죽는 것. (상대팀이 5명 이하 남았을 때)
　　　　　"그거는 너한테 유리한 거잖아요. 안 돼요!"
잡기왕: 잡을 때마다 우리 편 살릴 수 있음. 최대 3명까지.
도둑: 해킹박사로 알게 된 초능력을 하나 뺏을 수 있음.
다같이 댄스붐: 이건 별로 쓸모없는데 모두가 화났을 때 우리 편이랑 상대방 모두 10초 동안 춤을 춤. 기분 전환되고 좋음.
바람의 신: 10초 동안 손들고 펄럭이기. 발은 움직일 수 있음.
초능력 무효화: 이건 공 없을 때 사용. 종말의 카운트 같은 거 무효화 시킬 수 있음.
절망의 구렁텅이: 우리 편이 3명 남았을 때의 종말의 카운트다운. 경기를 한 방에 끝낼 수 있음.
으악! 내손: 이름이 불린 사람은 1분 동안 공을 잡을 수 없고 피하기만 해야 함.
오! 마이 페이스: 얼굴을 맞췄을 때는 맞춘 사람이 아웃.
인싸춤: 깽깽이로 1분 동안 다니기.
피하기의 신: 우리 편이 나 혼자 남았을 때 10번만 피하면 이김.
둥글게 둥글게: 상대팀 주변을 우리 편이 가서 둥글게 둘러쌈. 초능력 쓴 사람 아웃. 상대편이 공을 잡을 때까지 둘러싸서 던짐.

폭탄: 이름이 불린 사람은 40초 내로 공을 잡지 못하면 죽음.
보디가드: ○○은 나의 보디가드. 이름이 불린 사람은 3분간 무적이 되어 그 사람이 나를 지켜줌.
파이어 인 더 홀: 아이템을 썼을 때 공을 잡고 있는 사람이 죽음.
긴 목 돌머리: 안경 쓴 사람은 안경을 벗어야 함! 이 아이템을 쓰면 목이나 머리 맞아도 노 아웃!

 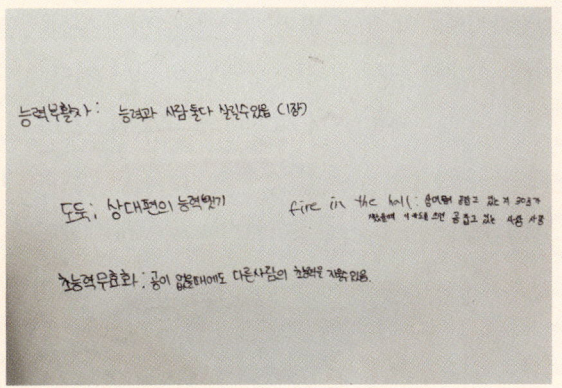

오늘은 발표 안 하던 아이들도 적극적으로 의견을 개진한다.

"저건 사기야."

"키 관련된 거 빼자."

"둥글게 둥글게는 종교 의식 같잖아."

"밸런스 패치 해야 해. 뺄 거 빼자."

"초능력 이름이 너무 이상해."

"능력 나누기는 밸런스 때문에 안 돼요."

"아이템을 추가할수록 밸런스 맞추려면 더 많이 만들어야 해요. 몇 개만 추가해요."

시간이 부족해 오늘은 제안 설명만 하고 다음번 회의시간에 초능력 아이템을 결정짓기로 한다.

## 8월 30일 금요일

두산이 이긴 날은 어김없이 내게 와서 "어제 두산 이겼어요"라고 말하는 녀석이 있다. 오늘 아침에는 날 봤지만 아무 말이 없이 지나간다. 어제 두산이 졌나 보다. 백하에게 심부름을 하나 시켰다. 이제 한국 말도 웬만큼 잘하니. 삼각대를 다른 반에 전달해 달라고 부탁했다. 내 말을 알아듣는지 가볍게 몸을 일으킨다. 복도에 나가서 어떻게 하는지 지켜본다. 그 교실 앞에 가서는 망설이며 어떻게 해야 할지 몰라 한다. 손가락을 그 교실 안쪽을 가리키며 들어가라고 신호를 주었다. 인사도 하고 두 손으로 예의 바르게 "안녕히 계세요" 끝인사까지 완벽하게 해냈단다.

주희가 사마귀 치료받는 걸 보여 준다. 생각보다 많이 부풀어 올라 있다.
"나 사마귀 치료 중이야. 근데 별로 안 아파."
"블루베리 같아."
"정말 맛있겠다."

국어시간이다. 추사 김정희와 소치 허련에 대한 글이 나온다. 일단 동영상으로 '만화로 보는 김정희'를 먼저 봤다. 역시 만화를 보는 아이들의 집중도는 매우 높다. 옹방강이라는 청나라 사람이 나올 때는 이름이 재미있다며 "옹방강 만나서 방강워"라며 웃는다.
"청나라 사람이 한국말 하는 거 실화냐?"
"저 청나라 사람처럼 머리 기르고 싶다."
어릴 때부터 신동으로 불렸으며 14살 때 박제가에게 학문을 배웠다는 김정희.
추사가 소치에게 견문(見聞)이 부족하다. '넌 나의 제자가 아니다'라는 혹평을 했다는 이야기로 시작한다. 우리 반 아이들에게도 혹평에 대한 트라우마가 있나 보다. 초사의 말에 바로 경험을 말한다.

> "공부 잘하는 것들이 더 심해! 스케이트 대회가 얼마 안 남았는데, 초를 재다가 너는 몇 년을 배웠는데 잴 때마다 느려지냐라고 했어요."
> "저는 손가락을 눕혀서 피아노를 쳤더니 어디 가서 선생님 제자라 하지 말라고 했어요. 피아노 칠 때는 계란 잡듯이 하래요. (근데 왜 계란 잡듯이 해야 해? 편한 대로 잘 치는 대로 하면 안 되나?)"
> "누가 했는지 기억이 안 나는데 친절한 말투로 어떻게 너는 잘하는 게 없냐라고 했어요. 웃으면서 해서 더 기분이 나빴어요."

> "혹평은 아닌데 과외선생님이 예전보다 너무 많이 놀러 다닌다, 너가 가는 곳이 노는 곳이다라고 하셨어요."
> "한자 급수를 딸 때 3급에 도전했는데, 빨리빨리 하려고 하루에 100자씩 외웠어요. 이틀 연속으로 100자 외우니 하기가 싫어졌어요. 그래서 엄마한테 하기 싫다고 하소연했는데, 엄마 왈, '그딴 식으로 할 거면 왜 시작했냐?' 책을 던지며."

혹평을 들었더니 우울한데 만두 하나 돌려 먹잔다. 지난번에 라면 부숴 먹고 남은 건더기 스프도 만두에 올리고 물도 살짝 뿌려 주고 전자레인지를 돌린다.

"우아! 이거 집에서 돌려 먹었는데 맛없었어요. 학교에서 먹으면 맛있어요."

"아빠가 그러는데 군대에서 먹는 게 제일 맛있대요."

두 개씩 먹고 나더니 또 응석이다.

"아 배고파요. 간식 더 주세요."

"위가 간지럽다는데요."

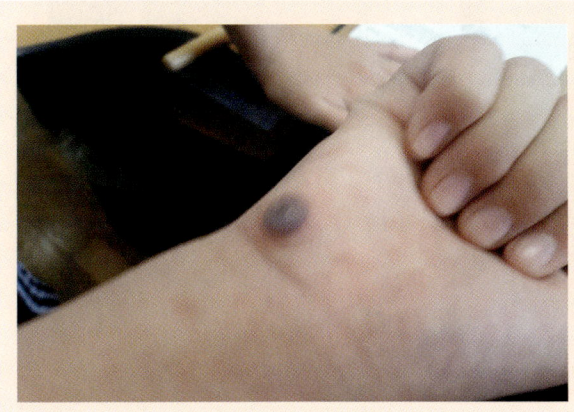

컴퓨터시간에 포토북 만들기를 한다. 일단 회원가입부터 한다. 이메일이 없는 친구들은 내 것을 빌려준다. 사진을 인터넷에서 찾아 앨범 형식으로 만드는데 주제가 다양하다. 축구, 연예인, 좋아하는 동물 등.

"스냅스 책 만드는 거 재미있어요."

"집에 가서 해도 돼요?"

"집에 가서 하는 건 좋은데 학교 컴퓨터시간에 할 것도 남겨 두셔."

　여자아이들은 중간놀이시간에 '딸기가 좋아' 게임을 한다. 남자아이들은 뭘 하는지 모르겠지만 서로 붙어서 놀고 있다. 몸을 사용하는 대화인지 신체접촉이 많아 보인다. 이내 여자아이들이 노는 곳으로 슬금슬금. 딸기 게임을 남자아이들이 방해한다. 딸기! 키위! 참외! 수박! 망고! 리듬을 꼬이게 중간중간에 다른 과일 소리를 넣는다.

　수학시간에 분수의 나눗셈을 한다. 태풍의 눈보다 더 고요했던 수학시간! 길고도 깊은 한숨 소리가 들린다. 오늘 40분 내내 교과서로 진도를 나갔다. 암튼 고생했다.

　미술시간에 옷 만들기를 했다. 찾을 게 있다며 핫스팟 좀 켜달란다. 내 이름도 검색했나 보다. 내 이름이 도둑이라나 뭐라나. 옷 디자인을 찾더니 만들기 시작한다. 재단사 같은 손놀림. 실물 크기의 옷을 만드는지라 한 녀석은 전지에 누워 있다. 재단사 역할을 맡은 녀석은 조심조심 치수에 맞춰 그리고 누워 있는 아이는 "아이 골반아" 외치며 빨리 마치라고 보챈다. 치수를 다 재고 디자인이다.
　"얘들아, 이 핑크색 어떻게 만들었어?"
　남자아이들이 핑크색을 잘 못 만드나 보다. 여자아이들이 물감을 몇 개 고르더니 적당히 섞어 핑크색을 만들어 준다.
　"얘들아, 나 핑크색 만들어 왔어."

"어 수고했고 가서 너 뒷정리해. 뒷정리하라고."

"실컷 만들어 줬더니 고맙다는 말도 안 하고."

"엉, 고마워."

"자연스럽게 그러데이션 넣으려고 했는데 지저분해. 상의는 그냥 깔끔하게 하자."

"이거 망해서 덧칠하는 것처럼 보여."

"뭐래? 근데 그렇게 보이네. 맞어."

"우리는 그냥 고추장색으로 칠하자."

"한쪽 방향으로 계속 칠해야지. 붓칠 섞으면 이상해 보여."

"여기 선 있는데 조심히 칠해. 같이 조심하자. 근데 손이 떨려. 너무 떨리네."

"오! 마치 하늘에 별을 뿌려 놓은 것 같아."

"너 자꾸 비꼴래?"

"아니 사실적으로 말한 건데."

옷을 다 만든 한 녀석이 팔과 손에 물감을 잔뜩 묻히고 와서는 내게 묻는다.

"선생님 물감 팔에 묻혀서 놀아도 돼요? 화 안 내실 거죠?"

"어! 화는 안 내고, 혼낼게."

"조금만 놀게요. 물감 오랜만에 만지니 기분이 좋아요."

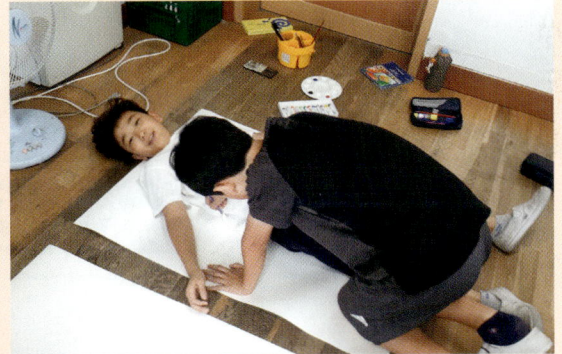

##  9월 2일 월요일

아침에 백하가 1등으로 등교한다. 아리수 받으러 나가다 백하를 만났다.
"주말 잘 보냈어?"
"네. 잘 보냈어요."
"선생님 보고 싶었어?"
"네. 많이 많이요."
이제 제법 농담도 섞어 말을 한다. 많이 늘었다.

서준이는 주말 동안 아빠랑 있었던 일을 말한다.
"아빠랑 내기했는데, 윗몸일으키기 300개 하면 피자 사주기로 했어요."
"그래서 했어?"
"네. 300개 다 했어요."
"그거 어떻게 하냐? 300개 쉽지 않은데. 대충 한 거 아니야?"
"100개 하고 2분 쉬고 그렇게 했어요."
좀 몸이 단단해진 것 같기도 하다.

태윤이가 말한다.
"선생님! 워너원 틀린그림찾기 앱을 깔았는데."
"그런 앱도 있어?"
"근데 애들이 이상한 글 올려서 싫어요."
"그러게. 틀린 그림만 찾으면 되지 왜 그런다냐."
"이상한 사람들 참 많은 거 같아요."

주희가 말한다.
"여기 머리가 더 짧죠?"
"비슷한 것 같은데."
"머리가 꼬여서 못 풀었는데 제가 그냥 잘랐어요."
"헉. 진짜?"
한 녀석이 친절히 다른 방법을 설명해 준다.
"그럴 때는 마요네즈 바르고 빗으면 되는데."
"근데 엄청 꼬여서 마요네즈도 안 될 것 같았어."

오늘 준혁이 생일인가 보다.
"방준혁, 생일 축하해."
여자아이들이 진심을 담지 않고 대충 말했나 보다. 또 일부 여자아이들이 비꼬는 말투로 반어의 의미를 담아 축하한다고 하자 거친 말이 쏟아진다.
"그래서 어쩌라고. 그렇게 말할 거면 하지 마!"
반면에 남자아이들은 "생신 축하합니다~ 사랑하는 완벽미남 준혁님~ 생신 축하합니다." 축하노래도 불러 준다. 생신이라며 한 끝발 높여 부르며 말이다.

텔레비전을 교체하고 채널탐색을 안 했더니 학교방송채널이 잡히지 않는다. 아침에 방송조회가 있는데 치치직 소리를 연방 내고 있다. 아이들은 그 화면을 보고 일개미들이 열심히 일하는 것 같단다. 오늘 새로운 교장, 교감선생님이 오셨다. 부임 인사를 하는데 채널탐색하느라 5분을 보냈다. 탐색을 끝내니 영상과 소리가 잡힌다. 교장선생님께서 동화 형식으로 뭔가를 보여 주고 계신다.

"넘어진 만큼 자라납니다. Try Again!"

이 말을 듣자마자 남자아이들이 정말 바닥으로 넘어진다.

"교장선생님 대기업 사모님 같아요."

"우아~ 이쁘시다."

"너희 교장, 교감선생님 뵈면 인사 잘해~"

"저희 그 정도는 알고 있어요. 잘한 일로 걸리면 꼭 5반이라고 하고요, 이도건 선생님 이름도 말할게요."

"잘못한 일로 걸리면 다른 반으로 댈게요."

사회생활의 기본은 이제 다져진 것 같다.

1교시 국어시간 시작 전에 금요일에 완성한 옷 발표하는 시간을 가졌다. 옷에 줄을 달아 몸에 고정하고 런웨이를 걸으려고 했으나 아이들이 극구 반대한다.

"나이가 있죠. 그런 건 1학년이나 하는 거라고요."

"옷을 걸치는 것만으로도 충분히 얼굴이 빨개져요."

〈은비, 주희〉
저희 몸에 맞추면 허리까지 오는 정도의 옷이고요. 가운데에 투게더라고 썼는데 이상하게 쓴 것 같죠? 맞아요. 안 어울려요. 옷 바탕은 우주를 표현했어요. 우주 속에 우리가 살고 있고 이 점 중 하나가 바로 지구예요.

〈준혁, 연수〉
저희가 만든 것은 저희가 제일 좋아하는 축구팀 첼시예요. 삼성으로 해야 하는데 이 시국에 요코하마를 써 버렸어요. 영어를 못 읽어서 바보같이 요코하마를 썼어요. (괜찮아! 이런 건 당연히 괜찮아!) 그리고 첼시 마크 사자를 그려야 하는데 그리다 망해서 그냥 사람을 그렸어요. 근데 사람 안 같고 비행기 같죠?

〈승은, 경란〉
승은이가 예전에 이런 옷을 입고 와서 만들었고요. 할 게 없어서 승은이 옷이랑 똑같이 만들었어요.

〈백하, 지윤〉
일상복으로 하려고 했는데 어쩌다 보니까 우리나라 교복 아닌 다른 나라 교복같이 되었네요. 여름이라 시원한 색상으로. 결국 교복 아닌 교복이 되었습니다.

〈준호, 인해〉
제일 비싸게 하기 위해서 명품 로고를 넣었어요. 제가 생각해 봤는데 이 옷의 이름을 '5억'이라 짓고 싶어요.

**〈민준, 영민〉**

좀 작죠? 유아용은 아니고요. 저희는 토트넘팬은 아니지만 손흥민을 좋아하는 마음에서 그렸고요. 이 마크는 타조랑 비슷하죠? 아닙니다. 사실 토트넘 마크입니다.

**〈상진, 현민〉**

상진이가 희생해서 몸을 종이에 대어 그린 것이고요. 원래는 색연필로 하려다가 힘들어서 물감으로 바꿨어요. 옷에 있는 문구는 아무 의미 없이 마구마구 썼어요. Nothing, Impossible! 여기 이상하게 된 부분은 하다가 실패했는데 그냥 주머니로 하기로 했어요.

〈서준, 준우〉
저희는 돈복이 많이 있으라고 노란색! 그라데이션으로 색 표현을 했어요.

〈규현, 류경〉
개미허리 옷, 아니 유아허리 옷이고요. 쇼핑몰 찾아보다가 예쁜 게 있어서 치마랑 티를 했고요. 글자를 뭘 쓸지 고민하다가 글자만 하면 밋밋하다고 해서 스마일을 그렸는데 망했어요.

〈효은, 태윤〉
가디건, 청치마, 베레모로 생각을 했는데 엄마가 너무 평범한 것 같다고 비범하게 하라고 해서 만들었어요. 이건 박나래만 입을 수 있어요.

"준혁아. 너 생일인데 받고 싶은 선물이 뭐니?"
"선생님이 너 생일선물 주실 거야."
"체육이면 돼! 다른 것보다 체육이 좋아."
"오늘 정말 저 기분이 안 좋아요. 요즘 힘드네요. 체육 한 시간 하면 힘이 날 것 같은데. 체육 선물 받고 싶다!"

아이들이 몰려온다. 내 옆에 턱하니 앉더니 이내 겹겹이 나를 둘러싸며 시위를 하고 있다. 본인들은 괜찮은데 오늘 생일을 맞은 준혁이를 위해서. 누군가는 우리의 상황과는 맞지 않지만 홍콩 시위 이야기를 꺼내기도 한다.

"생각해 볼게"라는 나의 말에 1차 포위선을 해제해 준다. 2차 포위망은 남자아이들이라 더 거칠다. "긍정적으로 생각해 볼게." 말이 점점 교묘하게 정치적으로 바뀌고 있다.

긍정이라는 말에 "믿습니다"라며 아이들은 저희들끼리 게임을 하러 간다. 여자아이들은 마피아 게임도 하고 딸기 게임도 한다. 아이고. 정말! 아싸! 치카치카! 아싸! 메롱! 아싸! 안경! 아싸! 꼬질꼬질! 아싸! 전화전화! 아싸! 멍멍이! 아싸! 마님! 아싸! 실내화! 내가 뭐였지? 남자아이들 몇몇이 여자아이들 게임하는 거 방해하러 오지만 오늘은 준비된 일격에 격퇴당한다. 뒷문 쪽으로 밀려난 우리 남자아이들! 그래도 끊임없이 방해하러 오는데….

    과학 에너지 단원이다. 먼저 전기에너지부터 시작한다. 나름 쉬운 동영상을 골랐지만 아이들은 어려워한다. 직류와 교류 이야기가 나오자 아주 관심 있는 두 명 정도만 집중한다. 나머지는 졸려 하며 전기에너지는 정말 정말 어렵단다. 에디슨이 나오면 잠시 눈빛이 총총. 역시 에디슨은 인지도가 높다. 과천과학관 테슬라 코일을 보여 주며 "현장체험학습 갈래?"라고 했더니 모든 기운이 돌아온다.

    위치에너지와 운동에너지 동영상은 롤러코스터가 제격이다.

    "에버랜드 현장체험학습 가면 우리 반 다 같이 타요! T-익스프레스요."

    무한도전 100회 특집 정준하가 짜장면을 먹으며 타는 장면인데 정말 반응이 좋았다. 다들 봤으면서도 안 본 척….

    수학시간이다. 분수 ÷ 분수의 원리 설명을 한참 했다.

    '5/4 ÷ 5/7'

    칠판 한가득 원리를 한참 설명하다 애들이 퍼져 버린다.

    "선생님, 그냥 뒤집어서 곱해요."

    "맞아요. 그게 제일 간단해요."

    "그래! 일단 곱하자!"

이번 주 금요일에 청와대 견학을 가기로 했다. 일단 청와대에 있는 건물을 한자로 알아본다.

### 청와대(靑瓦臺)

1. 춘추관(春秋館)
2. 녹지원(綠地園)
3. 상춘재(常春齋)
4. 여민관(與民館)
5. 구(舊) 경무대(景武臺) 터: 천하(天下)제일(第一)복지(福地)
6. 청와대 본관(本館)
7. 영빈관(迎賓館)
8. 칠궁(七宮): 우리는 안 감.

이런 거 설명할 때는 한자가 필요한가 보다. 한자 한 글자씩 뜻을 말해 주니 금방 이해된단다. 청와대 소개 동영상도 보고 아이들이 질문한다.

"점심은 어떻게 해요? 통인시장 정말 가요?"
"음, 이건 좀 더 생각해 볼게. 이날 우리 학교 임원수련회가 있어서 시간 계산을 좀 해야 할 것 같아."
"대통령 볼 수 있어요?"
"못 볼 듯. 지금 동남아 순방 가서서…."
"뉴스에 보면 청와대 입장하는 장면 나오는 곳에서 사진 찍을 수 있어요? (본관을 말하나 보다.)"
"특별한 일이 없으면 본관 앞에서 사진 찍을 수 있지."
"근데 대통령이 회의 중에 소리 지르면요? 일 좀 제대로 하라고 아~~악 하고요."
"음… 화도 내시겠지."
"우리가 청와대에서 소리를 지르면요?"
"일단 누군가가 네 입을 막을걸."
"임원수련회 때문에 우리 통인시장 가는 거 피해 볼 수 없어요. 임원들만 먼저 학교 돌아가면 안 돼요?"
"잘못하다가 청와대 잔디밭 밟고 그러면 어떻게 해요? 사진 몰래 찍다가 걸리면요?"
"그 잔디밭(녹지원)에서 축구 한 게임 하면 안 돼요?"
"공 차다가 대통령이 맞으면 어떻게 해? 안경 부러뜨리고요."
"초등학생의 최대 무기 있잖아. 최대한 불쌍하게 울면 돼!"
"우리 학교에도 본관 있는데 이게 그런 본관이에요?"
"축구하다가 대통령 공 맞추면 '사람이 먼저다! 문재인입니다' 성대모사 하면 돼."
갑자기 화제가 연예인으로 넘어간다. 이유도 맥락도 없다.
"나 어제 고창석 만났어. 사진도 찍었어. 현대백화점 하늘공원에서."
"난 김준호. 남양주에서."
"난 김제동. 커피 마시는 거 봤어."

아이들 보내고 일기를 본다. 참 마음 아픈 구절이 보인다. 학교에 오면 체육 하고 싶다는 말이 그냥 하는 말은 아닌 것 같다.

'난 요즘 하는 일이 공부하고 숙제하고 먹고 자고 이게 끝이다.'

한 녀석의 일기에는 고깃집 다녀온 이야기가 나온다. 이게 진리지!

'내가 구우면 힘들고 네가 구우면 맛없고 남이 구우면 맛있다.'

한 녀석은 풋살 이야기를 썼는데 100% 공감이 된다.

'이상하게 오른발로 집고 왼발에 공이 가는 경우가 많다. 그러면 왼발 크로스가 잘 안 되는데.'

 **9월 3일 화요일**

아침에 체육팀 바뀐 것을 칠판에 붙여 놓았다. 체육팀 바뀌었다고 말을 안 해주니 아무도 눈길을 주지 않는다.

**늦여름팀:** 임현민(BOSS), 양연수, 김민준, 김상진, 이서준, 박경란, 배규현, 전륜경, 한지윤, 황승은
**초가을팀:** 박준우(BOSS), 강인해, 방준혁, 최영민, 윤준호, 최백하, 김주희, 신은비, 이효은, 황태윤

한 녀석이 봤나 보다.
"야! 팀 바뀌었다!"
"난 가을이 더 좋은데. 난 이 팀 이름 마음에 들어."
"늦여름은 뭔가 팀 이름이 질 것 같아."
"늦여름은 지나가는 시간이고 초가을은 오는 시간이야. 우리 팀 이름이 더 좋아."
"늦여름은 왠지 처지는 느낌이지?"

준우가 눈병이 걸렸단다. 쌍둥이 누나(동생인지 모르겠다. 둘의 의견이 달라서)가 며칠 전에 걸렸다니 옮았나 보다. 일주일 정도 준우를 못 볼 것 같다. 잠시 후 어머님께 유행성 결막염이라는 문자가 온다. 어제 눈 비비며 졸려 보이던 준우의 모습이 스친다. 아침에 몇몇 아이들이 학교 우쿨렐레 나르는 봉사를 하고 왔다. 은비, 경란, 주희, 민준이가 다녀왔는데 고맙기도 하고 미안하기도 하고.

교실 비밀번호가 332로 바뀌어 있다. 열쇠가 이상한지 자꾸 비밀번호가 돌아간다. 조만간 또 고장 날 것 같은 예감이 든다.

오늘 에어컨이 또 고장 났다. 부품을 갈아야 한다는데 내일쯤 AS 온다고 한다.
"우리 에어컨 안 나와서 오늘 어떻게 살아요?"
교실과 복도에 있는 위, 아래 창을 모두 열었다. 예전에는 이렇게 여름을 났는데. 다행히 오늘은 견딜 만하다.

국어시간에 추사 김정희의 제자 소치 허련에 대한 글을 다시 읽었다. '마르고 건조한데 윤기가 있다'는 표현을 아이들이 재미있다고 한다. '지성과 건성을 모두 가진 피부'라는 한 녀석의 말에 빵 터진다.

체육시간이다. 2학년 아이들이 운동장에서 자전거 교육을 한다. 그래서 트랙을 피해 필드 한 가운데에 자리 잡았다. 제기차기로 몸을 풀고. 오늘도 역시나 제기 색깔에 따라 손이 물든다. 초록색 제기가 제일 심하게 묻어 나오는지 초록색 제기가 제일 인기가 없다.
"초록색 제기 없애야 해요. 손에 너무 묻어요."
센터서클에서 색다른 피구를 하기로 했다. 노랑, 빨강 팀식별 아대를 끼고 수비편은 모두 원 안에 자리 잡는다. 공격편은 한 명만 원 안에 들어가고 나머지는 원 바깥에 위치한다. 던져서 맞추는 피구가 아니라 공을 잡은 공격편 사람이 공으로 상대편을 터치하는 게임. 패스길이 되는 원 안에 들어가는 한 명의 공격수 역할이 매우 중요하다. 원 안의 공격자에게 패스가 들어가면 모두 움직일 수 없다. 이때 터치가 되면 아웃! 그래서 센터 공격수는 부지런히 원 밖에 있는 우리 편 친구들과 공을 주고받으며 위치를 잡아야 한다. 첫 번째 경기는 원 가운데에 륜경이가 들어가고 나머지 친구들은 모두 밖에서 패스. 1분 동안 겨우 1명 아웃이다. 2차전 빨강팀은 영민이가 원 안에 들어가서 3명이나 아웃된다. 5명이 아웃되면 벌칙으로 팀원 모두 축구골대 한 바퀴 돌고 오기를 걸고 경기는 계속된다.

"시야가 좁아! 넓게 봐."

"던지지 말라고! 움직여."

"미리미리 움직여 자리 잡아."

가운데 들어가는 술래를 2명으로 늘린다. 2명이 들어가니 벌칙을 받는 팀이 계속 나온다.

"원 안에서 하는 게 더 재밌어요."

"맞아. 주도적인 느낌! 기분 좋아요."

오랜만에 타악기 수업을 했다. 새로운 장단을 배운다. 하나둘셋넷 둘둘딱넷 × 8번, 하나둘딱넷 × 16번. 오랜만에 치는지라 천천히 시작하라고 해도 역시나 휘모리는 칠수록 빨라진다. 아이들은 테를 치는 '딱'에서 역시 어려워한다. 체육을 하고 바로 온지라 손은 연주하고 눈은 반쯤 감긴다. 잠깐 쉬었다 합시다!

플라스틱 통에 물을 넣고 공을 차는 도구를 학급운영비로 샀다. 공은 플라스틱 통에 묶여 있어 멀리 날아가지 않는다. 축구를 좋아하는 남자아이들의 답답함을 풀어 주고 싶었다. 보자마자 서준이랑 준호가 통에 물을 가득 받아온다. 차면서 재밌단다. 새로운 아이템이 너무 좋아요! 지나가다 툭툭, 한 번씩 찬다. 하지만 물 담는 플라스틱 통을 영민이가 살짝 밟았는데 깨져 버렸단다. 깨진 플라스틱을 보며 붙여 오겠다는데, 안 될 것 같다. 딱 하루 버텼다.

영어교과시간에 떠든 아이들이 또 나왔다. 오늘 벌써 두 번째다. 머리끝까지 분노가 올랐지만 창밖을 여러 번 보며 간신히 눌렀다. 떠든 아이들에게 스스로 태도 점수를 매겨 보라고 했더니 눈치를 보며 5점, 10점, 빵점이라고 답한다.

학급 회장, 부회장들은 오늘 우리 반 학급온도를 2019년 들어서 처음 낮춘다. 한 번도 내려간 적이 없었는데 오늘은 상황이 심상치 않은지라 눈치를 보며 온도를 내린다. 그래도 우리 반은 뜨겁다. 557도다!

청소시간에 두 녀석이 빗자루질 하며 쇼트트랙 경기를 해서 혼냈다. 교실 바깥쪽을 따라 쓸면서 쓰레기를 모으는 경기인데, 모은 쓰레기의 양보다는 속도를 다투는 경기란다. 혼나고 나서도 인코스를 서로 하겠다는 모습에 웃지 않을 수 없었다.
"내가 인코스 쓰레기 모을래."
"싫어. 아웃코스에는 쓰레기가 너무 많아."

오늘도 역시 일기에 명문이 등장한다.

'체감 상 2학기는 1학기보다 빠르다고 들어서 정신 빠작 차리고 해야겠다.'

'수영장에 가면서 오랜만에 아빠께 안마를 해드렸는데 정말 근육이 많이 뭉쳐 계셨다. 솔직히 괜히 울컥했다. 정말 힘드실 것 같았다. 아빠 힘내!'

'남은 6학년 동안 하고 싶은 게 많다. 롤러코스터도 앞자리와 뒷자리가 가장 재미있듯이 초등학교도 입학과 졸업이 중요하다고 생각한다. 그 무엇보다도 체육을 많이 하고 싶다.'

 **9월 4일 수요일**

어제 한 녀석이 결막염에 걸린 준우에게 카톡을 보냈는데 준우가 씹었다고 한다.
"감히 내 카톡을 씹어?"
"많이 아프니까 그렇겠지."
"저도 눈이 간지럽고 좀 부었는데 보냈는데 말이에요."

연수가 아주 작은 신발을 하나 사왔는데 아이들이 모여 있다. 예쁘다며 손가락에 끼워도 본다. 개신발이란다. 바다(연수네 강아지)가 신는 신발!

"수평선, 지평선, 태평양 신발이에요."

1교시는 국어시간이다. 지난 시간에 이어 추사와 소치가 나오는 글을 마무리하기로 한다. 인물의 인상 깊은 말이나 행동을 찾아보고 발표하는 시간을 가졌다.

〈자네는 자네의 스승을 찾게, 나는 내 제자를 찾을 터이니.〉
- 그냥 멋있었어요. 저는 이 말을 들어도 기분이 별로 나쁠 것 같지는 않아요. (오! 대인배)
- 말뜻이 정확히 뭔지 모르겠는데 오묘한 느낌이라서요.
- 인상 깊었어요. 하지만 막상 들으면 기분이 나쁠 것 같고, 욕할 것 같은 느낌이에요.

〈그림을 그렸는데 시가 읽히고 글씨를 썼는데 세상이 그려졌다.〉
- 그림 그리다 미쳤나 하는 생각이 들었어요. 갑자기 이런 말이 나와서요. 엉뚱한 말을 하는 것 같았어요. (선문답이라고 하지? 산은 산이요 물은 물이다.)
- 체육은 체육이다!

〈나무와 바위 말고 뭐가 있는가?〉
- 그냥 평범한 나무와 바위 그렸는데 이런 말을 하는 걸 보니 생각이 깊은 거 같아요. 하지만 나무는 나무요, 바위는 바위다.
- 뭐가 그럴싸한 말이고 멋진데, 실제로 이런 것을 따지는 아이들이 있다면 좀 이상하지 않나요?

〈건조하기는 마치 가을바람과 같고, 부드럽고 윤택하기는 마치 봄비 같구나!〉
- 이거도 뭔 말인지 모르겠는데 멋있어요. 건조하기는 건조기에 말린 오징어 같고 윤택하기는 개털, 비단결, 대머리, 빨랫감 같았어요. 이렇게 하는 것도 좋을 것 같아요.

〈그 나무는 자네의 나무인가?〉
- 추사는 온 세상을 그렸다는데 그러면 온 세상은 자기 것일까?

〈나는 나무에 어떤 의식을 넣어 내 나무로 그릴 것인가? 이 모란은 내 모란인가, 아닌가?〉
- 괜히 폼 잡는 느낌이 들고요, 막상 말하고 나면 무슨 뜻인지 모를 것 같아요. 가오 잡는 느낌?

〈내 내면을 깊고 그윽한 무엇으로 채우지 않고서는 제대로 된 그림을 그릴 수 없겠구나.〉
- 추사는 내면의 그윽한 느낌이 뭔지 아는 거 같아요. 제 내면에 갑자기 초코향이 나는 것 같아요.
- 선생님은 아재 냄새가 나요. 머리에는 엘라스틴향이 몸에서 딸기향이. 그윽함은 아니지만요.

〈추사 선생은 무심한 듯이 책이나 화첩을 허련에게 건네주기도 했다.〉
- 추사는 냉정할 줄만 알았는데 츤데레.

"근데 일본말은 쓰지 마요."
"일본말 하나 정도는 괜찮아."
아이들이 요즘 일본의 경제보복 때문인지 일본과 관련된 말이 나오면 굉장히 예민하게 반응한다.

남은 시간은 2단원 관용표현을 공부한다. 아이들이 관용표현은 이미 생활 속에서 많이 경험했나 보다. 오늘은 '간이 부었다'와 '손이 맵다'에 대해 알아보았다.

- 엄마가 숙제하라고 했는데 "내일 숙제할게"라고 말했더니 엄마가 "너 간이 부었구나"라 그래서 그냥 했어요.

- 장난으로 엄마 핸드폰을 가져갔는데 엄마가 "니가 간이 부었제?"라고 말해서 그냥 얌전히 "아뇨"라고 말하고 돌려줬어요.

- 누나가 "니가 간이 좀 부었구나"라고 말해서 누나랑 싸웠는데 졌어요. 누나한테 많이 맞았어요.

- 동생이랑 싸웠는데, 마이 마덜 세드,
 "동생이 오빠한테 대드냐? 니가 간이 부었냐?"
 그래서 제가 "간이 부으면 우루사 먹어야지"라고 말했다가 맞았어요.

- 누나랑 키가 비슷해서
 "누나 키 좀 작아졌네!"
 "너 간댕이가 작아졌네."
 저를 소파에 눕히고 헤드락 걸고~

- 게임하다 걸려 륜경이가 인디언 밥을 했는데, 륜경이 손이 정말 매웠어요. 우리 룬경이!

- 아빠한테 맞았는데요. 매운 손이었어요. 거짓말해서 엄청나게 혼났는데, 매 맞기 싫어서 계속 울었는데, 아빠가 이거 하나도 안 아프다며 아빠 허벅지를 때렸는데 엄청 뻘개졌어요. 진짜 아파 보였는데 안 아프다 했어요.

- 2학년 때 김○○한테 맞았는데 "야~ 넌 손 왜 이렇게 맵냐?"라고 말했더니 "더 매운맛을 보여 주겠다"라 했어요.

- 여름에 친구랑 교보 가서 앨범을 사고 떡볶이를 먹고 있었는데 친구가 포스터를 들고 안 줬어요. 그리고 그걸 들고 막 흔들어서 등을 한 대 때렸어요. 제 손이 좀 매운데 친구가 물 마시다 컥컥!

- 5학년 생일날이었는데 신발장에서 신발을 갈아 신고 있었는데, 누가 제 등을 엄청 세게 때렸는데 손바닥 자국이 남았어요. 손이 엄청 맵더라고요.

수업 중간에 에어컨 수리기사님이 오셨지만 아이들의 발표가 계속된다. 에어컨 수리와 수업이 동시에 이루어진다. 에어컨 모터를 다시 교체하자 아이들이 박수 치며 좋아한다.
"우아! 시원하다."
에어컨을 틀지도 않았는데 이런 기적이.

두 짝꿍 이야기다. 녀석들이 절대 자리를 붙이지 않는다. 책상을 20센티 정도 띠우고 갈라져 있다.
"이러면 서로 마주 보고 앉게 할 거야. 얼른 책상 붙여!"
그래도 10센티 정도 띠운다.
"선생님. 재네들 위해 책상 새로 하나 사요. 둘이 함께 앉을 수 있는 붙임책상으로요."
"그냥 붙여 앉아. 너희가 이러니 남북통일이 안 되지!"
이 말은 정말 오랜만에 듣는 말.

2학기에는 연극수업이 있다.
"너희는 평생 연기를 했으니 아마 연극은 쉬울 것 같아!"
"선생님한테 배운 게 90%입니다."
오늘부터 12차시 연극을 시작한다. 연극선생님이 오시는데 아이들이 반겨 준다. 지금까지 봤던 연극 이야기를 먼저 발표하고 시작한다.

> "어릴 때 〈구름빵〉, 〈방귀대장 뿡뿡이〉, 〈캣츠〉 봤어요."
> "저는 〈오즈의 마법사〉를 봤어요."
> "여름방학 때 〈죽여주는 이야기〉 대학로 가서 봤어요."
> "〈번개맨〉! (우아~하며 어린 시절의 감성에 젖는다.)"
> "〈라이온킹〉 봤어요! 어릴 때는 못 알아들었는데 그래도 흐름은 기억이 나요."
> "애기 때 〈빨간 모자〉, 〈아기 돼지 삼형제〉 봤어요."
> "연극 보러 가서 어떤 사람이 즉석퀴즈 냈는데. 제일 먼저 손든 사람 줄게요 해놓고 제가 먼저 들었거든요? 근데 '네! 2등입니다'라고 했어요. 자기가 제일 먼저 들었다고요. 근데 상품은 받았어요."
> "큰 공연 보러 갔는데, 100회 특집으로 상품을 줬어요."
> "현대무용 살풀이 하는 거 봤어요. (살풀이라!!!)"

첫 시간은 가볍게 시작한다. 모둠별로 색이 다른 천을 나눠 주시고 천을 이용해 즉흥 상황을 만들어 연극으로 표현한단다. 우리 반 아이들이 가장 잘하는 분야다! 이미 발현된 창의적 능력이 오늘 꽃을 피운다.

방과후 선생님, 지나가던 중생, 봇짐, 낚시 가는 아저씨

레드 카펫

'소녀를 용서하여 주시옵소서' 사약 먹고 피 토하는 장면

고려를 침략하겠다는 홍건적

나는 양탄자, 파도, 바다

치마, 아바타, 지니, 채소, 드레스

대머리아저씨, 배그 자기장

네뷸라(마블 캐릭터)

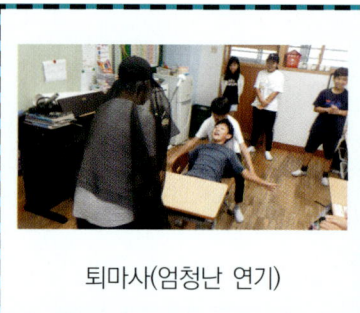
퇴마사(엄청난 연기)

모기장, 돌

똥

김밥, 벌초, 유령

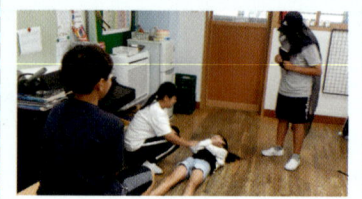
12시 10분 55초에 저랑
염라대왕께 가시죠.
제가 왜요? 죄 없어요.
그럼 다시 돌아가~

 음악시간이다. 지난주에 만들던 젓가락 행진곡에 가사를 입혀 2부 합창을 한다. 역시나 '파파파파파파 미미미미미미 레레레레레레 도레미'로 이어지는 아래 파트가 잘 들리지는 않는다. 그래도 쉬운 멜로디니 2부 합창의 신비로움을 맛볼 수 있겠다.

| 소프라노 | 오뚜기 진라면 농심은 너구리 신라면 진짬뽕 비빔면 육개장 왕뚜껑 컵누들 새우탕 핵불닭 볶으면 맛짬뽕 참깨라면 |
|---|---|
| 알토 | 누가바 비비빅 수박바 죠스바 쌍쌍바 보석바 빠삐코 고드름 돼지바 비얀코 싸만코 주물러 거북알 체육해요 |

| 소프라노 | 국어도 싫어요 수학도 싫어요 체육이 좋아요 체육좀 합시다 사회도 싫고요 과학도 싫고요 체육이 좋아요 체육해요 |
|---|---|
| 알토 | 시러요 시러요 시러요 시러요 좋아요 좋아요 좋아요 좋아요 싫어요 싫어요 싫어요 싫어요 좋아요 짱좋아요 |

'젓가락행진곡'의 가사를 바꿔 2부 합창을 마친다. 원래 우리가 2부 합창하기로 했던 '나무의 노래'로 돌아간다. 위성부로 나무의 노래를 한 번 부르고 아래성부 음정을 천천히 연습한다. 아이들은 아래성부 노래가 너무 이상하다며 무섭단다.

5교시라 그런지 졸려 보인다. 우리 반 아이들의 최애곡 〈라이온킹〉 'Circle of life'를 한 번 부른다. 앞부분에 나오는 줄루족 언어를 유튜브 영상을 보며 따라 부른다. 이 부분은 정말 줄루족이 된 것처럼 몸동작까지 따라 하며 열심히 부른다. 줄루족이 영국군 물리친 이야기로 양념도 치고. 다음 음악시간에도 〈라이온킹〉 OST를 부르기로 하고 마친다.

'Circle of life'를 대구지하철 3호선에서 부른 플래시몹 동영상이 옆에 있길래 봤다. 근데 아이들이 우리도 식당에서 한번 하자고 한다. 아니 청와대에 가서 문재인대통령 회의할 때 한번 하자고 한다. 청와대 가는 버스 탈 때 부르자는 아이도 있고 7반이랑 피구 할 때 응원곡으로 하자는 의견도 있다.

"줄루어 원어로 하는 거죠?"

'Circle of life'를 생로병사라고 말하는 녀석이 있다. 적절한 비유라며 칭찬해 주었다. 아이들이 내 나이를 물으며,

"근데 선생님은 언제 죽을 거예요?"

"아직 절반은 못 산 거 같은데?"

"아니 죄송해요. 언제까지 사실 거예요?"

"행복하게 오래 사세요."

### 아이들 일기

- 우리 반 애들이 방학 때 변할 수도 있겠다하고 생각하고 있었다. 하지만 그것은 나의 착각이었다. 우리 반 아이들은 변한 것이 1도 없었다. 변한 것을 굳이 말하자면 겨우 얼굴이 탄 것. 사람이 변하지 않는 것이 맞을지도 모른다.

- 방학 때 본 브링 더 소울. 아미인 나는 심장이 쿵쾅쿵쾅 뛰어댔다. 영화가 시작하고 방탄의 얼굴이 나오는데! 순간 소리를 지를 뻔했다.

## 9월 5일 목요일

"안녕하세요. 오늘 처음 뵙겠습니다."
아이들이 날 보고 이렇게 인사한다. 난 하나도 안 웃긴데 이 말이 바이러스처럼 퍼진다. 한 녀석이 말한다.
"니들 초딩처럼 왜 그래?"
"지도 초딩이면서 중딩처럼 말하네."

준우가 내일 청와대 견학을 가고 싶다고 엄마에게 졸랐나 보다. 하지만 엄마가 너무 단호하게 말해서 안 된다며 도와 달라고 하는데. 아직 병원에서 유행성 결막염 완치가 되지 않아 어렵다는 소견이 나왔단다. 정말 데리고 가고 싶지만 이건 안 될 것 같다.

어디서 이상한 냄새가 나길래 교실 뒤편을 뒤졌다. 스티로폼 박스 안에서 1학기에 시킨 떡볶이 떡이 썩고 있었다. 택배로 온 것을 여태껏 뜯지도 않고 모두가 잊어버렸나 보다.
"곰팡이 폈어요. 근데 냄새가 생각보다 괜찮은데요?"

내일 청와대 견학을 가기에 안전교육을 했다. 일반적인 사항은 귀에 딱지 내릴 만큼 많이 들었기에 간단히 설명했다. 특히 개인행동 하지 말 것과 목적지에서 꼭 내릴 것을 강조했다. 그나저나 내일 아침에 출근길이 많이 붐빌 텐데 걱정은 된다. 설명이 끝나고 아이들이 질문을 한다. 청와대 경찰 아저씨들은 권총 차고 있는지 묻는 녀석도 있다.
"잔디 잘못 밟으면 잡혀가요?"
"손으로 잔디 만지는 건 괜찮아요?"
"줄 서서 이동하다가 삐져나오면 어떻게 해요?"
"근데 우리 반에서 나중에 대통령 나오면 어떻게 해요?"
"제가 대통령이 되면 매일 체육 한 시간 확보하는 법을 만들게요."
"야~ 대통령은 법 못 만들어. 사회시간에 배웠잖아."

1교시는 국어시간이다. 관용표현 두 번째 시간! 20개 정도의 관용표현을 알아보고 아이들과 의견을 나누었다. 철면피(鐵面皮), 무안(無顔), 망부석(望夫石), 산통(算筒)은 한자로 설명하니 진짜냐고 되묻는 녀석도 있다.

"발이 넓다는 요즘 인싸라 하죠!"
"망부석 들으니까 제주도 갔을 때 외돌개 생각이 나요."
"엄마가 너는 물에 빠져도 입만 동동 뜬다고 했어요."
"머리가 크다는 게 가분수예요?"
"만화책에서 할머니가 할아버지를 업어 달라고 했는데, 할머니가 가볍냐고 물었는데, '당신은 허파에 바람도 들고 양심도 없고 머리에 든 것도 없어서 가벼워'라 했대요."
"제 친구들 중 약간 저보다 시끄러운 아이가 있는데요. 3초도 안 쉬고 이야기해요. 근데 다른 애들이 그 아이가 말이 많아 잘 싸운다고 생각하는데 사실 아니거든요. 그리고 그 친구 입이 가볍다고 다른 애들이 말하는데 그것도 아니거든요. 괜찮은 친구인데 오해가 있는 거 같아요."
"선생님의 수업은 삼천포로 빠지는 경우가 많아요. 지난번에 스티브 잡스 이야기를 혼자 한참 하시더니."
"하브루타 시간에 서로 주고받는 토론을 했는데, 처음에는 주제에 도움이 되는 이야기에서 게임에 도움이 되는 이야기로 삼천포로 가 버렸어요."
"저희 반의 피구 경기는 손에 땀을 쥐게 하는 경기가 많아요. 명경기를 만드는 신은비와 박경란을 신박으로 부르죠."
"얘한테 장난을 치면 무안을 줘요. 뼈 때리는 말도 하고요. 하루 날 잡아서 손 좀 봐야 할 것 같아요. 옥상에서요."
"손이 맵다 대신에 손에 불닭볶음면을 바르다가 어떨까요?"
"제가 오늘 입이 무거워서 발표하기가 좀 그렇네요."
"저희 철면피이지만 배고파요. 라면 하나 뽀개 먹어요."
"뱃가죽이 달라붙겠는데 라면 하나로 되겠어요? 또 철면피이지만 쭈쭈바도 하나 먹어요."

태풍 링링으로 인하여 금요일에서 토요일까지 잡혀 있던 임원수련교육이 취소되었다. 추후 안내라고 하는데 학사 일정상 따로 잡기 어려울 것 같다. 취소되어서 아이들이 슬퍼할 줄 알았는데 이게 영 반응이 반대로 나왔다.

"우아~ 내일 통인시장에서 배불리 먹자. 천천히!"
"내일 방과후 풋살 한다. 오예 ^^"

논술시간이다. 10개의 제시어를 듣고 중학교 생활에 대해 쓴다. 10개의 제시어를 모두 사용해야 하는 미션이다.

"난 순대국이 왜 제시어야?"

"나랑 바꾸자. 난 여친이야."

"아무리 그래도 사람이랑 순대국을 바꾸는 건 아닌 것 같은데."

"난 제시어가 삼성이야. 선생님, 삼성 요즘 왜 이래 못해요?"

"근데 삼성이 두산보다는 우승 많이 한 거 알고 있지?"

**제시어: 다이어트, 영화, 치킨, 새친구, 떡볶이, 쌍절곤, 집, 도서관, 순대국, 고양이 발바닥**

중학교에 올라가 조금 더 몸을 가꾸기 위해 다이어트를 하고, 문화생활을 늘리기 위해, 새 친구를 더 많이 늘리기 위해 영화를 많이 본다. 친구와 같이 맞는 음식을 먹기 위해 그리고 편식하지 않으려고 다양한 음식을 많이 먹어 본다. 예를 들어 배고픔을 달래기 위한 순대국, 간단히 먹을 수 있는 분식 떡볶이 같은 음식이 있다. 학업에 집중하기 위해서 도서관에서도 열심히 공부하고 집에서도 열심히 숙제를 한다. 몸을 더 건강히 키우기 위해 쌍절곤을 연습한다. 또 강아지 털을 깎아주고, 고양이 발바닥 털도 깎아주는 등 친구를 위해서 잔심부름 능력도 준비한다. 축구, 야구 경기도 좋아하는 애들이 많을 것이기 때문에 치킨도 먹을 줄 알아야 한다.

**제시어: 친구, 방탄, 용기, 남친, 잠, 점심, 입학식, 배려, 축구, 음악**

내년, 즉 2020년 난 중학교에 입학한다. 중학교에서 친구를 많이 사귀고 싶다. 그 목표를 이루기 위해 지금부터 더 착하게 배려하며 생활할 것이다. 만약 친해질 기미가 보이지 않으면 용기 내어 친해지자고 말할 것이다. 그리고 방탄소년단과 엑스원을 더 격하게 덕질하기 위해 돈을 아껴 앨범과 포스터를 살 것이다. 또 중학교에서는 초등학교보다 공부를 애들이 더 열심히 하니까 나도 열심히 남친 따윈 사귀지 않고 공부할 것이다. 중학생 돼서는 딴짓 안하고 잠을 더 자고 싶다. 그땐 내가 공부를 되게 열심히 할 것이기 때문에 휴식이 필요하다. 입학식이 가장 기대된다. 친구들에게 보이는 첫 자리이기 때문에 다이어트를 기필코 성공할 것이다. 점심이 너무나 맛있으면 어쩔 수 없지만… 축구와 같은 운동이나 음악 같은 것도 결코 꿀리지 않는 내가 되도록(?)이면 노력하고 싶다. 근데 2020년 되면 수능 객관식 문제가 모두 없어진다고 한다. 내 찍기 실력이 발동되지 않는 것이 매우 아쉽다.

**제시어: 용기, 축구, 방탄, 점심, 입학식, 잠, 배려, 음악, 여친 친구**

내년에 중학생이 되면 입학식의 떨림과 설렘으로 가득 차서 전날에 잠을 못 이룰 것 같다. 새로운 친구들을 만나야 하는 두려움을 이겨내려면 용기가 필요할 것이다. 또, 좋은 고등학교를 가야 하기 때문에 여친 따위는 신경 쓰지도 않고 학업에 열중할 것이다. 또 내 마음을 relax 해야 하므로 혹은 문화생활, 취미 생활을 위해 방탄과 키드밀리의 음악을 들으면서 공부에 해가 되지 않도록 할 예정이다. 중학교 공부는 체력전이므로 잠을 일찍 자고 일찍 일어나 상쾌하게 공부를 할 것이다. 공부를 한다고 해서 운동을 게을리 할 수 없으므로 축구를 좋아하는 친구들과 축구를 할 것이다. 한국인은 뭐다? 바로 밥심이다. 맛있는 무학중 급식, 즉 맛난 점심을 먹으며 즐길 것이다. 내년에는 친구들과 싸우지 않고 친구들을 배려하는 잘 생긴 이서준이 되겠다.

**제시어: 입학식, 배려, 음악, 점심, 용기, 축구, 방탄, 잠, 친구, 남친(여친)**

입학식을 맞이한다고 생각하니 벌써 마음이 힘들다. 초등학생과는 다르고 선배님들에 눈초리를 받을까 봐 무섭기도 하고 중학생이 되면 등교시간은 더 댕겨지고 아침에 일어나면 준비할 게 많을 것 같아 용기가 필요하다. 용기를 가지기 위해서는 방탄소년단에 둘 셋 이라는 음악을 들으면 될 것 같다. 목소리도 좋고 얼굴도 잘생겨서 마음이 안정되기 때문이다. 나와 친한 친구들이 많이 올라오면 좋겠다. 그럼 정말로 배려해줄 수 있는데… 학업에 집중하기 위해 남자친구는 만들지 않고 학업에 열중할 것입니다. 낮잠이나 잠을 오래 자야 되는데 시간이 줄어드니 수업이 힘들어질까봐 걱정이 되기도 한다. 초등학교에선 축구를 좋아하는 남자 얘들이 많았는데 중학교 가서도 축구선수 이름으로 놀릴 아이들이 있을까 걱정되기도 하다. 그리고 가장 궁금한 건 점심이 얼마나 맛있게 나오나이다. 나는 급식이 맛있게 나오고 시험을 별로 어렵지 않게 내는 곳으로 가고 싶다.

**제시어: 새친구, 순대국, 치킨, 쌍절곤, 떡볶이, 도서관, 집, 영화, 고양이 발바닥, 다이어트**

새 친구를 사귈 준비를 한다. 친구가 순대국을 좋아할 수 있으니 먹는 연습을 한다.
음식을 계속 먹으면 살이 찔 수 있으니 다이어트를 한다. 일진방어책으로 쌍절곤을 가지고 다닌다. 친구가 올 수 있으니 집을 치운다. 도서관에서 같이 공부를 한다. 친구와 공포영화를 본다. 고양이 발바닥을 만지며 스트레스를 해소한다. 스트레스 해소용으로 치킨을 먹는다. 떡볶이를 먹으려고 돈을 들고 다닌다.

**제시어: 친구, 방탄, 용기, 남친, 잠, 점심, 입학식, 배려, 축구, 음악**

오늘은 내가 중학생이 되고 난 후의 생활을 생각해 보았다. 나는 조금만 더 있으면 중학생이 된다. 점심은 맛있을까? 지금으로서는 잠이 가장 필요한 것 같다. 중학교에서 만날 친구들은 어떨까? 친구와 친해질 때에는 용기와 배려가 필요하다. 내 생각에는 중학교에서도 많은 친구들이 방탄을 좋아하고 축구와 음악도 좋아하는 친구가 많을 것 같다. 내 주위 친구들 중 소수는 남친을 사귀고 싶어하는 친구들도 있지만, 이해가 잘 되지는 않는다. 나의 지금 목표는 가고 싶은 학교에 가서 친구들과도 잘 지내고 공부도 열심히 하여 콘서트, 팬미팅, 팬싸인회도 열심히 다닐 것이다. 워너원에서 존버하여 성덕이 되어 잘 지낼 것이다.

**제시어: 용기, 방탄, 축구, 점심, 입학식, 잠, 배려, 음악, 여친, 친구**

내년에 나는 중학교 입학식을 하게 된다. 새로운 친구를 만나기 위해 용기가 필요하다. 요즘 친구들이 음악이나 방탄에 대해 많이 알기 때문에 중학교에서 아싸가 되지 않으려면 좀 알아야겠다. 또 점심이 맛있을지도 기대가 된다. 나는 운동신경이 별로 좋지 않은데 친구들이 축구 같은 운동을 많이 할지도 모르니 연습해야겠다. 중학교에 가면 여친 사귀는 일보다 공부에 집중해서 성적을 올려야겠다. 그리고 교실 친구들을 배려해서 발도 넓어지고 왕따가 되지 않아야겠다. 그리고 나는 중학교 가면 수업시간에 자 보고 싶다. 근데 죽을 각오를 해야 할 것 같다.

중학교 이야기로 말하는 '2분 30초 스피치.' '2분 25초~35초'에 스피치를 마치면 승리하는 경기이다. 토론선생님께서 시간에 맞게 스피치한 사람에게는 아이스크림을 쏘시겠단다! 아이들이 서로 발표하겠다고 한다.

첫 번째 주자 영민이는 말이 너무 빠르다. 준비한 글은 길었지만 말을 다 하고 나서 시간이 너무 안 간다며 시계를 한참 쳐다본다.

영민이가 시간이 남는 것을 본 상진이. 시간을 끌려고 헛기침 여러 번 하고 시작한다. 발표지에 적어 온 양이 그다지 많지 않기에 천천히 호흡을 하며 말하기도 한다. 시간을 중간중간 곁눈질로 확인한다. 하지만 마지막 20초 정도가 남았을 때 남겨 놓은 몇 문장을 읽느라 시간에 쫓긴다. 침도 튀기면서 휘리릭 읽는다. 하지만 2초 차이로 실패. 2분 37초.

준비한 발표지를 1분 남짓 말하고 남은 시간을 즉흥적으로 생각하며 말하는 태윤이. 대단하다. 2분 28초 성공. (아이들은 성덕이라는데. 성공한 덕후란다.)

중학교에 가서도 맛있는 점심을 먹을 계획입니다라고 끝을 맺으려던 서준이. 하지만 시간이 좀 남는다. 그런데요~라며 시간을 맞추려고 노력했으나. 2분 15초. 이것도 아깝다.

점심시간이 12시 20분에서 10분으로 당겨지자 아이들이 스스로 시간을 창조한다. 12시 10분에서 20분까지 점심식사. 12시 20분부터 1시까지 체육. 그리고 10분 정리.

"얘들아, 오늘 밥 먹고 바로 올라와!"
"선생님이 심판 좀 봐주세요. 빨리 드세요."
"얘들아. 책상은 미리 밀어 놓고 내려가자. 알았지?"
이 추진력! 이 당당한 녀석들에게 반한다.
"우린 밥 없이는 살 수 있지만 피구 없이는 살 수가 없어."
"난 피구보다 엑소가 더 좋아."
"선생님은 엑소 늙어서 싫어."
"선생님~ 지금 엄청난 말실수 하신 거예요."

점심 먹고 올라와 보니 아이들이 싸우고 있다. 옆 반 선생님이 해결하고 계신데. 여자아이들은 옆 반 선생님이 무서워서 다리가 후달렸단다. 나한테 매번 허허실실 혼나다가 제대로 잡혔나 보다. 상황인즉 한 녀석이 자기는 피구 하기 싫다며 공을 들고 다른 데로 가버렸단다. 피구 하고 싶은 다른 아이가 그 공을 뺏었고. 그래서 둘의 다툼이 시작되었고 나머지 아이들도 상황에 휩쓸려 버렸단다. 더 혼낼 상황은 아닌지라 과격한 행동을 한 두 녀석을 불러 경고를 주고 약속공책을 쓰게 했다. 생활지도가 어렵고 어렵도다.

5교시에 십자수를 하기로 한다. 거의 대부분 십자수를 안 해봤다고 한다.
"십자수 하지 마요. 별로 재미없을 것 같아요."
"나 바느질은 잘했는데 이런 거는 잘 못해요."
"눈이 침침해서 안 보여요. 바늘에 실이 안 끼워져요."

"첫 매듭 좀 묶어 주세요. 이것도 안 되네요."

하지만 막상 시작하자 의외로 아이들이 너무 좋아한다. 다음 주까지 십자수 할 도안을 그려 오기로 했다. 저마다의 사연과 꿈을 담아 오겠지!

"근데 이거 은근히 재미있다."

"엄마한테 자랑해도 돼요? 집에 가서요. (십자모양 10개가 자랑할 만한 건지…)"

"오늘 일단 십자모양 10개만 연습해라."

"저 10개 다 했는데요."

어떤 녀석은 바늘에 실 꿰는 곳에서 막혀 있고 다른 녀석은 다하고 끝매듭까지 다 묶었다. 속도 차이가 많이 난다.

6교시는 2학기 첫 동아리 활동!

태윤이랑 은비는 노래 가사를 옮겨 적고 있다. 다이어리 꾸미기 재료를 준비 안 해왔나 보다. 핫스팟을 켜 달라길래 켜줬더니 '이뻐이뻐' 가사를 시화로 옮겨 적고 있다. 서준이랑 현민이는 하드보드를 오려 뭔가를 만들고 있다. 그들 표현으로 아무거나라는데 설계도를 보니 아무거나가 아니다. 달콤한 다락방 요리부 아이들은 라볶이를 만든다. 처음에는 어묵만 덩그러니 냄비에 담겨 있길래 오뎅탕이냐고 물었는데. 어느 순간 라면이랑 고추장을 풀어 제법 모양을 갖춘다. 교실체육부 아이들은 당구대도 고장 나고 여자아이들이 불을 사용해 공놀이를 못 한다. 오늘은 칼싸움(그들 표현으로 펜싱)이랑 술래잡기를 하겠단다. 둘의 칼싸움은 50여 합 계속된다. 강도가 너무 세져서 그냥 술래잡기 하라고 권했다. 술래가 아이들을 잡으려고 하면 다른 부서의 아이들이 길막을 하고 서로 섬세하게 도와준다.

달콤한 다락방 후기. 오늘은 두 팀으로 나눠서 시작한다. 큰냄비팀과 작은냄비팀! 작은냄비팀은 물도 빨리 끓고 육수팩도 사왔는지라 더 구수한 향이 난다. 큰냄비팀은 물이 제대로 끓지 않는다. (큰 냄비는 바로 내 냄비였으니. 내 냄비가 수명을 다했나 보다.) 작은냄비팀은 다 익어서 치즈 뿌려 이미 먹고 있다. 그걸 본 큰냄비팀은 모든 재료를 때려 넣고 기다리고 있다. 하지만 국물이 끓지 않자 뚜껑을 열었다 닫았다 한다. 괜한 에어컨 탓을 한다. 에어컨 바람 때문에 불이 약해졌다며 엉뚱한 곳에 성을 내고 있다.

"우리 30분까지만 참고 그냥 먹자."
"난 덜 익어도 그냥 먹을래."
"아이, 망했어요."
"왜 이렇게 안 익지."
그냥 먹는다.
"근데 간이 정말 안 배었어."
"오늘은 실패다. 다음 주에 잘하자."

오늘은 나눠 줄 게 없다더니 막상 라면(작은냄비팀의 추가 메뉴)이 익고 나니 아이들을 초대한다. 놀던 아이들이 옹기종기 모여 나눠 먹는 모습. 이게 바로 식구인지.

"얘들아. 우리 축제 같지 않아?"
"근데 나 면 먹고 싶은데 면이 없어. 하나 더 끓여줘."

떡볶이와 라면을 들고 에어컨에 식히고 있는 녀석은 "식어라! 식어라! 식어라!"를 외치고 있다. 다 먹고 아이들이 하교한다. 이제 다락방 아이들의 정리 시간. 20분이 지나도 끝나지 않는다. 냄비에 떡이 눌어붙었다며 그걸 끝까지 씻겠단다. 일단 물에 불려 두고 내일 씻으라고 했더니 화장실에 물 받은 채로 그대로 두고 간다.

"저는 다시는 탕, 떡볶이 이런 거 안 할 거예요. 눌어붙는 거."

코로나시대에 다시 만나고 싶은 교실이야기

 **9월 6일 금요일**

 오늘 청와대 견학 가는 날이다. 다행히 아침에 비는 그쳤다. 하지만 9시부터 12시 사이에 1~4mm 비가 예보되어 있다. 이 비마저 멈춘다면 엄청난 행운일 텐데. 아침에 교실에 오니 다락방 아이들이 일찍 와서 어제 다 못 한 뒷정리를 하고 있다. 하지만 여전히 떡볶이 냄새가 교실 가득하다. 창을 열고 환기를 시키지만 몇 분으로는 어림도 없다. 청와대 다녀오면 좀 나아지려나. 현민이는 여자아이들과 친분이 있어서 그런지 눌어붙은 냄비를 대신 닦아 줬다고 한다. 깨끗한 냄비를 내게 건네는 현민이의 모습이 왠지 더 멋져 보인다.

 8시 50분, 드디어 출발한다. 여섯 정거장 이름을 적어 주며 다시 한번 우리가 내려야 할 역은 광화문역임을 강조했다.
 '신금호-청구-동대문역사문화공원-을지로4가-종로3가-광화문'
 전철에서 이어폰 끼고 음악 들어도 됨. 소곤소곤 이야기하기. 화장실 지금 다녀오기. 오늘 비 예보되어 우산 챙기기. 다시 한번 안내하고 출발한다. 신금호역까지 걸어간다.
 "저 설레서 잠이 안 와 새벽 네 시에 잤어요."
 "청와대 직원 만나면 뭐라고 해야 하나요? '안녕하세요'?"
 공원에 있는 비둘기를 보고 녀석들이 말장난을 하고 있다.
 "비둘기 알로 계란프라이 하면 어떻게 될까?"
 "먹으면 일본 뇌염 걸려."
 "조류랑 뇌염은 상관없다고."
 신금호역으로 이동하는 중 아이들이 '한지윤 자괴감 들게 칭찬하기' 프로젝트를 한단다.
 "넌 왜 이리 키가 크냐."

"저기 보이는 자이 105동이 전부 지윤이 거래."
"이 빵집은 지윤이가 취미로 하는 빵집이래요."
"지윤이 강남에 14층 빌딩 있대."
"사실 지윤이네 경복궁에 산대."
"지윤이 할아버지가 빌게이츠래."

지하철을 타자 연수, 영민, 준혁이가 어제 배웠던 플래시몹을 한다. 〈라이온킹〉! 설마 큰 소리를 낼까 염려되어 살짝 눈짓을 주었다. 정말 작은 소리로 그들만의 리듬에 몸을 싣는다. 우리 반 아이들은 그 작은 소리를 다 들었으리라! 여자아이들은 전철에서 사진도 찍고 남자아이들은 축구선수 사진 보고 이름 맞히는 앱을 실행해 모여서 같이 하며 간다.

드디어 경복궁 주차장에 도착했다. 버스를 타며 생년월일로 신원조회를 한다. 아이들은 신원조회에 상당히 긴장되는 표정이다. 직원분이 그런 이름 없다고 하자 한 녀석은 상당히 놀라는 눈치다. 나는 사실 더 놀랐지만. 직원분이 이름을 잘못 눌렀다며 얼른 승차하란다.

막상 버스를 타자 긴장이 풀렸는지 게임해도 되냐고 물어본다. 또 다른 녀석은,
"근데 청와대에서 와이파이 터져요?"
"청와대 와이파이 비밀번호를 물어볼래?"
"경찰 아저씨들이 무표정이라 물어보기가 겁나요."
또 다른 여자아이는 공항처럼 검색대를 통과해야 한다고 하자 버스에서 물을 다 마시고 페트병을 가방에 넣는다. 영민이가 말한다.
"너희 너무 긴장하지 마. 지금 날강두가 벤치에 대기하고 있던 표정이야."

청와대 안내를 간단히 듣고 기념품도 받는다. 이어서 경내 관람이 시작된다. 사전교육을 하고 와서 그런지 아는 티를 팍팍 내는 녀석들.
"여기가 욕지원이에요? (녹지원을 욕지원이라 부르니 어감이 참!)"
"잔디가 정말 깨끗해요. 청와대 물이 좋나 봐요."
"천 평 진짜 크다."
"저기 청와대 다람쥐다."
"저기 청와대 청개구리!"
청개구리가 최고의 인기 스타가 되었다. 그 청개구리는 이리저리 돌아다니며 아이들의 시선을 끈다. 쇼맨십이 상당한 청개구리다.

남자아이들은 서로 이름을 바꿔 부르며 이야기를 하고 있다. 일순이, 이순이, 삼순이, 사순이, 오순이. 그래서 이 팀은 '오순도순'이란다.

직원분이 녹지원 나무의 나이가 174살이라고 하자 한 녀석은 나무에게 나이 많은 어르신이라며 꾸벅 인사를 한다. 경무대 터에서는 좀 기분 좋은 일이 있었다. 해설사분이 '천하제일복지' 한자를 읽어 보라고 했더니 우리 반 아이들이 리듬에 맞춰 또박또박 읽는다.

"저 친구들은 공부를 많이 하고 왔네요."

이 으쓱해지는 기분이란. 칭찬을 해주시니 역시 기분이 좋다.

다음은 청와대 본관이다. 아이들이 많이 지쳐 보였지만 본관 앞에서는 사진도 제법 찍는다. 단체사진도 몇 컷 찍고. 사열 받는 잔디밭을 내려다보며 한 녀석은 나도 여기 살고 싶단다. 이유를 물어보니 이런 데서 그냥 축구 한 게임 하고 싶어서라는데. 마지막은 영빈관이다. 내부가 보이지 않아 심심했다. "영빈관에서 나중에 우리 스테이크 썰자"라는 농담을 주고받으며 끝낸다.

"자! 이제 통인시장 가서 밥 먹자."

힘겨워하던 아이들이 속보로 걷는다. 배가 많이 고픈지 가는 길에 있는 빵집 앞에서 하나만 사먹으면 안 되냐며 돈까지 꺼내는 녀석도 있다. 5분 남짓 걸어가자 통인시장 간판이 보인다. 엽전을 나누고 3층에 자리 잡는다. 손님이 아무도 없어 다행이다. 마음껏 떠들며 밥을 먹는다.

"선생님. 자꾸 아줌마가 강매해서 선생님이 찾으신다고 말하고 그냥 왔어요!"

"저는 서비스로 만두도 받았어요."

"선생님. 엽전 기념품으로 하나 가져가도 돼요? (그거 500원인데….) 어른이 되면 이 동전 보며 어릴 때 추억 생각해 보려고요."

"저희 뽑기 했는데… 마지막에 하나 성공해서 하나 더 받았어요."

"전 방탄 가방 하나 샀어요."

"슬러시 두 가지 맛 섞었는데 정말 맛있어요."

"기름 떡볶이는 생각보다 별로예요. 전 잔치국수가 제일 맛있어요."

청와대 이야기는 없다. 여러모로 오늘의 메인은 통인시장이었다.

올 때는 7212번 버스를 타고 왔다. 낮 시간이라 대부분 앉아 왔다. 물론 자리가 부족해 여자아이들이 겹치기 앉기를 했지만 또 다른 멋이다. 돌아오는 길에 응봉공원 잔디밭을 가로지른다.

"녹지원보다 걸어 다닐 수 있는 응봉공원이 더 좋아요!"

그 말도 맞다. 뒤돌아보니 아이들이 잔디밭에서 뛰어놀고 있다. 교실로 돌아오니 거의 두 시가 다 되어 간다. 좀 쉬자고 말했지만 아이들은 정말 지치지 않는다. 책상 밀기의 달인들이라며 어느새 다 밀고 바닥에 앉아서 피구 준비를 한다.

## 9월 9일 월요일

아침에 오니 현민이가 에어컨 날개를 고치려 하고 있다. 드라이버도 들고 조이려고 하는데 자세가 나름 멋있다. 스스로 고쳐 보려 하는 이 실천력! 근데 나사를 하나 잃어버려 완전히 조이지는 못한단다.

서준이가 숨넘어갈 듯 달려온다. 1층에서 4층까지 2반 아이랑 빨리 올라가기 내기를 했단다. 이겨서 내일 서준이 가방을 2반 친구가 들어 준단다. 영민이는 어제 온 초강력 태풍에 나무가 쓰러지는지 안 쓰러지는지 관찰하려고 두 시간 동안 밖을 보고 있었단다. 아빠가 엄청난 집념이라며 칭찬했다고 한다.

"선생님, 잘생기고 예쁜 사람은 덥다는 연구 결과가 있는데, 저 어제 더웠어요."
"그지, 어제 바람이 그렇게 부는데도 덥더라고."
"선생님은 추우셨을 것 같은데."
"선생님, 오늘 짝 바꾸나요?"
"아니, 추석 지나고 바꾸자."
"저희는 짝 바꾸려고 학교 오는데."

이건 뭔 말인지…. 아침에 이사를 한다. 이번에도 뽑기를 했지만 7명이나 원래 앉던 자리다. 확률적으로 이게 가능할까 싶기도 하고. 오늘은 소규모 이사다. 포장이사도 없다.

국어 관용표현을 공부한다. 지난 시간에 이어 관용표현 25개를 공부하고 실제 상황에 적용해 보기로 했다. 매번 발표하는 사람만 해서 이번엔 돌아가며 말하기를 한다.

**현민:** 아빠랑 유튜브로 드라마를 보고 있었는데. 보석을 사서 여자친구에게 주려는 장면이 나왔는데. 자막에 김칫국 마시다라고 쓰여 있었어요.
**경란:** 어제 〈봉오동 전투〉를 봤는데 가슴이 미어졌어요.
**영민:** 토요일에 태풍 왔을 때 밖에서 놀고 싶어 엉덩이가 근질근질했어요.
**주희:** 최영민은 간이 3년 전부터 뒤집혀 있었다! (넌 오지랖이 넓잖아!)
**백하:** 방학 때 한국어 공부하니까 정말 눈코 뜰 새 없다. (아~ 진짜! 백하의 유행어 탄생!)
**태윤:** 과외시간이 잡혀 있어서 드라마도 못 보고 아이돌도 못 보고. 팬으로서 너무 걱정이 되어 코가 빠질 것 같아요.
**연수:** 친구들과 노래방을 가려고 했는데 태풍이 산통을 깼어요.
**효은:** 저희 반 애들은 체육을 위해 모든 일에 발 벗고 나서는 것 같아요.
**서준:** 친한 친구가 있는데 가족사정 때문에 힘들어해서 제가 발 벗고 나서서 도와줬어요.
**인해:** 가족이랑 드라마를 보는데 슬픈 장면이어서 가슴이 미어졌어요.
**지윤:** 저번에 친구를 만나러 지하철을 탔었는데, 반바지를 입고 있었는데 할머니가 피도 안 마른 게 짧은 옷 입냐고 해서 어이가 없었어요.
**준혁:** 저번에 엄마랑 이마트에 갔을 때 짐을 들어 드렸는데, 갑자기 엄마가 무슨 일 있냐며 왜 발 벗고 나서냐고 했어요. (용돈 받으려고?)
**승은:** 집에서 언니와 숙제를 하고 있었는데 언니는 숙제 끝냈다고 약 올려서 배가 아팠어요.
**상진:** 다른 반이 체육 하는 걸 보니 배가 아파요. (우리도 좀 있다가 나갈 건데 뭘.)
**규현:** 옛날에 완전 옛날은 아니고 조금 옛날에 친구들이랑 놀다가 좀 늦게 들어갔는데 그때 누군가 머리에 피도 안 마른 것이 싸돌아다니냐고 했어요.
**민준:** 저희 반은 선생님 체육 하자는 말에 얼굴이 다 펴지는 것 같아요. (대신 우리 선생님은 얼굴에 힘을 주고 있는데?!)
**은비:** 방학 때 생일이었는데 생일 축하한다는 문자가 와서 한 명에게 답을 했어요. 핸드폰을 끄고 자려고 하는데 또 문자 오고 또 답하고. 몇 번 반복되니 눈코 뜰 새 없이 바빴어요. (이건 자랑 같은데?)
**륜경:** 저는 5학년 종업식 때 눈에 이슬이 맺혔어요. 친구들이랑 껴안고 그랬어요. 급식실에서요. (전 그때 밥 먹었어요!)
**준호:** 저는 영어학원에서 단어 시험 보는데 친구가 아는 단어가 하나도 안 나왔다는데, 그 친구 통과 못 하겠다고 생각했는데, 저는 통과 못 하고 그 녀석만 통과했어요. 배가 아팠어요.
**서준:** 가온이 전학 갈 때 눈에 홍수가 났어요. 이슬이 맺혔어요.
**상진:** 저희 반은 공부하려고 할 때 선생님이 심부름 시키려고 하면 반 이상이 발 벗고 나서요.
**현민:** 아빠랑 돼지발톱을 하면 눈에 이슬이 맺혀요.
**주희:** 우리 반 남자아이들이 '마하반야' 유튜브 노래 부르는데, 처음에 꼴사나웠는데 지금은 제가 중독됐어요.
**태윤:** 드라마에서 최준우라는 성우가 마희영의 콧대를 꺾었는데 통쾌했어요.

방송장비를 교체하자 종소리도 바뀌었다.

"종소리 왜 이래요?"

"너무 옛날 종소리 같아요."

"옛날 게 좋았어요. 구관이 명관이에요."

진정 구관이 명관인지. 익숙함의 힘이란. 5년 넘게 그 종소리를 들었으니.

과학시간에 신기한 물질의 세계 동영상을 보고 아이들과 이야기를 나누었다. 신기한 물질 6개를 먼저 소개한다.

> 1. 갈륨: 손에 쥐면 아이스크림처럼 녹는 금속. 갈륨으로 만든 수저? 손가락으로도 갈기갈기 찢어지는 갈륨캔.
> 2. 육불화황: 공기보다 무거운 가스. 풍선을 띄우는 육불화황. 호일로 만든 상자도 띄움.
> 3. 소수성 코팅: 물을 튕겨내는 코팅. 물에 젖지 않음. 손가락 코팅? 옷 코팅? 소수성모래?
> 4. 삼요오드화질소: 깃털만 닿아도 폭발하는 물질.
> 5. 초산나트륨: 뜨거운 얼음. 액체이지만 작은 자극에도 고체로 변함. 몇 초 안에 전부 얼어 버림. 실제는 얼음이 아니라 크리스탈 결정. 똑딱이 손난로에 들어 있음.
> 6. 니켈+티탄: 원래 모양을 기억해 돌아가는 금속. 구부러져도 원래대로 돌아오는 안경. 교통사고로 망가진 자동차가 원래대로 돌아옴.

이미 이 동영상을 봤다는 녀석들이 많다. 조회수가 제법 된다. 우리 반 아이들은 여섯 가지 신기한 물질을 어떻게 사용할까?

> - 친구들 자전거에 갈륨을 부어서 망가뜨리고 핸드폰에다가 갈륨을 부어서 핸드폰이 부서지게 할 것이다. 물론 이렇게 해서는 안 되지만.
> - 니켈 티탄으로 만든 핸드폰. 친구와 놀다가 폰을 바닥에 집어던진 후 다시 돌아오는 폰. 이걸 보고 놀라는 친구의 모습이 신기할 듯.
> - 신발에 소수성 코팅을 하여 진흙탕이나 빗물에 젖지 않게 하기. 비 오는 날 발 젖는 게 너무 싫어요.
> - 탁구공 안에 삼요오드화질소를 넣어서 탁구공을 던져서 작은 폭발을 일으킨다. 이걸 몇백 개 던지면 폭탄! 전쟁에 쓸 수 있겠다.
> - 신발 밑면에 삼요오드화질소를 조금 넣어 리모컨을 누르면 하늘을 나는 신발이 될 수 있을 것 같다.
> - 참교육시리즈: 엄마 설거지할 때 접시에 소수성 코팅. 노상방뇨하는 사람들이 못 하게 벽이랑 바닥을 소수성 코딩으로 복수.
> - 이도건 쌤이 체육 해 주실 때까지 괴롭히기: 1단계(쌤 집에 들어가 신발과 안경에 삼요오드화질소 듬뿍) 2단계(쌤 물통에 초산나트륨 넣기)
> - 마블 같은 영화 제작할 때 자동차가 찌그러지는 장면에서 알루미늄자동차에 갈륨을 미리 발라 놓는다.
> - 알루미늄 배트에 갈륨을 묻힌 다음에 친구한테 치라고 장난하고 싶다.
> - 핸드폰에 소수성 코팅을 하고 물에 담그는 장면을 친구에게 보여 준다.
> - 라면 먹자고 친구들을 불러 놓고 친구들이 오면 나가서 해 먹자고 말한다. 갈륨으로 만든 냄비를 주어서 불을 켜면 녹게 만들어 놀라게 하기!
> - 피아노 줄에 갈륨을 발라 연수가 피아노 연주하면 피아노 망가지게 한다.

중간놀이시간에 남자아이들과 여자아이들이 극명하게 나뉘어 놀고 있다. 별 갈등이 없었는데, 또 무슨 문제가 있는지. 여자아이들은 둥글게 모여 쪽팔려 게임을 하고 남자아이들은 폭탄 게임을 하고 있다. 일명 시한폭탄 놀이. 공이 폭탄인데, 던지고 5초 후에 폭발한단다. 이렇게 놀면 스트레스가 완전히 풀린다는데. 5, 4, 3, 2, 1 뻥! 너가 술래다! 귀는 좀 아프다.

수학시간에 나머지가 있는 소수의 나눗셈 이야기를 하다가 재미있는 비유가 나왔다. '7 ÷ 2' 상황이다. 륜경이와 준호가 합해서 7대 맞아야 하는데 3대씩 맞고 남은 1대는 어떻게 할까요? 준호가 말한다.
"제가 맞을게요."
"오! 준호 남자다."
"이럴 때 안 맞고 남기는 거야. 우리가 나머지가 있는 나눗셈에 대해 공부하잖아."

교우관계 조사를 했다. 예상했던 대로지만 심각한 아이들이 몇몇 보인다. 이 녀석들을 어찌해야 할지. 외딴 섬에 홀로 떨어져 있는 녀석.

도덕시간에 평등(Equality) 공정(Equity)에 대해 이야기를 나누었다. 교과서는 펴지 않고 아이들과 얘기하고 자신의 생각을 글로 썼다. 좀 직설적인 대화와 글도 있다. 역시나 아이들의 공정함과 나의 공정함은 다른가 보다. 논란이 될 만한 것은 토론시간에 안건으로 다루기로 했다.

우리 반 전체 축구할 때 남자는 골 못 넣고 페널티 박스 안에 못 들어가는 것. 박스 안에 못 들어가면 공격은 물론 수비까지 못 하게 된다. 그래서 페널티 박스 안에는 수비 때만이라도 들어갈 수 있고 골 넣는 것은 남자도 박스 바깥에서 할 수 있게 해야 한다. 그리고 페널티 박스 안에 서서 자신의 주발이 아닌 발로 차는 것도 허용해야 한다.

달리기를 할 때 팝스 측정 같은 거 할 때 빼고는 달리기가 빠른 사람보다 달리기가 느린 사람이 먼저 출발하면 좋겠다.

나는 솔직히 완벽한 평등과 공정은 없다고 생각한다. 우리 반 피구게임을 보아도 쉽게 알 수 있을 것 같다. 우리 팀의 에이스인 영민이와 준호만 매번 죽이려고 한다. 하지만 그쪽 팀은 유리해지겠지만 우리는 매번 이 둘만 아웃시키니 재미가 없고 둘도 불만을 가질 수도 있을 것 같다. 그리고 급식을 먹는 순서도 키번호로 하는 게 불공정하다. 선생님께서 우리에게 키가 작은 친구들이 먼저 먹어야 잘 자란다고 말씀하셨는데 이것도 문제인 것 같다. 키 큰 것이 죄도 아니고 다만 더 클 뿐인데 대체 왜 마지막에 받아야 하는지 모르겠다. 그리고 솔직히 먼저 먹는다고 해서 자라는 것도 아닌데 왜 이런 건지 영 의문이다. 나중에 다 같이 자신이 평등과 공정에 관한 우리 반 문제를 이야기해 보고, 해결책을 찾아보는 시간을 가졌으면 한다.

회장들이 선생님 없는 영어 수업 때나 등등 수업 시에 친구들 이름을 쓰는데 회장들은 떠들고 자기 이름을 안 쓰고 남의 이름만 쓰는 것이 불공정하다고 생각한다. 그래서 공정하게 만들려면 수업하러 들어오는 선생님한테 직접 이름을 쓰라고 하는 것이 맞는 것 같다.

심부름 당번을 정해 주었으면 좋겠다. 선생님께서 심부름 시키실 때 많은 친구들이 가고 싶어 하는데 하고 싶은 사람은 못 하게 되어 조금 불공평할 때가 있다.

피구 할 때 공을 잘 던지고 경험이 많은 남자애들이 던져야 한다. 하지만 그것이 모든 학생들을 만족시킬 수 있는 평등과 공정이 될 수 있을까? 과연? 우리 반 모든 학생들이 모두 피구를 할 수 있는 권리가 있지만 공을 던질 수 있는 기회는 오지 않을 수도 있으므로 모든 학생들이 공을 던지는 횟수를 기본적으로 2번씩 채우는 규칙을 만들면 좋겠다. 그것이 평등과 공정이라고 think한다! 캬캬캬캬!

키 순서대로 급식을 받지 않았으면 좋겠다. 앞에 있는 친구들이 더 많이 먹어야 한다고 선생님께서 말씀하신다. 하지만 음식의 양은 먹는 순서에 비례하지 않는다. 나의 제시방안은 처음에 키번호대로 서되 첫 번째 했던 사람이 다음 날 맨 뒤로 가는 것이다. 뒤에 있는 친구들도 빨리 먹고 반에서 놀고 싶다. 근데 순서가 뒤다 보니 늦게 먹게 되고 친구들의 게임에 빨리 동참할 수 없다. 이런 키번호대로 서는 것은 평등하지 않다.

피구 할 때 계속 잘하는 사람에게만 패스하는 것. 그래서 아이들이 공을 양보하지만 0번 던진 친구가 던지기 싫다고 할 때 방안은 잘 모르겠다.

우리 반에서 축구를 할 때 남자애들이 아예 슈팅을 못 하게 하는 것은 공정하지 않다고 생각한다. 그래서 내가 생각해낸 방법은 남자애들마다 실력이 다르니까 슈팅을 할 수 있는 거리를 실력에 따라서 멀어지고 가까워지게 한다.

점심시간이다. 오늘은 저희들끼리 피구대회도 만들었다. 그리고 엄청 건강한 김체육 씨와 심폐소생술이 필요한 김수학 씨 모습도 칠판에 그려져 있다.

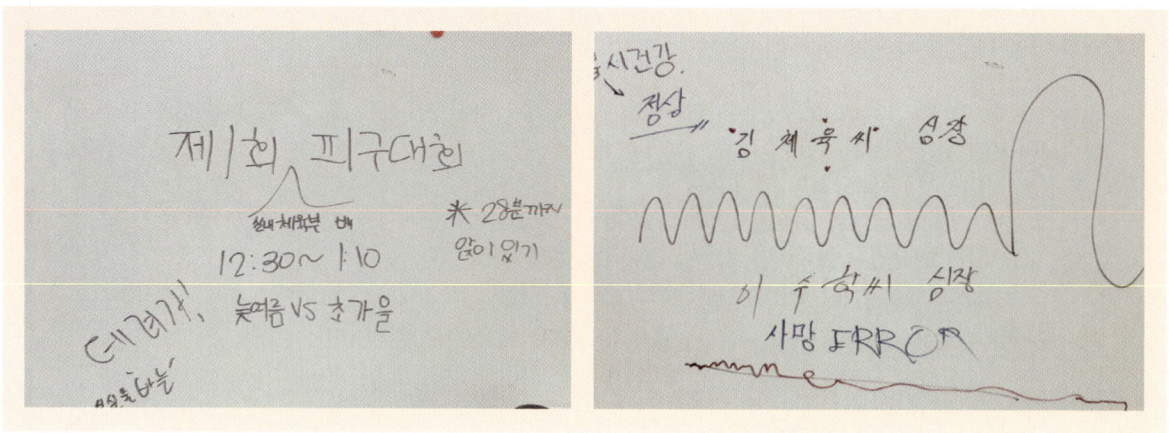

6교시다. 오늘은 종일 나와 수업을 했다. 아이들은 벌써 6교시에 체육을 할 것으로 기대를 하는 눈치인데. 50 대 50 확률로 정하기로 한다. 주사위에 우리의 운명을 맡기기로. 짝수가 나오면 운동장에 나가고 홀수면 교실에서 공부하기. 실물화상기로 생중계를 한다. 회장인 준호가 총대를 멘다. 아! 3이 나온다. 나도 내심 짝수가 나오길 바랐지만.

"아니 선생님, 주사위 윗면이라고 말씀 안 하셨잖아. 밑면은 4예요."
"우리가 땅을 밟고 사는데, 아랫면을 더 중요하게 생각해야 해요. 4 나왔잖아요."
"내가 살다 보니 주사위를 아랫면으로 읽는 녀석들은 너희들이 처음이다."
"추석도 다가오고, 효은이 이도 썩고 있고요."
"이가 아파요. 제 병은 체육 해야 나을 병이에요."
하늘은 비 내릴 준비를 하고 있다.
"가을비는 건강에 좋대요. 그냥 맞으면서 해요. 과학자들이 말했어요."
"영국에 사는 박사님이 가을비 좋대요. 톰 박사님?"
"선생님은 피구 심판 볼 때 제일 멋져요."
"우리 팀 바꾸고 처음 나오는 거 같아!"
공이 은행나무 열매 떨어진 곳에 들어간다. 아이들이 지뢰밭 쪽으로 던지지 말란다. 벌써 은행 열매가 떨어지는 계절이 왔는지. 시간이 정말 빠르다.

오늘은 청와대와 통인시장에 다녀온 일기가 많다. 청와대의 굴욕. 통인시장의 압승이다. 청와대도 식후경~

녹지원이 있는데 정말 예뻤다. 들어가면 안 된다고 했는데 나는 한발 들어갔다 나왔다. 아무도 몰래 쓱~ 하지만 청와대 반쯤 왔을 때 너무 힘들고 배고팠다. 그래서 아무것도 안 들렸다. 아! 빨리 밥 먹고 싶다. 드디어 통인시장! 식혜도 2병 먹고 잔치국수, 닭강정 등등 많이 먹었다. 그러다 엽전을 탕진해 버렸다. 오늘은 친구들과 추억이 많이 될 것 같다.

청와대 가는 길은 참 행복했다. 하지만 청와대에서 구경을 해보니 너무 더웠다. 처음에는 뭔가 멋져 보이고 좋았다. 하지만 점점 더워지니 짜증나고 화났다. 녹지원은 되게 밟아보고 싶은 잔디였다. 여기서 놀면 완전 재밌을 것 같은 그런 느낌이었다. 나중에 어떤 방법을 써서라도 그 잔디를 밟아보고 싶다. 청와대 견학하니까 엄청 특별할 것 같았는데 엄청 특별하진 않은 것 같았고 카드지갑은 엄청 유용하게 쓸 것이다. 통인시장. 학교의 평범한 급식 말고 다양한 음식을 먹으니 더 맛있었다.

 **9월 10일 화요일**

현민이가 다리를 쩔뚝거리며 등교한다. 어제까지는 분명 괜찮았는데.
"많이 다쳤냐?"
"깁스할 정도는 아닌데 물리치료를 받으래요. 근데 슬픈 건 당분간 체육도 못 할 것 같아요."

"선생님. 오늘 비 와서 체육은 어렵겠죠?"

"아니, 실내체육 하면 되지?"

"밖에서 하는 게 더 나은데. 요즘 신발이 좋아서 잘 안 미끄러요."

이미 운동장은 촉촉이 젖어 있는데 엄한 하늘만 바라보고 있는 아이들.

비는 그쳤지만 미끄러울 것 같아 실내체육을 하기로 한다. 공격팀이 큰 원으로 대형을 잡는다. 수비팀은 원 안에 들어가 굴러오는 공을 피하는 게임을 먼저 한다. 몸을 푸는 아이들 모습에서 아래 교실 쿵쿵대지 않을지 벌써 걱정이다. 착지할 때 무릎을 살짝 굽히라고 했지만, 그게 이론적으로는 가능하지만 현실은 체중을 한껏 실어 쿵 착지! 현민이는 부상이라 늦여름팀과 초가을팀의 9 대 9 대결이 시작된다. 3분만 버티면 이기는 경기지만 아이들의 굴리는 속도가 저학년과는 차원이 다르다. 자신에게 오는 공을 곁대로 방향만 바꾸어 속도를 높이며 굴리니 그게 피하기가 쉽지 않다.

1차전: 늦여름팀 1분 37초, 초가을팀 1분 15초
2차전: 늦여름팀 1분 46초, 초가을팀 1분 28초
3차전: 늦여름팀 1분 45초, 초가을팀 1분 42초

채 2분을 버티지 못하지만 옷은 땀으로 흠뻑 젖었다. 에어컨을 틀고 잠시 쉰다.

다음 경기는 술래 1명을 정하고 9명이 피하는 경기다. 술래가 점프할 때 같이 점프해서 피하기이다. 키가 제일 큰 태윤이가 술래가 되자 역시나 경기는 금세 끝난다. 점프 비거리가 남달라 아이들은 '사기 캐'라며 항의하지만…. 경기 중간에 점프하다 은비 안경이 날아가는 사건이 있었지만 "안경 따위는 대수롭지 않아요"라며 다시 쓴다.

타악기시간이다. 휘모리도 이젠 익숙해졌는지 강세가 들어가는 곳에서 아이들이 몸을 실어 리듬감 있게 친다. 오늘 타악기선생님이 연주 시범을 보이다가 북채를 두 동강 내고 말았다. 북을 치다 짝 소리를 내며 채가 갈라졌지만 멈추지 않고 계속 치는 선생님의 위엄. 역시 고수는 다르다며 아이들이 박수도 쳤지만 그래도 연주는 끊기지 않는다. 오늘도 타악기 하고 나서 잠시 쉬는 풍경은 정겹다. 이 5분이 세상에서 제일 소중하단다.

어제 급식에서 애벌레가 나와 급식 업체에서 사과의 의미로 아이들에게 청포도 주스를 보냈다. 하지만 이마저 아이들 반응은 그다지 좋지 않다.

"청포도 주스에서 홍삼 맛이 나요."

"배즙 맛이 나요."

"한약 맛이 나요."

"이거 썩은 거 아니에요?"

신뢰가 무너지면 사람 마음이 이렇게 변하나 보다. 상큼한 청포도 향과 탱글한 포도의 느낌은 우리가 평소 먹던 그 맛이 맞는데. 썩은 것 같다는 녀석에게 유통기한도 확인시켜 준다. 다행히 한참 남았다. 2020년 6월 23일까지.

국어시간에 우리만의 관용표현 만들기를 했다. 우리 반 아이들은 정답이 없는 활동을 좋아한다. 그래서 그런지 어른에게는 어렵고 고통스러운 창작이지만 이 아이들에게는 그게 즐거움이다. 모둠별로 의논해서 실제로 사용할 만한 관용표현을 발표한다.

〈1모둠〉
- 눈을 뜨면 몸이 붙는다: 자고 일어났을 때 몸을 일으키는 게 귀찮다.
- 얼굴에 참이슬이 맺힌다: 억울하면 멘붕이 와서 얼굴에 땀 같은 눈물이 많이 맺힌다.
- 팔이 꽉 찼다: 부자들은 시계랑 팔찌를 많이 차고 다닌다. 과시하려는 부자에게 사용.
- 손이 엽떡이다: 손이 맵다보다 10배는 더 센 표현.
- 입술이 새빨갛다: 매운 걸 잘 먹는다.
- 혀가 사라지다: 엄청 맵다. 손이 엽떡이다보다 10배는 더 센 표현.
- 눈과 귀가 사라지다: 징그러운 표정을 짓는 모습.

〈2모둠〉
- 눈썹이 사납다: 매우 화가 났을 때.
- 의자에서 안 떨어진다: 인내심이 많다.
- 머리카락이 풍성하다: 복이 많다.
- 눈이 터졌다: 너무 울었다.
- 가지도 튀기면 맛있다: 볼품없어 보여도 상황이 좋아지면 맛있어질 수 있다.
- 몸이 대나무다: 뻣뻣한 사람.
- 뇌에 주름이 없다: 일자무식한 사람.
- 허파에 복근이 생겼다: 너무 웃었다.
- 심장도 새까맣다: 마음이 나쁜 사람.
- 오장육부가 마시멜로다: 운동 안 하는 사람.
- 손부채가 그늘막이다: 배려심이 많다.

〈3모둠〉
- 심장이 고요하다: 죽기 일보 직전.
- 지붕이 뚫리다: 몹시 두려울 때.
- 눈이 한 방에 빠지다: 꼴 보기가 싫다.
- 얼굴이 접히다: 볼 면목이 없다.
- 바다에 숲을 만들다: 말도 안 되는 소리를 하는 경우.
- 머리카락이 바닥에 닿는다: 되는 일이 없다.
- 바나나 싫어하는 토끼 없고 당근 싫어하는 원숭이 없다: 반대로 하는 사람.
- 세상에 못생긴 감자는 이도건 쌤밖에 없다: 감자 닮은 사람에게 위로하는 말.

〈4모둠〉
- 양연수가 공복을 지나친다: 예상 밖의 행동.
- 덩쿵덩 악령이 달라붙었다: 계속 웃는 아이.

- 황태윤 키가 4미터다: 과장된 말을 할 때.
- 개미를 두려워하다: 작은 것도 쉽게 여기지 않는다.
- 귓바퀴가 크다: 귀가 밝다.
- 필통에 든 게 많다: 아는 것이 많다.
- 콧구멍이 크다: 냄새를 잘 맡는다.
- 머리숱이 없다: 머리에 든 게 없다.

〈5모둠〉
- 입이 닳아 없어지다: 말을 너무 많이 함.
- 겉은 촉촉 속은 바싹: 매우 어려운 일.
- 백하가 우유를 먹는다: 엄청 오랜만에 일어나는 일. 하기 싫은 일을 하는 것.
- 땅을 파 집 짓기: 가난한 사람이 노력해서 어떤 일을 이룬다.
- 돈으로 집을 짓기: 낭비하는 부자.
- 귀가 발에 달렸다: 유의어 '목이 24cm이다.' 일어날 수 없는 일.
- 열대어도 먹는다: 기억상실증에 걸린 사람.
- 입이 얼굴의 반이 되다: 깜짝 놀라다.

## 아이들 일기

9월 9일 날 입고 간 노란 바나나우유 후드도 밀리오레에서 산 것이다. 특히 내가 원하는 브랜드 '소녀나라' 옷이어서 맘에 든다. 내가 좋아하는 옷 약 5벌 정도 건져서 가슴이 뿌듯했다. 집에 와서 다 입어보고 거울을 봤는데 얼굴이 예쁘니(?) 핏도 예뻐 정말 기분이 날 뛸 기분이었다. 여러 옷들도 다 학교에 입고 가서 옷이 예쁘다는 소리를 듣고 싶다. 내 눈으로 직접 보고 고른 옷이 예쁘다고 말하는 걸 들으면 입꼬리가 씰룩씰룩 되어 흐뭇할 것 같았다. 옷+미모=만족

청와대를 1시간씩이나 걸어서 이동하니 지치고 다리도 아프고 배도 고팠다. 마침 선생님이 통인시장 간다고 하셔서 너무 기대되었다. 나는 통인시장 엽전이 플라스틱일 줄 알았는데 진짜 엽전이라서 놀랐다. 이 엽전을 언제 이렇게 많이 만들었는지… 더 신기한 건 이 엽전을 가질 수 있다는 것이었다. 나는 반납해야 하는 줄 알고 다 썼는데 너무 아쉽다. 달고나 뽑기도 했는데 오리의 꼬리 부분은 잘렸지만 상품을 받아서 너무 좋았고 좋은 추억이었다.

 **9월 11일 수요일**

아침에 교실에 왔는데 누군가 에어컨을 풀파워로 켜놓고 불도 전부 켜놓고 문도 활짝 열어 놓았다. 처음에는 아이들이 날 놀래키려고 몰카 하는 줄 알고 여기저기 숨을 만한 곳을 찾아봤는데 정말 없다. 누구지?

아침에 일찍 온 아이들과 어제 투르크메니스탄과의 축구 하이라이트를 봤다. 새벽 1시에 경기가 끝났음에도 생방으로 본 아이들이 많다.
"김신욱 피지컬 대마왕. 그냥 밀어서 골키퍼를 넣어 버리네요."
"어제 이용 정말 잘했어요."
"오랜만에 정우영 잘 찼어. 계속 똥볼 차다가 한 골 넣고 영웅 되었어요."
"근데 언제 했어요?"
하이라이트가 대략 끝나갈 무렵 아침 방송이 있다고 한다. 뉴스 속보처럼 생중계 현장으로 이동한다. 근데 아무리 기다려도 시작되지 않는다. 방송 장비 문제로 1교시 끝나고 한다는 공지가 온다.

문 앞에서 공을 만지작대는 남자아이. 여자아이 한 명이 지나가며 말한다.
"왜 여기서 난리야? 저기 가서 좀 해줘."
"여기 아니면 저기? 쩌기? 쩌쪽?"
"저기가 어딘데. 쩌기?"
정중하게 요청하지는 않았지만 깐죽대는 모습이 내가 봐도 불편하다. 그걸 본 옆에 있던 여자아이들까지 합세해 집중 포화를 퍼붓는다. 숫자 싸움에 밀린 그 녀석은 교실 밖으로 쩌기로 일단 나간다.

도덕시간에 아이들이 공정 문제를 제기했던 급식 순서와 피구 경기에 대해 토론하기로 한다. 피구 경기 중 던지는 아이들만 계속 던지는 문제에 대해 긴급토의를 한다. 난 별달리 고려하지 않았던 급식 순서가 아이들에게 이렇게 예민한 문제였다니. 오늘 토의 안건은 두 가지이다.

"한 번은 작은 사람부터. 한 번은 키 큰 사람부터 먹어요. 키번호 그대로 그리고 거꾸로 이렇게 왔다 갔다 해요."
"그렇게 하면 가운데 있는 사람은 맨날 가운데인데요?"
"그러면 출석번호랑 키번호를 섞어서 순서를 정하면 안 될까요?"

"저는 출석번호도 항상 뒤고 키번호도 항상 뒤라 그것도 부당하다고 생각하는데. 차라리 그냥 공평하게 선착순으로 해요."
"선착순으로 하면 님이 늦으면 또 부당하다고 할 거잖아요?"
"저 안 그럴 건데요."
"확실해요?"
"선착순으로 하면 뛰어와서 부딪치고 밀고 주위에 있는 물건이 떨어질 수도 있어요."
"선착순으로 하면 교실 앞쪽에 있는 사람이 줄 설 때 늦어져요. 그러면 한 번은 앞문에서 모이고 한 번은 뒷문에서 모여야 하는데 이게 될까요?"
"저도 선착순에 반대합니다. 분명히 네가 먼저 섰냐 내가 먼저 섰냐 서로 싸울 건데…. 그러면 선생님이 화내고 반 분위기가 싸해져요."
"근데 급식 순서가 중요하다고 생각하는 사람? 그런 사람이 그렇게 많아요? 이게 중요한가요? 저는 그냥 지금처럼 키 작은 애들이 먼저 먹는 게 좋을 거 같아요. 키 큰 아이들이 양보하는 것도 좋고요."
"그렇지만 맨 앞에 서고 싶은 날이 있는데. 그리고 맛있는 것이 나오는 날은 더 앞에서 먹고 싶어요."
"맛있는 음식이 나오는 거랑 먼저 받는 거랑 무슨 상관이에요? 1분 후면 똑같이 받을 텐데. 그럼 맛없는 게 나오면 늦게 가서 늦게 먹고 싶은 거예요? 님 마음대로 그런 건 할 수 없잖아요."
"급식 받는 거 시간 많이 걸리지 않으니 먼저 받은 사람이 먹지 말고 기다려요. 다 같이 받고 동시에 먹기 하는 게 좋을 거 같아요."
"좋아요. 받은 사람이 계속 기다리다가 회장이 시작하면 먹는 거예요."
"근데 먼저 받고 기다리는 것도 낭비 같아요."
"출석번호대로 줄을 서면 남녀가 섞여 있으니 키번호대로 서는 게 낫지 않을까요?"
"모둠별로 돌아가면서 먹으면 안 되나요? 월요일은 1모둠, 5학년 때 이렇게 했는데."
"그러면 또 모둠 안에서 선착순 하다가 싸움 나면요?"
"그건 모둠에서 알아서 결정해야죠."
"님들, 출석번호로 돌아가며 줄 서는 거 제가 5학년 때 해봤는데 하루도 안 싸운 날이 없어요. 이건 좀 생각해 봐야 할 문제 같아요."
"근데 모둠별로 요일 돌아가면서 하면 공휴일은 어떻게 해요."
"못 했던 모둠이 앞에서 먹으면 되잖아요."
"공휴일은 운이라고 생각해요. 청소할 때도 마찬가지잖아요. 공휴일날 청소 안 했다고 다음 날 하는 건 아니잖아요. 이것도 운이라고 생각해요."
"아~ 그러네."

결국 급식 순서는 요일별로 모둠별 돌아가면서 먹기로 한다.

```
월요일: 1-2-3-4-5
화요일: 2-3-4-5-1
수요일: 3-4-5-1-2
목요일: 4-5-1-2-3
금요일: 5-1-2-3-4
```

다음은 공정한 피구게임에 대해 의논한다.

> "일단 저는 못 던지는 사람에게 공을 패스해야 하는 이유를 모르겠어요. 이건 승부를 내기 위한 경기예요."
> "공을 못 던지는 사람에게 양보를 할 수도 있는데 사실 못하는 사람들이 알아서 저희한테 줘요. 왜 우리한테 주면서 그리고 안 던지면서 왜 공정하지 않다고 불만이에요?"
> "던지라고 배려해도 안 던진다고 다시 줘요. 여기서 승패가 중요한 사람은 없잖아요. 못 이겨도 죽는 사람은 없으니 용기 내서 던져요."
> "그냥 처음에 잡은 사람이 패스 안 하고 던지는 게 좋을 것 같아요."
> "먼저 잡은 사람이 하면 발 빠른 민준, 상진, 서준이가 또 다 해요. 이 님들이 앞에서 잡아서 그냥 던질 것 같은데요."
> "저도 공을 잘 못 던지는데, 자기들이 안 던진다고 패스해 놓고 여기에다 공정하지 못하다고 써 놓은 것 같아요."
> "맞아요. 공을 잡으면 잘 하는 애들한테 줘 놓고 뒤에 가서 욕해요."
> "저는 둘 다 문제 같아요. 물론 가끔 우리도 던져야 하지만 양보를 하면 그걸 안 받아요. 그러니 공을 던지고 싶으면 좀 받아라!"

여기서 잠시 개입하기로 했다. 논의의 방향이 한쪽 주장만 반복되면서 막상 의견을 내야 하는 아이들이 말을 안 한다. 우리가 하는 피구 방법은 공정하지 못하다고 의견을 냈던 아이들에게 발언 기회를 먼저 주기로 했다.

> "저희가 왜 문제냐면요. 던지면 뭐라고 하고요, 자기도 못 던지면서 계속 뭐라 해요. 못 던지면서 칭찬 바랄 수는 없잖아요."
> "님, 괜찮아요. 편하게 말해요."
> "못 던지는 사람이 잡으려고 하면 잘하는 애들이 잡지 말라고 해서 못 잡았어요."
> "근데 사실 공을 던지고 싶은데, 그 상황에 닥치면 욕먹을까 봐 못 던지는 경우가 많아요."
> "저는 공을 못 던져도 뭐라고 안 했으면 좋겠어요. 말은 안 하지만 표정이랑 동작이 뭐라 하는 거 같아요."
> "저는 피구를 잘하지는 못하는데, 공을 못 던진다고 두려워하지 않았으면 좋겠어요. 뭐라고 하는 사람은 자기도 못 던져 놓고. 실력이 그런 건데 그냥 자신 있게 던졌으면 좋겠어요."
> "저거랑 살짝 벗어날 수 있는데, 못 던지겠다는 사람끼리 모여서 던지는 것에 익숙해지는 방법이 필요할 것 같아요."
> "잘하는 사람이 못하는 사람에게 공을 줬을 때 다른 사람이 뒤에서 욕 안 하면 좋겠어요. 이것만 확실히 하면 이건 해결돼요."
> "저희가 뒤에서 못 던지는 사람에게 욕을 하는 걸 멈춰야 하지만 못 던지는 사람도 용기를 가져야 할 것 같은데요. 겁먹지 말고 던져요."
> "저는 1학년 때는 못했는데, 하다 보니 늘어요. 다른 님들도 자신감을 가졌으면 좋겠어요."
> "지금까지는 잘 안 던졌는데 앞으로는 참여하겠습니다. (백하의 말!)"
> "이건 누누이 말하지만 여자분들은 항상 던지려고 하는 마음은 있는데 표현을 못해요. 와서 말을 해요. 가능하면 최대한 드리도록 양보를 하려고 노력할 테니 표현해 주세요."

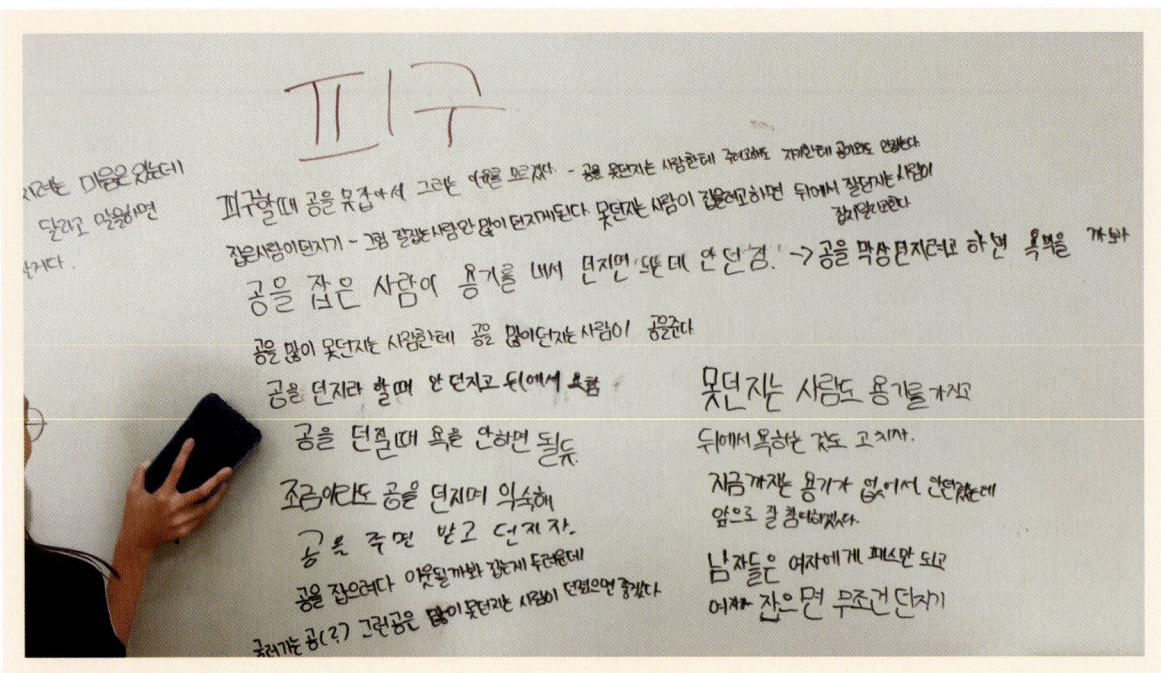

국에서 애벌레가 나온 일로 말들이 많다. 문제는 가짜 뉴스가 너무 많다는 것이다. 고기에서도 김치에서도 애벌레가 나왔다는 말이 떠돈다. 농담으로 받는 녀석도 있지만 급식 문제는 아무래도 예민하지 않을 수 없다.

"애벌레에 단백질이 제일 많아요."

"우리 엄마는 애벌레가 단백질이라서 먹어도 된대요."

"베어그릴스는 맛있게 잘 먹던데. 사실 난 한번 먹어 보고 싶어."

비가 촉촉이 운동장을 적신다. 나만의 감상인지 한참을 빈 운동장을 바라본다. 다행히 강당이 비어 아이들과 내려갔다. 강당에서 하면 운동장보다 먼지가 더 날리는지라 피하고 싶었지만 오늘은 할 수밖에 없다. 컬링 경기다! 네 팀으로 나눠 아이들과 경기를 했다. 꽃남자, 꽃여자, 꽃미남, 꽃미녀로 팀 편성. 컬링은 평창올림픽에서 많이 접해 본지라 규칙을 알고 있기에 연습경기부터 치열하다. 승은이는 한복판에 넣는 신기의 컨트롤을 보여 준다. 수줍은 듯 툭 던졌는데, 운이라고 하기엔 그다음에도 쏙쏙 잘 집어넣는다. 오늘은 잠자고 있던 컬링 잠재력을 폭발시키려나. 평소 공 던지기 등 기본 체육활동을 잘하지 못했던 의외의 아이들이 컬링에서 실력 발휘를 한다.

마지막은 남자 대 여자의 대결. 9 대 9로 진행된다. 여자팀의 파랑 스톤 하나가 들어가 있다. 그 상태로 경기는 이어진다. 8명씩 던질 때까지 그대로다. 마지막 남자팀 서준이가 기다린다. 엄청 긴장된 순간! 과도한 시선 집중이 부담스러운지 몸에 힘이 잔뜩 들어가 있다. 스텝이 꼬여 비실비실 넘어질 듯 걸어가더니 여자팀 스톤을 살짝 밀어내고는 1 대 0으로 남자팀이 이긴다.

"월드컵 우승한 기분이에요."

"아! 좋기는 한데, 근데 다음 시간 사회야."

정리는 승리한 팀에서. 남자아이들이 기분 좋은 마음으로 정리를 한다. 여자아이들은 "근데 왜 피구 안 해요"라며 실컷 재미있게 땀 흘리고는 다른 데다 화풀이한다.

효은이가 3교시 마치고 고향에 내려간다며 조퇴를 신청한다. 조퇴증을 안 써줬더니 받으러 다시 올라왔다. 조퇴증을 쓰는 동안 여자아이들의 이별의식이 진하다. 모여서 서로 안아 주며 한참을 얘기하더니 또 안아 주고.

"누가 보면 이민 가는 줄 알겠다. 추석 잘 보내고 와."

빨리 가라고 했더니 선생님은 감성이 메말랐단다.

연극시간이다. 보여 주는 그림에 나오는 인물들을 보고 아이들이 먼저 추론을 한다. 점점 자극적인 말들을 한다. 뭐라고 할까 하다 그러면 또 도덕적 정답만 말할 것 같아 내버려 둔다.

"남자친구한테 차였어요."
"동생의 치킨을 훔쳐 먹었어요."
"출생의 비밀을 알게 되었어요."
"좋아하는 연예인에 대한 악플을 봤어요."
"계란을 눈에 붙였어요."

"계란이 눈에서 터졌어요."
"남자친구한테 고백해요. 아니 내가 있잖아. 그게 아니고. 할 말이 있는데. (경험담이야?)"
"설날에 용돈을 많이 받았어요."
"지문 인식하고 있어요."
"아랫니가 다 뽑혔네요. 이제 윗니를 뽑아야겠어요."
"거울 봐서 너무 놀란 표정!"
"바람피우는데 여자친구가 등장했어요."
"머리가 불이 났어요."
"머리에 김치 싸대기를 맞았어요."

영민이가 연극시간에 머리띠를 예쁘게 하고 있다. 오늘 무슨 연기를 보일지 기대하게 하는 녀석이다. 오늘은 다섯 가지 테마에 맞춰 모둠별로 간단한 역할극을 꾸미고 발표하기로 한다. 먼저 다섯 가지 감정에 어울리는 상황에 대해 알아본다.

기쁨이: 핸드폰 할 때, 용돈 많이 받았을 때, 내가 하고 싶은 거 할 때, 핸드폰 바꿀 때, 방학 때, 놀 때
슬픔이: 엄마한테 혼났을 때, 고기가 바닥에 떨어질 때, 군대 갈 때
까칠이: 배고플 때, 내 말을 이해 못 할 때, 고구마 먹었을 때, 체육 안 할 때, 배는 아픈데 똥이 안 나올 때 (아! 상상했어.)
버럭이: 핸드폰 변기에 퐁당, 양말 짝짝이 신었을 때, 입을 옷이 없을 때, 공부할 때
소심이: 숙제 안 했을 때, 시험 망쳤을 때, 체육 든 날 비 올 때, 시험기간이라 학원에서 시험공부 시킬 때

〈버럭이 5모둠〉
공놀이를 하다가 공에 맞은 백하. 백하가 버럭 화를 낸다. 이를 보고 겁을 먹은 아이들이 백하에게 신속히 사과함. 일단 사과는 받아들이지만 조건이 있음. 대신 백하가 안 마시고 싶은 우유를 대신 마셔 달라는 이야기.

〈소심이 4모둠〉
500원짜리 떨이 물건을 사고 있는데 물건 고르다 서로 어깨 부딪혀서 서로 무서워하며 사과하는 소심남들의 이야기.

〈까칠이 3모둠〉
브로콜리 왜 안 먹어? 그냥 먹어! 어디서 말대꾸야. 그러다 준혁이(아들)가 은비(엄마) 다리를 진짜 때린다. (살살 때렸지만 준혁이는 원래 세게 차려고 했단다.) 엄마에게 음식투정하는 이야기. 아들은 엄마 다리를 때리고 도망가다가 잡힘. 이후는 상상에 맡김.

〈슬픔이 1모둠〉
지윤이와 류경이는 사랑하는 사이.
지윤: 나 사실 너 친구 좋아해. 자기야, 미안해. 그만 헤어져.
류경: 내가 왜. 그래, 헤어지자. 잊지 못할 거야.
준호와 인해는 친구 사이. 하지만 이들에게는 닭다리가 하나밖에 없음. 이 닭다리를 인해가 먹었다며 슬퍼하는 준호.
세상 슬픈 류경이와 준호는 이렇게 운명적으로 만나는데.

〈기쁨이 2모둠〉
"빨리 물 좀 가져와!"
"누나, 여기 있어."
"서준이는 누나 말을 참 잘 들어."
"게임 30분 서비스다."
"야호!"

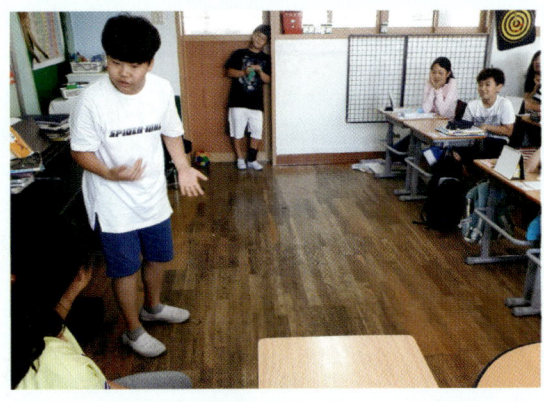

5교시에 추석 이야기를 잠시 나누었다. 추석에 하는 놀이와 음식문화의 유래에 알아보고 보내려는데 참 집중 안 한다. 송편, 소싸움, 가마싸움, 강강술래 등.
"추석에 소싸움 한다는데. 소 한 마리랑 개 천 마리랑 싸우면 누가 이겨요?"
"한우랑 들소랑 싸우면 누가 이겨요?"

"이 소싸움 하는 소랑 먹는 소는 달라요?"

"가마싸움 나쁘지 않은 것 같아요. 조선시대에 선생님이 얼마나 아이들 괴롭혔으면 나무로 만든 가마를 빼앗고 부수며 놀았을까요. 추석인데 우리도 선생님 차 부숴도 돼요?"

"강강술래 5학년 때 했는데 정말 테러블!"

"맛으로만 먹는 게 아니라 후각적 향기와 시각적인 멋이 있다. 이건 송편이 아니라 와인 같은데요."

"추석은 왜 설날보다 용돈을 적게 줄까요?"

그래도 더도 덜도 말고 늘 가윗날만 같아라.

 **9월 16일 월요일**

"아무리 생각해 봐도 우유 하나가 모자라요."

우유를 나눠 주던 아이가 이리저리 왔다 갔다 우유 개수를 세고 있다. 처음부터 모자라게 왔는지. 아이들이 모두 오면 해결될 것 같아 좀만 기다리자고 했다.

아침에 일찍 온 아이들과 골프게임을 했다. 초기 설정이 7번 아이언으로 되어 있어서 그런지 거리가 많이 나오지는 않는다.

"쌤! 제일 대가리 큰 걸로 치게 해주세요."

드라이버를 말하나 보다. 클럽을 보여 주니 제일 큰 놈이 맞다고 한다.

"오! 드디어 100미터 넘었다!"

"근데 4학년도 150미터는 넘겼는데?"

이 말이 아이들의 자존심을 건드렸나 보다.

"우린 6학년이다~ 연습! 연습!"

교실 뒤편으로 가서 준혁이가 연습 스윙하고 온다. 스윙 연습 후 돌아오자마자 167미터. 6학년의 저력인지 자존심 때문인지 온몸에 힘이 잔뜩 들어가 있다.

"이거 찰칵 소리가 되게 찰져."

"타격감에 소리까지 죽여 줘요."

"아! 거의 200까지 갔는데." (실제 기록은 161미터. 이걸 거의라고 하는구나.)

"한 40미터 차이 나는데. 거의가 맞니?"

"맞아요. 다 된 거나 마찬가지예요. 반올림하면 200미터 되었잖아요."

'[예고] 성동광진교육지원청 담임장학: 9.19.(목) 15:00, 회의실 ☞ 부장교사 참석'

일일교육계획에 거슬리는 문구가 눈에 뜬다. 담임장학 나온단다. 담임장학이라! 이름은 정말 멋있게 잘 지었다. 또 교육지원청 우리 학교 담당장학사가 바뀌었나 보다. 이름은 담임이라지만 1년에 한 번 뵙기 어려운 분이다. 상황이 그려진다. 부장교사들 참석시켜 놓고 '부장님들 고생이 많으시다. 언제든 도움 필요하시면 연락하시고.' 이런 형식적인 말을 할 테고. 그러면 영혼 없는 웃음과 박수로 격려사에 감사를 표해야 하고. 난 이런 형식적인 만남, 원론적인 대화가 정말 싫다. 그동안의 경험상 담임장학사는 이때 아니면 다시 안 볼 인연들이었던 것 같다. 담임장학사라면 학급, 학년, 학교에 어려운 일이 있을 때 나타나야 하지만 대부분 반대의 상황이다. 교육청의 행정 업무와 관련 있을 때 등장하는 분 같다.

국어시간이다. 교과서에 안창호의 연설문 일부가 나와 있다. 관용표현을 실제로 적용해 보는 차시 같은데 문제는 안창호의 일대기를 거의 대부분의 아이들이 모른다. 다섯 명 정도만 안창호 위인전기를 읽었단다. 연설문을 제대로 이해하기 위해 먼저 도산의 일대기를 동영상으로 아이들과 먼저 본다.

"안창호가 하와이섬을 보고 도산이라는 호를 지었다는데 그럼 그 이전에 사용하던 호는 없었어요? (찾아보겠다고 넘겼지만… 안 찾아져 많이 버벅댄 것 같다.)"

"웅변가였다고. 3년간 순회하며 하는 게 연설하는 게 대단하다고 생각해요. 사람 앞에서 말하는 거 어려워요."

"미국에서 쓰레기를 줍고 집을 깨끗이 하고 속옷차림으로 돌아다니지 않는 게, 그게 독립운동의 방법이 될지는 몰랐어요."

"윤봉길 의사가 폭탄을 던졌을 때 안창호도 잡혀가 서대문형무소 4년 아니, 2년 6개월. 나와서 또 독립운동을 열심히 하셨다는 게 멋졌어요. 방탄급 멋짐 폭발."

"진리와 정의라는 말이 어떤 명언에 나왔던 것 같은데. 진리와 정의의 길을 걷는 게 안창호의 가치관 같아요."

"500만 명 정도가 3·1운동에 나왔다고 하는데. 지금도 그 정도가 나올 수 없을 것 같아요. 대단해요."
"이 시대에 61세 오래 산 것도 대단한데, 인생의 대부분을 독립운동을 했다는 게 놀라워요."
"약간 안창호 선생님은 시대를 앞서간 트렌디한 분!"
"전쟁에 나가서 한 번에 싸우다가 장렬히 전사하는 것. 화살이 빗발치는 곳에 가서 맞아 으아 하는 것. 이런 것도 대단하지만 죽을 때까지 계속 독립운동한 것도 힘든 일 같아요."
"3·1운동 때 500만 명이 나왔다고 했는데. 집에 있는 흉기 같은 거 들고 일본 경찰한테 달려들면 충분히 우리가 이길 수 있었던 것 같은데. 근데 이렇게 많은 사람을 보고 항복 안 하는 일본도 대단해요."
"일본이랑 처음 맞서서 싸우는 게 어려워서 그렇지."
"그럼 우리 반에서 누가 먼저 쌤이랑 맞서 볼래?"
"회장이 먼저 맞서야. (아이들은 준호를 바라보지만 준호가 고개를 떨군다.)"
"아니에요. 생일 제일 빠른 사람이 맞서야 해요. (생일이 제일 빠른 사람도 준호다!)"
"이럴 때 하는 말이요. 가는 데는 순서 없다예요. (상황에는 안 맞지만 정말 웃겼다.)"
"지금 준호와 선생님의 상황이 피구공을 잡고 있는 인해와 꽃미소 지윤이의 대결 같아요."
"인해는 절대 꽃미소한테 공 못 던지지."

10분 정도 남는다. 교과서로 다시 돌아가기에는 이미 아이들 책도 접혀 있다. 아이들과 도산처럼 호 짓기 놀이를 하기로 했다. 좋은 의미로 지어 주었지만 어감 때문인지 많이 웃었다.

- 미(美)혼(魂) 김주희 (아름다운 영혼)
- 축(蹴)마(馬) 최영민 (축구하는 말)
- 은(隱)소(笑) 황승은 (은밀한 웃음)
- 애(愛)생(生) 양연수 (살아 있는 생명체를 사랑한다? 사랑 때문에 산다?)
- 변(辯)기(氣) 임현민 (말하는 기운)
- 활(活)명(明)수(數) 이효은 (활기차고 밝은 수학 천재)
- 황(黃)소(昭) 박준우 (세상을 노랗게 비추다)
- 피(避)란(亂) 박경란 (피구공을 잘 피하다)
- 광(胱)만(滿) 이서준 (방광이 가득 차다) (실제로 화장실이 급했다고 한다.)
- 규장각(奎章閣) 배규현 (우리 반의 영원한 규장각 규현이)

준우가 1교시 수업 중에 왔다. 결막염을 이겨 내고 돌아온 우리 준우. 아이들이 엄청난 박수 소리로 맞이해 준다. 추석 연휴까지 포함해 거의 2주일 동안 오지 않은 준우의 호를 불러 준다. (세상을 노랗게 비추는 황소!) 때마침 준우는 노란색 옷을 입고 왔다! 쉬는 시간이 되자 남자아이들은 준우에게 지난주에 유행하던 폭탄 게임을 가르쳐 주며 함께 한다. 오늘도 수십 발은 폭발한 것 같다. 여자아이들은 내 옆에서 놀이를 하다 내가 바나나칩 하나 꺼내 먹으니 몰려든다. 아이들 키가 커져서 이젠 검은 그림자에 조명이 가려져 난 어둑하다. 하나씩 나눠 준다. 병풍처럼 둘러싼 그들이 내뿜는 뜨거운 열기에 답답했지만 바나나칩이 사각사각 부서지는 소리가 ASMR 먹방 같다.

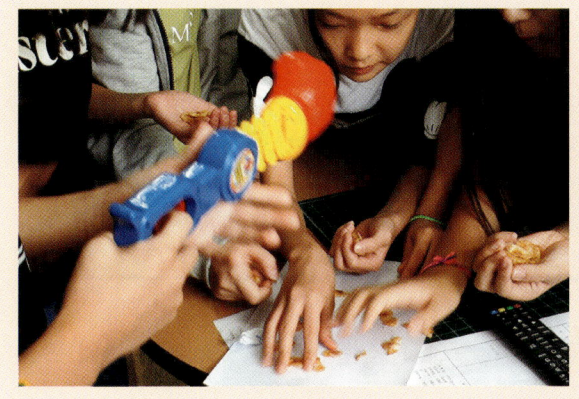

과학시간이다. 오늘은 열에너지에 대해 아이들과 의견을 나누었다. 강원도의 수열발전소, 땅콩의 엄청난 열기, 온수·냉수를 이용한 미니 발전기 동영상을 먼저 봤다. 열은 사실 아이들이 쉽게 접할 수 있는 수업제재라 참여율이 매우 높았다. 열에너지에 대해 아이들과 이야기를 나누었다.

"찬물에 내가 들어가. 내 몸의 열로 찬물 널 따뜻하게 만들어 줄게. (그럼 넌? 추워서 죽지 않을까?) 너희는 따뜻한 물에서 목욕해? 온수 나와? ㅋㅋ"
"팝콘을 먹으니 열에너지가 느껴져요. 이 보송함. 이 따뜻함."
"감기에 걸려서 열이 나는 친구 이마에 달걀을 구워 먹어야겠어."
"겨울에 히터 없을 때 교실에 펭귄들을 들여와 교실을 따뜻하게 만들어요."
"두통이 있을 때 얼음찜질을 해요."
"교실 안에서 쿵쿵거리며 뛰면 한겨울을 따뜻하게 지낼 수 있을 것 같아요."
"규현이가 오기 전에 규현이 옷을 품고 따뜻하게 해요."
"컵라면도 열에너지를 이용하는데 맞죠? 컵라면은 맛있다!"
"땅콩을 이용해 땅콩 폭탄 같은 전쟁 무기를 만들어요. 이게 속이기 좋을 것 같아요."
"추운 날씨에는 엄마가 미리 앉아 있었던 벤치에 앉아요."
"이글루 안에서 숨을 계속 쉬면… 따뜻해질까?"
"전등을 계속 켜면 더우니까 구리판을 전등 뒤에 달아서, 구리판에 집게 전선에 모터를 연결해 시원하게 해요."
"한겨울에 체육을 하여 몸을 따뜻하게 해요. 그리고 겨울에 체육을 하고 교실에 들어와 우리 체온으로 교실을 따뜻하게 해요."
"여름에 더우면 얼음을 천장에 매달아 물 받아 마시면 돼요. (이걸 왜 우리가 못 했지?)"
"사람들이 아플 때 나는 열을 이용하여 열에너지를 만들어서 전기로 사용하면 좋을 것 같아요."
"캠핑장에서 땔감을 사용할 때 나무로 사용하지 말고 땅콩으로 땔감으로 쓰면 안 될까요?"
"축구를 하면 몸에서 열이 많이 나요. 축구하고 싶다. 열에너지 만들고 싶어요."

> "변기에 펠리스 소자를 달아서, 겨울에는 물이 차갑고 소변이 뜨거우니까 그 온도차를 이용해 전기를 만들면 어떨까요?"
> "열이 많이 나는 머리를 차가운 물에 담근다? 피구 하고 그러면 기분 엄청 좋은데."
> "뜨거운 팝콘을 시원한 아이스크림 위에 올려요."
> "아주 더운 날 선글라스를 냉장고 안에 넣어 두고 나중에 시원하게 쓰고 가요."
> "뒷목이 따뜻해야 몸 전체가 따뜻하다고 했으니까 뒷목을 따뜻하게 해주는 걸 만들어서 추울 때 뒷목에 붙이고 있어요."
> "북극에서 화산이 터진다면요?"

음악시간이다. 나무의 노래 부분 2부 합창이 계속된다. 그들도 나도 괴롭다. 녹음해서 들어 보니 귀신소리가 따로 없다. 저음은 총각귀신, 고음은 처녀귀신인지.

"귀신소리가 두 개로 들리니 합창하는 거 같아요."

"그냥 우리 귀신으로 테마 정해서 합창단 하나 만들까요?"

"근데 귀신소리가 무섭지가 않고 귀여워요. 두 개가 합쳐져서 그렇나…."

그나저나 남자아이들 목소리가 정말 묵직해졌다. 난 2부 합창을 포기하고 싶은 마음이다. 그래도 아이들은 끝까지 도전해 보겠단다. 몇 번 연습은 계속된다.

'The lion sleeps tonight' 2학기 음악시간에는 〈라이온킹〉에 나오는 명곡을 듣고 따라 부른다. 워낙 명곡인지라 가사를 많이 알고 있다. 그리고 리듬이 신나 목소리 톤도 높아진다.

"이 노래도 2부 합창 맞죠?"

"이히히히~ 움비압비."

나무의 노래 부르다 받은 스트레스를 여기다 푼다. 지난 시간에 배운 'Circle of life'도 한번 따라 부르고 마친다. 이 노래도 중독성이 상당히 강하다. 유튜브에 올라온 웃긴 버전 가사를 아이들도 알고 있다. 유튜브의 위력은 새삼 놀랍다.

"아, 그랬냐. 발발이 치와와 스치고 왜냐하면 왜냐하면."

음악시간을 5분 일찍 끝내 주었다. 자신들만의 놀이 공간으로 일제히 이동한다. 그냥 저희들끼리 노래 부르고 논다. 이게 음악 놀이시간인데.

도덕시간이다. 2학기에 하기로 했었던 찬반 토론 팀을 발표했다. 난 팀을 나누느라 나름 고심과 고민을 많이 했지만 아이들은 불만이 역력한 표정들이다. 일단 한 달 뒤에 찬반 토론을 하기로 하고 주제를 정한다. 정하는 데 시간이 오래 걸려 일단 내일 다시 의논하기로 한다. 한 팀은 찬반 양측 의견이 맞아 '학습만화는 초등학생들에게 유익한가'를 토론 주제로 정했다고 한다.

> 임현민, 방준혁, 윤준호 VS 배규현, 전륜경, 김주희
> 김민준, 이서준, 박준우 VS 이효은, 박경란, 한지윤
> 양연수, 최영민, 강인해, 김상진 VS 황태윤, 신은비, 황승은, 최백하

도덕시간에 공정에 대해 아이들과 이야기를 나눈다. 공정이 시대의 화두이기는 해도 이렇게 반응이 뜨거울지는 몰랐다. 오늘은 축구를 좋아하는 남자아이들의 의견이 주를 이룬다. 여자아이들만 페널티 박스 안에서 공을 차게 했더니 여간 불만이 아니다.

"페널티 박스 안이든 밖이든 주발로 차도 된다고 생각해요. 그게 축구의 규칙이에요. 그냥 차게는 하는데 주발이 아닌 다른 발로 차는 정도가 어떨지요."

"솔직히 주발로 차는 것은 허용해야 해요. 주발로 차는 것이 재미있는데 주발이 아닌 다른 발은 재미가 없어요."

"축구 잘하는 애들이 페널티 박스 안에서는 간격이 좁으니까 주발로 차는 건 위험해요. 박스 밖에서만 두발(주발을 잘못 말한 것 같은데 엄청 웃겼다)로 골을 넣는 것은 가능하게 해요. (두발로는 차서 못 넣어? 절대.)"

"체육 할 때 뭘 해도 남자한테 페널티가 있는 게 사실이에요. 제가 느끼기론 여자들이 남자의 페널티에 적극적이지는 않아요. 여자들이 축구 할 때 가만히 있으면 남자들한테 페널티 주는 의미가 없어요. 그냥 다 같이 적극적으로 좀 뛰어요."

"남자들이 페널티를 받는 것은 하나의 배려라고 생각해요. 페널티 박스 안에서는 주발이 아닌 발로 차고 박스 밖에서는 자유롭게 차요."

"이게 남자 대 여자 대항이 아니라 남자, 여자가 섞여 있는 팀이라 밸런스가 잘 맞아서 굳이 남자에게 페널티를 줄 필요는 없어요."

"저도 비슷한 의견인데 박스 안에서 남자들이 찰 수 있게 하고, 주발로 차면 다칠 수 있으니 박스 안에서는 반대발로, 밖에서는 편한 발로요."

"축구 할 때 여자애들의 참여도가 그렇게 높지 않아서 어차피 팀별로 남자 여자 수 똑같아서 페널티를 줄 필요가 없어요."

"남자애들이 페널티를 받는데 어떤 상황에서는 여자애들이 페널티를 받아야 해요. 태윤이랑 류경이는 사실 저보다 빠른데요."

"근데 보통 축구를 평소에 하는 사람도 주발이 아닌 발로 차면 골대까지 굴러가지도 않아요. 또 반대발로 페널티 박스 밖에서는 찰 수가 없어요."

"저는 여자지만, 공도 못 차지만, 남자한테 페널티 안 주는 게 공평하다고 생각해요."

"페널티 안 주는 것에 반대해요. 축구를 많이 하고 좋아하는 사람은 계속 차고 싶어지고 욕심이 생기지만. 하는 사람만 계속 하고 못하는 사람은 못 차게 되는 건 문제가 있어요. 저는 공 한 번도 못 만지고 끝난 적이 있어요. 이건 잘못 같아요."

"못 차는 사람은요. 이것도 피구와 비슷한데 여자분들이 잘 안 차요. 적극적으로 참여해 주세요. 자신에게 공을 달라 말 좀 하고요. 용기를 안 내니 경기에 출전하지 않는 느낌이 들 것도 같아요. 저도 옛날에 잘 차던 형들이 공 안 줘서 그 마음은 알 것 같아요. 여자분들! 용기를 내 주십시오."

거의 대부분 남자아이들이 말을 한다. 정작 말해야 하는 여자아이들은 침묵이다. 여자아이들에게 말 좀 해보라고 했더니 한 아이가 반론을 펼친다.

"여자아이들끼리만 박스 안에 있으면 몸싸움도 자유롭게 할 수 있고, 더 편하게 공을 깔 수도 있어요."

"맞아요. 페널티 박스 안이 좁아서 서로 신체접촉이 많이 일어나요. 남자애들이 공만 보고 막 달려들더라고요."

"그리고 남자애들이 너무 세게 패스해서 공을 못 잡겠어요."

새로운 국면이다. 논의가 다음 주에 이어진다.

## 9월 17일 화요일

    륜경이가 아침 일찍 왔다. 왜 일찍 왔냐고 물어보았지만 그냥이란다. 그러고는 수학문제집을 꺼내 푼다. 아! 학원숙제인가 보다. 한참을 풀더니 사물함 뒷정리를 하러 간다. 때마침 등교한 현민이가 같이 도와준다는데. 둘이 뭐가 그리 웃긴지 사물함 앞에서 한참 티격태격이다.

"뭐야. 너 때문에 청소 방해되잖아. 이럴 거였으면 일찍 올 이유가 없었는데."

"이거 뭐야? 나, 이거 가질래."

"어, 가져. 버리려고 했는데."

    은비가 오더니 륜경이 자리에 앉는다. 륜경이 수학문제집을 열심히 풀고 있다.

"륜경이 문제집을 왜 풀어?"

"풀어 보고 싶어요. 륜경아, 풀어도 돼?"

"어! 니 마음껏 풀어."

    한참 있다 륜경이가 자리로 돌아온다. 빤히 문제집을 쳐다보고는,

"네가 풀다가 이렇게 다 틀리고 가면 어떻게 해!"

    이 장면을 목격한 남자아이들이 깐죽대면서 한마디를 던진다.

"개념을 알고 풀어야지. 그냥 막 풀면 안 돼. 수학은 개념이야."

"선생님, 오늘 고백데이라는데 아무도 고백 안 해요."

"내가 고백할게. 그동안 고마웠어."

"아니에요. 그런 거 말고요. 전 괜찮아요."

고백데이라! 국어시간에 우리도 잠시 고백의 시간을 가지기로 한다. 관용표현은 잠시 쉬고. 일반적인 의미의 고백은 아니었지만 아이들의 깔깔 웃음소리에 얼마나 신나던지.

**상진:** 치킨 사주세요! 저희의 숨겨 왔던 마음. 교촌 간장치킨. (아이들이 노래를 부른다. 숨겨 왔던 나의~)

**영민:** 전 고백은 아니고 자백이에요. 현민이랑 수학여행 같은 방이었는데 실수로 현민이 학년티를 가져갔는데, 집에 와서 보니 두 개가 있는 거예요. 제 사이즈가 아니었어요. 주기가 귀찮아서 안 줬어요. (1학기 수학여행 다녀오고 현민이랑 호텔에 연락하며 티셔츠 찾던 생각이 난다. 학년티가 없어서 현민이는 비슷한 색의 폴로 티셔츠를 입고 리움미술관에 갔다.)

**지윤:** 규현아! 사실 4학년 때 도서관 가는 거 가기 싫어서 대충 거짓말 쳤어. 사실 나 늦게 일어났어.

**연수:** 준우야! 수학여행 갔을 때 같은 방이었는데 씻고 있을 때 님 상어 잠옷 위에 올라가 춤췄어.

**서준:** 준우야! 네가 아끼는 피카츄 볼펜 사실 내가 부러뜨린 거야. 네가 놀고 있었는데, 내가 네 자리 지나가며 손으로 치고 발로 찼는데 부러졌어. 그리고 모른 척했어.

**은비:** 서준아! 수학 방과후 할 때 물티슈가 필요했는데 너 자리에서 물티슈를 뽑아 썼어. 한 번에 세 장씩 꺼내서.

**준호:** 연수네 집 놀러 갔을 때, 연수가 누워 있을 때 몰래 연수 방에 가서 일기장을 훔쳐봤어요.

**륜경:** 수학여행 때 지윤이랑 같은 방이었는데 지윤이가 옷을 막 벗어 놨는데 그거 소파 밑 공간에 넣었어요. 지윤이가 못 찾았어요. 스누피 옷! 다음 날도 못 찾고 있어서 숨겼다고 하지 않고 찾아 줬다고 거짓말했어요.

**영민:** 준우랑 짝꿍일 때 머리카락 신기해서 좀만 잘라 봐도 돼요 물어봤는데, 자르다가 준우가 뒤돌아서 실수로 한 뭉텅이 잘랐어요. 그러고는 숨기고 조금 잘랐어라고 말했어요.

**연수:** 지윤아! 사실 저랑 규현 님이랑 님 핸드폰을 패턴을 풀려다 핸드폰을 바닥에 떨어뜨렸어.

**서준:** 상진이에게 고백하는데, 통인시장 갔을 때 상진님 주머니 앞쪽에 엽전이 떨어졌는데 밑에 일부러 떨어뜨려 놨어. 나중에 가져가려고. 양심에 찔려서 엽전 떨어졌다고 말했는데.

**지윤:** 태윤! 방학 중에 규현이랑 학교에 왔는데 액괴 만들다가 뭉칠 수 있는 것 찾다가 님 물풀 많이 썼어요. 그래도 물풀이 안 뭉쳐져 선생님 자리에 있는 액괴도 좀 썼어요.

**상진:** 륜경이에게 고백하는데, 통인시장 가기 전에 몇 분한테는 말했는데, 륜경이가 핸드폰을 놓고 갔더라고요. (륜경이 잠깐만!) 패턴 풀려고 하다가 비활성화가 된 거예요. 우리 엄마도 아이폰이라 한 번만 더 틀리면 5분 비활성화되는 거 알고 있었지만 더 도전해 봤어요. 좀 있다가 륜경이가 와서 누가 걸어 놨어라며 범인을 찾는데 모르는 척했어요. (너 때문에 엄마한테 전화 못 했잖아!)

쉬는 시간에 일기 내라고 하니 일기예보 하는 선생님이라고 날 불러 준다.
"일기예보 선생님. 급식메뉴판 좀 뽑아 주세요."
"오늘 메뉴가 궁금해요."
"일기예보 선생님. 우리 반만 애들 단톡방 그대로 있어요. 다른 반은 다 지웠다는데."
"사고 나면 없애라고 하려고. 아직은 괜찮지?"
"그럼요. 맨날 터지고 맨날 화해해요."

"애들아. 나랑 화장실 같이 갈 사람?"
지윤이가 대모집을 하는데… 엄청난 대규모 인원이 출동한다.

3교시 체육시간이다. 오늘도 정말 덥다. 아침저녁으로 시원해서 그런지 더 덥게 느껴지는 시간이다. 콘이 깔려 있는 운동장을 보더니,
"또 셔틀런이네. 아! 진짜 짜증나는데."
"정수리 다 타겠어요. 셔틀런 조금만 해요."
준비운동을 한다. 지윤이가 손으로 꽃받침을 만들면서 기준을 외친다. 세상에서 가장 귀여운 기준이다. 꽃받침 지윤이의 수제자는 규현이라고 하길래 규현이에게도 기준을 시켜 봤다. 규현이는 부끄러운지 꽃받침 기준을 외치지는 않는다.

오늘은 창던지기를 한다. 스티로폼 던지기 창이 6개 있는데 다른 반이 수업하고 나서 벌써 4개는 보조날개가 부러졌다. 파손된 4개의 창은 연습용으로 하고 날개가 있는 창은 실제 던지기용으로 한다. 몇 가지 규칙을 안내한다.
- 사람에게는 던지지 않는다.
- 날개를 잡지 않고 창의 2/3 지점을 잡는다.
- 도움닫기해서 던진다.

날개가 있는 창은 제법 잘 날아간다. '떴다 떴다 비행기'를 부르며 던지는 모습이 귀엽기도 하다. 연수는 스핀을 많이 걸어서 그런지 번개모양을 그리며 빙글뱅글 회전하며 날아간다. 줄 서서 기다리고 있는 상진이에게 짱구 양말이 예쁘다고 했더니 짱구가 안 보이게 양말을 확 뒤집어 버린다. 상진이는 일본불매운동을 못 해서 죄송하다는데 이미 산 것인데 뭘…. 그나저나 너무 덥다. 아이들이 '폴라포'를 외친다. 아침에 냉장고에 넣는 걸 봤나 보다. 그래 하나 먹자! 근데 '폴라포' 따는 방법이 달라졌나 보다. 나만 뚜껑을 따고 아이들은 절취선을 따라 돌려 딴다. 자세히 보니 따는 방법이 실용신안 등록이 되어 있다. 폴라포는 정말 오랜만이다. 나의 6학년 때 먹었던 감성이 아이들 모습과 오버랩 된다. 근데 더워서 급히 먹었더니 머리가 좀 아프다.

    역시나 오늘도 타악기 쉬는 시간이 제일 신난다. 남자아이들이 'The lion sleeps tonight'을 부르는데 정말 멋있었다. 아이들의 '음바아빠' 반주에 보컬을 맡은 현민이가 독창을 한다.

    "급식실에서 우리 이거 플래시몹 하기로 했잖아요."

    "그지? 언제 할까? 연습 되면 말해줘."

    상상만 해도 멋지다.

점심 먹고 올라오니 컴퓨터가 안 된다. 어찌어찌 만지다 보니 모니터 하나는 살아났는데. 모니터가 60도 정도 돌아간 정황을 봤을 때 분명 외부 충격이 있었으리라. 흔적은 있으나 아이들은 자신들은 절대 맞추지 않았단다. 그 말을 해서 더 의심이 간다. 스피커도 안 되고 오후 영어교과수업이 걱정된다.

## 9월 18일 수요일

 오늘은 일찍 오는 아이들이 없다. 8시 30분이 넘어가도 너무나 조용하다. 몰래카메라 하려는 게 아닐지 의심이 들어 화장실 근처도 가봤지만 오늘은 무슨 일인지 그들의 소리가 들리지 않는다. 매일 아침 공놀이와 떠드는 소리로 소란하던 곳에 혼자 앉아 있으니 낯설기만 하다.

 주희가 드디어 핸드폰을 샀단다. 아이폰! 아이들이 잔뜩 몰려 있다. 잔뜩 흥분한 목소리로 "저 핸드폰 생겼어요"라며 웃고 있는 우리 주희. 오늘은 목소리에 힘이 잔뜩 들어가 있다.
 "저 어제 서울시 의회체험 갔는데, 의장 선거에 나갔는데 너무 떨어서 의장에 떨어졌어요. 그래도 괜찮아요. 오 마이 아이폰~"

 국어시간이다. 우리 가족의 말과 행동을 통해 인물의 성격을 알아보는 시간이다. 이들의 솔직함을 어찌하지.

---

〈준혁〉
엄마: 학원가기 싫으면 언제든지 얘기해! (이유: 노후 준비를 하려고?)
아빠: (엄마에게) 꼬옹주~~ (이유: 엄마한테 잡일 시키려고)
나: 이것만 보고 할게. (이유: 이것만 보다가 다른 것도 보는 그래서 숙제 안 하려고)

〈서준〉
아빠: 서준아! 힘들 텐데 게임 조금만 해라라며 핸드폰을 주심.
분석내용: 그때 내가 할머니댁에서 제사음식을 만들었다. 그래서 3시간에 걸쳐 제사음식에 밀가루를 묻힌 공로를 인정받아 게임을 할 수 있었던 걸로 보임.

엄마: 서준아! 이것 좀 들어줘라라며 박스를 보여주심
분석내용: 요즘 우리 엄마 왼 어깨가 안 좋으심. 그걸로 인해 무거운 걸 못 들으심. 그래서 서울 올라가기 전에 외할머니께서 잔뜩 싸주신 걸 나보고 들으라고 하신 것 같음.

영진이 이모: 아이고 우리 이장님! 키가 마이 컸네라며 나를 신기한 눈빛으로 쳐다보심.
분석내용: 내가 설날 이후로 키가 굉장히 많이 큼. 자주 보는 우리 엄마도 많이 컸다 하시는데 1년에 두 번밖에 못 보는 영진이 이모는 좀 더 많이 컸다고 느끼신 것 같음.

〈현민〉

엄마: 아저씨 목소리로 내 이름에 성을 붙여서 말하면 곧 죽는다는 뜻이다. 다이 그리고 코다이.

아빠: 엄마와 내가 아빠를 놀리면 당황하면서 때릴 것처럼 손을 올리고 "뭘 알어???????"라고 리듬 있는 억양으로 말한다.

외할아버지: 할머니께서 말실수를 하시거나 할아버지께서 시키는 대로 하지 않으시면 "이 사람이!"라고 하신다.

〈은비〉

엄마: 알아서 해!!!

공포감을 주는 어마어마한 말. 보통 물어보거나 숙제에 관한 이야기를 하면 우리 엄마가 항상 하는 말 (그러나 스스로 하기를 원하시는 것 같다.)

아빠: 공부 먼저 하고 놀아라~

공부보단 폰이나 컴퓨터를 항상 먼저 다 하고 공부를 하면 졸려 하는 나를 보고 하시는 말씀. 분명 나를 위해서 하시는 말씀인 건 알지만 그래도 나에겐 50%는 잔소리로 들린다. 아빠 죄송해요. (공부도 체력이 필요하다고 생각하시는 것 같다.)

엄마: 다 너 위해서 그러는 거야~

분명 말처럼 나를 위해주는 건 알겠는데 가끔 나를 위한 게 맞는지 궁금할 때가 있다. 특히 숙제나 공부를 끝내 놓으면 엄마에게 전화가 와서 다 했다고 말하면 점점 더 추가된다. 싫다 하면 들려오는 잔소리가 무섭다. (지금은 어려서 잘 모르지만 나중에는 엄마 말씀이 옳다고 느껴질까?)

〈준호〉

엄마: 뭐든지 미루지 마라
1. 일을 게을리 하지 말라는 의미
2. 천천히 하는 나랑 가치관이 다름

아빠: 집 청소를 하심
1. 우리 가족이 먼지를 마실까봐 주말마다 청소를 하심
2. 가족을 생각하심
3. 청결을 중요시 함

동생: 놀이터에서 모르는 친구랑 논다
1. 활동적인 걸 좋아함
2. 친화력이 좋음
3. 밖에 나가는 걸 좋아함

〈류경〉

엄마께서 아침에 깨워주실 때는 안 아프게 콕콕 찌르시면서 깨워주시고 그래도 안 일어나면 흔들거나 이름을 부르시면서 깨워주십니다.

동생이 삐졌거나 어디를 다쳤거나 놀랐거나 했을 때는 항상 반대로 말합니다. 삐졌을 때는 안 삐졌다고 하고 아플 때는 안 아프다고 하고 놀랐을 때는 안 놀랐다고 반대로 말합니다.
아빠께서는 동생이 아빠랑 같이 놀고 장난감 정리를 안 하고 갈 때 동생에게 목소리를 굵게 하실 때도 가끔 있고, 좋게 말씀하시면서 같이 치우자고 하십니다.

〈상진〉
강아지가 배변패드 위로 올라가며 자리를 찾는다. 빙글빙글 돌며 자리를 잡는다. 이런 행동은 똥이나 오줌을 쌀 때 하는 행동이라고 분석할 수 있다.
엄마에게 부탁이나 요청의 말을 했을 때 엄마가 내 이름을 엄숙하게 부른다. 내가 너무 말도 안 되는 요청을 했거나 엄마가 받아 주지 않을 것일 때 하는 행동이라고 분석할 수 있다.
동생이 어떤 TV 프로그램의 주제가를 따라하며 리모컨을 잡는다. 그 주제가가 나오는 프로그램을 보겠다고 할 때 하는 말과 행동임을 분석할 수 있다.

갑자기 아이들이 선생님들의 말과 행동도 분석할 필요가 있단다.
"너희들 연필 안 꺼내 놓은 건 군인이 총을 안 가지고 전쟁터 나가는 것과 같아."
"여러분들이 하는 것에 따라 나는 천사도 악마도 될 수 있어."
"가만히 있으라고 해 놓고 정말 아무것도 안 하고 가만히 있으면 혼냄."

아이들과 과자를 나눠 먹는다. 과자를 욕심내서 많이 가져가더니 비닐에 싸서 집에 가져가는 자본주의적 지혜로움이. 다음부터는 다 먹지 못할 양을 가져간 아이들에게 페널티를 부과해야겠다. 연수가 경찰 부른 실화를 들려준다. 학교 앞 탱탱볼 뽑기에 '하면 된다'라고 쓰여 있어서 도전했는데 안 돼서 (친구가) 정말로 경찰에 전화했더니 "장난전화 하지 마세요"라고 했단다.

연극시간이다. 우선 몸으로 표현하는 활동으로 시작한다.

〈1모둠〉
케이크 사러 온 장면
준호가 몸으로 표현한 케이크는 양이 많고, 인해가 표현한 케이크는 초코 케이크. 여자아이들이 케이크를 고르다 케이크를 뜯어먹음? 케이크! 쉐이크!

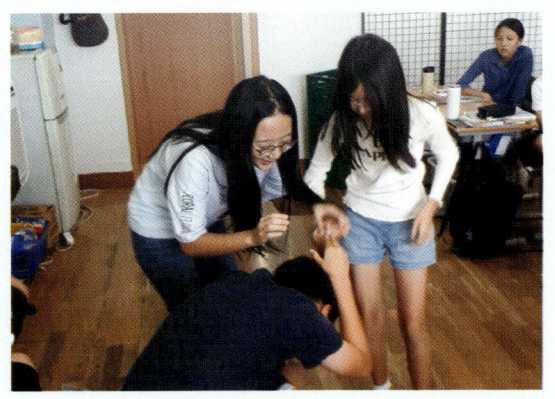

〈2모둠〉
여자아이들은 공원에서 공놀이를 하고 있음. 그 옆에서 환상적 이벤트로 불꽃놀이하는 장면. 불꽃은 접시콘으로 대체.

〈3모둠〉
스핑크스와 피라미드 (우리 반 아이들은 서커스, 대왕오징어, 화산, 롤러코스터, 불, 공룡 같다는데.)

〈4모둠〉
영민이가 나는 백종원이에요라고 말함. 하얀색 옷을 입은 연수는 흰자위. 노란색 과자는 노른자위. 옆에 있던 여학생 두 명은 프라이가 되기 전의 불쌍한 달걀.

〈5모둠〉
지진이 난 상황임. 상진이가 지진파가 되고 여자아이들은 빌딩이다. 무너진다. (아이들은 킹콩, 스카이다이빙, 번지점프라는데.)

이어서 생일별로 네 개 모둠으로 나누어 우리나라 사계절 포스터 만들기를 한다. 타블로! 연극 한 장면을 사진 촬영하듯이 정지동작으로 보여 주는 것. 하나 둘 셋 찰칵!

〈3, 4, 5월 생일인 사람〉
봄, 개나리, 나뭇잎이 됨. 피크닉 하는 아이들! 검은 옷을 입은 백하는 맛있는 짜장면이랑 김밥이라는데.

〈6, 7, 8월 생일인 사람〉
피서하며 쉬는 장면. 집에서 게임하는 서준. 몇몇 아이들은 강아지가 되어 돌아다님. 인해는 뜨거운 태양.

〈9, 10, 11월 생일인 사람〉
환상의 나라 에버랜드로. 롤러코스터 타는 아이들!

〈12, 1, 2월 생일인 사람(영민, 준호)〉
두 명밖에 없다. 크리스마스날 영민이가 준호에게 프러포즈한다. 내 사랑을 받아줘. (가로수인 은비는 웃고 있다.)

강당에서 가위바위보 이어달리기를 했다.
"난 생각은 주먹인데 보를 냈어."
"너 (바)보라서 그래."
"난 가위바위보 하이패스야. 맨날 져."

"나한테 가위바위보 세 판 해서 다 이기면 선물 줄게."
"(정말 세 판을 곧바로 다 이긴다.) 역시 사람은 뭐가 걸려야 잘한다니까."
"이거 그만하고 축구 하면 안 돼요?"
그 논란의 중심인 축구를 하자니….
"페널티 박스 안에서 남자아이들 주발 사용에 대해 토론에서 정리하고 합시다."

오늘 두 녀석이 엄청 싸웠다. 진술 내용이 비슷한 듯 엇갈린다.

◇◇ 진술: ○○이한테 처음에 예쁘다고 했는데 △△랑 □□이 야유하면서 귀가 썩는다고 했다. 그래서 나는 예쁘다고 생각한다고 얘기했는데 △△가 □□에게 "지가 그렇게 듣고 싶은가 보지"라고 했다. 기분이 나빠서 너 지금 나에게 사과를 하면 선생님에게 이야기하지 않겠다고 사과하라고 4번이나 얘기했는데 그때마다 "응~"이라면서 무시를 했다. 그래서 내가 네가 잘난 것이 있냐고 얘기하며 싸우는데 선생님이 오셨다.

△△ 진술: ◇◇ 님이 나한테 그러는지 □□이한테 하는지는 잘 모르겠지만 ◇◇ 님이 계속 ○○ 예쁘다고 해서 개인적인 생각을 우리한테 말하지 말라고 했는데 ◇◇ 님이 화를 냈다.
니들은 키도 작고 공부도 못하고 얼굴도 못생기고 날씬하지 않으면서 얼굴평가를 하지 말라고 하면서 나보고 사과를 하라고 했다. 그래서 내가 사과를 할 테니깐 너도 사과를 하라고 했더니 내가 사과를 왜 해야 하냐고 했다.

5교시 수학이다. 소수의 나눗셈하는 방법을 알아본다. 분수로 바꾸어서 나눗셈하는 방법과 센티미터, 미터로 바꾸어 푸는 방법, 최종병기인 세로셈으로 하는 방법으로 이어진다. 세로셈을 이끌어 내는 과정은 너무 많은 설명이 필요하다. 설명이 길어지자 이미 선행을 한 아이들이 대부분이라 졸려 한다. 10분 남기고, 큰 소리로 "수업 끝!"을 외쳤더니, 그 졸린 눈들이 기적적으로 모두 깨어난다.

오늘 한 녀석의 일기 주제는 '수학 망해라'이다. 수학학원에 가기 전 놀면서 느꼈던 감정들을 적었다. 이상하게 수학시간 종소리는 지옥을 알리는 소리로 들린단다.

미술시간에 하려고 산 달걀 인형. 막상 달걀에 그림을 그리려고 하니 이미 그림도 그려져 있고 크기가 너무 작아서 아이들에게 생활 속에 활용해 보라고 나눠 주었다. 냉장고에 진짜 달걀인 척 넣어 두기, 이 두박근 만들어 놓기, 삶은 달걀인 척하기. 무슨 이야기가 만들어질지 궁금하다. 오늘 수업 끝나고 6학년 선생님들 에버랜드 현장체험학습 답사 간다고 하니 자기들도 데리고 가달라고 난리다. 엄마한테 전화해 에버랜드 답사 같이 보내 달라며 얼마나 아우성인지. 안 되는 줄 알면서….

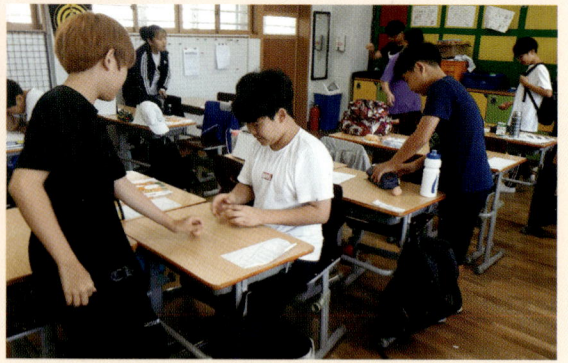

## 9월 19일 목요일

　체육시간에 이어달리기를 했다. 마르세유턴으로 배턴 이어 받는 한 녀석. 정말 우아하면서도 간결한 스텝과 자연스러운 몸통회전에 놀랄 뿐.
　"전 왜 이렇게 느리죠? 심장이 문제일까요? 신경이 문제일까요?"
　"전 달리고 나니 발목이 삐었어요."
　말은 많았지만 엎치락뒤치락 나름 명승부였다.

아침에 손흥민 토트넘 저지를 입고 갔더니 아이들의 반응이 뜨겁다.

"멋있기는 한데 그냥 좀 웃겨요."

"근데 나이키가 아니네요. 짝퉁~"

"근데 아빠가 어제 토트넘 너무 못했대요."

"다행히 우리 쏘니는 조금밖에 안 뛰었지."

"옷 잘 어울려?"

"근데 이 옷은 손흥민이 제일 잘 어울려요."

달콤한 다락방 요리부 아이들이 가방에서 뭔가를 주섬주섬 꺼낸다.

"오늘 저희 맛있는 거 한대요?"

"라면이잖아?"

"매운 고추도 다져 왔어요."

"선생님도 드실 거예요?"

"아마 먹을 것 같은데. 라면향이 올라오면 못 참을 듯."
"먹으면 언행불일치예요. 다이어트의 적이 바로 밀가루거든요. 다이어트 포기하셨어요?"
"라면을 못 참는 건, 동물적 욕구에 의한 자연스러운 인간적인 반응이 아닐까?"
"그게 무슨 말이에요?"
"먹을 거라고."

점심시간이다. 아이들 중 도시락을 싸서 다니는 녀석들이 보인다. 지난번 국에서 애벌레가 나온 후 급식이 많이 불안한가 보다.
"저희도 도시락 싸서 와도 돼요? 그러면 매일 피크닉 온 기분이 들 것 같아요."
"엄마가 힘들지 않을까?"
점심 먹고 바로 올라왔더니 역시나 시간을 창조하는 녀석들. 체육 한 시간을 그들은 만들어 낸다. 얼마나 재미있게 교실피구를 하는지. 여자, 남자 사이가 다시 괜찮아졌나 보다. 남녀가 어울려 서로 목숨도 구해 주고 함께 어울리는 모습. 이럴 때는 마음껏 떠들어도 좋다. 부수지는 말고.

실과시간에 십자수 만들기를 한다. 2주 전에 한 것이라 아이들도 가물가물한가 보다.
"선생님, 매듭 좀 묶어 주세요."
"이거 바늘에 실이 잘 안 들어가요."
"엄마가 해준 사람은 어떻게 돼요?"
"핫스팟 좀 켜주세요. 디자인이 마음에 안 들어요."
"바늘이 사라졌어요. 어디 갔지?"
"실이 이상해요. 자꾸 꼬여요."
"매듭이 자꾸 풀려요."
"자리 좀 바꾸게 해주세요. 친구랑 같이 해도 돼요? (자리는 1 대 1로 바꾸세요.)"

"도면 종이 좀 뽑아 주세요. 사라졌어요. 난 왜 없는 게 많지."
동시다발적으로 질문이 날아온다. 답하느라 휴~ 바쁘다, 바빠.
"선생님. 십자수 이거 열심히 하는 것보다 생각보다 성과가 안 나오네요."
"바늘이 손에 찔려 피가 나요. 이거 집중력이 많이 필요하네요."
옆에 있던 짝이 말한다.
"손이 바늘에 찔렸겠지?"
"아니라고. 바늘은 가만히 있는데 손이 찔렸다고."
"알았다. 알았어. 근데 바느질할 때도 가오 좀 잡아줘. 피나도 가오 알지?"
원래 십자수를 하면 정신수양도 되면서 말수가 줄어들어야 하는데 이 녀석들은 거꾸로 가고 있다.

오늘도 동아리 활동 시간이 시작된다. 오늘은 좀 아찔한 상황이 있었다.
"선생님. 큰일 났어요."
달려가니 부탄가스 쪽에서 불이 올라오고 있다. 달콤한 다락방 요리부 아이들이 가스버너를 켜고 좀 있는데 갑자기 불이 살짝 올라왔단다. 얼른 불을 끄고 좀 위험해 보여서 버너를 다른 것으로 바꿔 주었다. 버너가 오래되어서 폐기하기로 했다.

오늘은 다락방 아이들이 예고했던 대로 라면이다. 청양고추 다섯 개 정도 넣은 너구리. 정말 맵다. 다른 아이들도 라면향에 뭔가를 하다 멈추기를 반복한다. 아이들이 준비한 라면이 모자라 교실에 비축해 둔 라면도 푼다. 6봉지 추가요.

교실 체육부 아이들은 골프게임을 한다. 나름 골프규칙을 잘 알고 있다. 다만 벙커를 구덩이라 해서 좀 웃었지만. 상진, 민준, 인해의 첫 홀은 모두 더블 파이다. 공은 잘 날렸지만 그린 근처에서 퍼팅이 왔다리 갔다리 하며 점수를 까먹는다. 준혁이는 골프를 배웠는지 남다른 실력을 보인다.

"저 돌잔치 때 골프공 잡았대요. 그래서 잘 치는 게 아닐까요?"

서준이랑 현민이는 오늘 메이커 재료가 없는지 칠판에 디자인을 하겠단다. 그러라고 했더니 10여 분만에 뚝딱 작품을 만든다. 한켠에는 내 얼굴을 그려 놓는다.

"이렇게 못생긴 사람이 누구냐?"

드디어 함께 먹을 라면이 다 익는다. 라면 리필 담당과 국물 담당이 있다. 아이들이 국물줄과 라면줄로 나눠 선다. 나름 합리적인 방법 같다. 골프를 치다 라면을 먹는 아이들은 골프장에서 라면 먹는 기분이라며 상상만 해도 좋단다.

"선생님, 나중에 골프장 가면 라면 사 드릴게요."

이 녀석들이랑 라운딩 한번 나갈 날이 언제쯤 오려나.

"여러분, 리필 받을 때 다 먹고 오세요. 다 먹고 와야 리필 돼요."

어느새 그 많던 라죽도 바닥난다.

 ## 9월 20일 금요일

효은이가 아침에 빙글빙글 돌며 등교한다. 뒷문을 열며 들어오는데 뭔가 기분이 좋아 보인다.
"저 아침에 양곰탕 먹고 왔다요."
"메에에에~~"
"양곰탕이 양고기가 아닌데."
"알아요. 음메~"

한 녀석은 큰 싸움이 났다며 숨넘어가듯 내게 온다. 아침에 등교하는 4학년 아이들끼리 싸우고 있었는데, 가까이 가서 보니 본인 동생이었단다.
"말리지 그랬어?"
"어떤 선생님이 말리고 있었어요. 그래서 그냥 올라왔어요."

국어시간이다. 안창호의 명언을 읽고 우리도 명언을 만들어 보기로 한다. 안창호의 말씀은 아이들이 그 뜻을 알아듣기 쉬워서 좋다. 아이들이 안창호 선생님의 말씀에 라임을 맞춰 나의 명언을 만들고 기다리고 있다. 어느 순간 우리 반 아이들은 점점 발표를 즐기는 것 같다. 별로 긴장하는 티가 안 난다. 발표가 끝나면 발표자를 위해 아이들이 무조건 박수를 치는 습관 덕분이 아닐지 판단이 된다.

# 안창호 명언

1. 우리는 기회를 기다리는 사람이 되기 전에 기회를 얻을 수 있는 실력을 갖춰야 한다. 일에 더 열중하는 사람이 되어야 한다.
2. 남의 결점을 지적하더라도 결코 듣기 싫은 말은 사랑으로써 해야 할 것입니다.
3. 갓난이의 방그레, 늙은이의 벙그레, 젊은이 빙그레 저마다 서로 웃도록 전국에 미소 운동을 일으키자.
4. 성격이 모두 나와 같아지기를 바라지 말라. 매끈한 돌이나 거친 돌이나 다 제각기 쓸모가 있는 법이다.
5. 남의 성격이 내 성격과 같아지기를 바라는 것은 어리석은 생각이다.
6. 질서와 환경(청결)은 문명인의 자격이다.
7. 책임 있는 곳에 주인이 있다.
8. 그대는 매일 5분씩이라도 나라를 생각해 본 일이 있는가?
9. 청년이 다짐해야 할 2가지 과제가 있다. 첫째 속이지 말자. 둘째 놀지 말자. 나는 이것을 어렵게 생각하지 않는다.
10. 허물없는 사람이 없으니 모든 것을 다 용서하라.
11. 나는 밥을 먹어도 한국의 독립을 위해 먹고, 잠을 자도 한국의 독립을 위해 잔다.
12. 진리는 반드시 따르는 자가 있고, 정의는 반드시 이루는 날이 잇다. 죽더라도 거짓이 없어라.
13. 역사에 다소 관용하는 것은 관용이 아니요 무책임이니, 관용하는 자가 잘못하는 자보다 더 죄다.

〈연수 (도산 안연수 선생님)〉
- 나는 삼겹살을 먹어도 한국의 독립을 위해 먹고 잠을 자도 내일의 나라를 위해서 잔다.
- 성격이 모두 나와 같아지기를 바라지 마라. 어린이나 어른이나 모두 나라 향한 마음은 같다.

〈주희〉
- 그대는 5분이라도 체육을 안 생각해 본 적이 있는가?
- 체육과 초능력피구는 6학년 5반의 자격이다.
- 사마귀 있는 곳에 바이러스 있다. (주희는 손에 난 사마귀를 치료받고 있다고 한다. 연필로 쓰다가 사마귀가 보여서 적었다는 후기)

〈영민〉
- 갓난이의 헤헤헤, 늙은이의 허허허, 젊은이의 하하하. 저마다 서로 웃도록 '헤허하 운동'을 일으키자.
- 나는 똥을 쌀 때도 우리의 체육을 위해 먹고, 숙제를 해도 우리 체육을 위해 한다. (똥을 먹는다는 말에 아이들이 엄청 웃긴다.)
- 유머와 웃음은 이도건 선생님 반의 자격이다.

〈태윤〉
- 쌤은 체육을 하루에 5분이라도 생각해 본 적 있나?
- 체육을 위해 밥 먹고 잠잔다.

〈준호〉
- 너부터 잘 알고 남을 닮고 싶어 해라
- 그대는 매일 4분이라도 가족을 생각해 본 적이 있나?

- 얻기 어려운 건 경험이요, 놓치기 쉬운 건 도전하는 초심이다. (안창호의 말씀이 아닌 다른 곳에서 찾았다고 한다. 한 녀석이 넌 회장 당선된 초심 가지고 있느냐고 묻기도 한다.)

〈지윤〉
- 숙제가 있는 곳에 엄마가 있다. (엄마가 아니라 학원이겠지?)
- 숙제 없는 사람이 없으니 모든 것을 다 자유시간으로 바꾸지 않아도 용서하라.

〈류경〉
- 학생이 해야 할 두 가지 과제가 있다. 첫째 신나게 놀기. 둘째 신나게 논 것에 대해 책임지기. 즉 공부도 해야 한다. (놀고 공부하기가 순서란다. 숙제는 닥쳐서 해야 성취감이 높아요!)
- 사건에 방관하는 사람이 가해자만큼 잘못이 크다.

〈민준〉
- 나라 있는 곳에 국민이 있다.
- 그대는 매일 잠깐이라도 친구를 생각해 본 일이 있는가?
- 밥 안 먹는 사람이 없으니 모든 사람에게 밥을 줘라.

〈상진〉
- 우리 반 있는 곳에 체육 있다.
- 체육과 쉬는 시간은 학생들의 자격이다.

〈규현〉
- 나는 학교를 와도 체육을 위해 오고 급식을 먹어도 체육을 위해 먹는다.
- 선생님은 매일 40분씩이라도 학생을 위해 체육을 생각해 본 일이 있는가?

〈승은〉
- 책임이 있는 곳에 의무가 있다.
- 그대는 매일 3분씩이라도 미래를 떠올려 본 적이 있는가?
- 강아지의 성격이 내 성격과 같아지기를 바라는 것은 어리석은 생각이다.

〈은비〉
- 체육 있는 곳에 학생 있다.
- 나는 수학을 해도 체육을 하기 위해 노력하고 국어를 해도 체육을 하기 위해 노력한다.

〈준혁〉
- 돈을 써도 나라를 위해 쓰자.
- 삼겹살을 먹어도 우리나라 국산 돼지로 먹자. (비싸도 국산으로!)

〈효은〉
- 우리는 공이 올 기회를 기다리는 사람이 되기 전에 공이 올 수 있게 실력을 갖춰야 한다.
- 초등학생이 다짐해야 할 2가지 과제가 있다. 첫째 많이 자기. 둘째 많이 놀기. 나는 이것을 절대로 어렵게 생각하지 않는다.

- 모든 고양이가 나를 주인이라고 생각한다고 생각하는 것은 어리석은 일이다.

⟨서준⟩
- 성격이 모두 나와 같기를 바라지 말라. 모두 각자의 개성이 있을 것이다.
- 나는 숨을 쉬어도 대한의 공기를 마시고 나는 돈을 써도 대한을 위해 쓴다.

⟨현민⟩
- 그대는 하루에 1교시라도 체육을 생각해 본 적이 있는가?
- 체육은 반드시 따르는 자가 있고 체육은 반드시 이루는 날이 있다. 죽더라도 수학이 없어라. (망해라 수학!)

⟨경란⟩
- 학교 있는 곳에 학생이 있다.
- 체육과 쉬는 시간은 학생에게 필요한 자유이다.

어제 에버랜드 답사 주유비 계산이 잘못 되었나 보다. 행정실 주무관님께 메시지가 온다.

'안녕하세요 선생님. 어제 주신 주유비 영수증(15,000원)을 보다가 품의 금액에 있는 유류비(11,300원)보다 많이 지출된 걸 알게 됐습니다. 시간 되실 때 전화 주시면 감사하겠습니다.'

결국 3,700원 학교 계좌로 환불! 이렇게 쉬운 것을 착각하다니….

다른 반 아이들이 지나가며 자랑을 한다.
"오늘 우리 반 체육시간에 축구해~"
"아! 정말 부럽다."

쉬는 시간에 우리 반 앞을 지나가는 아이들을 창밖으로 한참이나 바라본다. 우리도 나갈까라는 말이 나올 뻔했다. 표정관리하고 일단 수학으로.

⟨문제⟩ 리본 12.6m를 한 사람에 3m씩 나누어 주려고 합니다. 나누어 줄 수 있는 사람 수와 남는 리본의 길이는 몇 m인지 구해 봅시다.

"근데 리본 3미터나 필요한 사람이 있을까?"
"그냥 잔말 말고 나누기 해. 자꾸 질문하면 선생님 설명 길어지잖아."
"아니 3미터나 왜 필요하냐고. 왜 3미터씩 나눠 가지냐고."

생각해 보니 이 녀석의 궁금증도 일리가 있다. 3미터 리본으로 뭐 하려는 거지? 4교시 공부가 잘 안 된다. 날씨가 추워져서 벌써 배가 고프단다. 수학시간 조금 일찍 끝내고 자유시간을 가진다.

"지윤아. 너 흰머리 있어."
"아! 슬프다. 할머니 된 건가."
"스트레스가 많아서 생기는 거야."
"근데 핸드폰에 왜 지문인식이 잘 안 되지?"
"너 진짜 할머니야? 우리 할머니는 일을 너무 많이 해서 지문인식 안 된다던데."

창체시간이다. 앱개발과 연계하여 앱을 디자인하고 발표하는 시간을 가진다. 일단 디스플레이가 어떻게 바뀔지 예상해 보았다. 때마침 갤럭시폴드가 출시되어 아이들이 상상력을 펼치기 딱 좋다. 핫스팟을 켜 줬더니 뭘 그렇게 많이 찾는지. 살짝 웹툰 보며 딴짓하는 녀석도 보이지만 눈감아 준다.

"이거 도대체 뭐 하는 거예요? 도대체 감이 안 와요. 그냥 앱 만들기예요?"
"교실에서 술 냄새 나요. 혹시 선생님?"
"에이 이 사람아~"
"축구장에서 번지 점프하면 엄청 재미있겠다."
"선생님! 저 오늘 임원수련회 가는데 캐리어를 엄마가 가져다주시기로 했는데, 정문으로 오는지 후문으로 오는지 한 번만 물어봐도 돼요?"
"여러분. 준우 여자친구 있어요."
"백설공주, 라푼젤, 피오나 공주… 그중에서 피오나 공주가 제일 좋대."
"너 피오나 공주랑 결혼하면 내가 200만 원 축의금 넣어 줄게."
"난 용돈 잔액 다 넣어 줄게."
남자아이들이 준우 이야기를 하는데 준우는 애써 못 들은 척 살짝 웃고 있다.
"난 연수가 부른 '겁쟁이' 노래 녹음본 가지고 있다! 노래방 가서 찍은 거."
"들려줘~"
"안 돼."
상진이는 두산 관련된 앱을 만들고 있다.
"상진아. 올해 두산, 한국시리즈 갈 것 같지?"
"두산 역시 잘하죠?"
"응. 그리고 한국시리즈에서 질 것 같아."
"삼성은요? 삼성은 이제 어떻게 할 거예요?"

〈규현〉

디스플레이에 대한 설명: 평소엔 샤프를 사용하다 샤프 뚜껑을 5초 이상 누르면 폰이 나옴. 그리고 나서 샤프는 펜으로 사용 가능. 혹시 샤프를 잃어버릴 수 있으니 폰 충전기에 넣어두면 지문 인식을 사용해야만 열리고 지문 인식을 사용해야만 충전기가 움직임. 폰을 다시 펜으로 만들 땐 밑부분에 펜을 꺼내 버튼을 5초 이상 누르면 됨. 폰도 지문인식, 홍채인식 등 잠금화면이 있고 샤프로 사용하던 걸 펜으로 사용하게 되면 뾰족하여 기스가 날 수 있으므로 핸드폰으로 바뀌면 뭉툭해짐. 펜으로 사진 찍고 앱 실행 가능.

앱에 대한 설명: 앱 이름은 Mydol이고 이 앱은 아이들과 전화, 메시지, 아이돌의 스케줄, 음악듣기, MV보기, 증강현실 등을 할 수 있다. 아이돌과 전화는 실제로 전화를 할 수 없으므로 녹음된 목소리로 가능(도깨비 전화앱과 비슷함) 메시지도 이미 내장된 것으로 한다. 스케줄은 매달 스케줄을 알려주고 콘서트 예매 시간 등을 알려주고 아이돌이 나오는 프로그램을 볼 수 있다. 음악은 저작권상 한 달에 3,000원을 내야 한다. MV는 그냥 뮤직비디오를 보는 것이고 증강현실로 아이돌을 만날 수 있다.

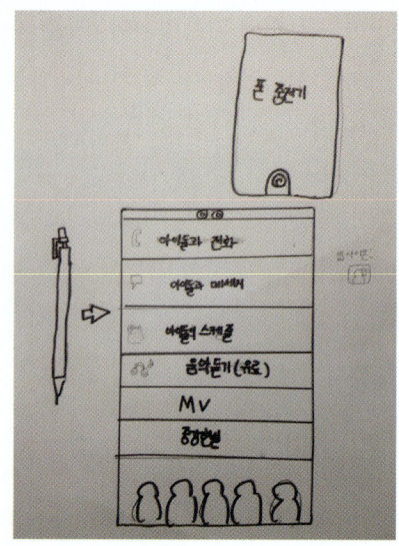

〈연수〉

AI 로봇 경기장은 선수는 그대로 사람이 하고 볼보이나 심판은 로봇이 하는 것이다. 공에 이상이 생기면 로봇이 자동으로 공을 바꿔주고 선수가 다치면 로봇이 직접 치료해준다. 로봇이 경기장을 관리한다.

- 쓰레기처리도 로봇이 해요? (네.)
- 바로 치료해 준다고 했는데 사람이 하면 들것에 실려 나가는데, 즉시 그 상황에서 치료해 줘요? 병원에 데리고 가는 거예요? (벤치에서 치료해요.)

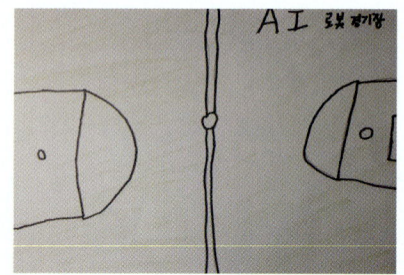

〈은비〉

앱을 들어가서 검색창이나 메뉴를 선택하면 방법이 설명으로 나오는데 보기 버튼을 누르면 가상현실을 폰 위에서 만드는 방법이 나온다. 주부나 요리에 관심이 많은 아이들에게 효율적인 앱이다. 1,169가지(1을 빼먹었다고 함)의 다양한 요리를 할 수 있다. 한 달에 2번 메뉴 추가 +++. 한 달에 한번씩 "먹고 죽어" 즉 가장 맛있는 메뉴에 별점을 주며 한 달에 인기 없는 메뉴 2개는 탈락!

- 굳이 1,169 한 이유가? (느낌이 있는 숫자 같아서요.)

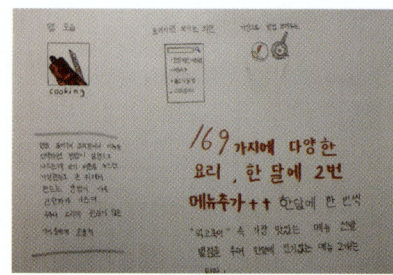

〈상진(야천: 야구천재)〉

얇고 가벼운 디스플레이. 기본 모양과 같은 사각형 야구 어플. 일본(노 재팬, 일반) 배경화면. 시간이 항상 팝업 되어 있음. 회원가입을 하고 로그인을 해야 함. 팀 선택 가능. 선택한 후 옵션을 선택. 응원가에 들어가면 선수들의 응원가를 볼 수 있음. 선수에 들어가면 선수들의 상세정보를 알 수 있음. 경기에 들어가면 경기 일정을 볼 수 있음. 상품에 들어가면 그 팀의 상품 구매 가능. 순위는 현재 KBO 순위를 보여줌. 팀 설명은 팀을 설명해줌. 게임은 야구게임 가능. (기능이나 가능이나?) 실시간은 현재 진행 경기와 타순 보기 기능. 톡은 응원 댓글을 보낼 수 있음.

- 팀 상품 구매 가능하다고 했는데, 구매하려면 집 주소를 쳐야 해요? (님, 주소를 안 치면 어디로 보내요? 랜덤으로 보내요?)
- 외국 야구 경기는 다른 앱으로 봐야 하나요? (고거는, MLB 같은 경우는 KBO랑 관련이 없기 때문에 어려워요. 제가 만든 건 한국 전용이에요.)
- 추후에 MLB 만들 계획은 있나요? (MLB가 워낙 돈을 많이 달라고 해서 어려워요.)

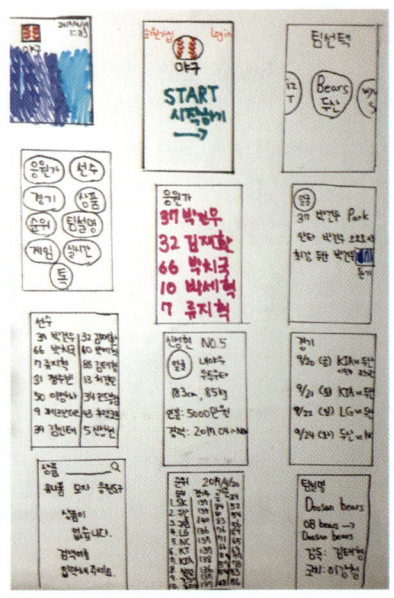

〈인해〉

사운드플레이트는 게임할 때 사운드가 중요해서 개발했고요. 동영상이 크게 나오고 화질이 좋아서 게임도 재미있게 할 수 있어요.

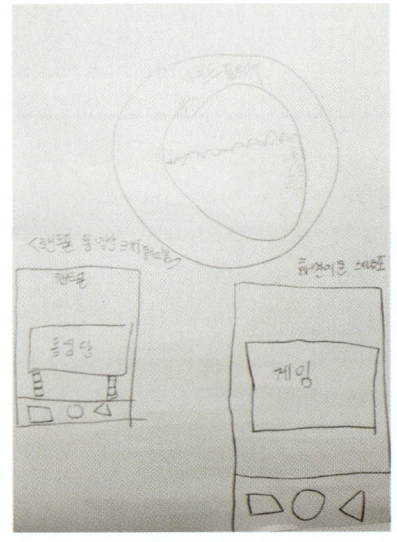

〈주희〉

'떡BOKKI' 앱은 전국구 수많은 떡볶이 맛집의 장소, 가는 길을 알려주는 앱. 떡볶이 러버들이 좋아할 만한 앱.

- 근데 이게 떡볶이로 판단하기 어려운 건 어떻게 해요? 김밥나라 같은 거요. 기준이 뭐예요? (리뷰나 별점 같은 거 보고요. 5점이나 4점 정도는 맛집이라고 할 수 있죠.)
- 만약에 이 앱을 켰는데 서울에서 부산에 있는 맛집을 가야 한다면요? (안내는 당연히 되겠지만. 가고 안 가고는 님이 판단해요.)
- 짜장은요? (짜장면은 안 되고 짜장떡볶이는 가능해요.)

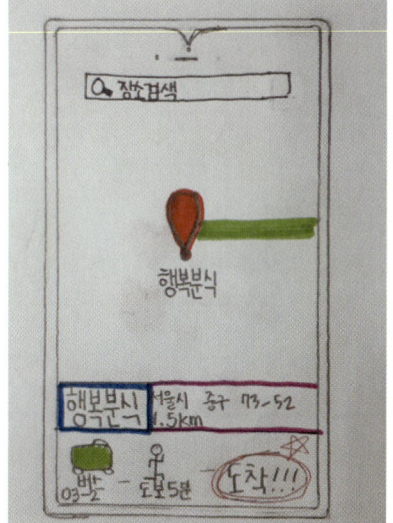

〈준혁〉

앱을 실행해 버튼을 누르면 핸드폰 속으로 들어가서 우리가 플레이어가 되는 앱이다. 단, 이 앱을 누르면 세상 밖으로 나가기가 어렵다. ㅋㅋ 나갈 수 있는 방법은 아주 아주 세상에서 제일 어려운 수수께끼를 1분 이내로 푸는 것이다. 이 수수께끼를 풀면 핸드폰 밖으로 나가는 것이고 못 풀면 핸드폰 속에서 그냥 한평생을 사는 것이다.

- 게임 안에서 물도 마셔야 하는데 직접 제공하는 거예요? (그럼요. 음료 선택은 가능해요.)
- 보통 게임 속으로 들어가면 시간차가 어때요? 실제예요? 게임시간이에요? (게임시간으로 하는 거예요. 답하기 어려운 문제네요. 이건 좀 정리해서 말씀드릴게요.)

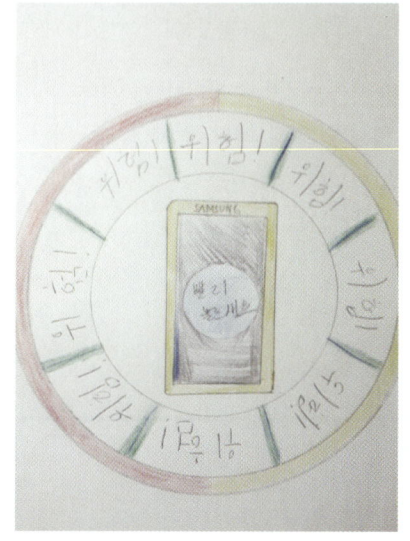

〈민준〉

초능력피구 앱. 매 판마다 랜덤으로 카드를 얻게 된다. 카드 종류는 반사, 저격수, 댄스붐, 마법해제, 인간지배자, 스캐너가 있다. 그리고 상자를 열면 스킨을 얻을 수 있다. 이 게임은 VR이 있어야만 할 수 있다. 캐릭터는 졸라맨과 문어맨으로 고를 수 있다. 게임을 이길 때마다 포인트를 얻어서 상자를 까는 것이다.
- 지금 카드를 더 많이 만들면 안 돼요? 업데이트? (그건 유료버전으로 만들 거예요.)
- 초능력피구를 해도 교실도 운동장도 배수지도 가능한데, 배경이 바뀌나요? (네. 유료버전은 가능해요.)

〈태윤〉

좋아하는 아이돌을 검색하여 누르면 VR처럼 가상현실로 나와 원하는 노래와 춤을 추게 하고 실시간으로 댓글을 남길 수 있다. 그리고 투표를 통해 이번 주 1등을 선정 가능하다. 단, 워너원만 가능.
- 이도건 쌤과 강다니엘 중 누가 잘생겼냐? (….)

〈경란〉

이 앱은 전자제품이 고장 났을 때 어떻게 고치는지 알려준다. 주변에서 흔히 볼 수 있는 전자제품들을 빨리 고칠 수 있고 수리비도 안 든다. 안내 방법이 글뿐만 아니라 증강현실로 바로 볼 수 있다.

- 이거 고치다 고장 나면 수리비 대신 내 줘요? (전 잘 모르겠는데.)
- 개발자 아니신가요? (개발자는 맞는데 수리비는 안 될걸요.)
- 전자제품을 다루다 잘못되면요? 전기 통하면요? (보험을 들어 놔야지요.)

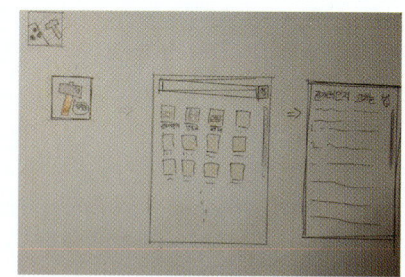

〈영민〉

FIFA 4000. 자기가 원하는 곳에 디스플레이를 설치한다. 자신을 포함해 최대 5개까지 설치할 수 있다. VR을 끼고 디스플레이를 가까이 가서 조작을 하며 골을 넣을 수 있다. 모든 리그의 경기를 뛸 수 있으며 자신을 선수로 만들어도 된다. 메시, 날강두, 손흥민, 이강인 모두 가능하며 감독 모드로 자신이 선수를 영입할 수 있다.

- 근데 왜 4000이라고 했나요? (4천 년이라는 뜻이 아니라요, 사천탕수육요.)
- 자신의 선수를 만든다고 하는데 외모나 실력은 어떻게 해요? (VR 상에서 만드는 선수예요. 5만 원 내고 아이템을 사서 외모나 실력을 가꿔야 해요.)
- 그러면 뛸 때 피파 4000 경기할 때 러닝머신 같은 데서 뛰어요? (그냥 뛰는 생각을 하면 뛰는 거예요. 남들이 보면 이상해 보이겠지만.)

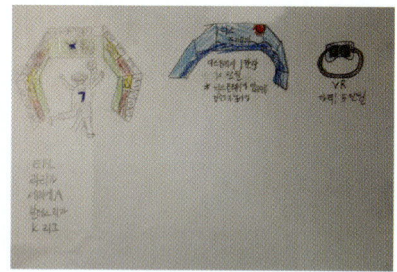

### 〈서준〉

SAMSUNG Multiplex

1. 핸드폰에 〈Multiplex surround〉를 설치한다.
2. 앱을 실행시킨 후 모델과 연동시킨다.
3. 핸드폰으로 보고 싶은 영상이나 듣고 싶은 노래를 검색하여 기기로 보낸다.

설명 및 기능

1. 기기 안에서는 외부의 소리가 안 들리며 호출기를 통해 연락이 가능하고 기기 내부의 소리도 외부로 나가지 않는다.
2. 소리가 밑면에 음파로 나타난다.
3. 한꺼번에 최대 5개의 영상.
4. 영상을 볼 때는 가상 원형 벽이 나타난다.
5. Multiplex 기기 안으로 들어와야만 소리가 들린다.
6. 유연해서 이동해서 쓸 수 있음.
7. WiFi 필요

- 얼마예요? (기능에 따라서요, 많이 달라요.)
- 근데요, 안에 들어가야 소리가 들린다고 했는데 저걸 밟아야 해요? (그냥 얼굴만 쭉 내밀면 돼요. 엄마가 잔소리 하면 머리만 넣으면 해결돼요.)

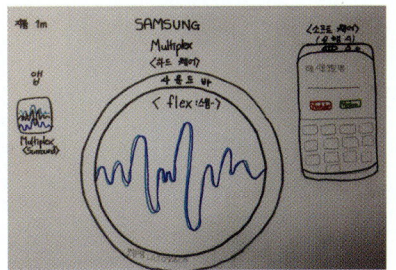

### 〈준호〉

이 앱은 이름하여 축구장 텔러 포터이다. 이 제품은 축구장에서 경기를 직관하고 싶은데 시간이 없어서 해외에 못 가는 축구 마니아들을 위해 만들어진 앱이다. 이 제품은 5대 리그의 모든 팀의 경기를 볼 수 있다. 이 앱의 장점은 전용 기계만 설치하면 가고 싶은 축구장을 갈 수 있다. 하지만 단점은 전용 기계가 5,000만 원이라는 것이다.

- 그러면 축구장으로 영국에 있는 올드트래포드로 갔는데 안 돌아오고 영국 여행해도 돼요? (시간제한이 있어요.) (얍삽한 앱이네요.)
- 5천만 원만 있으면 계속 이용할 수 있어요? (기계 사는 데 5천만 원이고요, 앱을 돌릴 때마다 100달러 정도 들어요. 100달러가 90분 기준이 아니라 인저리 타임까지 계산해서 100분 넣어 들여요. 1분에 1달러~)
- 축구장 가는 김에 정말 여행해도 되겠어요. (순간이동. 뿅 하면 탁~)

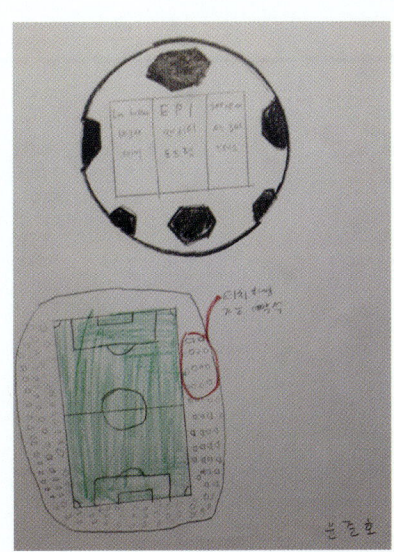

〈준우〉

디스플레이: 고무로 만들어진 팔찌. 평소에 팔에 찰 수 있고 식탁에 일직선으로 놔서 TV처럼 볼 수 있음.

앱: 일반 지도가 아닌 입체로 표현된 지도이다. 도착지를 입력만 하면 입체로 길이 표현된다.

- 네이버처럼 로드뷰 돼요? (어.) (어가 뭐야. 네라고 해야지.)
- 어렸을 때 만화에서 보던 그 장면 있잖아요. 그거 생각이 나요. (맞아. 나도 그 장면 생각하면서 만들었어. 우리 같은 거 봤네.)

〈현민〉

팔찌를 차면 화면이 나온다. 앱 이름은 고구마. 영화 보는 것과 유튜브처럼 웃긴 영상을 볼 수 있는 앱.

- 왜 이름은 고구마예요? (옥수수가 있어서요.)
- 옥수수랑 비슷한데 표절인가요? (표절은 아니고 짝퉁이에요.)

〈효은〉

앱 이름: Beauty. 이 앱을 실행시키면 디스플레이 내 장착된 화장품들이 나온다. 원래는 화면 밑에 있다가 밑의 화면이 위로 올라가면 그 화면은 뷰티앱처럼 보정 동시에 스티커 기능까지 있다. 위의 화면과 밑의 화면 가운데에 있는 틈에 브러쉬가 있다. 그 브러쉬로 화장도 할 수 있고 버튼이 있는데 그 버튼을 누르면 사진이 찍힌다. 이 앱은 디스플레이에 원래 설치된 앱이기 때문에 따로 깔 필요 없다. 마지막으로 화장품은 마음대로 꼈다 뺄 수 있다. 단, 사용연령 20세부터.
- 사진을 찍을 수 있다고 했는데 타이머 기능도 있어요? (당연하죠.)
- 13세가 20세 것을 만든 거예요? 왜 20세부터 했어요? (처음에 사용연령을 없애려고 했는데, 이런 앱은 애들이 사용하면 인생 망칠 수 있어요. 그리고 엄마들이 안 사줄 텐데요, 뭘.)

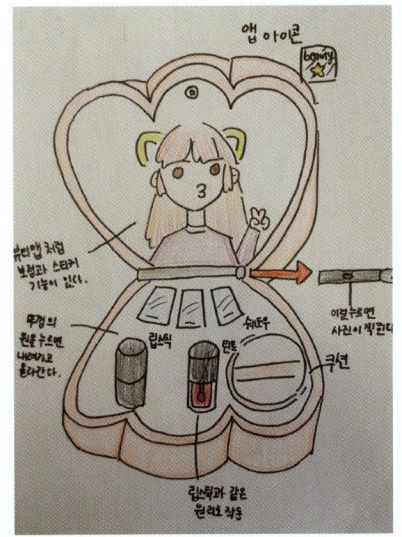

〈승은〉

영상통화를 하며 동영상을 찍을 수 있는 앱. 사진 촬영은 불가. 동영상 촬영 시 상대방 얼굴은 동영상에 보이지 않음.
- 영상통화 하면서 동영상 찍을 수 있잖아요? (진짜요? 근데 영상통화 하는 소리랑 동영상 찍는 소리가 섞이잖아요. 제 기술은 그 소리들이 따로 녹음된다는 거예요.)
- 그 소리 나누는 게 엄청 어려울 텐데요. (지금 생각해 보니 어렵겠어요.)

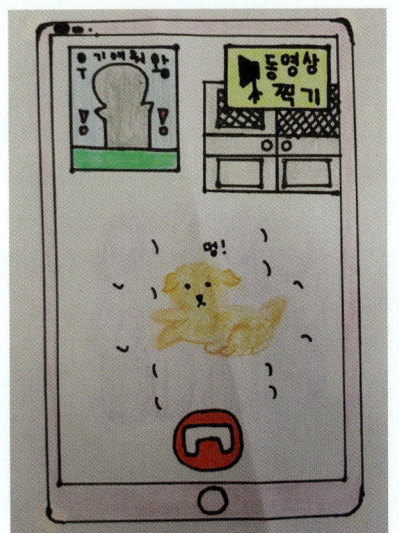

〈지윤〉

좋아하는 연예인과 가상으로 영상통화를 할 수 있다. 메시지를 할 수 있고 전화를 할 수 있다.
- 메시지예요? 멧돼지예요? (….)
- 영상통화를 한다면 지윤 님이 밥 먹었어? 했는데 엉뚱한 말을 하면 어떻게 해요? (아직 미완성 기술이라… 시간이 더 걸릴 거예요.)
- 이게 입력된 말밖에 안 되는데. 저 오늘 너무 슬펐어요 했는데 어허, 그랬구나 하면요? (아직 미완성 기술이에요.)

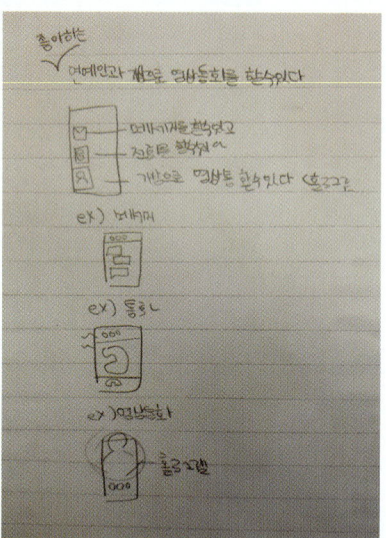 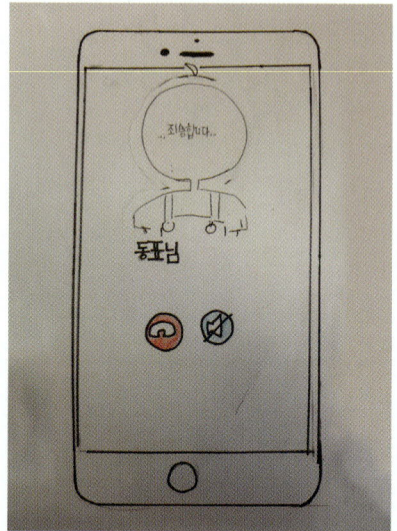

요즘 아이들이 일기를 잘 안 낸다. "개학 후 한 번도 일기 안 낸 위대한 사람은 다음 주에 꼭 내시오. 9월 26일 화산 폭발할 수 있습니다"라고 말했더니,

"정말 폭발할 거예요?"

"그럼. 선생님 일기예보 정확한 거 알지?"

## 9월 23일 월요일

국어시간에 가족 이야기 시즌2를 했다. 인물의 성격을 알아보는 데는 역시 말과 행동이라며 가족들을 또 분석해 보고 싶단다.
"지난번에 했잖수?"
"이거 너무 재미있어요. 이런 건 얼마든지 환영합니다."

〈태윤〉
엄마: (내가 무엇을 사달라고 할 때) "생각해 볼게" 이렇게 말하는데 이러면 100% 사준다.

(내가 일어났을 때)
아빠: 엄마가 만든 음식도 좀 먹어.
나: 엄마가 만든 건 완전 맛없어. (아빠가 흐뭇하게 웃는다.)
할아버지: (내가 워너원을 보고 있을 때) 여자애같이 생겼어.
나: 요즘엔 잘생쁨이 대세예요.
할아버지가 그다음 날 할아버지 사진을 크게 뽑아 액자로 만들어서 내 방에 놓는다.
나: ….
할아버지: (크게 웃으시면서) 이게 더 낫네.

할머니: 수욱제에~ 고옹부우~ 라며 노래 부르신다.

엄마 아들: 아! 내가 너 위해서 그러는 거라고 (라며 돈을 빼가서 자기 돼지저금통에 넣는다.)
나: 너? 너어~? 넌 7살이고 난 13살이야!
엄마 아들: 아. 그러시겠죠~ 근데 정신연령은… (이라며 말을 흐리고 혀를 찬다.)
나: 돈은 왜 또 가져가는데에에!!!!!
엄마 아들: 나 못 믿어? 내 꿈 대통령이야. 커서 다 줄게. 근데 넌 돈 관리를 못해.

〈인해〉
엄마: 모든 행동을 바로바로 하신다. 정이 넘친다. 걱정이 많다. 잔소리 많으시다.
아빠: 급하지 않으시고 차분히 하시면서 많이 참으신다.
형: 혼내기 담당. 목소리 크다. 잘 놀아준다.
나: 짜증나는 말을 자주 한다. 거짓말도 조금 한다. 하고 싶은 말은 바로 한다.

〈민준〉
엄마가 제일 많이 하는 말: 숙제해라, 밥 먹어라, 학원 가라.
아빠가 제일 많이 하는 말: 씻어라, 조용히 해라, 밥 먹어라.

동생이 제일 많이 하는 말: 형 놀자, 형 숙제 다 했어? 형 이거 알아? 알면 도와줘.

〈주희〉
엄마: 핸드폰 자주 보지 마 (내가 핸드폰을 많이 봐서, 보수적인 성격이신(?) 우리 엄마는 내가 핸드폰 중독에 빠지지 않게 하려는 듯하다.)
아빠: 안녕~ (나랑 아빠랑 장난할 때 많이 하는 말, 아빠가 예전 학생시절이었을 때 인사성이 밝았을 것 같다. 장난기 많은 성격)
오빠: 문 좀 닫아줘 (친구들이랑 전화통화하면서 게임하려고, 문 닫아서 게임을 자주 즐김 ㅎㅎ. 가족들의 시선이 불편한 듯 그렇다고 사이는 좋지 않은 건 아님)

〈효은〉
동생: 아빠가 게임할 때 자기는 엄마 몰래 안방에 들어간 다음 아빠가 게임하는 거 본다. 내가 TV 볼 때는 "마아아~미이이~누나가 TV봐~~~" 여우처럼 말을 한 다음 엄마가 "이효은!" 할 때는 튀어버린다. 엄청 빠르게. (자신의 잘못을 빼놓고 쏙 빠지려는 기분 나쁜 전략 중 하나)
아빠: 공부 안 하면 바보 되는 거야. (나의 공부에는 간섭은 안 하되 뭔가 찝찝한 말로 공부하라는 메시지)
동생: 집안에서 인형을 차는 행동. (엉덩이가 근질거림. 축구를 하고 싶다는 징후 중 하나) (난 양말 차서 빨래통에 차서 넣는데. 축구 하고 싶을 때.)

〈백하〉
엄마: 말이 너무 빠르다. 목소리가 너무 크다. 행동이 특히 빠르다. 말 한마디로 정한다. 말솜씨가 좋다.
아빠: 평소에 아무 말도 안 한다. 하지만 재미있다.
언니: 엄마처럼 목소리가 너무 크다. 강인하다.

〈영민〉
아빠: 발 다쳤으니까 내일 축구 하지 마! (발이 아프다고 아빠한테 보여줬을 때, 내 발이 걱정돼서 발을 많이 쓰지 말라는 뜻이다.)
누나: 내 방에서 나가! 왜 내 방에서 이래? (누나 방에 다짜고짜 들어갔을 때, 갑자기 내 방에 들어와서 짜증나 나가버리라는 뜻이다.) (절대 공감. 난 누워 있으면 아무 말 안 해.)
엄마: 이거 먹고 나가. (밥 안 먹고 학원 갈려고 했을 때, 내가 안 먹어서 걱정되어 한 말 같다. 날 걱정 많이 해 주신다.)

〈승은〉
언니(똑똑한 나무늘보, 15세): (고구마 먹는 중) 야! 물 좀 가져와라. 귀찮다. (언니는 사소한 것들도 귀찮아한다. 무조건 날 시킨다.)
엄마: (학교 가기 전) 너 학교 빨리 안 가면 용돈 없어. (약점을 말해서 무조건 하게 한다.)
아빠: 운동 좀 해. (계속 먹기만 하고 운동을 잘 안 하니 걱정되어 하신 말씀인 것 같다.)

〈경란〉
엄마: 제발 방 청소 좀 해라. (내 방을 보며 한숨 쉰 듯? 안 하면 더 잔소리 폭탄이 있을 것이다.)
동생: 언니 만화책 빌려줘! (빨리 빌려달란 표정. 안 빌려주면 짜증내거나 시끄럽게 하거나 엄마 찬스를 쓸 수 있어서 빌려줘야 되는 상황)

아빠: (동생이 아빠한테 같이 놀자고 할 때) ……. (동생의 말을 씹는다. 그냥 같이 놀기 싫다는 것 같다.)

〈지윤〉
오빠(원숭이, 16세): 사랑하는 동생아. 내가 변기를 막았다. 내가 널 사랑하는 만큼 보답으로 변기 좀 뚫어라. (오빠는 변기를 못 뚫는다. 뻔뻔하고 더러운 성격이다. 대가도 안 주고 변기를 뚫으라고 한다.)
엄마: 너 지금 숙제 안 하면 아까 사 줬던 거 주문 취소한다. (내 약점을 잡고 있다. 내가 실컷 놀았기에 숙제를 시키려고 한다.)
아빠: 지윤아~ 지윤아! 아빠가 부탁이 있어. 문 좀 닫고 에어컨 좀 꺼라. (간단한 일이라도 나한테 시키려고 한다.)

〈규현〉
엄마: 핸드폰 좀 그만 봐! (내 눈 나빠진다고, 숙제 안 할 수도 있다고.)
아빠: 용돈 줄게. (내가 용돈 없는 거 알고 주고 싶어서. 이런 아빠가 너무 좋다.)
언니: ○○○ 좀 가져와. (자기 할 일 있다는 핑계로 핸드폰 보려고. 아니면 귀찮아서?)

〈연수〉
엄마가 내방으로 들어온다.
나: 왜요?
엄마: 피아노 그만 치고 숙제 좀 해라.
나: 좀만 더 치고요.
엄마: 그놈에 피아노!
나: ….
엄마: 갖다 버린다?!
나: 알겠어요. 지금 할게요….

"선생님. 교실에서 왜 매운 냄새 나요!"
"혹시 아침에 짬뽕 먹었어요?"
"아니. 아침에 커피밖에 안 마셨는데."
지난주 금요일에 시켜 먹은 게 아직도 냄새가 안 빠졌나 보다. 그러다 갑자기 다른 말을 한다.
"근데 저 고양이 키운다요. 태어난 지 2개월 되었는데. 이모가 키우기 벅차다고 저 준 거예요. 강아지 한 마리, 고양이 한 마리 키우는데 고양이는 저 주셨어요."

"선생님. 저 주말에 너무 힘든 일이 있었는데 체육 한 시간만 해주시면 안 돼요?"
"주말에 영어숙제 하는 데 세 시간 걸렸어요."
"원래 그 정도 걸리는 것 아닌가?"

"그리고 누가 저 놀려서 속상해요. 한 번 더 놀리면…."
갑자기 남자아이들이 우르르 들어온다.
"선생님. 주말에 이겼어요."
"뭐가? 축구?"
"아뇨, 끝말잇기요. 우리 반 단톡으로 끝말잇기 했는데 이겼어요. 벌칙도 있는데 아직 안 내렸어요. 해질녘으로 여러 명 보내 버렸어요."

아이들이 경주마 달리기 놀이를 하고 있다. 예전 추억을 말하는 아이들. 이건 나랑 이어지는 소재이다. 말 한 마리 주위로 아이들이 오순도순 모여 추억을 회상한다.
"말 배 속에 펌프를 두 개 넣으면 더 세지 않을까?"
"어차피 수축이라 그냥 똑같지 않을까."
"그러면 고장 엄청 잘 날 것 같은데."
"말 두 마리 있으면 경주하고 좋겠다."
"진실이 두 개면 거짓이다. (이건 뭔 말인지.)"

"선생님. 저 오스트리아 가서 황희찬 사인 많이 받아 올게요."
"내 것도 있냐?"
"힘 닿는 데까지 노력해 볼게요."
영민이가 11월쯤에 김진수 지인과 유럽 축구를 보러 간단다. 정말 정말 부럽다.

회장, 부회장들이 임원수련회를 갔다 왔다. 많이 피곤하기도 하고 재미있기도 했단다.
"막춤 잘 추는 사람 나오라 그래서 나갔어요."

1학기 때 서준이가 임원수련회를 휘젓고 오더니 준호가 2학기 때 이어받아 우리 반의 저력을 보여 주고 왔나 보다.

과학시간이다. 과일전지 실험을 한다. 레몬을 먼저 자른다. 레몬향을 맡자 레모나향이 난단다. 정말 먹고 싶다며 입안에 넣을 기세다. 아연판과 구리판을 꽂은 곳에서 나온 레몬즙을 한 방울 먹어 봤다는 녀석도 있다.
"왜 불이 안 켜지죠? 국물이 너무 많이 나와서 안 되나 봐요."
안 된다고 바로 포기하고 저희들끼리 떠들고 있다.
"구리와 아연판 순서를 제대로 하지 않으면 안 되는데…."
실험이 금방 끝나 대충 정리하고 과일전지 동영상을 보고 이야기를 나누었다. 허팝이 과일전지로 아이폰을 충전하지만 실패! 다른 유튜버는 양파를 파워에이드에 절인 후 휴대폰 충전에 성공한다. 이게 진짜라면…. 우리 반 아이들도 과일전지 활용에 대해 의견을 말한다.

- 복숭아 전지로 핸드폰 충전.
- 치킨무에 구리, 아연 넣고 전기 만들기.
- 오징어에 금속판을 넣고 충전기를 연결해 내 핸드폰을 충전.
- 청포도 100,000개 이상을 연결해 TV를 작동시키고 싶음.
- 새우 100,000마리를 소금이나 이온음료를 절여 에어컨 작동시키고 싶음.
- 가지로 핸드폰 충전.
- 단무지로 손전등 만들기.
- 바나나 전지 만들기.
- 복숭아 1,000개를 게토레이에 절인 후에 모두 연결함. 그리고 자동차를 충전 또는 핸드폰 급속 충전.
- 라임에 어댑터를 연결하여 핸드폰을 충전하고 싶음.
- 문어에 충전기를 꽂고 핸드폰을 충전. 문어는 바다에 살기 때문에 따로 소금 같은 것은 준비 안 해도 됨.
- 참외에다 전선을 꽂아서 집에서 쓸 수 있는 전등을 만듦.
- 나는 배, 딸기, 당근, 시금치, 양배추, 석류, 용과로 과일전지를 만들고 싶음.
- 전쟁 상황 중 무전기로 서로 상황을 주고받아야 되는데 무전기 배터리가 없으면 과일전지를 이용해 무전기를 충전함.
- 레몬으로 컴퓨터 켜기.
- 바나나에다 아연판과 구리판을 꽂고 전선을 연결해 전기를 통하게 해서 의자에다 놓음.
- 〈나는 자연인이다〉에서 작물을 길러 그 작물에 구리판과 아연판을 꽂아 전구를 밝혀 전기가 안 오는 방에서 빛을 냄.
- 파인애플로 핸드폰 충전을 해 보고 싶음.
- 아보카도를 사용해서 핸드폰을 충전해 보고 싶음.
- 딸기에 이온음료를 적셔서 전지를 만들어 보고 싶음.
- 수박에 구멍 뚫기 → 포카리스웨○ 넣기 → 핸드폰 충전.

음악시간이다. 오늘은 2부 합창하는 마지막 날이다. 역시나 나무의 노래 아래성부는 부르기 어렵다. 게다가 소리를 내지 않는 아이들이 점점 많아진다. 오늘은 아이들 기분이 안 좋은지 2부 합창은 안 되겠다. 이어서 2학기 우리 반 주제곡 'The lion sleeps tonight'을 부르기로 한다. 상진, 민준, 현민이 보컬. 나머지 친구들은 '은비아빠'로 베이스를 맡는다. 은비가 애교 섞인 불만을 보인다.

"저희 아빠한테 왜 그래요?"

"아니. 음비아빠~ 음비아빠~"

보컬 세 명의 빼어난 노래 실력에 쉬운 오스티나토가 하모니를 이룬다. 다음 달쯤에는 식당에서 〈라이온킹〉으로 플래시몹을 촬영할 수 있을 것 같다.

도서관에 갔다. 국어책에 나오는 지문을 다 읽고 내가 묻는 말에 답하기 미션 완료한 사람만 다른 책을 읽도록 했다.

"저 네 번이나 읽었어요. 완벽해요."

"인상적인 인물 한 명 말하고 이유도 알려줘~"

"이모, 초리, 억이라는 인물이 나오는데 이야기에 중략이 많아서, 음, 잘 모르겠어요."

"막상 선생님이 앞에서 물어보니 당황스러워요."
"아, 왜 이렇게 떨리지."
"선생님. 제 눈 안 보면 안 돼요? 부담스러워요."
역시 시험은 긴장되나 보다.
"쉬운 거 물어봐야 해요. 제가 좋아하는 거 알죠?"
"넌, 일단 탈락!"
장난이야란 말에도 그게 그렇게 신경 쓰이나 보다.
"전 탈락이죠? 어차피 탈락인데 나중에 올게요."

통과한 사람들은 긴장이 풀렸는지 팔뚝 때리기랑 팔씨름을 하고 있다. 이 녀석들이 도서관에서 이게 뭐람! 큰 헛기침 한 번으로 정리는 했지만. 륜경이랑 지윤이는 분명 방금까지 떨던 녀석들이었는데. 한 시간이 지나고 빌릴 책을 바코드 찍고 교실로 간다. 도서대출증에는 아이들의 1학년 때 사진이 들어 있다.

"넘 귀여워."
"중학교 갈 때 가져가~ 사진 떼서."

5교시 끝나고 한바탕 칼싸움(그들 표현으로 펜싱)이 일어난다. 오늘은 활동적인 영역이 별로 없어서 그런지 아이들끼리 무언가를 표현하려고 한다. 춤도 추고 허공에 헤딩 연습도 하고 실험하다 남은 레몬즙을 사정없이 짜기도 하고. 근데 레몬향이 정말 진하다. 짬뽕향은 이제 사라졌나 보다.

"이걸로 레모네이드 만들어 먹어요."
"레몬차 해 먹으면 정말 맛있는데."

6교시는 도덕 교과서에 나오는 '공정'의 가치를 국어 교과서에 나오는 공정무역 글과 함께 공부한다. 먼저 동영상을 보고 이야기를 나눈다.

> 초콜렛을 먹는 나를 감옥에 보내달라.
> 세계 카카오 콩 생산량의 40% 코트디부아르. ("드로그바! 검은 메시!"라며 아이들이 반응을 보인다.)
> 카카오 콩은 하얗다. (정말 신기한데. 근데 왜 이렇게 맛없어 보이지.)
> 바나나 잎을 덮어 일주일 발효. 일주일 뒤면 초콜릿색이 됨.
> 바구니와 긴 낫으로 하루 10시간 이상 일하는 아이들.
> 아이들은 1,000원짜리 초콜릿 중 20원만 가져간다.
> 생산자가 5%. 70% 이상은 다국적 기업이 가져간다.
> "힘들지만 저는 카카오 밭에서 일해야 해요. 돈을 벌어야 음식을 살 수 있으니까요." (얘들아~ 우리나라로 와. 우리나라 오면 최저 시급 받을 수 있을 텐데.)
> 서울 초등학생의 절반 정도인 코트디부아르 아이들 25만 명!
> 우리 소비자는 이러한 잔학성에 책임을 져야 한다.
>
> "우리가 도와주러 가자."
> "남자보다 힘이 센 여자가 가야지."
> "뭔 소리데?"
> "너 정도 큰 애가 가야 해. 카카오콩을 따지."

**상진:** 총을 들고 가서 다국적 회사를 부숴 버려요. (그런 폭력적인 방법 말고 다른 방법은 없을까?)

**서준:** 아프리카 나라들은 부족끼리 싸우는데 왜 싸우는지 물어봐요. 이유를 알아야 멈출 것 같아요. 전쟁이 멈춰야 아이들 문제도 풀죠.

**태윤:** 서로 일단 전쟁을 멈추고 당분간 서로 얼굴을 보지 말고 좀 진정했으면 해요.

**준호:** 사람들끼리 다국적 기업 불매운동을 해요. 아디다스가 없어지면 나이키를 쓰면 되고, 나이키가 없어지면 아무거나.

**현민:** 다국적 회사 앞에서 시위하는 거 어때요? 총을 들고 시위하는 게 아니라 지금 본 거 그대로 전해주는 거예요.

**주희:** 자신들만 생각하는 다국적 회사를 다른 나라 국민들과 함께 불매운동에 참여해 회사 물건을 쓰지 않는 게 어때요. 착한 기업들 물건은 많이 쓰고요.

**서준:** 하지만 브랜드가 가지는 가치도 있어요. 착한 기업도 브랜드 가치가 없으면 사기 힘들어요.

**준호:** 맞아요. 아무리 좋은 축구화가 있어도 아디다스, 나이키가 있으면 저는 아디다스 살 것 같아요.

오늘은 발표하는 게 시원치 않다. 하루 종일 공부해서 그런 점도 있겠지만 내용이 만만치 않다. 하지만 아디다스, 나이키 같은 익숙한 브랜드가 나오면서부터 여러 명의 아이들이 손을 든다.

**효은:** 다국적 기업은 확실히 회사가 크잖아요. 괜히 아디다스, 나이키 하겠어요? 우리가 산 딱지에도 가짜 브랜드가 있어요. 런링멘! 이건 런닝맨이 아니죠? 브랜드는 중요해요.

**준혁:** 저번에 엄마랑 신발을 사러 갔는데, 알 수 없는 브랜드가 있었어요. 아니 아예 브랜드가 없었어요. 옆에 아디다스, 나이키가 있어 한번 신어 봤는데 역시 브랜드가 더 좋아요. 왠지 모르게 브랜드 없는 거 신으면 이상할 것 같아요. 그래서 아디다스를 샀어요.

**영민:** 제 경험인데, 나이키 축구 장갑 리뷰를 봤는데 엄청 안 좋다는 내용이었는데, 다른 하나는 이름 모를 브랜드였는데 좋다고 설명했지만 왠지 나이키 장갑이니 더 사고 싶었어요. 한참 고민하다가 엄마가 나이키 아닌 다른 것 사 버렸어요.

**현민:** 저도 물건을 살 때 뭔가 브랜드가 익숙한 걸 사는 거 같아요. 많은 사람들이 나이키나 아디다스를 사니까 믿음이 가요.
**서준:** 저도 경험인데, 이름이 잘 안 알려진 것도 생각보다 괜찮았어요. 브랜드 없어도 써 보니 좋았어요.
**태윤:** 엄마랑 쇼핑을 많이 다니는데, 옷을 사는데 제일 편했던 옷은 브랜드가 없어서 그거 사려고 했는데, 엄마가 그래도 브랜드 있는 옷을 사라고 했어요.
**준호:** 롯데마트에 갔는데 프링글스를 좋아해서 사려고 했는데 아래에 1,000원짜리 비슷한 게 있었어요. 1,000원짜리를 샀는데 프링글스보다 절반 쌌어요. 생각보다 너무 맛있어서 만족이에요. 맛은 좀 달랐어요.
**민준:** 신발 사러 갔는데 아디다스와 브랜드 없는 것이 있었어요. 아디다스는 무거운데 내구성이 좋아 보였고 브랜드 없는 건 가벼운데 내구성이 약해 보였어요.
**연수:** 준호 생일선물을 사야 해서, 돌기가 있는 낫소 축구공과 그냥 아디다스 축구공 중에 고르려고 하는데, 아디다스는 돌기가 없고 잘 찢어지게 생겼어요. 하지만 준호가 아디다스를 더 좋아할 것 같아서 아디다스를 샀어요.

청소하다가 한 녀석이 화를 내며 다시 교실로 들어온다. 자기 후손들에게 가보로 전해 줄 수수깡(보통 수수깡 같은데)을 다른 녀석이 깨 버렸단다.

"그거 내가 하나 구해 주면 안 될까?"

"안 돼요."

"그냥 화 풀어. 수수깡 준비물실에 많아."

"이거 대대로 물려줄 건데요. 제가 만든 거예요."

농담인지 진담인지 모르겠다. 일단 별로 기분은 좋아 보이지는 않는다. 도대체 그 수수깡에 무슨 사연이 있는지.

 **9월 24일 화요일**

작년 4학년 아이들이 아침에 교실에 왔다. 5학년 여름방학이 지나고 나니 훌쩍 큰 것 같다. 체격이 커져서 그런지 고학년 티가 팍팍 난다.

"우리도 체육 좀 하게 해주세요."

"너네 선생님한테 말씀드려 봐. 귀엽게."

그때 은비가 들어오며 말한다.

"우리 반 최악이야. 요즘 정말 체육 안 해. 너희들 작년이 행복했던 줄 알아. 이도건 쌤 변했어. 완전 이상하게. 작년 모습 기대하면 안 돼."

아이들이 돌아가고 은비가 말한다.

"저 연기 잘했죠?"

"숨 좀 쉬고 말해라. 숨넘어가겠어."

한 녀석의 하소연이다. 집에서 "학원 가기 싫어! 학원 가기 싫어!" 노래 부르다 혼났단다.

"당연히 혼나는 거 아니야? 고마워하며 다녀야지."

"선생님도 우리 마음을 몰라주네요."

"나 요즘 왜 이렇게 감이 떨어졌지?"

"감도 떨어지고 다이어트 하느라 배도 떨어졌네요."

빤히 쳐다보고 있으니 본인이 민망한지 자리를 피한다.

또 다른 아이들이 칠판에 타노스, 스파이더맨, 아이언맨을 그려 놓고는 나와 그들의 공통점을 찾고 있다. 결론은 좋은 의미든 나쁜 의미든 영웅적인 삶을 살고 있다는데. 난 어느 쪽일까.

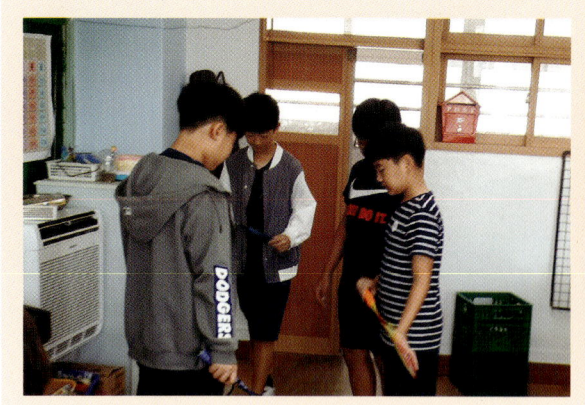

오늘 체육시간부터 배드민턴을 치기로 한다. 배드민턴 채 가지고 오라고 했더니 준혁이는 우리 집은 전부 다 배드민턴 해서 채가 많단다. 그중 누나가 제일 비싼 라켓을 수행평가 한다고 들고 갔는데 치다가 부쉈단다.
"누나가 열심히 쳤구나. 얼마나 연습했으면."
"아니요. 학교에서 칼싸움 하다가요."

"이거 요넥스 일본 거야?"
"일본 거 치면 안 돼. 노재팬."
"이미 산 걸 어떻게 해."
한 녀석은 라켓을 들고 "이거 좋죠"라며, 내 칼을 받으라며 내게 온다. 난 바로 총으로 응수한다. 두두두두. 총 든 자에게 달려든 무사의 최후는….

살 빼려고 사놓은 점심시간에 먹을 맥반석 달걀이 유통기한이 며칠 안 남았다. '맥반석 달걀 먹고 싶은 사람은 1인당 1개 먹어도 됩니다(냉장고 아랫단, 소금도 있어요)'라고 써 놓았더니 배가 고픈지 냉장고로 간다. "버릴 때는 비닐에 싸서 버리세요"라고 했지만 쓰레기통에 드문드문 달걀 껍질이 보인다.
"달걀 먹으니 찜질방 가고 싶어요."

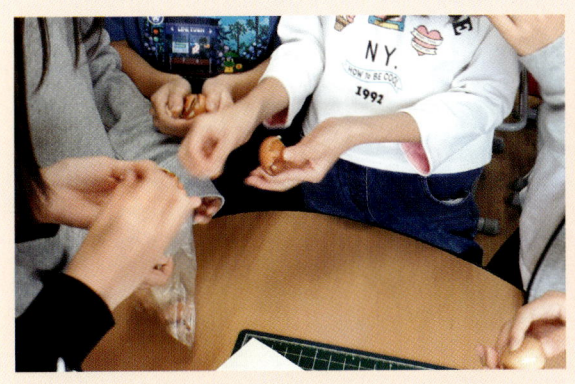 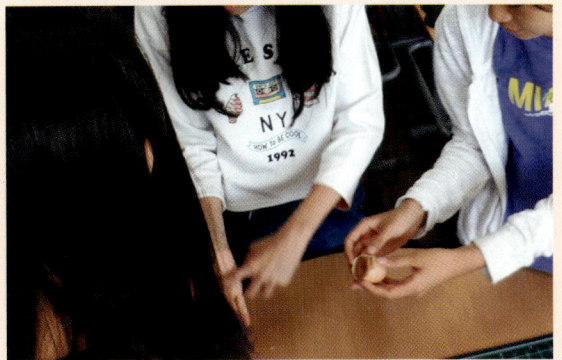

배드민턴을 치러 나간다. 준비운동을 한다.

"기준!"을 외치니 여자아이가 "뽀로롱"이라는데, 6학년스러운 유치찬란함이란. 배드민턴은 경험을 해 본지라 몇 가지 주의사항만 안내하고 시작한다.

> - 초보자는 라켓 면을 정면으로 해서 치기. 좀 칠 줄 아는 사람은 날을 정면으로 해서 치기. 본인 손목 감각에 맞춰 적응하기.
> - 도구를 사용하기 때문에 사람을 향해 절대 치지 말 것.
> - 2 대 2로 연습하면 옆 사람 특히 조심할 것.

설명 듣는 내내 라켓을 빙글빙글 돌리며 손 감각을 기르고 있다. 비슷한 주의사항을 많이 들었다며 땅만 보는 녀석도 있다. 학교 셔틀콕을 가져가서 연습을 하라고 했더니 준비해온 본인 셔틀콕은 가방에 다시 넣고 학교 것을 사용한다. 알뜰한 녀석들! 아이들은 셔틀콕을 닭털이라고 부르는데 제법 정겹기도 하다. 예전에 사용하던 저학년용 라켓을 들고 온 아이들은 채가 짧아서 파워가 실리지 않는다며 다른 친구 것을 빌리기도 한다.

"라켓에 구멍이 난 것 같아요. 분명히 쳤는데 통과한 느낌은 뭐지?"

상진이와 경란이는 연습을 좀 하더니 1 대 1 대결을 펼친다. 9 대 5까지 봤으나 최종 결과는 모르겠다. 나는 준혁, 민준이랑 1 대 2로 연습을 했다. 아직은 두 녀석에게 딱 맞게 보내줄 실력이 된다. 에이스 영민이랑은 1 대 1 했는데 아무리 역풍이 부는 상황이었지만 많이 진 것 같다. 영민이는 정말 잘 친다.

옆에서 구경하던 아이가 영민이랑 1 대 1 자존심 대결을 펼쳐 보라는데, 대전료 없으면 안 한다고 했더니 본인 티머니 카드에서 다 뽑아 준단다. 은비가 나랑 한판 하자길래 대단한 경기력인 줄 알았는데 서브를 손으로 던진다. 아!

"선생님, 왜 이게 안 쳐질까요?"

"칠 때 튕겨야 해! 용수철처럼 힘을 모았다가."

하지만 다리는 용수철처럼 구부러지는데 팔은 각목이다.

 2학기 나도탤런트 가정통신문이 나왔다. 이젠 백하는 한글 가정통신문도 맥락을 찾아 읽는다. 백하가 나도탤런트를 신청한다고 한다. 중국어로 노래해도 되냐고 물어본다. 짜요! 짜요! 이젠 학교 일에 자신감이 제법 붙었나 보다.

 점심을 먹고 오니 오늘도 아이들은 피구를 하고 있다. 박스로 보호막을 만들기도 하고 마법 에너지(?)로 공을 물리치기도 한다. 누워서 공 받기, 앉아서 받기, 춤추며 받기. 이젠 예능 같은 느낌이다. 나도 구경하다가 피구 하는 게 재미있어 보여 준호에게 한번 던져 보라고 했다. 준호의 강숏에 그냥 맞았다. 잡을 수 있을 것 같았는데 얼굴로 날아와 피할 겨를이 없었다. 정말 부끄러웠지만 대범한 척.

"괜찮아. 내가 잘못 피한 거지. 준호 잘못한 것 없어."

아이들이 너무 심하게 웃는다. 맞을 때 표정이 정말 웃겼다는데. 사실 안경이 날아갈 정도로 정통으로 맞았다. 준호가 미안하다며 사과하러 왔지만.

"나 일부러 맞았어. 재미있는 에피소드 만들려고."

준호는 연방 죄송하단다. 아! 오늘 나이가 들었음을 새삼 느낀 하루~ 아, 옛날이여! 너무 부끄러워 대범한 척했지만 우리 반 아이들은 이미 알고 있다.

"집에 가서 말하지 마. 나 공 맞았다고."

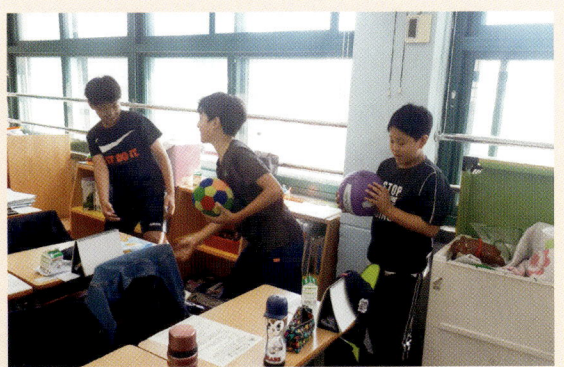

5교시는 화재대피훈련이다. 양치하고 오니 두 명의 아이들이 서로 싸운다.

"그게 사과냐고?"

"사과라고."

"그만 싸워라. 불나기 1분 전이야."

불이 나는 직전까지 말다툼한다. 화재대피훈련은 이젠 여러 번 해서 그런지 어느 정도 매뉴얼에 익숙해졌다. 미리 물도 한 모금 마시고 수업을 한다. 곧이어 화재 발생 방송이 나온다. 채 2분도 안 걸려 운동장에 도착했다. 우리 학교 전체가 나오는 데 4분 5초.

"선생님, 운동장 나온 김에 체육대형으로 줄 서요?"

"우아, 잠자리다."

"나오니까 라면 냄새나요."

"저 교실에 불났는데 핸드폰 놔두고 왔는데요."

"제일평화시장에서 정말 불 크게 났대요. 그 근처 지나가는데 한참을 못 돌아다녔어요."

화재대피훈련을 할 때마다 아쉬운 건 실전 같은 느낌이 들지 않는다는 점. 연막이 나오는 실전 같은 상황이었으면 좀 더 진지하게 아이들이 반응할 텐데.

영어시간이 끝나고 교실로 들어가니 영민이가 벌칙을 받아야 한다며 나더러 제발 나가 달라고 한다. 무슨 벌칙인지 모르지만 춤을 추는 듯해 보인다. 6교시가 되자 아이들이 정말 지쳐 보인다. 6교시에는 간단히 이번 주 과제와 활동을 다시 한번 점검하고 미니게임들을 하기로 한다. 먼저 아이엠그라운드! 먼저 팀 이름 정하기!

> 1모둠: 이이 / 2모둠: 반짝 / 3모둠: 거봉 / 4모둠: 호구 / 5모둠: 길규

벌칙도 정한다. 꼴찌 모둠 4명 중 1명만 벌칙. 본인이 한 가지 고를 것(귀신 꿍꼬또 말하기, 애교 3종 세트(뿌잉뿌잉, 큐, 치즈버거 사주세요), 애교송 부르기, 10초 춤추기). 그리고 오늘 6교시가 끝나면 절대 뒤끝 없기! 이건 여러 번 강조했다. 눈치게임이랑 인간제로게임을 적당히 섞어서 게임을 한다.

거봉팀이 실수가 많다. 운도 없었지만. 마지막 눈치게임을 하는데,

"깔끔하게 우리 그냥 지자. 우리 그냥 다 1 하고 일어나자."

거봉팀의 패배가 확정된 후 본인들끼리 알아서 가위바위보를 한다. 경란이와 현민이의 마지막 가위바위보! 아이들은 본인의 스릴을 즐기기 위해서인지 경란이와 현민이더러 앞에 나와서 하도록 적극적으로 안내한다. 경란이가 졌나 보다!

"경란아! 귀신 꿍꼬또 해."

"저 그냥 춤출게요."

경란이는 멋있게 대한독립만세 춤을 춘다.

"저 내일 했으면 학교 안 올 뻔했는데."

서준이가 일기장에 시를 한 편 적었다.

> 학교에서 시를 쓰라고 한다.
> 마땅히 쓸 게 떠오르지 않는다.
> 그래서 진정한 시를 쓰기로 했다.
>
> 한 옥타브 도레미파솔라시
> 피로회복 비타민 시
> 동화책의 주연 도로시
> 눈이 나빠지면 근시, 난시
> 둘 다 아님 원시

실패하면 달려들어 또다시
체육은 하늘의 계시
맛있는 홍시
먹는 무서운 강시

교통비 3천원으로 타는 택시
타고 가는 아름다운 도시
바로 서울시
지금까지 쓴 게 바로 나의 시
지금 놀라셨죠?
제 말솜시(씨)에!!!

《모모》라는 책을 읽은 효은이는 울림이 있는 책의 글귀를 일기에 적어 놓았다.

하지만 꼬마 모모는 그 누구도 따라올 수 없는 재주를 가지고 있었다. 그것은 바로 다른 사람의 말을 들어주는 재주였다.

상진이는 주말에 태권도 대회에 나가 구청장님 앞에서 성동구 대표로 선서를 했다고 한다. 게다가 본 경기에서는 결승에 올라 3 대 0으로 완승. 어쩐지 이 녀석이 오늘 기분이 좋아 보인다 했다. 그나저나 상진이 도장에서 금메달 34개나 땄다는데. 이렇게 세부 종목이 많은지.

## 9월 25일 수요일

　현민이는 요즘 습관처럼 길을 가다 'The lion sleeps tonight'을 흥얼거린단다. 제대로 판을 한번 깔아줘야겠다. 몇 번만 연습하고 학교식당에서 밥을 받다가 '은비아빠' 반주에 맞춰 멋있게 공연해야겠다. 이건 정말 한번 해야겠다. 연수는 오늘 체육시간에 축구를 한다고 했더니 본인 소유의 좋은 공을 들고 왔다. 학교 공은 탄력이 별로라면서. 하지만 우리는 말랑말랑한 폼볼로 할 건데…. 연습할 때 몇 번 차라고 했다. 남자아이들은 모여 오늘 축구 경기에 사용할 전략을 짜고 있다. 어깨빵으로 밀기, 등지고 영민이 막기, 치달 할 때는 옆에서 태클, 풋살장은 아웃이 없으니 일단 걷어내기, 사포하고 발리슛, 크로스 트래핑 후 감아차기. 상상은 자유다.
　"영민이 요즘 컨디션 좋으니 팍팍 밀어야 해."
　"근데 팀밸런스가 에바라고 생각 안 해?"

　정말 오랜만에 배수지공원 풋살장으로 간다. 오늘 추수행사가 있어서 운동장을 사용 못 해 배수지공원 풋살장을 예약했다. 남자아이들의 발걸음은 사뿐사뿐. 여자아이들은 무겁기 그지없다. 준호에게 농담으로 오늘 축구는 남자, 여자 손잡고 할 거야라고 했더니 준호 눈이 정말 주먹만 해진다. 배수지공원은 점점 가을로 접어든다. 우리는 예쁜 가을길을 걷고 있다.
　"아! 매미다. 잡을까요?"
　"난 비둘기 눈을 보면 겁나 무서워. 그리고 더러워."
　"지난번에 비둘기가 물에 들어갔는데 구정물이 되었어요."
　"가을길은 비단길! 트랄랄랄라~"

　여자애들에게 먼저 하자고 했더니 왜 맨날 우리가 먼저냐며 내게 온다. 그래서 남자아이들 경기부터 하기로 한다. 준혁이의 헤딩 선제골, 준호의 밀어넣기 골, 준혁과 준호의 또 추가골, 준우의 골까지. 상진이가 한 골 만회하는 데 그친 늦여름팀. 1 대 5로 지고 있는 늦여름팀을 위해 나도 후반전에 뛰기로 한다. 후반전에 1어시스트 했지만 많이 부족한 스탯이다. 메시, 호날두가 되고 싶었으나… 아이들 말로 평점 5점 정도. 월드 와이드 핸섬 선생님답지 않은 소심한 활약이란다.

　여자아이들은 발마사지 하는 곳에서 놀고 있다. 맨발로 달리기를 하는 것 같은데. 뭘 하냐고 물어도 답을 해주지 않는다. 축구보다는 이게 더 재미있다는데. 여자아이들은 역시나 우르르 토탈 사커. 은바페라고 불리는 은비가 멋지게 한 골을 넣는다. 하지만 세리머니 하다가 철퍼덕 넘어지는 은비. 여자아이들은 상대방이 골세리머니 할 때 기다려 주지 않는다. 아무리 멋진 세리머니를 해도 바로 게임 시작. 단독 드리블을 멋있게 하는 효은이. 그 옆에 달리는 황희찬이라는 별명의 황승은. "미안해 나 못 차. 나한테 기회 주지 마"라며 피하는 지윤이. 손에 맞았는데 왜 페널티 안 주냐고 항의하는 축구 좀 하는 녀석도 있다. 공기를 마음껏 차는 녀석들! 땀을 시원하게 흘렸다.

축구하고 바로 추수행사하러 간다.
"벼의 중간을 왼손으로 잡고 오른손으로 낫을 위로 당기면 돼요."
시범을 보이시는 선생님이 경쾌하게 낫질을 보여 주신다.

"근데 왼손잡이는요?"
"아! 반대지요."
한 움큼씩 낫질한 벼를 안고 탈곡하러 간다.
"전쟁 날 때 이 탈곡기 들고 가고 싶다."
"까서 좀 먹어봐! 정말 쌀맛이 나."

이어서 새끼줄을 꼬러 간다. 요건 좀 재미없는지 하는 둥 마는 둥 하는 모습이다. "이것도 매년 하니 별로 재미없다"는 말이 살짝 귀에 거슬린다.
"새끼줄이, 아니 꼬았어요."
"전 엄마 배 속에서부터 꽈서 벌써 13년 경력이에요."
다음은 떡메치기다. "요즘 스트레스 받아서 떡메치면 큰일 날 텐데요"라는 준호. 소리가 찰지다. 물도 튄다.

손 씻고 떡이랑 식혜를 받았다. 2교시 마치고 먹는 간식타임인지라 떡을 다섯 컵까지 먹는 녀석도 있다. 배를 두드리며 들어오는 떡보들! 끝나고 잡곡을 조금씩 나눠 주었다. 역시 공짜 선물은 좋은가 보다. 근데 잡곡을 쌩으로 먹으려 한다. 아니다. 손으로 빻아서 떡 해먹겠다는데….
"떡 만들기 쉬워요. 빻아서 찌면 떡 되잖아요."

며칠 만의 남녀 갈등이다. 한 남자아이가 와서 이른다.
"여자애들이 엘리베이터 타려는데 막았더니 엄청 화내요."
"일단 저희가 잘못했는데요, 근데 같이 타라고 했거든요."
"그게 같이 혼나자는 거지."
"너희는 그걸 이르냐?"
휴. 그냥 들어가라고 했다.

과학시간이다. 지난 시간에 배운 직류와 교류에 대한 과제 발표가 있다. 전기에 관한 동영상을 보고 느낀 점이나 궁금한 점을 적는 과제를 내 주었었다.

<준혁>
직류와 교류를 아직도 발견을 하지 못했다면 지금 우리는 어떻게 살까? 직류와 교류를 테슬라와 에디슨이 발견을 하지 못했으면 어떤 사람이 직류와 교류를 발견했을까? 우리가 교류 말고 직류를 사용했으면 지금 우리는 어떻게 살고 있을까?

<현민>
우리가 지금 쓰고 있는 전기는 대부분 교류이다. 하지만 사회적 갈등을 일으키고 백혈병을 만든다니 무섭다. 송전탑 가까이엔 절대 가지 말아야겠다. 둘 다 장단점이 있는 것 같다. 교류는 돈이 적게 들지만 병을 만들고, 직류는 병을 만들진 않지만 돈 투자가 너무 많이 된다. 누군가 안전한 교류를 개발하면 좋겠다.

<준호>
직류의 장점은 전기를 교류에 비해 손실 없이 보낼 수 있다. 하지만 그 전기를 보내는 과정에서는 좀 복잡하다. 하지만 직류는 전압강하(200V⇒180V) 때문에 전압이 낮아지는 반면 교류는 트랜스라는 장치로 낮았던 전압을 올릴 수 있다고 한다. 나는 잘만 쓰면 직류가 교류보다 활용성이 더 좋은 것 같다. 내가 이 생각이 든 결정적 이유는 교류는 나라끼리 전기를 나눠 쓸 수 없다는 점이다. 궁금한 점은 직류와 교류의 장점만 합친 전류는 만들 수 있는지 궁금하다.

**〈상진〉**

https://youtu.be/XEEfjUgAX6M 이 동영상을 보았다. 저번에 선생님께서 보여주신 영상이지만 가장 도움이 될 것 같아서 다시 한번 보았다. 우리가 쓰는 전기가 교류라고 하는데 만약 직류였다면 상당히 불편했을 것 같다. 그러면 성동구에 최소 두 개 이상은 발전기가 있어야 하기 때문이다. 그리고 만약 교류의 송전선이 한 개가 끊어지면 그냥 바로 정전이 일어나기 때문에 그 점에서는 불편하기도 했다. 전기가 부족하면 옆나라에서 가져올 수 없다는 점이 안타깝기도 했다. 만약 전기를 가져올 수 있었다면 어느 나라에 가서든 모두 전기가 통하니 편할 것 같다. 마지막으로 하고 싶은 말은 (에디슨에게 미안하지만…) 교류가 직류보다 훨~~~~~씬 편한 것 같다. 만약 옛날에 대륙이 모두 붙어 있었을 때 직류를 썼다면 직류 발전소가 없어서 직류를 포기했을 것 같다. 결론은 암과 백혈병이 걸릴 확률이 있어도 교류가 편하다고 생각한다.

**〈주희〉**

https://www.youtube.com/embed/PrhtYiHG5oc 오늘은 유명세를 떨친 발명가 에디슨과 가난한 발명가 테슬라의 싸움에 대한 동영상을 보았다. 사실 이 영상에서의 에디슨은 내가 아는 그 에디슨의 모습이 아니었다. 사업가 에디슨의 모습이었다. 처음에 에디슨이 오랜 연구를 거쳐 직류 전기를 만들었다. 하지만 그 직류 전기는 비싼 발전시설과 전기료로 인해 상류층만이 사용할 수 있었다. 그 때 테슬라의 제안은 교류로 전기를 공급하면 더 싸고 강력하고 편리한 전기를 사용할 수 있다는 내용이었다. 그렇지만 이미 직류 시스템에 막대한 돈을 투자해 그것을 포기할 수 없었고 그때부터 둘의 싸움이 시작된다. 교류는 위험하다며 에디슨은 2,000볼트 전기로 더 쉽게 사형당할 수 있는 전기의자를 발명해냈다. 그것의 목적은 교류가 위험하다는 걸 알리기 위해서이었다. 이때 에디슨의 모습이 얼마나 찌질하고 더럽고 추악하던지. 뭐 직류를 만든 공로와 다른 막대한 공로는 인정하지만 이기려고 이런 수작을 부리는 건 인정할 수 없다. 테슬라 덕분에 모두가 전기를 쓸 수 있게 돼서 행복하다. ^^

**〈은비〉**

느낀 점: 에디슨은 직류를, 테슬라는 교류를 주장한 걸로 알고 있다. 에디슨은 교류의 위험을 알리려고 전기의자를 만들었지만 테슬라는 교류가 통하는 곳에서 유유히 책을 읽고 있는 자신의 사진을 보여주면서 반박하는 모습이 되게 무섭고 치열하다고 생각한다. 그 까닭은 저 장면이 실제로 내 눈앞에 벌어진다면 살벌하게 서로 과격하게 토론하는 현장 같을 것 같기 때문이다.

궁금한 점: 에디슨이 테슬라와 같이 노벨상을 받는 걸 적극적으로 싫어했다고 하는데, 영상에선 비교 당하기 싫어서 그런 거라고 말을 하지만, 테슬라의 생각이 궁금하다.

**〈류경〉**

직류는 항상 한 방향으로 흐르고 교류는 규칙적으로 방향과 크기가 바뀐다. 교류가 사회적 갈등을 일으키는데 송전탑이 건강에 주는 영향 때문이다. 직류가 교류보다 송전효율이 좋다. 직류가 교류보다 단순하기 때문에 위험관리를 하기 쉽고 직류가 교류보다 전기생산과 전달에 더 효율적인 방법은 맞다. 하지만 교류전기를 이미 전 세계에서 사용하고 있어서 직류전기로 바꾸기에는 시간이 걸린다. 그리고 직류는 교류에 비해 송전 손실이 적어서 송전탑을 더 작게 지을 수 있다고 한다. 그래서 건강에 주는 영향이 더 작을 거라고 추정한다고 한다. 하지만 송전탑이 주는 건강영향이 얼만지 밝혀지지 않았으니까 교류전기와 직류전기 중에 뭐가 더 낫거나 그런 건 확실하게 모르겠다.

〈효은〉
이번에 내가 본 영상은 2010년 영상인지라 차이점이 있다. 그 당시에는 지하를 달릴 때 1,500볼트의 직류를 쓰고 지상은 12,000볼트의 교류방식으로 쓴다고 해서 신기했다. 두 방식이 달라 역과 역 사이에는 절연구간이 있다고 한다. 나는 전혀 그런 게 있는 줄 몰랐는데 열차 사이에도 직류와 교류가 쓰이듯이 일상생활에도 직류 교류가 많이 쓰이는 것 같다. 지금도 절연구간이 있기는 해도 많이는 없다고 한다.

오늘 현장체험학습 가정통신문을 내보냈다. 에버랜드 가정통신문을 보더니 세상에서 가장 행복한 가정통신문이라는데. 아이들은 이미 자기들끼리 다 짜 놓았다며 내게 당부의 말을 한다.
"에버랜드 갈 때 조 짜는 건 절대 뽑기로 하면 안 돼요. 저희 다 맞춰 놨어요."

연극시간이다. 캐릭터 이름이 적힌 종이를 받으면 몸으로 먼저 표현하고 인물에 어울리는 대사를 사용하여 표현하는 활동이다. 다른 모둠원은 도와줄 수는 있지만 표현은 개인활동으로 진행한다. 몸으로 표현하는 게 편할까? 대사가 편할까?
"몸으로만 표현하면 오차도 생기고 포인트도 달라지고. 또 대사만 하면 어색하고."
"그럼 몸과 대사를 함께. 둘의 장점을 합해 볼까요?"

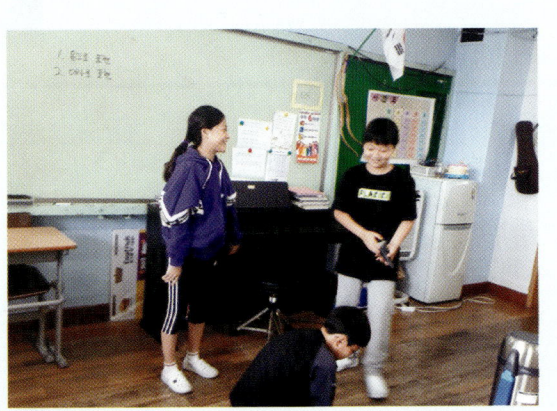

〈상진(알라딘)〉
내 오카리나를 빌려가 문지른다. "내 소원을 들어줘!" (상진아, 그냥 노래 불러. '스피치리스'!)

〈태윤(팅커벨)〉
"팅팅팅팅 커커커커 벨벨벨벨. 네버랜드로 가자! 후크선장!"

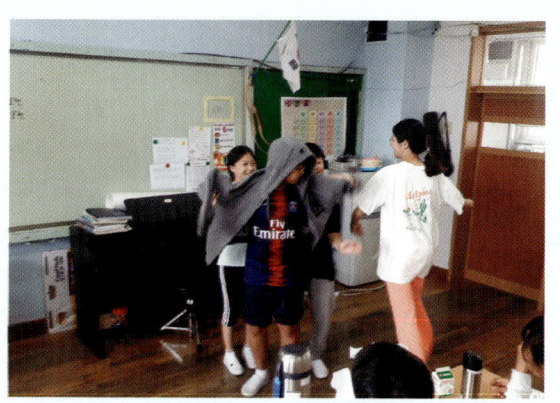

〈효은(나무꾼)〉
"어! 도끼를 떨어뜨렸네." (〈금도끼 은도끼〉 나무꾼이에요, 〈선녀와 나무꾼〉의 나무꾼이에요?) 나무를 패는 장면! 나무가 "으악" 하며 쓰러진다. 도끼 소리 턱턱턱!

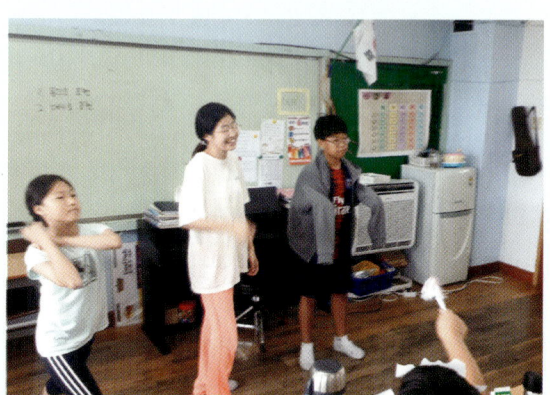

〈연수(아기돼지 삼형제)〉
(크아악~ 후~) "이건 벽돌집이어서 안 부서지거든."

〈민준(베짱이)〉
(기타를 들고) "너네들은 일해서 뭐 하니? 나는 개똥벌레!" 이 노래 때문에 잠시 혼란을 겪었다.

〈지윤(라푼젤)〉
친구들의 옷으로 머리를 만든다. "여러분, 머리를 잡고 올라오세요!"

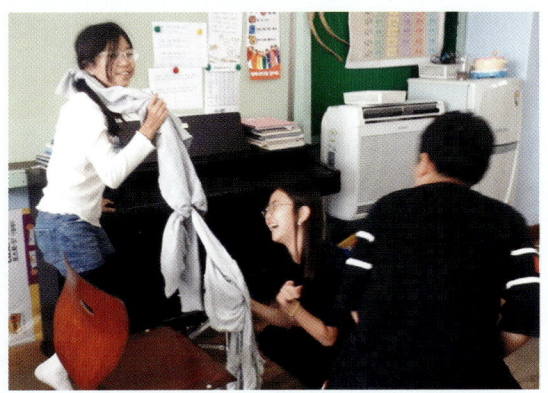

〈은비(콩쥐)〉
"이 찌그러기야!" 지윤이가 팥쥐 역할을 맡아 도와준다. "너같이 더러운~ 두껍아!" 연수가 두껍이 역할로 도와준다. "고마워."
〈콩쥐가 좀 이상하다!!!〉

〈인해(거북이)〉
"너 느려서 못할걸." 토끼 역할을 해준 지윤이가 코를 곤다. 원래 잠버릇인가!

〈현민(야수)〉
"크앙! 내 장미를 받아다오." 내공이 실린 대사였다. 정말 좋았다.

〈준호(난쟁이)〉
친구들이 우르르 나와 같이 난쟁이 역할을 해준다. 난 준호가 걸리버인 줄 알았는데! 규현이가 백설공주 역할을 해준다.

〈규현(백설공주)〉
농구공(사과)을 한입 베어 먹고 쓰러진다.

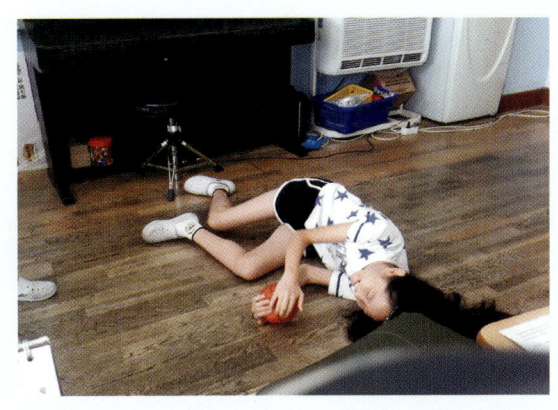

〈경란(흥부)〉
"아이고 밥 좀 주세요."
놀부? 흥부? 누구지?

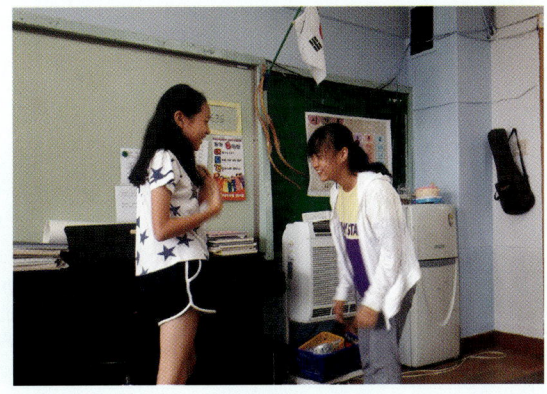

〈영민(개미)〉
(베짱이를 보며) "그렇게 놀아서 뭐 하냐?"

〈승은, 주희(그레텔과 헨젤)〉
(둘이 붙어서 나오며) 이 돌을 땅에 뿌려야 길을 찾아갈 수 있을 거야. (헨젤 역의 주희는 남자 목소리로 걸걸하게)

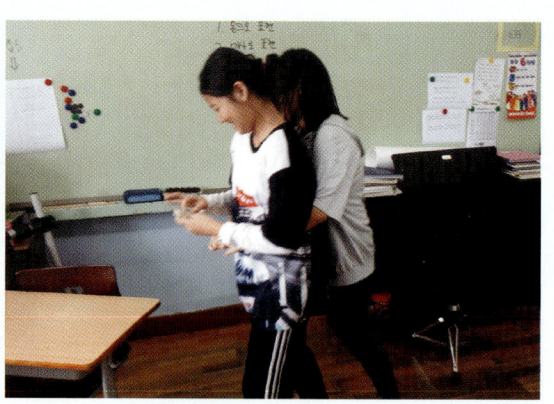

〈준혁(마녀)〉
(빗자루를 타며) "오늘은 어떤 아이를 먹어 볼까?"

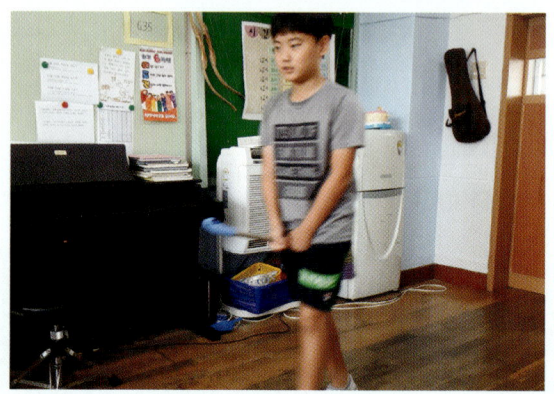

〈서준(빨간모자)〉
신호등인 줄 알았다는! (빨간 접시콘을 머리에 쓰며) "할머니는 왜 이렇게 털이 많아요?"

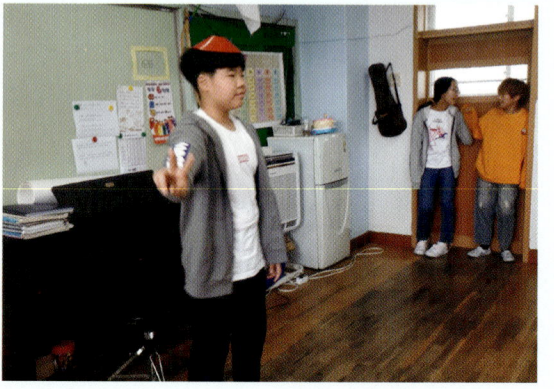

〈준우(토끼)〉
"거북이는 늦게 오겠지?" 어! 야생의 피카츄다! 피카츄를 발견했다! 노란 토끼를 발견했다!

〈륜경(피터팬)〉
(노란 접시콘을 쓰며)"아! 내 요정은 언제 오려나."
유치원생인 줄 알았잖아!

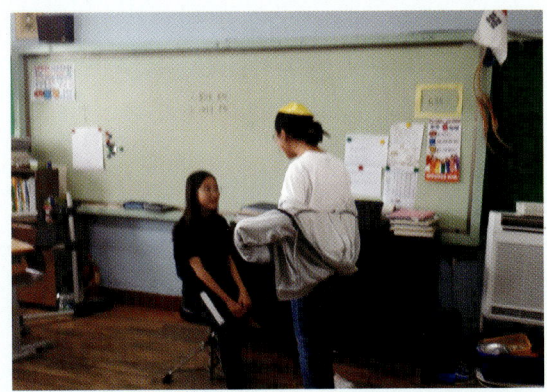

〈백하(엘사)〉
서준이가 올라프 역할로 도와준다. "아엠 올라프. 렛잇고!"

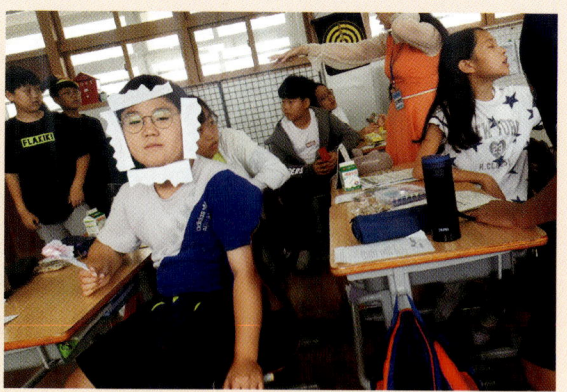

오늘 점심시간도 실내 피구를 한다. 개학하고 거의 매일 이 광경이 목격이 된다. 오늘은 여자 대 남자의 경기다. 핸디캡으로 여자팀은 남자팀에서 두 명을 뽑아 올 수 있는 선택권을 준다. 에이스 영민이와 준호가 선택되는데. 여자아이들에게 영민이는 특훈을 시킨다. 자세를 낮추고 스텝을 밟으라고 하는데. 하지만 자세를 낮추면 여자아이들은 발을 못 움직인다며 지도의 문제점을 지적하는데.

## 아이들 일기

나 어제 자려고 누웠는데 일기! 일기 안 쓰면 오늘 선생님 화산 폭발한다는 말이 떠올라 정신이 번쩍. 간신히 썼다.

토요일날 3시간 영어학원 보강. 태풍 때문에 지난주에 못했는데 이게 더 싫다. 3시간이라니 정말 고통스럽다. 선생님께서는 웬일로 편의점에 갔다오게 해주셔서 삼각김밥과 레모네이드를 먹을 수 있었다.

새삼스레 훈이 오빠가 결혼한다는 사실이 복잡미묘하다. 항상 장난기 많던 오빠가 벌써 결혼이라니… 여러 감정들이 스친다. 오빠의 아내는 고양이처럼 생겼다. 뾰족한 눈꼬리. 너무 예뻤다. 새신부는 역시. 언니를 지방에 내려가 본 적이 있는데 웨딩사진이 너무 매섭게 나왔다. 실제가 훨씬 순하게 생겼다.

난 이 일기를 쓰면서 아무 생각도 나지 않는다. 생각이 아무것도 나지 않는다. 그냥 우리 가족이 예전으로 돌아왔으면 좋겠다. ㅎㅎ

## 9월 26일 목요일

　백하가 요즘 매일 8시 좀 넘어 등교한다. 몇 시에 일어나느냐고 물었더니 6시 반, 자는 시간은 1시 반. 수면시간이 겨우 5시간이다. 요즘 피곤해 보이더니 이유가 있었구만.
　아이들은 에버랜드 조편성을 어떻게 할지 저희들끼리 얘기를 나누고 있다. 내 눈치를 보면서 분명히 나 들으라고 하는 말 같다.
　"우리 수학여행 갔다 온 지도 벌써 다섯 달이 넘었네. 이번엔 우리에게 조편성의 자유를 주시겠지?"
　"쌤은 듣고 있는가? 분노한 5반의 노래."
　에버랜드 조편성으로 어제 아이들 카톡방이 한바탕 난리 났다고 한다.

　악보 틈에 잠들어 있던 딱지놀이를 아이들이 찾았다. 나의 어린 시절 많이 가지고 놀았던 딱지들. 몇 년 전에 사 놓은 건데 이게 악보 틈에 있었네. 남자아이들이 관심을 보인다.
　"검은 독수리 딱지 모두 따 떼어 냈어요."
　"아, 근데 이건 너무 옛날 감성이다."
　여자아이들도 귀엽다며 떼어 보아도 되냐고 묻는다. 가져도 된다고 했으나 뜯어만 놓고 가져가는 이는 없다. 요즘 아이들 놀잇감으로는 탈락!

　"선생님. 이강인 골 보셨어요?"
　"아니, 안 그래도 하이라이트 영상 틀어 주려고 했는데."
　같이 보기로 한다. 한 녀석은 이미 아침에 보고 왔나 보다.

"여기서 오버헤드 나와."

한 여학생은 로드리고 보며 "애가 이강인이야?"라고 묻는다. 하나도 안 닮았는데.

"근데 이강인이 누구야?"

"16번."

남자아이들은 맨 앞으로 나와서 관전하고 있다. 서서 집중하는 모습에 나도 나란히 그들 옆에 섰다. 묘한 동질감이 느껴진다. 역시 축구의 힘이란.

과학시간에 LED와 배터리와 구리선을 이용해 모둠별로 작품을 만들었다. 아귀가 유혹하는 불빛, 라이터·촛불·불꽃놀이, 눈에서 레이저 나오는 액션가면(짱구). 나름 예술과 융합된 시간.

"근데 잘 연결했는데 불이 안 나와요. 이상하죠?"

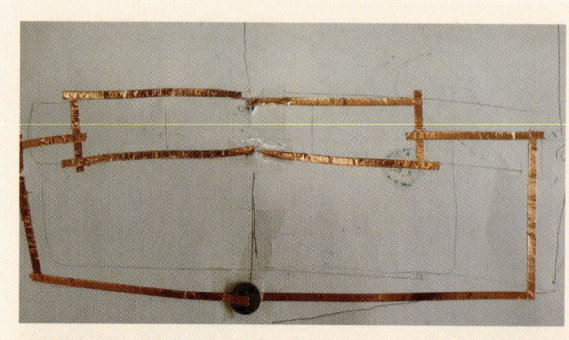

토론시간이다. 오늘도 원탁토론이다.

"원으로 책상 만들어!"

"얼마나 크게 만들지? 제일 크게 만들어야 하나?"

"일단 만들다 보면 선생님이 말해 주겠지. 인생을 13년 정도 살았으면 눈치껏 하자."

오늘은 설악산 등 국립공원 케이블카 설치 문제에 대해 의견을 나눈다.

"세렝게티는요? 옐로스톤은요?"

"거기는 그 나라가 하도록 내버려 두자."

"케이블카 없으면 유모차가 올라가기 힘들잖아."

"낙하산 타고 가면 되잖아. 하늘에서."

"근데 케이블카가 뭐예요?"

"고전적인 가마? 줄 달린 가마? 그 남산에 있는 거."

"근데 쟁점이란 게 뭐예요?"

"토론할 때 그 중요한 무언가."

"오늘 토론할 때 중립 있어요? 기어를 중립으로 놓고 토론할래요. 전 케이블카는 찬성도 반대도 둘 다 인데. 둘의 장단점이 너무 확실해요."

### 1차

**주희:** 케이블카 설치하면 야생동물의 서식지가 위험을 받을 수도 있어요. 나무에 사는 애들은 큰 피해를 받을 수 있어요.

**승은:** 국립공원은 생태계 보전을 위해 만들어진 것인데 케이블카를 설치하면 생태계가 파괴될 것 같아요.

**준혁:** 전 중립인데요. 케이블카를 설치하면 사람들이 편해지고, 설치 안 하면 올라가기 힘든 사람은 절대 못 올라가요. 그것 때문에 지어서 좋고요. 하지만 국립공원 안에 짓기 때문에 동물들이 위험해져서 일단 반대입니다.

**준호:** 케이블카를 장애인, 노약자, 임산부를 위해 설치해야 합니다. 그리고 걸어서 올라가다 야생동물이 사람을 보면 오히려 놀랄 수 있어요. 다람쥐의 도토리를 뺏어가는 나쁜 사람들을 막을 수 있어요. (디테일이 좋았다는 평가다.) 티끌 모아 태산이 되잖아요. 올라가던 사람들이 버린 티끌 같은 쓰레기를 어떻게 해요. 이게 엄청나거든요.

**지윤:** 케이블카를 설치하면 편리는 하지만 우리의 편리를 위해 동식물에게 피해를 주는 건 불합리해요.

**은비:** 반대하는 편이에요. 일단 동물들이 사는 곳이 파괴되고요. 동식물이 우리에게 피해를 주지 않는데 우리가 피해를 주는 건 아닌 것 같아요. (식물성 바이러스! 돼지 열병은 우리에게 피해 주는데?)

**민준:** 사람들이 걸어 다녀도 동식물에게 피해를 안 주는 것 같아요. 보통 한 번에 쭉 올라가잖아요.

**영민:** 정상에 보면 주차장 같은 데서 케이블카 공사하는데. 그래서 별 피해는 없어요. 그리고 케이블카는 나무보다 높아서 나무에 닿을 위험이 없다고 생각합니다.

**인해:** 생태계가 파괴되어서 일단 반대요. 공사하면 일단 나무들이 힘들어요.

**규현:** 케이블카를 설치하면 시간절약 등 장점이 생겨요. 하지만 원래 모습을 유지하지 못하기 때문에 반대요.

**효은:** 케이블카를 설치하면 산을 깎아야 하는데 정상 부근에 사는 동물들의 서식지 파괴돼요.

**상진:** 전 중립이에요. 국립공원은 생태계 보호를 목적으로 만든 곳인데, 생태계가 파괴될 우려가 있고요. 공사물이 자연으로 들어갈 수 있어요. 하지만 설치하면 편리하기도 하고, 야생동물들이 사람을 안 봐서 스트레스 안 받을 거 같아요.

**태윤:** 국립공원 생태계 보전이 맞지만 케이블카가 없다면 오히려 동물들에게 피해가 가요. 공사할 때는 잠깐이지만 일단 끝나면 생태계는 원래대로 갈 것 같아요.

**현민:** 반대합니다. 설치를 하려면 나무를 베어야 하고 기계소리에 동물이 놀라요.

**경란:** 동물의 집이 없어질 수 있기 때문에 전 반대요.

**륜경:** 중립입니다. 편리해지겠지만 야생동물에게 피해가 되고, 하지만 설치를 하지 않으면 몸이 불편하신 분이 올라가기 어려울 것 같아요.

**서준:** 물론 동물들에게 피해가 가요. 하지만 케이블카 수익금으로 그 피해를 보상할 수 있을 것 같아요. 해결방안을 찾으면 됩니다. 케이블카 수익금으로 동물들에게 보상해요. (근데 어떻게?)

**준우:** 노약자, 임산부가 편해지겠지만 야생동물이나 식물이 피해가 커서 반대합니다.

## 2차

**준호:** 케이블카 만들 때 그렇게 많이 산을 깎아요?

**선생님:** 보통 케이블카는 일반인들은 걸어서 가고 타고 갈 사람만 타는 거예요. 케이블카 설치해도 걸어 다닐 사람은 크게 줄지 않을 것 같아요.

**준혁:** 태윤 님이 공사할 때는 잠깐이라고 했는데. 설악산이 높잖아요. 길게 설치해야 하는데 공사기간이 길어지잖아요.

**태윤:** 케이블카 전체 사용하는 기간에 비해 공사기간은 요만큼이에요. 요만큼 기간은 피해를 보지만 나머지 시간은 혜택을 보잖아요. 빨리 공사해서 케이블카를 이용하는 사람을 늘리면 돼요.

**주희:** 공사를 하게 되면 빨리 해도 긴 시간일 것 같은데, 한 6개월 이상. 우리 학교 조리실도 몇 달 걸리는데요. 공사할 때 소음 때문에 동물들이 스트레스 받아 이상하게 변하면 어떻게 해요? 우리도 급식실 공사하는 소리에 스트레스 받았잖아요.

**민준:** 효은님 의견 반대해요. 정상에서 케이블카 타면 더러워질 수 있다고 했는데 걸어가도 쓰레기를 버리긴 마찬가지예요.

**영민:** 케이블카를 타고 올라갈 때 김밥 먹으면 정리가 편해요. 등산하다 먹으면 맛있고 행복해요. 하지만 케이블카를 타다 먹고 버리면 쉽게 정리할 수 있지만 등산하다 버리면 사람들이 막 버려 더 오래 걸려요. 정리하는 데 문제. 그래서 케이블카를 만들었으면 해요. 제가 말을 하다 보니 좀 애매해졌네요.

**상진:** 공사를 빨리 최대한 빨리 한다고 했는데, 공사가 빨리 한다고 빨리 돼요? 며칠 만에 돼요? 수명이 짧은 아이들, 예를 들어 하루살이, 그 동물들은 어떻게 해요? 평생 공사만 하는 소리 들어야 하는데. 아, 하루살이는 너무 심했나!

**영민:** 끝지점에 나무 몇 개 해치는 것보다 우리가 걸어가다 밟는 게 더 많지 않나요?

**선생님:** 케이블카 설치하면 산 중간에도 기둥이 많이 있어요. 몇 개가 아니라 많아요.

**현민:** 영민 의견에 반박해요. 케이블카에서 먹고 투척하는 것과 산에다 투척하는 건 비교하기가 힘들어요. 그리고 공사를 하면 망가진 장갑 같은 것 공사하다 본능적으로 던지고 그러면 쓰레기가 더 많이 생길 수 있어요.

**륜경:** 공사를 빨리 하자고 했는데 빨리 하다가 이게 안 돼서 망가지면 어떻게 해요? 공사가 허접하게 되면요?

어느 순간 반대를 위한 반대가 많다. 쟁점은 사라지고 아이들 간의 미묘한 말꼬투리 잡기와 감정싸움.

5교시는 실과시간이다. 십자수 만들기가 이어진다. 일주일에 한 번만 하니 준비하고 정리하는 시간 때문에 실제 활동 시간이 너무 적다. 다음 주 월요일에 실과 보충을 하기로 한다. 실이 완전히 꼬였다며 한 녀석이 실뭉치를 들고 나온다. 반대로 풀어 보라 했더니 "아하"라며 들어간다. 오늘도 매듭 묶는 게 잘 안 되나 보다. 10번은 묶어 준 것 같다. 정확히 말하자면 아이들이 묶을 수는 있지만 너덜너덜하게 묶여 풀린다는 것. 다행히 이제 바늘허리에 실 꿰는 것은 모두 다 잘한다. 휴. 오늘 점심시간에 또 아이들 간 다툼이 있었기에 내 목소리 톤이 바뀌었나 보다. 아이들이 십자수 하면서 조용조용 말한다. 조심히 자리 바꾸어도 되냐고 묻고 너무나 공손히 핫스팟 좀 켜달라고 한다. 싸운 사연인즉 한 녀석은 저 녀석이 비웃었다고 하고 다른 녀석은 상황이 웃겨 그냥 자연스럽게 웃었다고 한다. 내가 직접 본 것이 아니니 당연히 판단 내리기 어렵다. 일단 당분간 점심시간에 공놀이를 금지시켰다. 이게 최선인지 모르겠지만 일단 접촉 금지를 위해 이렇게 할 수밖에 없는 것 같다.

6교시 동아리 활동 시간이다.

달콤한 다락방 요리부 아이들은 참치, 마요네즈, 달걀로 주먹밥을 만드나 보다. 참치 캔을 무려 다섯 개나 준비했다. 아직 캔 여는 기술이 부족하다며 나더러 캔 좀 오픈해 달라고 한다. 다섯 개는 많으니 세 개만 일단 열고 더 필요하면 그때 열자고 했다. 우선 스크램블을 만든다. 하지만 오늘 식용유를 준비를 안 해왔다고 한다. 그래서 생각해낸 것이 바로 참치 기름! 궁하면 통하나 보다. 참치 기름을 생각해낸 본인이 자랑스럽다며 말한다. 소금도 안 가져왔다며 맥반석 찍어 먹는 소금을 빌려달란다. 양파, 김, 맛술, 식초와 각종 양념을 참치 기름에 볶는다. 양파 굽는 향이 정말 강하다. 잠시 후 참치마요덮밥이 완성된다. 급식보다 훨씬 칼로리가 높아 보인다면서도 잘 먹는다. 먹방을 찍는다. 1인당 밥 1공기, 참치 1캔, 달걀 1개씩을 다 먹더니 양치까지 하고 온다. 이 깔끔이들! 진정 40분 만에 이 모든 게 가능한지.

메이커부 아이들은 콜로지칼 실험장치를 만든다. 과학시간 에너지 단원에 사용하려고 구매했던 것인데. 이들에게 미리 조립 좀 부탁했더니 흔쾌히 승낙한다. 위치에너지, 운동에너지 계산식을 벌써 말하는 녀석도 있다. 이들은 조립 방법을 다 안단다. 설명서대로 안 만들어도 잘 돌아간다며 새로운 모양을 만드는데. 하지만 설명서와 달리 만드니 중간중간 위기가 온다. 될 듯 말 듯 뭔가 끝나지 않는다.

"나 이제 그만할래. 생각하는 게 세상에서 제일 싫어. 그래도 거의 다 만든 것 같아요."

다음 과학시간에 바로 테스트할 수 있겠다. 배터리 AA사이즈를 찾는다. 없다. 게다가 드라이버가 없어서 오늘은 조립에 만족해야겠다.

태윤이랑 은비는 고양이 키우는 책을 같이 읽는다. 은비가 이모에게 고양이를 분양받았는데 그림책을 보며 고양이가 이렇게 하면 놀란다며 주의사항을 유심히 살핀다. 태윤이는 고양이를 키우지는 않지만 반려동물 키우는 데 관심이 많은가 보다. 책 제목은 《내 고양이를 오래 살게 하는 50가지 방법》.

골프 치는 아이들은 오늘도 실제 라운딩을 한다. 상진이는 아빠가 예전에 골프연습장을 운영하셨단다. 어쩐지 폼이 다르다더니. 인해, 상진, 민준, 준혁 네 명이서 필드 나간다. 서로 경쟁하는 모습이 귀엽기도 하고 웃기기도 한다. 비 내리는 호남선~ 신난다. 트리플 보기. 더블 파. 5미터 퍼팅을 넣고 너무나 좋아하는 상진이. 더블 보기 하고도 만족하는 민준이. 넷이 치니 시간이 오래 걸려 3번홀 중간에서 끝나버린다.

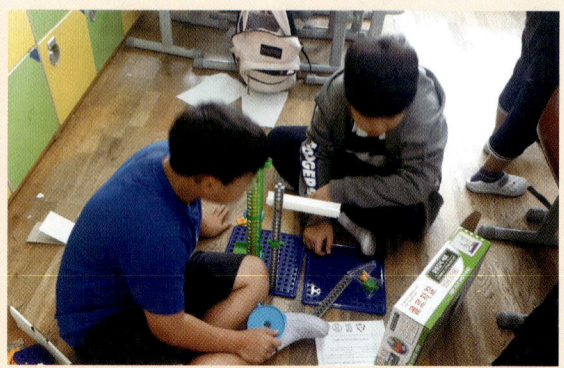

 **9월 27일 금요일**

"영민아! 우리 엄마가 와도 된대."
"너희들 파자마파티 하나?"
"아뇨, 토론 준비요."
"때마침 며칠 전에 닌텐도를 사서 타이밍이 좋았는데. 이번엔 파자마파티 안 돼요."

은비는 아침에 새로 만든 초능력피구 카드를 보고 있다.
"우아~ 우아~ 오늘 피구 해야겠어요."

예쁘게 코팅된 종이를 만지작거리며 새로운 초능력에 감탄하고 있다. 뒤늦게 합류한 규현, 경란, 효은이는 이 색깔의 카드가 더 예쁘다며 새로 바뀐 카드를 신상이라고 한다. 혹시?라며 날 보지만 난 대답하지 않았다. 민준이랑 서준이는 어제 마무리 짓지 못한 콜로지칼을 재시공하고 있다. 이게 진정 협력학습인지. 치열한 토론과 문제제기가 인상적이다.

"내가 말한 대로 해봐."

"아니, 그렇게 하면 여기가 낮아서 안 돼."

"일단 한 번만 구슬로 도전해 보자."

"현장체험학습 신청서 내세요."

"여러분. 이번 현장체험학습은 에버랜드예요."

"그냥 에버랜드 신청서라고 하죠."

"선생님, 3반은 T-익스프레스 다 같이 탄대요. 손 놓고 탄대요. 우리도 타요~"

"근데 에버랜드 가서 학년티셔츠 꼭 입어야 해요?"

"애들끼리 옷 색깔 맞추려 했단 말이에요."

"학년티셔츠는 다 입기로 선생님들끼리 약속했는데. 그냥 입자!"

"나는 나팔바지 입고 올게. 우리 바지라도 맞추자."

1교시 10분 남기고 에버랜드 조편성에 대해 아이들과 의견을 나누었다. 요즘 카톡으로 저희들끼리 짜다가 문제가 좀 생겼나 보다. 남녀 각각 10명인데, 4-4-2로 나눌지 4-3-3으로 나눌지 3-5-2로 나눌지. 10명인지라 축구 포메이션이 이럴 때 활용하기 딱 맞다.

"어제 잠을 못 잤어요. 선생님 마음대로 남녀 섞어서 조 짤까 봐요."

"너희들 그냥 조편성하는 마음으로 공부나 해라. (이런 말은 안 하는 게 나은 듯)"

진통 끝에 얼추 정리가 된다. 남녀 모두 4명/6명 두 팀으로 나누기로. 가장 쉬운 놀이공원 논리인 무서운 거 못 타는 쪽과 무서운 거 탈 수 있는 쪽. 하지만 이게 끝이 아니었으니. 6명 쪽이 다시 3명/3명으로 나뉠 조짐이 보인다. 더 무서운 것 탈 조와 덜 무서운 것 탈 조. 내일까지 말미를 준다. 아! 모르겠다. 여자아이들은 4-3-3으로 결론이 나는 것 같고 남자아이들은 4-4-2로 돌아갈 것도 같다. 서로 친한 친구와 같이 다니고 싶은 마음은 매한가지일 터.

국어시간이다. 《이모의 꿈꾸는 집》을 읽고 어제 짧은 글짓기를 했었다. 오늘 발표하고 의견 나누는 시간을 가진다. 동화인데 다양한 인물들이 등장하고 철학적인 의미를 담은 문장이 많다. 아이들의 경험과 관련지어 《이모의 꿈꾸는 집》을 이해해 보기로 한다. 우리 반 아이들은 '우울할 땐 그저 깨끗한 물에 목욕하고 따뜻한 햇빛을 듬뿍 쏘이는 게 최고야'라는 문장이 최고란다.

> "훌륭한 축구선수가 되는 게 네 꿈이라고? 근데 네 축구공의 꿈도 훌륭한 축구선수와 축구를 하는 것일 수 있어."
> "또 축구 이야기를 하니 아름답네요."
> "축구선수와 축구공의 꿈이 이루어졌으면."
> "축구공의 꿈을 알게 되었어요."
>
> "내가 우울할 때 따뜻한 물에 씻으면 기분이 아주 좋아져요."
> "저는 햇빛은 별로. 겨울에 이불 두꺼운 것 쓰고 에어컨 앞에 있는 게 최고."
> "샤워하고 밖에 나가는 거 싫어요. 땀이 나 또 샤워하는 게 싫어요. 하지만 샤워하고 이불을 말아 김밥놀이하면 재미있어요."
> "저는 겨울에 샤워하고 패딩 안 입고 얇은 겉옷 걸치고 나가는 거 좋아하는데. 그래서 감기 걸려요."
> "아빠랑 여행 가서 샤워하고, 밤에 이야기하면서 산책하면 시원하고 좋아져요."
> "샤워하고 추운 날 아이스크림 먹으면 좋아요."
>
> "꿈은 한번 이루면 끝이라고 생각했는데 꿈은 절대로 끝나지 않는다는 것을 알았어요."
> "내가 엄마에게 다른 친구들도 다 목표를 정하고 하던데, 나만 목표 없이 하면 좀 그렇잖아라고 말했어요."
> "나의 목표이자 꿈은 5G 핸드폰 사는 거예요."
>
> "우울하거나 그럴 때 친구들이랑 놀거나 전화를 오랫동안 하면 기분이 다시 괜찮아져요."
> "륜경이! 진짜 많이 해요."
> "엄마랑 난 전화 15초 하고 끊어."
> "난 친구랑 2초면 끝. 나와. 응."
> "갑자기 1학년 때 내 앞 대각선에 앉았던 애가 생각나. 많이도 놀았는데 정말 악연이었어."
>
> "되고 싶은 게 정확하게는 없지만 하고 싶거나 그런 건 있는 것 같다. 꿈이 꼭 장래희망이 아니라 하고 싶은 것도 맞는 것 같다."
>
> "책을 읽는데 재미가 없어서 안 읽었는데 엄마한테 혼난 적이 있어."

"재미없어서 안 읽겠다는데 왜 혼내지 엄마들은."
"난 몰래 조금씩 넘기는데."

〈아니 속상하지 않아. 난 늘 즐거워. 만약 꿈꾸는 동안 즐겁지 않다면 그게 무슨 꿈이니.〉
"난 왠지 속상할 것 같은데. 어기의 이 말이 정말 멋졌어요."

"옛날 내 급식 앞자리가 생각난다. 급식실 역겨움의 표본이었다. 그 애는 모든 것을 섞어 먹었다. 밥에 망고, 파인애플 등이 나오는 날에 다 밥에 섞어 먹었고 짜장면과 청포도 주스가 나오는 날에 짜장면과 청포도 주스를 비벼 먹었다. 급식시간마다 역겨워서 토할 것 같았지만 그 애는 아무렇지 않게 맛있게 먹었다."
그 애: 밥에도 이렇게 파인애플을 섞으면, 파인애플밥이 되지요.
나: 야~ 역겨워. 뭘 그리 섞어서 먹냐?
그 애: 원주민은 다 이러고 먹었어. 원숭이 뇌를 먹는 사람도 있었는데.
나: 어우, 상상해 버렸다.

"내가 바람 쐬러 가자고 졸라서 바람을 쐬러 나갔다 오면 집에 밀린 숙제가 많아서 몸이 7개여도 모자랄 판이다. 바람 쐬고 왔더니 아빠는 유튜브, 엄마는 티브이, 난 숙제. 불공평한 우리 집."

"내가 엄마한테 꿈이 뭐야 하고 물어보면 엄마는 꿈이 선생님이라고 말한다. 신기하게도 진짜 꿈이 선생님이셨단다."

"항상 오늘보다 내일은 더 행복할 것 같다고 생각을 한다. 기분이 좋아도 내일은 더 좋은 기분을 가지기를 원하고 안 좋을 때 내일은 기분이 좋을 거라고 긍정적으로 생각해."
"넌 낙천적이야. 나중에 어른 되면 한잔해."

"우울할 땐 그냥 샤워를 하고 나와 겨울에는 따뜻하게 누워 있거나 여름에는 시원하게 누워 아무 생각 없이 잠을 자고 일어나면 기분이 좀 괜찮아질 거야."

"초리가 어기에게 잔소리를 하는 것이 누군가가 나에게 하는 잔소리 같아 어기가 불쌍해."

"퐁이 꼭 꿈이 뭐가 되어야 하는 거냐며 자기 꿈은 춤추는 거라고 하는 것이 좋았어. 되게 소소한 것도 꿈이 될 수 있다는 생각이 들고. 퐁은 잘될 것 같아. 즐기는 것 같아서."

"내가 저번에 친구랑 크게 다투고 집에 왔을 때 학원까지 빼가면서 목욕하고 밖에 나가서 산책을 하고 왔더니 기분이 나아졌다. 원래 화나고 우울했는데 목욕하고 산책을 했더니 기분이 맑아졌다."

"4학년 때 태권도 대회에 나가서 4명 중 3등을 한 적이 있어. 그때 연습을 정말 열심히 두 달 동안 했는데도 여자와 붙어서 발차기 유연성에서 진 적이 있어."

"내가 어렸을 때 시골집에 있었던 개가 기억난다. 진돗개였는데 한 번에 9마리를 출산했다. 근데 다 팔려나갔는데 할머니가 강아지들이 도망쳤다고 했다. 그때 난 어려서 그 말을 믿었다."

"나도 친구들한테 수학을 가르쳐 준 적 있다. 5학년 때 한 친구를 가르쳐 주는데 너무 이해를 못 했다. 거의 4~5번 설명해 준 것 같은데 계속 모르겠다고 그랬다. 그리고 이해하려는 의지가 없어 보여서 내가 짜증을 낸 적이 있다. '아니 그니까 이게 이거잖아!'
설명해 줘도 이해 못 하면 속이 고구마인데 내가 모를 땐 '모를 수도 있지'라는 생각. ㅋㅋㅋㅋ 난 비열하다.ㅋㅋㅋㅋ 내가 중1 우공비의 어려운 파트를 풀고 있었는데 내가 못 풀고 있는 그 문제를 이해한 엄마는 나한테 차근차근 설명해 주셨지만 난 알아듣지 못하고 '왜 이게 이렇게 돼?' '이건 왜 되는 거야?'라는 질문을 남발해서 분노한 엄마는 '이게 이렇게 되니까 이렇게 되지 빡구야'라고 말씀하셨다."

"플루트 선생님께서 소리를 내는데 나는 너무 얇게 낸다고 풍성하게 내라고 하셨는데 어떻게 그렇게 내냐고 물으니 그냥 연습하면 될 거라고 하셨다. 오랫동안 연습했는데도 소리가 얇게 나서 선생님께서 포기하신 것인지. 사람마다 같은 악기라도 소리가 다른데."

"한국사 시험을 보는데 열심히 노력했는데도 3점 차로 되지 못하였다. 지금 생각으로 더 연습해야만 했다고 생각한다."

"얼마 전에 내가 되게 우울할 때 아빠가 알아채고 같이 배드민턴 치고 와서 샤워했는데 우울한 기분 없어지고 개운했다."

"전학 와서 처음 짝꿍이 엄마 이름이랑 똑같아서 좋아했는데. 맨날 잔소리해서 증오의 대상이 되었다."

중간놀이시간에 에버랜드 지도를 나눠 주었다. 이미 그들은 에버랜드에 입장을 했다. 환상의 나라 에버랜드로~ 남자아이들은 여전히 조편성 문제로 복잡한가 보다. 일단 해결해 봐라.

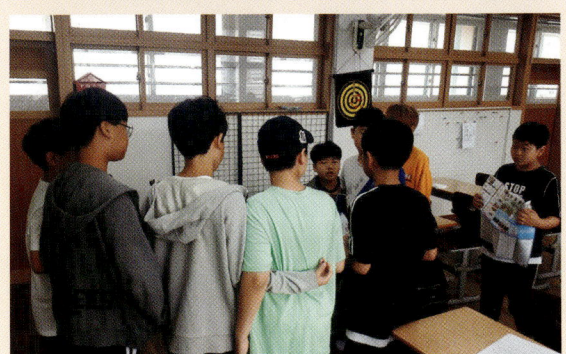

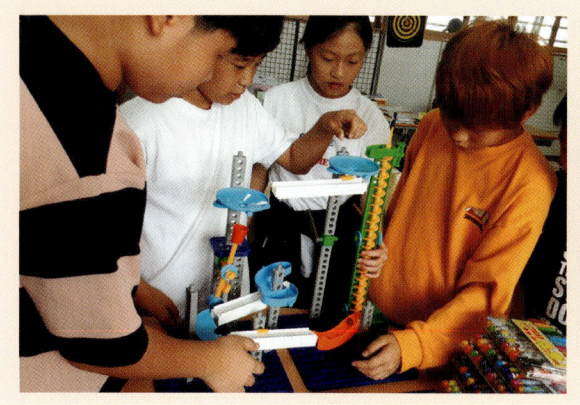

　오늘 본관 건물에 붙어 있는 학교 시계가 멈추었다. 9시에 시간이 멈춰 있다. 아이들에게 시계가 고장 났다는 이야기를 10번은 들은 것 같다. 행정실에 알렸지만 단순한 배터리를 교체하는 게 아니라서 하루 이틀은 걸릴 거란다.

　컴퓨터 시간에 스냅스 사진 편집을 했다. 오늘도 이메일이랑 패스워드를 또 까먹었다는 녀석이 있다. 매주 새로 회원가입 하고 새로 편집하고. 반복되는 몇몇의 녀석들. 핸드폰에 분명히 이메일과 패스워드를 저장해 놓았다고 말했는데. 게다가 오늘은 작업을 마치고 저장을 하지 않고 닫아 버리는 참사가 두 건이나 발생한다. 휴. 경란이가 우리 반에서 첫 번째로 다 만들었다. 앨범을 넘겨 보니 편집이 훌륭하다. 경란이가 하나 더 만들어도 되냐고 묻는다. 당연히 OK! 포토앨범 만드는 게 생각보다는 재미있단다. 새로 시작한 몇 사람 빼고 다음 주 정도면 포토북이 완성될 것 같다. 저희들끼리 의견도 주고받고 중요한 팁도 전달해 준다.
　"이런 거 캡처하면 안 돼. 저작권."
　"지난번에 쌤이 수업 중에 하는 건 저작권 위반 아니라고 했어."
　"애들아, 중간중간에 저장 좀 눌러 주세요. 저 다 날렸답니다."
　"작은 사진을 크게 하면 해상도 문제로 경고 창이 떠요. 조심하세요."

　미술시간에 탈 꾸미기를 했다. 상황을 먼저 구성하고 그에 어울리는 탈 만들기를 하기로 했다. 아이들이 요즘 화성연쇄살인마가 잡혔다는 뉴스를 접했나 보다. 이와 관련된 작품이 의외로 많다.

　자리를 바꾸어도 된다고 했더니 여자애들끼리 1 대 1로 조정하느라 바쁘다. 남자아이들도 짝꿍이 남자가 되는지라 속으로는 좋지만 못 이기는 척하고 바꿔 준다.
　"나 이번 한 번만 바꿔줘, 제발."
　유성매직으로 색칠을 하라고 했더니 물감을 가져오겠단다. 의외로 수채물감을 아이들이 좋아한다. 흰색 물감은 아예 큰 튜브통으로 가져온다.
　"매직 이거 지워져요?"
　"유성매직은 잘 안 지워지는데."
　"얘가 제 옷에 찍었어요."
　"아, 진짜."
　"고의가 아니라 실수예요. 죄송합니다. 배상할게요."

　쉬는 시간에 답답해 세수를 하고 오니 한 녀석이 "샤워하고 오셨어요?"라고 묻는다. 피부색이 정말 예뻐 보인다나 뭐라나. 농담인지 아부인지 모르겠지만 기분은 좋다.
　색칠을 하다 말고 주희가 나온다.
　"선생님과 추억을 남기기 위해 사진 한 장 찍어도 될까요?"
　너무나 공손히 예의를 갖춰 사진 촬영하자고 하는데, 한 녀석이,
　"선생님은 공인이야. 그냥 찍어."

탈을 다 만들고 발표의 시간을 가진다. 음~ 남자아이들은 큰 몸동작이 없었지만 여자아이들은 연습한 듯 자연스럽게 상황에 맞는 동작을 취하며 찍는다. 오랜만에 복면의 익명성을 마음껏 즐긴다. 내가 누구게? 다 만든 가면을 어떻게 활용할지 생각해 본다. 급식실에서 플래시몹을 찍을 때 사용하면 좋겠다는 의견이 나와 일단 교실에 보관하기로 결정.

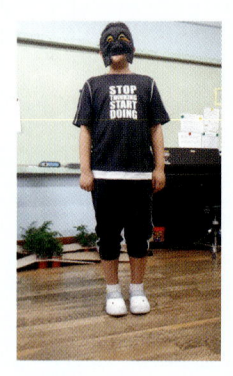

마블에 나오는 블랙팬서 가면.

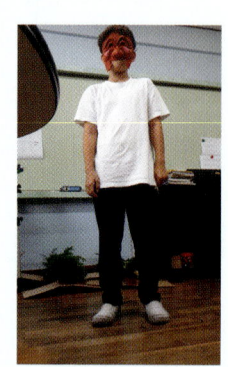

피구를 좋아하는 한 남자.

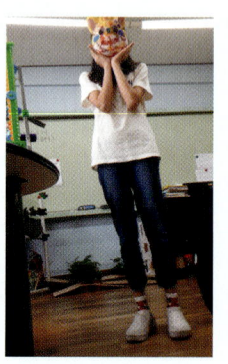

에버랜드에서 T-익스프레스를 타다.

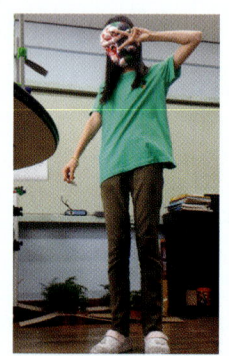

군인인데 동굴 안에서 잠수 타다가 곰에게 공격당함.

| | | | |
|---|---|---|---|
|  예쁜 햇님. 에너지를 가득 주고 싶은 마음. |  욘류가 자기 비행선을 되찾으면서 반란군을 학살할 때 짓는 표정. (코를 한 대 맞은 표정 같은데?) | 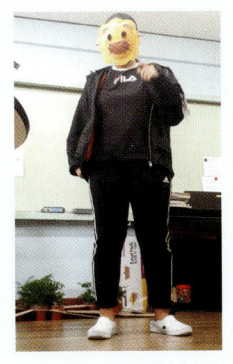 사자가 배가 고파 토끼를 잡아먹었어요. 이 사자는 너무너무 배가 고파요. | 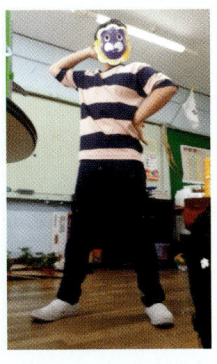 타노스가 핑거스냅 치기 직전의 긴장되고 떨리는 순간. (폼 좀 잡아 보라고 하니 요염한 타노스라며~) |
|  자연 속에 숨어 있는 군인. 꽃과 별 그리고 잎사귀. (광대뼈에 나무? 원주민 같아. 옷 색깔이랑 잘 어울려.) |  관심받기를 좋아하는 사람이 색이 화려한 탈을 만들어 동네에 돌아다니며 사람들의 눈길을 끈다. |  타노스가 핑거스냅 하기 직전 인피니티 스톤을 다 가져가는 장면. (노란 옷이랑 잘 어울려!) | 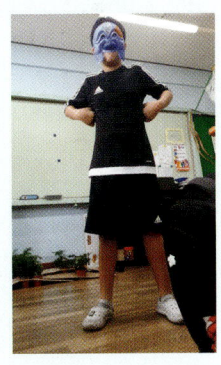 네뷸라가 전쟁에 나가서 싸움에 이겨서 기분이 좋아 싱글벙글 웃으면서 타노스에게 가는 표정. |

|  | 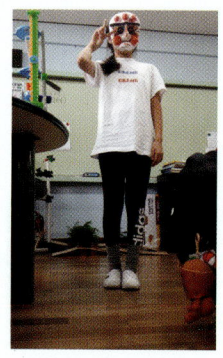 |  |  |
|---|---|---|---|
| 기린은 사람이 되고 싶어 했다. 어느 날 한 싸이코패스를 만났는데 넌 인간이 될 수 있어라고 했다. 의심스러웠지만 그래도 인간이 되고 싶은 기린. 하지만 결국 귀신이 되어 버렸다. (원기가 된 거야? 얼굴이 두 개야. 소름 끼쳤어.) | 복수심에 혼란스러운 우리의 주인공. 잔혹 이야기. (우리 반 애들은 왜 다 잔혹동화야? 여자애들이 다 그래. 근데 효삐 귀엽다. 근데 찐빵 같다.) | 나는 기린이다. 어느 날… 우리 동물원에 방사능 거미가 들어온다. 거미가 물어서 기린이 스파이더 기린이 된다. (오! 키커 보인다.) | 예쁘게 칠하고 싶었어요. 간단하게 느낌 그대로. (넌 너무 길어. 사진 찍기 힘드네. 당근을 똑바로 심었다가 거꾸로 심은 느낌?) |

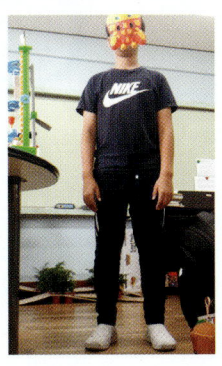  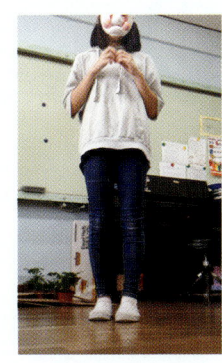

한 사람이 문어를 초고추장에 찍어 먹으며 〈아이언맨2〉를 봤다. 근데 그 사람이 문어 머리는 징그럽다고 안 먹었다. 그래서 화가 난 문어는 아이언 문어로 변신했는데 나한테 잡혀서 아이언문어 가면이 되었다.

잔인한 이야기. 사이코패스에서 따온 건데. 기린 탈을 쓴 남자가 규현이같이 귀여운 아이를 꽉. (규현이가 귀여운 것은 비유가 안 맞아요.)

어떤 행복한 사람이 있었는데 어느 날 좋아하는 사람을 만나게 되었다. 그래서 그 사람은 고백을 했지만 차이게 되었다. (고백하다 차였는데 왜 피눈물을 흘려. 넌 아직 모른다. 그 마음을.)

체육시간이다. 새로 만든 카드를 추가한 초능력피구다.

"왜 새로 만든 카드 안 뽑히지. 맨날 똥카만 나와."

초가을팀이 축구는 강력했으나 피구는 약간 밀리는 형세다. 오늘은 연장전 아이템이 처음 사용된다. 경기가 끝나도 진 팀에서 연장전을 외치면 두 명이 새롭게 부활. 아이들은 피구할 때 불리하면 "형님" "보스"라 부르며 손으로 싹싹 빈다. 그러면 또 살려 준다.

체육 끝나고 영민이와 1 대 1 농구 대결을 했다. 내 가랑이 사이를 뚫는 드리블. 다행히 길어서 아웃된다. 최악의 굴욕은 면한다. 이 녀석은 정말 빠르다.

 **9월 30일 월요일**

"오늘 과학시험 봐요?"
"왜? 걱정돼?"
"공부 하나도 안 했는데~"
"선생님이랑 하는 과학시간 말고 다른 선생님이랑 하는 과학시간이라…."
"선생님, 1.5L 페트병 가지고 오라고 했는데 1.25L 가지고 왔는데 괜찮죠?"
"그럼 괜찮지. 그것도 걱정돼?"
"네. 아침에 머릿속이… 캄캄했어요. 엄마한테 짜증도 냈고요."
"아! 맞다. 페트병. 점심시간에 페트병 가져올게요."
"어디서?"
"집에서요."
"지금 분리수거 하는 데 가봐. 있을 거야."
"저 숙제해 왔다고요. 제 모든 노력이 담겨 있다고요. 한 시간도 안 걸렸지만. 착하고 이쁘죠?"

'학생들에게 학교에 올 때 커터칼 등 위험한 물건을 가지고 오지 않도록 지도 부탁드립니다.'
교무실에서 메시지가 왔다. 뭔가 심상치 않은 느낌인지라 아이들에게 안내를 했더니 이미 동네에 소문이 다 나 알고 있단다. 4학년이라는 것과 커터칼을 얼마나 위험하게 사용했는지도. 엄마가 카톡으로 보고 알려 줬단다. 그나저나 오늘 실과 실습할 때 칼 사용해야 하는데 실습을 연기할까 생각도 든다.

현장체험학습 신청서를 받아 보니 전원 참가다. 혹시 몰라 오늘 밤 11시 59분까지 생각해 보라고 했더니 "도대체 에버랜드 안 가는 사람도 있어요?"라며 반문한다. 그래도 혹시 모르니 생각해 보라고 했다.
"11시 59분 59초까지 가능이죠?"
"근데 수신자 기준이니 몇 초만 더 빨리 전화해."

페트병 안 가지고 온 세 명이 쉬는 시간에 분리수거 하는 곳으로 내려간다. 한 명은 다른 반 친구에게 빌린다고 한다. 정말 좋은 친구를 뒀다. 그 친구는 두 개를 준비했는데 커터칼로 이미 손질까지 마친 상태였다. 나머지 두 명은 학교 분리수거함으로 내려간다. 역시 페트병 두 개 정도는 있다.
페트병. 칼, 가위가 준비되고 수생식물을 가져간다. 식물의 종류가 다른지라 가져갈 모둠 순서를 정한다. 모둠장들이 나와 운명의 가위바위보! 3모둠-4모둠-2모둠-1모둠-5모둠. 3모둠은 먼저 나와 만져도 보고 고심에 고심 조심에 조심 고른다. 마지막에 나온 5모둠 아이들은 애써 "좋은 게 남았네요"라며 가져간다.

"여러분 식물에 달팽이가 있습니다. 놀라지 마세요."

긴급 안내를 한다.

"이거 달팽이 알이에요? 돌이에요?"

"돌인 줄 알고 찌그러뜨렸는데."

"그냥 동그라만 거 버렸는데. 지금 보니 달팽이 같아요."

"지금 물 넣으러 가도 돼요? 아리수 받아 와요?"

"그냥 수돗물로 해."

뿌리가 적은 식물을 페트병에 옮기다가 바닥에 흙을 쏟고 만다. 연달아 두 명이나 흙을 한 바닥 흘린다. 나름 자연의 흙내음이 교실을 가득 메운다. 난 괜찮은데 아이들은 썩는 냄새가 난단다. 그래서 환기도 잠시 하고.

"선생님, 커터칼은 쓰지 마요?"

"가능하면 쓰지 마."

그랬더니 가위를 칼처럼 잡고 쓴다. 정말 행정적으로 말했다. 역시나 두꺼운 페트병을 가져온 아이가 잘 못 자른다. 도와달라는 말도 못 하고 낑낑대고 있다. 큰 커터칼로 몇 개는 잘라 주었다.

수생식물을 옮기다가 거미가 나왔나 보다.

"왜 거미줄이 있지. 어, 거미다. 거미 키우실 분?"

그 와중에 한 녀석은 거미를 분양 받아 간다.

막상 수경재배를 위해 옮겨 심고 나니 뭔가 뿌듯한 기분이 든다. 식물들도 한동안 교실에 갇혀 있어 답답했겠다. 새로운 집으로 이사한 식물들도 건강하게 예뻐 보인다.

학급 안내판에 10월 급식표로 갈아 끼운다.

"선생님, 쫄면 먹고 싶어요."

"지금 나한테 한 말?"

"지금 너무 먹고 싶어요. 시켜 먹어요. 저 번호 알거든요."

성묘, 차례, 제사 등에 대해 생각해 보는 과제를 내 주었다. 국어시간에 아이들과 돌려 읽고 의견을 나누었다.

> "주희 님 쓴 글 중에 의문인데, 우리나라는 사람이 죽었는데 모여서 웃으면서 술 마시면서 수다 떠는 게 맞아요?"
> 
> "저도 이게 어떤 느낌인지 모르겠는데요. 상갓집에서 농담하는 건 아니고 이야기를 나눈다고 했잖아요. 슬픈 일이지만 계속 슬퍼할 수도 없잖아요."

"누가 죽었는데 가면 슬퍼지잖아요. 하지만 죽은 사람을 생각하면 계속 슬퍼하지 말았으면 해요. 죽은 사람이 자기 때문에 계속 슬퍼하면 미안하니까요."
"명절 휴일을 일주일로 늘리면 어떻게 빨간 날을 만들어요?"
"만약에 수요일이 설날이면 그 주 전체를 쉬면 돼요. 월화수목금토일. (생각만 해도 기분이 좋다.)"
"아까 추석에 동생이 가와사키병에 걸렸다는 이게 무슨 병이에요?"
"저도 모르겠는데요. 열병 같은 거였는데. (찾아보니 급성 열성 혈관염이다.)"
"아까 님이 벌초에 대해 썼는데요. 어차피 풀은 다시 자라는데 왜 벌초하냐고 했잖아요. 근데 님은 밥은 왜 먹어요?"
"근데 밥이랑 벌초가 무슨 상관있어요?"
"무서운 생각이 드는데. 자다가 일어났는데 옆에 사람이 숨을 안 쉬면 어떻게 해요?"
"일단 심폐소생술 해야겠지? 배웠잖아. 119 신고하고. CPR하고."
"경찰에도 신고해야 해요."

나의 경험담을 이야기해 줬다. 내 베스트 프렌드와의 이야기.

"내 친구가 밤길에 무서운 아저씨들한테 걸려서 맞고 돈도 빼앗겼는데, 그래서 나한테 먼저 전화가 왔었어. 그래서 119에 신고해 주었는데, 119에 신고했더니 이런 건 112에도 빨리 신고하라더라고. 그 둘은 서로 연결이 안 된다는 거 처음 알았어."

과학시간이다. 에너지에 대해 배우는 세 번째 시간이다. 지난 시간 전기에너지와 열에너지에 배운 데 이어 오늘은 위치, 운동에너지를 공부한다. 아이들이 생각보다 잘 받아들인다. 운동에너지 표현은 역시 이름 그대로 운동종목이 많다. 좀 틀린 것도 있었지만 설명의 흐름만 맞으면 통과시켜 줬다.

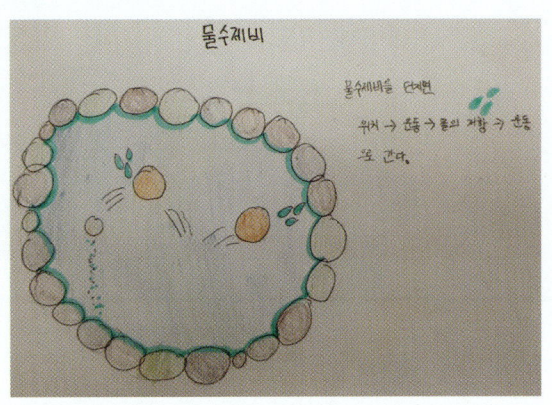

〈태윤〉
물수제비(위치→운동→물의 저항→운동)

〈준혁〉
창던지기(운동→위치), 탱탱볼(운동→위치)

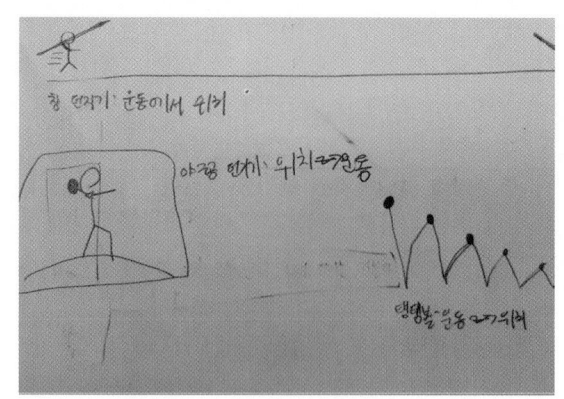

〈승은〉
멀리뛰기(운동→위치), 배드민턴(운동→위치)

〈인해〉
탁구(운동→위치)

〈효은〉
피겨스케이트(운동→위치→운동), 뜀틀(운동→위치→운동), 테니스(위치→운동)

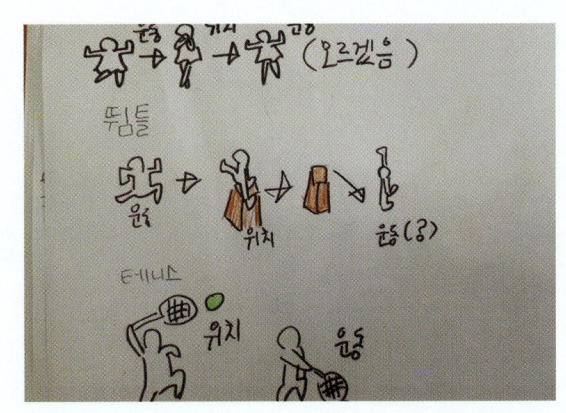

〈상진〉
투수와 타자

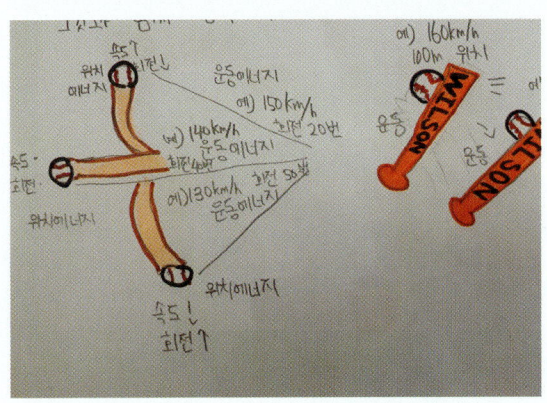

〈규현〉
탁구, 농구(위치→운동)

〈연수〉
열기구(열→위치)

〈지윤〉
배드민턴, 볼링, 바이킹

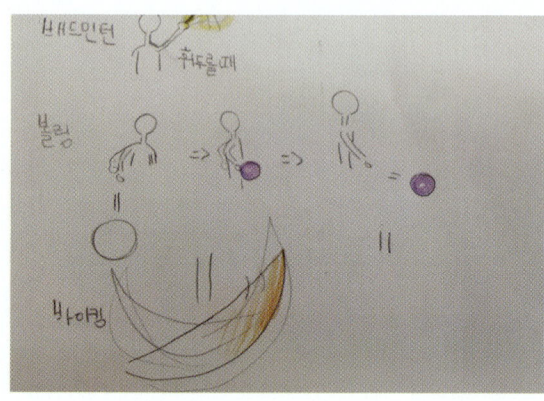

〈준호〉
넘어지기(운동→위치→운동), 탱탱볼(위치→운동→탄성), 저글링, 축구 사포

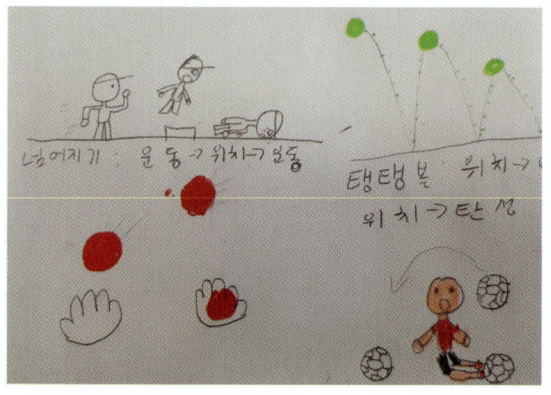

〈민준〉
창던지기, 투포환

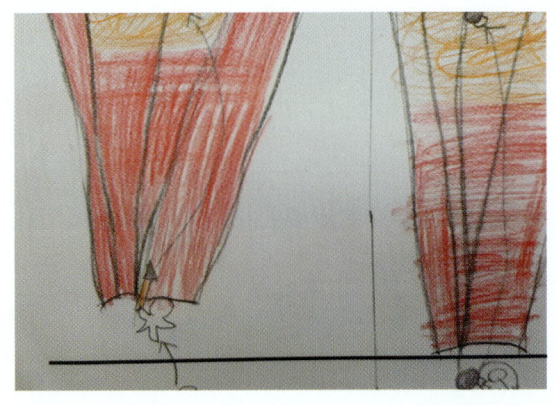

〈주희〉
수영, 다트(운동→위치), 탁구

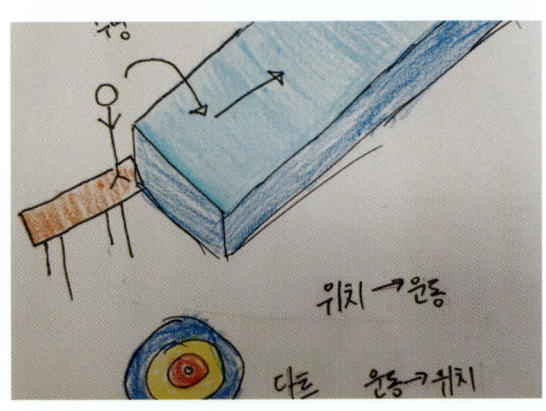

〈현민〉
타격 기술

〈서준〉
쭈쭈바 비닐 뜯을 때, 핸드폰 떨어뜨릴 때

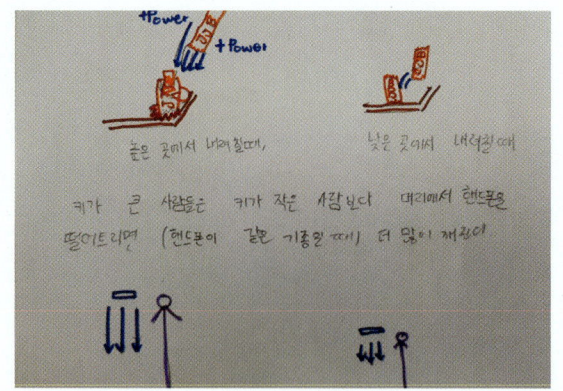

〈은비〉
멀리뛰기(운동→위치), 창던지기(운동→위치),
물병 세우기, 투포환

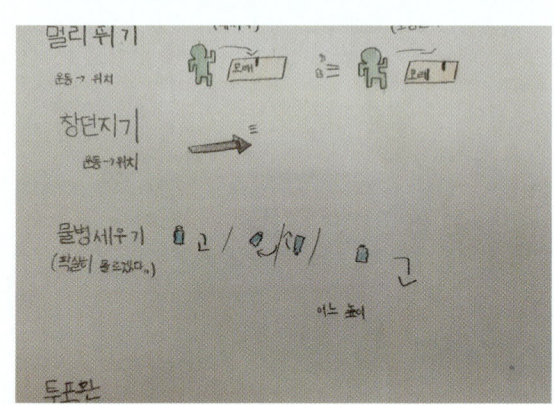

〈경란〉
높은 곳에서 점프

〈백하〉
김연아 점프(운동→위치)

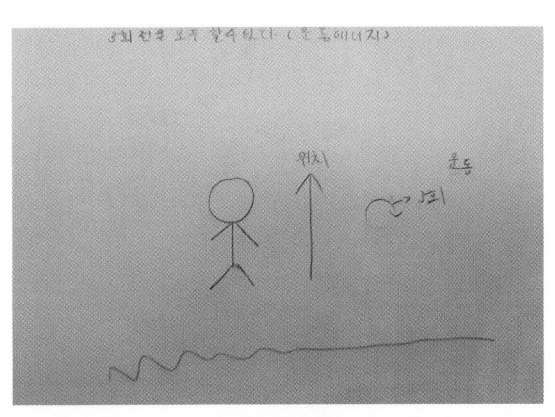

〈영민〉
페널티킥(위치→운동), 슬라이딩 태클(운동→위치)

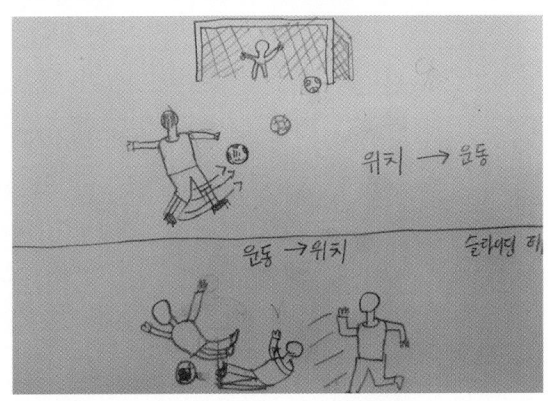

〈륜경〉
핸드폰 떨어뜨리기(위치→운동)

도서관에 갔다. 국어책에 나오는 글을 읽고 오랬더니 2분 만에 다 읽었단다. 다 읽은 사람들과 둥글게 모여 의견도 나누고 나름 날카로운 질문을 던졌더니, 아이들이 금세 사라진다. 한참 있다 다시 모인다. 다리도 꼬고 편안한 자세지만 긴장하는 티가 난다.

"선생님은 지난번에 보니까 묻는 사람마다 난이도가 너무 달라요."

"눈 보며 말하는 게 싫어요."

"그냥 글 쓰면 안 돼요?"

"국어책은 왜 이렇게 재미없는 글만 모았어요? 그냥 다른 책 보면 안 돼요?"

수학시간이다. 한 녀석이 분수의 나눗셈은 그냥 뒤집어서 곱하는 걸로 학원에서 배웠는데 나한테 배워서 헷갈린단다.

"분수 나누기는 뒤집어서 곱하면 쉬운데 자꾸 선생님이 말했던 비유들이 생각나요."

"내가 책임질게. 외우지 말고 왜 그렇게 되었는지 공부하면 뭘 해도 성공할 거야."

"뒤집어서 곱하면 되는데. 근데 심오한 게 자꾸 생각나요. 답을 안 구하고 자꾸 방법이 생각이 나요."

칭찬 같은 감동이 밀려온다. 다른 녀석이 말한다.

"근데요, 아까 책임지신다 했는데, 어떻게 책임지실 거예요? 전 재산? 절반?"

"절반은 좀 많고… 음…."

"책임은 농담이고요. 근데 시험 볼 때는 약분을 꼭 해야 해요? 안 해도 된다고 하셨죠? 틀린 거 아니죠?"

졸업앨범 시안이 나왔다. 아이들 이름이 뒤죽박죽이다. 일단 이름을 바로잡고 아이들에게 본인 사진을 확인하라고 했다. 일단 1차 확인하고 사진이 이상하게 나온 사람은 적어 달라고 했다.

"사진 보정 좀 해주세요."

"아! 나 다시 찍고 싶다. 완전히."

"얼굴이 이상하게 나왔어요. 사진이 이상한지, 내가 이상한지."

"얼굴이 못생겨서 다시 찍고 싶은데 그것도 되나요?"

"난 너무 진지하게 나왔어."

"오호! 준혁이 정말 잘 나왔다."

"나 진짜 못생기게 나왔다."

"우리 그냥 다 다시 찍자. (헉!)"

"난 졸업앨범에 신경을 별로 안 써. 그냥 가자."

"어, 내 눈썹이 없어."

"난 왜 인상만 쓰고 있냐?"

집에 가기 전에 마지막 안내를 한다. 오늘 심은 식물 이름 내일 정할 것입니다.

"샤워하다 산책하다 생각해 보세요."

"그냥 선생님 이름으로 해도 돼요?"

"그런 말 한 날은 샤워하는 내내 생각하게 되더라고요. 압박감!!!"